[가치투자를 말한다]

First published in the United States under the title VALUE INVESTING WITH THE MASTERS by Kirk Kazanjian

Copyright ⓒ 2002 by Kirk Kazanjian
Korean translation copyright ⓒ 2009 by Econ Publishers, Inc.

All rights reserved including the right of reproduction in whole or in part in any form.
This edition published by arrangement with Prentice Hall Press, a member of Penguin Group (USA) Inc. through Shinwon Agency Co.

이 도서의 국립중앙도서관 출판예정도서목록(CIP)은 서지정보유통지원시스템
홈페이지(http://seoji.nl.go.kr)와 국가자료공동목록시스템(http://www.nl.go.kr/kolisnet)에서
이용하실 수 있습니다. (CIP제어번호: CIP2009002011)

[가치투자를 말한다]

커크 카잔지안 지음  **김경민** 옮김

VALUE INVESTING WITH THE MASTERS

이콘

들어가며

역사상 가장 유명한 투자자들은 의심의 여지없이 워런 버핏^{Warren Buffett}, 존 템플턴^{John Templeton}, 벤저민 그레이엄^{Benjamin Graham} 세 사람이다. 이 권위자들은 모두 싼 가격에 매입할 수 있는 좋은 주식들을 찾아다녔던 완벽한 사냥꾼이자, 가치투자자였다.

컬럼비아 대학 재무 교수였고 가치투자의 아버지로 불리는 그레이엄은 동료 교수 데이비드 도드^{David Dodd}와 함께 1934년 『증권 분석^{Security Analysis}』에서 저평가된 주식과 채권을 찾는 방법을 처음으로 설명했다. 가치투자자의 성서로 인정받고 있는 『증권 분석』은 '관련된 사실들을 신중히 분석하여 산출한 적정 수준보다 낮은 가격에 거래되고 있는' 주식과 채권을 찾는 다양한 방법을 설명하고 있다. 그레이엄은 1949년에 출간된 『현명한 투자자^{The Intelligent Investor}』에서 가치투자 방법론을 더욱 확장시켰다.

워런 버핏은 컬럼비아 대학에서 그레이엄에게 지도를 받았고 나중에는 개인적인 친구가 된다. 그리고 둘 다 스스로를 '가치투자자'라고 부르지는 않았지만 가치투자 방법을 추종하는 이들의 영웅이자 역할 모델이 되었다.

가장 단순하게 보았을 때 가치투자는 다양한 변수들에 의해 판단된 수준보다 낮은 가격에서 거래되고 있는 주식을 사는 것이다. 많은 가치투자자들은 이른바 내재가치^{intrinsic value} 아래에서 거래되고 있는

들어가며 5

회사들을 찾는데, 내재가치는 그레이엄과 도드가 『증권 분석』에서 최초로 소개했던 개념이다. 내재가치는 관찰자에 따라 달라질 수 있다. 사실 그레이엄도 자신이 그 말을 만들어내긴 했지만 다소 '정의하기 어려운 개념'이라는 것을 인정했다.

대부분의 투자자들은, 내재가치를 합리적인 투자자가 현금을 주고 전체 사업을 살 때 지불하고자 하는 금액이라고 생각한다. 어떤 가치투자자들은 PER나 장부가치와 같은 전통적인 통계적 추정치에 더 관심을 기울인다. 어쨌든 가치투자자는 싼 가격에 거래되고 있는 주식을 매입하려고 한다. 그리고 그 주식의 가치가 실현될 때까지 보유한 후 이익을 실현해서 처분한다.

반면 성장투자자와 모멘텀투자자들은 빨리 성장하고 있는 회사들을 찾고 그 성장에 프리미엄을 지불하기도 한다. 그들은 가치투자자들만큼 가격에 신경을 쓰지는 않는다. 모멘텀투자는 폭등장에서는 빨리 수익을 올릴 수 있지만 하락장에서는 특히 취약하다. 우리는 최근에 그러한 사실을 목격했다. 많은 공격적 성장형 펀드와 모멘텀 펀드들이 1999년에 세 자리 수의 수익률을 기록하였지만, 2000년에 50~80%가 떨어졌고 2001년에는 더욱 나쁜 수익률을 기록했다. 같은 기간 동안 가치투자자들 전체는 양의 수익률을 기록하였고 대부분은 전체 시장이 급락했음에도 좋은 수익률을 보여주었다.

아이러니하게도 이런 가치투자의 부활은 수많은 저작물들이 가치투자가 투자 전략으로써 끝나버렸는지를 묻고 있을 때 나타났다. 어떤 학자들은 우리가 새로운 시대에 살고 있기 때문에 주가는 더 이상 문제가 되지 않는다고 주장했다. 또한 계속 가격이 오르고 있는 주식을 사라는 주장이 널리 받아들여졌다. 하지만 결국 가치는 살아있으며 또 옳다는 것이 증명되었다. 우리는 새로운 시대가 더 이상 새롭지 않으며 계속 상승하는 가격은 결국 떨어지기 마련이라는 것을 알게 됐다.

의심의 여지없이 가치투자는 시간의 테스트를 통과해왔다. 가치투자는 몇 번의 세계 전쟁과 테러리스트들의 공격, 그리고 수많은 불경기 속에서도 살아남았다. 사실 수많은 학문적 연구들이 장기에 걸쳐 가치투자 접근법이 모든 종류의 주식에서 – 대형이든 소형이든 – 성장투자 접근법보다 높은 실적을 올려왔다는 것을 보여주고 있다.

하지만 가치투자가 항상 인기가 있었던 건 아니다. 1990년대 후반 많은 가치투자자들도 양의 수익을 올렸지만 대다수가 그들보다 잘했다. 가치투자자들의 저평가된 주식은 모든 투자자들이 사고 싶어했던, 빠르게 성장하는 모멘텀주 때문에 무시되었다. 가격이 치솟던 인터넷주와 기술주는 어느 것도 싼 가격에 거래되지 않았고, 그래서 그 주식들의 가격이 훨씬 낮을 때 매입했던 일부를 제외하곤 가치투자자들 대부분의 포트폴리오에서 찾아볼 수 없었다. 비싼 주식을 사지 않아서 단기적으로는 실적이 좋지 않았지만 거품이 터지자 그들이 옳았다는 것이 증명되었다. 어떤 전문가들은 많은 모멘텀주들의 난폭한 상승과 그 여파 때문에 가치투자 접근법이 앞으로 오랜 기간 동안 각광을 받을 것이라고 예상한다.

70년 전 『증권 분석』이 출간된 이후 분명히 세상은 변했고 증권 시장도 변했다. 동시에 그레이엄, 템플턴, 버핏에 의해 시작된 전통을 이으려 하는 많은 가치투자자들이 나타났다. 그들은 가치투자의 새로운 거장들이다. 이 책에서 독자들은 그런 존경받는 운용자들을 가까이에서 만날 수 있을 것이다.

이 책에 나오는 20명의 거장들은 분명히 가치투자의 선두에 있는 사람들이며, 현재 동료와 시장보다 높은 실적을 올리고 있는 뮤추얼 펀드를 운용하고 있다. 왜 현재 펀드를 운용 중인 매니저들만 포함시켰나? 왜냐하면 독자들 대부분이 뮤추얼 펀드를 통해 주식에 투자하기 때문이다. 그래서 필자는 실제로 독자의 돈을 운용할 수 있는 업계 최고의 가치 매니저들 중 일부를 소개한 것이다. 이 거장들이 운용하는 가치형 펀드를 보유하고 있지 않다면 다시 생각해보는 것이 좋을 것이다. 이 책은 또한 어떤 매니저가 독자에게 가장 잘 맞는지 알 수 있도록 해줄 것이다.

독자가 펀드에 투자하는 사람이 아니더라도 유용하게 이용할 수 있다. 업계에서 가장 명석한 가치 매니저들이 어떻게 성공주를 찾는지 상세히 가르쳐줄 것이다. 그들의 말로 그들의 투자기법을 들을 수 있으며, 그들이 어떤 실수를 했고 어떤 성공을 했었는지 알 수 있을 것이다. 독자는 그런 교훈들을 스스로의 투자에 적용할 수도 있을 것이다.

이 가치투자의 거장들은 누구인가? 여기에는 크리스토퍼 브라운 Christopher Browne, 데이비드 드레먼 David Dreman, 장 마리 에베이야르 Jean-Marie Eveillard, 제임스 깁슨 James Gipson, 척 로이스 Chuck Royce와 같이 30년 이상 업계에 있었던 전통적인 가치투자자들이 포함된다. 또한 가치투자의 법칙을 수정한 운용자들이라 할 수 있는 빌 밀러 Bill Miller, 빌 프라이즈 Bill Fries, 그리고 저명한 벌처투자가 마틴 휘트먼 Martin Whitman이 있다. 그리고 새로운 세대의 가치투자자들도 포함시켰는데 업계에 오래 있었던 것은 아니지만 돈을 버는 재능을 이미 증명한 운용자들이다. 이 젊은 투자자들은 빌 나이그렌 Bill Nygren, 짐 길리건 Jim Gilligan, 브렛 스탠리 Bret Stanley, 케빈 오보일 Kevin O'Boyle이다.

거장들은 때때로 시장의 다른 영역에서 투자 아이디어를 찾는다. 예를 들어 척 로이스와 밥 퍼킨스 Bob Perkins는 소형주에 집중하고, 빌 나이그렌과 딕 와이스$^{Dick\ Weiss}$는 중형주에 가장 관심이 많다. 나머지 대부분의 거장들은 시가총액에 구애받지 않는다.

『가치투자를 말한다$^{Value\ Investing\ with\ the\ Masters}$』의 1부는 20장으로 되어 있는데 각 장은 각 거장들과의 인터뷰를 담고 있다. 인터뷰는 알파벳 순서대로 정리했고 비슷한 패턴을 따른다. 먼저 그들의 배경과 어떻게 투자업계에 들어오게 되었는지에 대해 얘기한다. 그 후 투자 절차를 논의하고 시장에서 어떻게 가치주를 찾는지를 자세하게 설명한다. 그러면서 각자의 투자 방법을 설명할 수 있는 구체적인 예를 포함할 수 있도록 했다. 또한 대부분 최근의 약세장과 2000년 초에 터져버린 거품으로부터 얻을 수 있는 교훈, 그리고 미래에 가치투자가 통할 수 있을지에 대해서도 논의했다.

2부에서는 '거장들의 공통점'이라는, 대부분의 거장들이 공유하는 주요 특성들을 나열했다. 여기서 한 단계 더 나아가 많은 거장들이 언급한 투자 교훈들을 모아 '가치투자에 성공하기 위한 10가지 핵심 요소'로 정리했다. 이 장은 독자가 스스로 주식을 선택할 때 사용할 수 있는 다양한 법칙들을 포함하고 있다.

책의 마지막에는 가치투자자들이 자주 사용하는 용어들을 정리해 놓았다. 따라서 이 인터뷰를 읽다가 익숙하지 않은 용어를 만나면 그 부분을 참고하면 된다.

책을 마치면서 이 책이 나올 수 있도록 해준 모든 거장들과 그들의 충실한 보조자들에게 감사를 전한다. 소중한 시간을 아낌없이 내어 준 그들에게 깊은 감사의 마음을 가지고 있다. 또한 필자의 전문 보조자이자 필사자였던 달라 맥데이비드$^{Darla\ McDavid}$와 편집자였던 엘렌 슈나이드 콜맨$^{Ellen\ Schneid\ Coleman}$, 그리고 항상 최고의 일을 하고 있는 프렌티스 홀 출판사$^{Prentice\ Hall\ Press}$의 직원들에게도 감사한다.

이제 가치투자의 진정한 거장들에게 가치투자를 배워보자. 독자들 역시 필자와 마찬가지로 이 대화들이 즐겁고 유익할 것이다.

커크 카잔지안^{Kirk Kazanjian}

Contents

들어가며 · 5

PART 1 / 가치투자의 거장들

01 크리스토퍼 브라운 14 ǀ 02 데이비드 드레먼 30 ǀ 03 장 마리 에베이야르 54

04 윌리엄 프라이즈 74 ǀ 05 제임스 길리건 94 ǀ 06 제임스 깁슨 116 ǀ 07 존 구드 136

08 윌리엄 밀러 160 ǀ 09 로널드 뮬렌캠프 186 ǀ 10 윌리엄 나이그렌 208 ǀ 11 케빈 오보일 230

12 로버트 올스타인 252 ǀ 13 로버트 퍼킨스 274 ǀ 14 찰스 로이스 298 ǀ 15 켄트 시몬스 322

16 브렛 스탠리 338 ǀ 17 리처드 와이스 362 ǀ 18 월리스 와이츠 384 ǀ 19 마틴 휘트먼 406

20 데이비드 윌리엄스 430

PART 2 / 거장들의 투자법

21 거장들의 공통점 453 ǀ 22 가치투자에 성공하기 위한 열 가지 핵심 요소 455

가치투자에 자주 사용되는 용어들 469 ǀ 저자에 대하여 473 ǀ 찾아보기 474

PART ONE
가치투자의 거장들

Christopher Browne

펜실베이니아 대학 러시아어 전공

1969년 ~ 현재 트위디 브라운 컴퍼니 - 투자자문, 운용 위원, 운용 이사

현재 펜실베이니아 대학 이사, 록펠러 대학 이사

대표 펀드 : 글로벌 밸류 펀드(45억 달러)

chapter 01
크리스토퍼 브라운

이 책에서 인터뷰를 한 대부분의 전문가들은 벤저민 그레이엄을 극찬하고 있다. 하지만 그레이엄을 상대로 영업을 했던 회사는 트위디 브라운$^{Tweedy,\ Brown\ Company}$밖에 없다. 워런 버핏 또한 1950년대 트위디 브라운을 통해 버크셔 해서웨이$^{Berkshire\ Hathaway}$ 주식을 매입한 바 있다. 포러스트 버윈드 트위디$^{Forrest\ Berwind\ Tweedy}$에 의해 80년 전에 설립된 이 회사는 중개회사, 증권 딜러를 거쳐 현재는 세계에서 손꼽히는 가치투자 운용사로 알려져 있다.

크리스토퍼 브라운의 아버지 하워드 브라운$^{Howard\ Browne}$은 트위디 브라운의 초기 파트너 중 한 명이다. 크리스토퍼 브라운이 원래부터 아버지가 다니던 회사에 들어오려고 했던 건 아니라고 한다. 대학생 시절, 돈을 모으기 위해 여름방학 때 이 회사에서 일하게 되었는데 그 이후로 이 회사에 눌러앉게 되었다. 현재는 그의 동생인 윌^{Will}도 트위디 브라운에서 일하고 있다.

현재 크리스토퍼 브라운과 윌, 그리고 다른 파트너들은 그레이엄에 의해 개척된 가치투자 방식을 통해 80억 달러가 넘는 돈을 운용하고 있다. 회사를 대표하는 펀드는 아메리칸 밸류 펀드American Value Fund와 글로벌 밸류 펀드Global Value Fund이다. 재미있는 것은, 주로 자국 주식에 투자해온 회사임에도 글로벌 밸류 펀드의 실적이 너무 좋아 펀드평가사인 모닝스타에 의해 '2000년 올해의 해외 투자자'로 선정되었다는 것이다.

54세의 크리스토퍼 브라운은 금융 데이터베이스를 통해 2만여 개의 국내외 공개기업을 분석해서 종목을 선정하는데, 이는 자신의 절대적인 가치 기준을 충족시킬 수 있는 종목을 찾기 위해서다. 그는 그레이엄과 버핏의 열렬한 추종자이며 장세에는 별로 신경 쓰지 않음에도 불구하고 성장주를 선호한다.

그레이엄, 버핏과의 인연

회사 연혁이 대단합니다. 재미있는 얘기 몇 가지 해주세요.
이 회사는 포레스트 버윈드 트위디에 의해 1920년에 설립되었습니다. 그는 주식 중개 사업에서 틈새시장을 발견하기 위해 노력했죠. 당시 중개회사들은 대부분 50~150명 정도의 투자자를 고객으로 가지고 있었는데, 문제는 회사 내부의 거래를 제외하고는 그 주식들을 거래할 시장이 거의 없다는 점이었습니다.
트위디는 각 회사들의 주주총회에 가서 주주 리스트를 얻은 후, 주주들에게 주식을 매매할 의향이 있는지 묻는 편지를 보냈습니다. 이런 방식으로 거래가 별로 없는 주식을 거래하는 전문가가 되었죠. 뭐랄까요. 요즘으로 치면 비상장 거래 전문가라고나 할까요? 물론 상장된 기업이 거의 없는 상태에서요.

1930년대에는 벤저민 그레이엄도 싼 주식을 찾기 위해 트위디를 만났어요. 이런 주식들 대부분이 핑크 시트pink sheet* 상에서 크게 할인된 가격에서 거래되었어요.

저의 아버지인 하워드 브라운은 다른 회사에서 채권투자자로 일하다가 1945년에 트위디로 옮겼죠. 그 후 회사는 운용자들에게도 서비스를 제공하기 시작했습니다.

당시에는 사무실을 옆에 얻을 정도로 그레이엄과 가깝게 지냈다고 합니다. 1957년 그레이엄은 은퇴했고 그의 사업을 워런 버핏에게 넘겼는데, 그도 트위디의 고객이었죠. 버크셔 해서웨이의 주식을 매입한 것도 이때였습니다.

빌 트위디도 그레이엄이 은퇴한 해에 같이 은퇴했어요. 톰 냅Tom Knapp이 합류한 것도 이때쯤입니다. 컬럼비아 비즈니스 스쿨 출신에 그레이엄과도 일했던 그는 회사가 중개회사에서 가치투자 운용사로 바뀔 수 있도록 많은 일을 했지요.

이 회사에 들어오게 된 계기는 무엇입니까?

처음부터 여기서 일하려고 했던 건 아니었습니다. 베트남전이 한창이던 1968년 여름에 예비군으로 편입됐어요. 당시에 저는 펜실베이니아 대학에서 러시아어를 전공하고 있었죠. 제대한 후, 뉴저지로 가는 기차를 타야 했는데 티켓 값 5달러가 없어서 아버지에게 돈을 빌

---

* 국가시세국에서 관리하는 장외주식들의 시세표. 일간으로 정리되며 거래소 주식들과 달리 등록상의 최저 기준이 없다.

리기 위해 뉴욕 사무실로 찾아갔었죠. 그런데 기다리는 동안 당시 파트너였던 에드 앤더슨$^{Ed\ Anderson}$이 저에게 투자에 대한 이야기를 하더군요. 저는 공손하게 귀 기울여 들었어요. 그렇게 두 시간 정도 이야기를 한 후 에드가 여름 동안 일해볼 생각 없냐고 묻더군요. 특별히 그럴 생각은 없었는데 그가 자꾸 권하는 바람에 그러자고 했어요. 그 때부터 여기서 일하게 되었던 거죠.

아버지가 같은 업종에 있어서 투자 쪽에 들어올 생각을 했었던 건가요?

그렇진 않아요. 집에서 아버지는 일에 대한 이야기를 전혀 안하셨죠. 오히려 형한테 많이 배웠습니다. 제 형인 토니는 하버드 비즈니스 스쿨에 다녔고 시티 어소시에이츠$^{City\ Associates}$라는 헤지펀드에서 일했었어요.

처음 회사에 들어와서 했던 일은 무엇입니까?

오전 내내 제가 했던 일은 모든 거래 내역을 우편으로 보내는 거였죠. 매우 힘들었습니다. 직원들의 점심메뉴를 주문 받는 것도 제 몫이었어요. 그 후에는 에드가 스탠더드앤드푸어스의 책자를 주면서 여러 주식의 주당 순유동자산을 계산하라고 하더군요. 어떤 주식이 순유동자산의 3분의 2 정도에서 거래되면, 매수가격을 IBM 펀치 카드에 작성하고 그걸 국가시세국$^{National\ Quotation\ Bureau}$에 보냈습니다. 에드는 저를 은행 애널리스트로도 만들었는데 저는 포크 은행 디렉토리$^{Polk's\ Bank\ Directory}$를 검토하고, 회사를 알파벳 순서와 지역에 따라 정리하고, 주식 소유 관계 참조표를 만들며 주식의 장부가치를 계산하는 것과 같은 일들을 했어요. 매수가격이 장부가치의 3분의 2 이하이면 그 내용을 기록하고 카드에 작성했지요. 기본적인 조사를 제가 하게 되면서 에드는 다른 일들을 할 수 있었어요.

돈을 운용하는 방법이나 접근법은 언제 배웠나요?
배운 건 별로 없어요. 기본적으로 주당 순유동자산을 계산하는 일이었는데 이것은 벤저민 그레이엄의 기본입니다. 우리는 유동자산의 3분의 2 정도에서 거래되고 있는 주식을 찾아요. 그런 주식을 찾으면 그 주식을 사지요. 그리고 가격이 자산 가치에 도달하면 처분합니다. 아주 단순하지요!

이 회사는 미국 내 최고의 투자 운용사 가운데 하나인데요, 전체 운용액은 얼마 정도 되나요?
약 82억 달러입니다. 그 중의 절반은 우리 펀드에 있고 나머지는 개별 계좌에 있습니다.

1997년 AMG Affiliated Managers Group**에 회사 일부를 매각하셨는데 특별한 이유가 있습니까?**
그건 주요 주주들의 재산 계획에 따른 결정이었습니다. 우리는 서로 다른 대안을 찾고 있었거든요. 저는 워런 버핏에게 편지를 써서 우리 회사가 버크셔 해서웨이의 기준을 충족시키는 회사이니 우리 회사를 사라고 제안하기도 했습니다. 자산운용업은 자본이 적게 들고 투자에 대한 수익이 높으며 수익 흐름이 꾸준하고 성장률을 예측하기가 쉽지요. 그에게 우리의 상속 문제를 해결하기 위해 회사 지분의 반을 사줬으면 좋겠다고 했어요. 그는 정중한 답장을 보냈는데 파트너인 찰리 멍거Charlie Munger와 함께 고려해보았지만 역시 자산운용사를 경영하게 되면 이해관계의 충돌이 발생할 것 같다고 하더군요. 우리는 다른 매수자를 찾았고 AMG가 가장 적합하다고 결정했습니다. 그 회사는 주식을 공개하려고 했는데 브랜드가 있는 회사를 보유하진 않았었죠. 놀랍게도 그들은 트위디 브라운을 이름 있는 회사로 생각하더군요. 거래 금액은 3억 달러였는데 모든 사람들이 그 거래에 대해 만족하고 있어요. 우리는 여전히 자율적으로 운영되고 있습니다.

좋은 주식을 찾기 위한 10가지 원칙

트위디 브라운의 투자 방법에 대해 말씀해주십시오.
우리에게는 좋은 주식을 찾는 10가지의 원칙이 있습니다. 이 원칙 덕분에 오랫동안 지수보다 좋은 성과를 낼 수 있었습니다.
우선, PER나 PBR가 전체 주식 평균의 80~90%보다 낮은 주식을 찾습니다. 이 주식들은 과거에도 대부분의 지수보다 좋은 성과를 보여 왔지요. 우리 주식들은 10~20% 사이의 '가치층value layer'에 포함되는데 내부자들이 많이 사들이기도 하고 회사가 주식을 되사기도 하더군요.
둘째, 주식을 시가총액별로 구분하진 않습니다. 우리는 크든 작든 상관없이 모든 규모의 주식을 매입합니다.
셋째, 각 회사에 대해 주의 깊게 리서치를 하며 경영진과 인터뷰도 합니다. 이런 조사는 전통적인 월스트리트 리서치에서는 알 수 없는 미래의 정보와 통찰력을 얻도록 해주지요.
넷째, 지수를 따라가려고 하지 않습니다. 시장수익률을 상회하는 주식을 찾는 데만 집중하죠.
다섯째, 우리는 이렇게 찾은 주식에 대해서 가능한 한 많이 그리고 오랫동안 투자하려고 합니다. 조사에 따르면 투자 수익의 80~90%는 전체 보유 기간 중 2~7% 사이의 기간 동안에 발생한다고 하죠. 이런 기간을 놓치지 않아야죠.

여섯째, 회전율을 낮게 유지합니다. 이렇게 하면 수수료 비용을 줄일 수 있고 높은 세후 수익을 거둘 수 있어요.

일곱째, 거래 비용을 가능한 한 낮게 유지합니다.

여덟째, 워런 버핏과 마찬가지로 스스로를 오너처럼 생각하고 행동합니다. 그 회사의 가치를 증대시키기 위해 노력하죠.

아홉째, 우리는 우리의 투자 스타일에 초점을 맞춰요. 즉 우리 돈의 대부분은 가치투자 접근법에 따라 투자되죠.

그리고 마지막으로, 이것도 매우 중요한 건데, 우리는 우리가 하는 일의 방식을 끊임없이 개선하는 열렬한 투자 전공 학생이 되려고 합니다.

양적인 것도 있고 질적인 것도 있네요.
네. 처음 가치를 찾을 때는 양적인 것에 신경 쓰고 그 후에는 질적인 면에 집중한다고 할 수 있죠.

실제 투자 예를 좀 들어주시죠.
우리는 종종 인기가 없어진 회사와 업종에 관심을 가집니다.
예를 들어 1993년, 힐러리와 빌 클린턴이 미국의 의료 체계를 개정하려고 할 때 모든 제약주가 낮은 두 자리 수의 PER에서 거래되고 있었습니다. 존슨앤드존슨$^{Johnson\&Johnson}$의 경우 수익의 12.5배 정도에서 거래되고 있었죠. 만일 그 제약회사를 통째로 산다면 타이레놀^{Tylenol}, 밴드에이드$^{Band\text{-}Aids}$, 존슨즈 베이비 오일$^{Johnson's\ Baby\ Oil}$ 그리고 다른 제품들에 대한 물건값만을 치르는 셈입니다. 그 정도의 가격이면 그 회사를 거의 공짜로 얻는 것이나 다름없었어요. 양적인 측면에서 제약주들은 매우 매력적이었지요. 그후 우리는 인구통계학적으로 제약산업의 전망이 매우 좋다는 것을 알게 되었어요. 10~15년 내로 베이비 붐 시대에 태어난 사람들이 약을 복용하기 시작할 테니까요. 또한 회사의 경영진이 매우 우수했고 장기적으로 성장성과 수익성도 매우 좋았어요. 우리는 여전히 제약업을 좋아합니다.

다른 예도 들어주세요.
MBIA도 좋은 주식입니다. 이 보증보험 회사는 1990년대 중반 내부자들이 자사 주식을 많이 매입하는 바람에 우리 눈에 띄게 되었어요. 그 주식은 수익의 12배 정도에 거래되고 있어서 가격이 괜찮은 편이었고 성장성도 꽤 괜찮은 것 같았어요.
MBIA의 질적인 측면을 조사해보니 그 회사가 가장 높은 시장점유율을 가지고 있고 최저의 비용으로 상품을 생산하고 있다는 걸 알게 됐습니다. 경쟁에 의해 도태될 수 있는 가능성이 거의 없었던 거죠.

글로벌 펀드, 해외시장의 성장에 동참하다

1993년에 트위디 브라운 글로벌 밸류 펀드를 시작하셨죠. 해외에 투자하게 된 특별한 이유가 있나요?
1982년, 저의 파트너이자 동료 포트폴리오 운용자인 존 스피어스(John Spears)가 장부가치의 3분의 1에 거래되고 있던 일본 보험주들을 관찰하기 시작했습니다. 약간의 조사 후, 우리는 이 주식들 중 예닐곱 종목을 매입했죠. 이 주식들은 나중에 두세 배 이상 올랐어요.
그리고 1980년대 중반에는 영국의 보험중개회사와 여행회사가 수익의 여섯 배 정도에서 거래된다는 것을 알고 매입했었죠. 때마침 우리는 영국의 투자은행가였던 한 고객을 위해 돈을 운용하기 시작했어요. 그 고객이 말하길, 유럽의 주식들이 매우 싸기 때문에 그 주식들을 매입하는 것이 좋을 거라고 하더군요. 우리는 유럽에 조금씩 투자하기 시작했고 나중에 해외 투자 펀드를 운용하게 되었지요. 그후 우리는 모든 고객들이 해외시장의 성장에 동참할 수 있도록 하자고 결정했고, 고객들의 숫자가 많아짐에 따라 뮤추얼 펀드를 시작하게 되었죠.

외국 회사들을 미국 회사들과 다른 방법으로 평가하나요?
그건 아닙니다. 물론 처음에는 몇 가지 극복해야 할 점들이 있죠. 그 중 하나가 회계였습니다. 사과는 사과와 비교해야 제대로 된 비교를 할 수 있는 법이니까요. 우리는 유럽 회사들이 하나의 장부만을 가지고 있다는 것을 알아냈어요. 그들은 같은 장부로 세금을 내고 배당을 주더군요.
두 번째로, 유럽인들은 주주를 필요악이라고 생각하더군요. 또한 경영진들은 스톡옵션이 없었기 때문에 주가를 올리려고도 하지 않았죠. 사실 그들은 수익을 억누르려는 시도를 하기도 했는데, 1990년대 초 로슈 홀딩스 Roche Holdings가 실제로 그랬습니다. 분석 101에 따르면 초기 장부가치에서 수익을 더하고 배당을 빼면 현재 장부가치와 같아야 해요. 그런데 로슈는 그런 식으로 처리하지 않았어요. 실적이 좋은 해에는 될 가능성이 없는 일을 위해 좀 심하다 할 정도의 준비금을 적립했는데 그것을 세후 준비금이라고 하더군요. 그런 식으로 사이비 준비금을 만들어서 주주의 이익을 2억 스위스 프랑이나 날려 버렸죠. 그리고, 몇 년 후 그 일을 포기했습니다. 미국에선 수익을 악화시키는 방식으로 준비금을 만들었다가 그 일을 포기하면 그걸 수익으로 환원해야 합니다. 하지만 유럽에선 그렇지 않아요. 즉 장부가 치는 2억 스위스 프랑 증가했는데 손익계산서에는 나타나지 않게 된 거죠. 사실 이런 사례를 보는 건 매우 재미있는 일이기도 합니다.

글로벌 펀드에서 통화를 헤지하고 있던데, 그 이유는 무엇이고 수익에는 어떤 영향을 미치나요?

통화를 헤지하면 통화 변동의 위험을 없앨 수 있고, 우리가 미국 달러에서 얻는 것과 같은 수익을 올릴 수 있습니다. 그건 우리가 해외에 투자했을 때 직면했던 중요한 문제 중 하나였는데, 1980년대 주요 유럽 통화들과 달러의 가치를 비교한 차트를 보면 변동성이 얼마나 심했었는지 파악할 수 있을 겁니다.

특별히 좋아하거나 싫어하는 나라가 있나요, 아니면 국가 구분 없이 주식 기준으로만 회사를 찾나요?

선진국 위주로 투자합니다. 제 동생 윌은 라틴 아메리카에서 평화유지군으로 근무한 적이 있는데, 그 이후로 라틴 아메리카에 대해 부정적인 견해를 표하더군요. 그 곳 사람들을 신뢰할 수 없다면서요.

'어느 나라가 괜찮다' 라는 생각은 있으시죠?

그렇지 않습니다. 문제는 어디에 가장 싼 주식이 있는가일 뿐이에요. 우리가 처음 글로벌 밸류 펀드를 시작했을 때는 24%를 스위스에 투자했었어요.

바버^{bobber}가 되면 팔아라

포트폴리오에 보통 몇 종목이나 있습니까?
해외 포트폴리오는 대략 190개 종목 정도를 포함해서 꽤 큰 편이고, 보통의 국내 계좌는 대략 80개 종목으로 구성해요.

꽤 많이 분산되어 있군요.
그렇죠. 하지만 자금의 대부분은 시가총액이 50억 달러가 넘는 주식에 있고 나머지 반은 50억 달러 이하의 주식에 투자되어 있어요. 전체의 20%는 시가총액 10억 달러 미만에 있습니다. 시가총액 스펙트럼을 따라 내려가다 보면 더 많은 종목을 보유하게 되는데 이건 소형주에서는 포지션을 크게 가져갈 수 없기 때문이에요.

언제 주식을 처분하나요?
너무 비싸지거나 성장하지 않거나 '바버'가 되면 처분합니다. 바버가 된다는 건 개인사업가가 그 회사에 대해 지불하고자 하는 금액의 90%까지 주식이 오른다는 거예요. 회사가 우리가 보유하고 있는 동안 계속 성장하는 경우엔 좀 더 오래 보유하기도 하죠. 그리고 회사 전체의 사적인 시장가치$^{private\ market\ value}$보다 높은 가격에 거래되면 그 주식을 처분해요.

주식 매입의 기준이 되는 내재가치의 비율이 있나요?
특별히 정해진 숫자는 없습니다. 다만 우리는 주식이 어떤 이유로 우리가 살 생각이 들 정도까지 뚝 떨어지길 기다리지요.

인내심이 많으신가요?

포트폴리오의 회전율이 지난 5, 6년간 평균 15% 정도입니다. 매우 낮은 편이죠. 그 정도면 인내심이 많다고 해야 하나요?

가치투자는 성공할 것인가

1990년대 후반에는 성장주가 인기 있었습니다. 이제 시대가 바뀌어서 가치투자가 성공할 것이라 생각하나요?

그건 가치의 정의에 따라 다르게 생각할 수 있습니다. 많은 사람들이 가치주를 단순히 PER가 낮은 주식이라고 생각합니다. 그런데 그 회사의 사업이 매우 형편없어서 PER가 낮은 경우도 있어요. 현존하는 가장 위대한 가치투자자는 워런 버핏이라고 할 수 있죠. 일반적인 기준을 그의 주식에 적용해보면 그 어느 것도 가치주에 포함되지 않을 겁니다. 그건 그가 형편없는 주식을 사는 게 아니라 좋은 사업을 사기 때문이죠. 사실 그런 것이 가치이고, 그런 투자 방법은 언제나 성공적일 것입니다.

그러면 1990년대 후반의 좋지 않은 실적은 어떻게 된 거죠?

우리도 그 이유가 궁금해서 자료를 조사해봤습니다. 1999년 10월 한 달 동안 가치형 펀드로부터 1,200억 달러가 빠진 반면 1,800억 달러가 성장형 펀드에 투자되었더군요. 그 기간 동안 존슨앤드존슨의 주가가 95달러에서 69달러로 떨어졌습니다. 한 분기도 수익예측이 틀리지 않았는데 말이죠. 단지 그 주식을 갖고 있던 사람들 중 현금화하려는 사람이 너무 많았던 거죠. 사람들은 시류에 편승했습니다. 이 열병은 2000년 3월에 최고에 달했는데 그때 나스닥도 최고에 달했었죠. 한마디로 전형적인 거품이었습니다.

최근 20년간 최고의 운용자들이 누구였는지 살펴보면 가치투자자들이 대부분을 차지하고 있다는 것을 알게 될 겁니다. 성장주 투자 개념은 기본적으로 신화에 지나지 않아요. 성장형 펀드는 왜 가치형 펀드보다 회전율이 2배나 높을까요? 성장주 투자는 기본적으로 회사가 성장 중일 때 그 회사를 매입한다는 거예요. 그러면 성장주를 20년 동안이라도 보유하고 있어야 하는 게 아닐까요. 성장형 펀드 매니저들은 아마도 이 주식들에 대해 향후 5년, 10년의 수익예측을 내놓을 거예요. 하지만 그 대부분은 다음 분기에조차 맞지 않고 그러면 성장형 펀드매니저들은 그 주식을 처분해버리는 거죠. 우리의 한 계좌는 아메리칸 익스프레스American Express를 10년간이나 보유하고 있습니다. 배당을 제외하고도 그 주식은 10년간 복리로 연 22% 성장했어요. 보유하는 동안 회사는 성장하고 투자자에게 굉장한 수익을 남겨주는, 이와 같은 것이 바로 성장 투자가 아닐까요?

내가 펀드 운용자들 대부분에게 가지고 있는 불만 중 하나는 그들이 주주들에게 자신의 투자 기법과 시장에 대한 현재의 느낌을 제대로 설명하려고 하지 않는다는 점이다.

하지만 트위디 브라운은 분명히 그렇지 않은 회사 중 하나다. 회사의 연차보고서는 크리스 브라운과 동료들이 무슨 생각을 하고 있는지 주주들에게 알려주는 에세이와 자료들로 가득 차 있다. 또 새로운 주주들에게는 가치투자와 시장에서 증명된 투자 전략에 대해 설명한

두꺼운 책자를 보내준다. 이것은 자세한 정보를 요청했을 때만 지루한 회사 약관을 보내주는 다른 펀드들과 분명히 구분되는 점이다.

트위디 브라운은 그들의 과거 고객이었던 벤저민 그레이엄과 같이 교양 있는 주주들을 고객으로 가지고 있음을 자랑스러워 할 것이다.

David Dreman

1936년 캐나다 위니펙 출생. 매니토바 대학 학사, 컬럼비아 대학 석사, 매니토바 대학 법학 박사

1950년대 후반 ~ 1977년 로셔 피어스 레프네스 증권 뉴욕지사 리서치 이사.

J&W 셀리그먼 선임 투자 팀장, 밸류라인 인베스트먼트 서비스 편집인 역임

1977 ~ 현재 드레먼 밸류 매니지먼트 대표.

심리학과 금융 시장(The Journal of Psychology and Financial Markets) 공동 편집인, FREE 재단 이사, 드레먼 재단 이사장, 포브스 지의 정규 칼럼니스트

대표 펀드 : 스커더 드레먼 고수익 주식 펀드

저서 : 『역발상 투자 전략』, 『다음 세대』, 『심리학과 주식 시장』, 『주식 시장 성공의 심리학』, 『새로운 역행적 투자 전략』

chapter 02

데이비드 드레먼

데이비드 드레먼은 항상 군중과 다르게 움직이는 것처럼 보인다. 그는 효율적 시장가설을 신봉하는 사람들이 복음처럼 여기는 거의 모든 연구를 부정하고, 대부분의 월스트리트 리서치를 가치 없는 것으로 취급한다. 그리고 남들이 고가의 기술주와 인터넷주를 살 때 그는 전통적인 회사들의 주식을 사면서, 사람들이 역사상 최대의 거품에 빠져있다고 주장했다.

드러난 바와 같이 보통은 드레먼이 옳았는데, 이것이 드레먼이 현역 최고의 역발상 투자자(드레먼 자신도 이 말을 좋아한다)로 불리는 이유이다. 실제로 드레먼은 '역발상$^{\text{The Contrarian}}$'이라고 명명된 요트를 타고 세계를 항해하고 있다.

드레먼은 캐나다에서 태어나서 자랐다. 그의 아버지는 캐나다 주식거래소의 트레이더였다. 그래서 드레먼은 투자의 언어를 말하면서 자랄 수 있었다. 1965년 미국으로 건너온 드레먼은 밸류라인$^{\text{Value Line}}$

의 애널리스트이자 편집자로 출발해서 J&W 셀리그먼$^{J\&W\ Seligman}$과 로셔 피어스 레프네스 증권$^{Rauscher\ Pierce\ Refsnes\ Securities}$에서 리서치를 담당했다. 그 후 1977년에 자신의 회사, 드레먼 밸류 매니지먼트$^{Dreman\ Value\ Management}$를 시작했다.

현재 드레먼은 스커더 켐퍼 인베스트먼츠$^{Scudder\ Kemper\ Investments}$와 준자문계약을 맺고, 최고의 펀드로 손꼽히는 스커더 드레먼 고수익 주식 펀드$^{Scudder\ Dreman\ High\ Return\ Equity\ Fund}$를 포함해 두 개의 뮤추얼 펀드와 두 개의 연금 상품을 운용 중이다. 몇 권의 책을 써서 호평을 받았으며, 포브스^{Forbes}의 정기 칼럼니스트이기도 하다. 또한 몇 년 전엔 행태재무론$^{behavioral\ finance}$* 분야 연구를 지원하기 위한 재단을 설립했다. 그는 행태재무론이 '투자자가 무엇을 하는지, 왜 하는지'에 대해 보다 잘 설명해준다고 생각한다. 드레먼은 가치의 20% 아래에서 거래되는 주식을 사는 것이 거의 항상 우수한 결과를 만들 수 있는 전략이라고 주장한다.

아버지에게서 역발상 투자를 배우다

아버지로부터 역발상 사고에 대해 영향을 많이 받은 것으로 알고 있습니다.
아버지는 자연적인 역발상주의자였어요. 1929년부터 캐나다 주식거래소에서 일하셨고 2000년에 돌아가셨죠. 돌아가시기 몇 년 전에야

＊ 투자자들의 투자 행위가 효율적이고 합리적인 방향으로만 이루어지지 않고, 감정 상태 등이 비이성적 행위를 결정하기도 한다는 이론. 똑같은 정보가 주어져도 가지고 있는 지식이나 감정 상태에 따라 투자 결정이 달라질 수 있다고 한다.

그 일을 그만 두셨습니다. 아버지는 항상 대부분의 전문가들이 틀렸다고 믿었고 그들과 반대로 하셨어요. 그렇다고 단순히 반대로 하는 것만은 아니었고 스스로 많은 리서치를 하셨었지요. 아버지로부터 의심하는 태도를 배웠다고 할 수 있습니다.

비즈니스 스쿨이나 대학원에 가면 전문가들이 말하는 것을 자동적으로 받아들이게 되고 많은 의문을 가질 수 없어요. 반면 저는 옳지 않아 보이는 것에 많은 질문을 던지는 경향이 있는데 아마도 그건 제가 아버지로부터 물려받은 것 같습니다.

캐나다에서 태어나셨는데, 어디에서 자랐나요?
캐나다 서부, 위니펙^{Winnipeg}에서요. 네 살인가 다섯 살 때 처음으로 거래소에 갔었어요.

그때부터 주식 투자에 흥미를 갖게 되었나요?
투자는 제 삶의 한 부분이었고, 어릴 적부터 저와 함께했어요. 비즈니스 스쿨을 갔을 때, 주식 투자에 더욱 관심을 가질 수 있었습니다.

가장 처음 산 주식은 무엇입니까?
대학에 있을 때 제너럴모터스$^{General\ Motors}$를 샀었는데 그 이유가 역발상에 의한 것이었습니다.

그 이유가 궁금하군요.
당시 그 회사의 직원들이 파업 중이었습니다. 어떤 사람들은 파업이 지속될 것이라고 말했지만 저는 그렇게 되지는 않으리라 생각했죠.

당신이 맞았군요.
네. 대부분의 파업들은 한 달 내에 끝나잖아요. 그것이 제가 옳았던 이유였죠.

대학은 어디를 나오셨나요?
캐나다의 매니토바 대학을 다녔고 미국 컬럼비아에서 대학원 공부를 마쳤죠.

가장 처음 가지게 된 직업은 무엇인가요?
아버지의 회사에 투자 부문이 없어서 졸업 후 제가 만들었습니다. 그게 1950년대 후반에서 1960년대 초반이었는데 그 후 뉴욕으로 왔어요. 미국 시장에는 훨씬 많은 산업과 기술들이 있었기 때문에 변동성이 컸고 더 흥미 있어 보였죠. 1965년에 와서 밸류라인에서 몇 년 일하고 J&W 셀리그먼으로 옮겼습니다.

밸류라인에서는 애널리스트였나요?
편집자이자 애널리스트였습니다. 몇 명과 함께 일했었죠.

셀리그먼에서는 무얼 했나요?
리서치를 담당했었어요. 그 후 퇴사해서 1970년대 후반에 제 회사를 시작했어요.

그 회사가 지금의 회사인가요?
거의 그렇다고 할 수 있습니다. 최초의 회사를 매각했지만 기록은 동일하니까요.

현재 운용 자금은 얼마인가요?
대략 55억 달러입니다. 그 중 40억 달러 정도는 뮤추얼 펀드에 있고 나머지는 기관투자가와 부유한 개인의 계좌에 있어요.

광란, 그리고 거품의 붕괴

역발상 투자를 어떻게 정의할 수 있을까요?
많은 정의가 있을 수 있는데 우리는 50년 이상을 조사한 연구들에서 알아낸 사실을 이용합니다. 그 연구들에 의하면 PBR, PER, 가격/현금흐름 비율이 낮은 주식에 투자하는 전략이 시장 평균보다 연평균 2,3% 높았습니다. 반대로 인기가 있었던 주식의 실적은 별로 좋지 않았죠. 기술주가 각광 받았을 때조차 장기간으로 보았을 때는 가치주가 성장주나 기술주보다 실적이 좋았어요.

1990년대 후반, 기술주들의 엄청난 성장을 고려해도 그렇습니까?
네. 흥미로운 것은 지난 10년간 기술주가 크게 올랐지만 우리의 전략이 S&P 지수보다 나았다는 것입니다. 몇 년 전에 기술주와 통신주가 S&P 지수의 38% 정도를 차지했었는데도요.
물론 우리의 전략이 항상 좋은 건 아니고 우리가 잘못할 때도 있습니다. 하지만 길게 봐서는 우리의 전략이 매우 좋았어요. 1999년의 경우 우리 전략은 신통치 못했었죠. 그때는 기술주 거품 시기였고 가치주나 역발상주를 보유하고 있는 투자자의 실적은 모두 좋지 않았어요. 우리 펀드는 12% 정도 하락하기까지 했었죠. 하지만 그 다음해, 시장은 12% 떨어졌지만, 우리 펀드들은 42% 상승할 수 있었습니다.

1999년에는 왜 그렇게 떨어졌을까요? 인기가 없어서 사람들이 무분별하게 그 주식들을 매도해버려서 그랬나요?

정확해요. 사람들은 광적인 상태였었죠. 사람들은 그것이 얼마나 광적이었는지 깨닫지 못하고 있습니다. 거품이었다고 얘긴 하지만, 5년이나 10년 후에도 당시 거품이 얼마나 컸던 것인지 깨닫지 못할 거예요. 그것은 남해 거품 South Sea bubble* 보다 훨씬 컸고, 튤립 열풍 Tulip Mania* 만큼이나 컸어요. 제 생각에 그것은 미국 역사상 가장 큰 거품이었고, 아마도 세계 역사상 최고였을 겁니다. 어떤 주식은 우리의 수익할인 모델에 따라 측정된 실제 가치보다 5,000~1만% 정도 높은 가격에서 거래되기도 했었어요. 사람들은 애널리스트의 예측 중에서도 가장 열광적인 예측을 받아들였고, 덕분에 성장률은 사상 최고였습니다. 어떤 주식들은 적정 가치가 거래가의 10분의 1 정도밖에 안 되는 것으로 추정되기도 했어요. 성장률을 가장 낙관적으로 예상하더라도 우리의 예상치보다 10배에서 20배 높은 가격에서 거래되었죠.

---

* 1720년에 영국 주식시장에서 발생했던 최초의 주식 대폭락 사건. 거품의 시작은 1711년 남해 회사(South Sea Company)가 남해 상에서 발생하는 모든 무역의 독점권을 갖게 되면서 시작되었다. 1713년 위트레흐트 조약으로 스페인령 식민지와의 노예무역권을 얻은 영국에서는 이 방면의 무역이 유리하다는 것이 크게 선전되었고 이에 따라 국민의 투기열이 과열되어 100파운드의 주식이 1,000파운드 이상에 거래되기도 했다. 하지만, 사업 내용이 부실한 것으로 판명되면서 주가는 폭락하였고 피해자가 속출했다.

* 1630년대 네덜란드에서 일어났던 튤립 투기와 그 폭락을 일컬음. 튤립은 16세기 후반 터키에서 유럽으로 유입되었는데 17세기 초에 귀족과 대상인 사이에서 크게 유행하게 되었다. 처음에는 현물거래만 있었기 때문에 투기적 요소는 별로 없었다. 하지만 수확할 알뿌리에 대한 선물거래가 시작되면서 상류층뿐만 아니라 모든 사람들이 앞다투어 선물거래에 뛰어들었다. 1636년 거품은 절정에 달했는데 모든 사람이 튤립은 단순한 꽃에 지나지 않는 것을 알게 된 1637년 튤립 가격이 폭락하면서 많은 피해가 속출했다.

왜 거품이 발생했다고 생각하십니까?

투자자의 심리 때문인데 이건 상대적으로 새로운 영역입니다. 우리는 주가가 실제 가치의 30~40%가 되었을 때 주식을 사라고 배웠는데, 어떤 주식들은 5,000~1만%나 고평가되었어요. 이 문제를 다루기 위한 수많은 심리이론들이 있는데 인지심리학이 그 중 하나입니다. 그리고, 사람들이 어떻게 그룹과 상호작용을 하는지를 연구하는 사회심리학이 다른 하나이고, 일반적인 가치 기준으로 상대방을 평가하고 강요하는 동료간의 압력peer pressure도 그 중 하나죠. 애널리스트는 이미 성공한 주식들을 사라는 압력 하에 있었고, 때때로 분석에서 펀더멘털을 전혀 고려하지 않기도 합니다. 제 생각엔 메리 미커Mary Meeker, 헨리 블로짓Henry Blodget 그리고 다른 많은 사람들이 우스꽝스러운 주장을 했던 것 같아요. 저는 어떤 모델도 그들이 만들어 놓은 숫자를 합리적으로 설명할 수 없다는 것을 확신합니다.

그럼 그들이 어떻게 그런 미친 숫자를 만들어 냈을까요?

저는 그들이 계단에 종이를 날려서 그 중에 가장 높게 올라간 종이를 골랐을 거라고 생각합니다. 더 심한 경우 베이브 루스Babe Ruth가 되어 홈런을 예고하려고 했던 것 같아요. 시장에서 사람들은 어떤 것이라도 믿어요. 메릴린치Merril Lynch가 아마존닷컴이 400달러까지 오를 것이라고 하면, 그건 거의 자기실현적 예언이 되죠. 그 기간에 인터넷주는 거래개시일에 공모가보다 평균 120% 상승했었어요. 주요 회사들을 위해 일하는 애널리스트들은 이 새로운 주식들을 인수하는 것이 수십억 달러는 아닐지라도 수억 달러나 벌어줬기 때문에 별로 개의치 않았죠.

개인투자자들도 잘못했다고 보시나요?

어떤 거품에서도 개인투자자는 군중을 따라갑니다. 개인들은 전문가의 말을 듣는데 전문가들이 맞는 경우는 사실 거의 없습니다. 맞을 때보다 틀릴 때가 더 많다고 할 정도죠. 전문가들의 의견은 당대에 유행하는 생각을 따라가기 마련이고 그 유행은 가격이 높은 주식들을 따라가는 경향이 있어요. 사람들은 단기적인 주가의 움직임에 빠져서 확률이 카지노에서처럼 갑작스럽고 급격히 변한다는 것을 망각해요. 제2차 세계대전 후 이런 거품이 네댓 번 정도 있었는데 모두 붕괴되었어요.

거꾸로 가는 투자자들

행태재무론에 대해 연구를 하고 계시죠?

그 연구를 위한 재단을 만들었고, 1977년에 『주식 시장의 심리학 Psychology in the Stock Market』이라는 책을 썼었죠. 사실 저는 행태재무론 분야가 발전하기 오래 전부터 효율적 시장가설을 부정했습니다.

투자자들이 자신이 해야 하는 것과 정확히 반대되는 일을 하는 이유가 무엇이라고 생각하십니까?

사람들이 완전히 합리적인 건 아니기 때문입니다. 사람들이 미쳤다는 얘긴 아니고, 실수할 수 있다는 것이에요. 인지심리학자들은 베이스율 base rate과 케이스율 case rate이라 불리는 것에 대한 연구를 했습니다. 베이스율은 보통주의 장기적인 수익률 같은 것이고, 케이스율은 지난 5년 혹은 10년간의 주식 수익률이라고 볼 수 있어요. 사람들은 항상 가장 최근의 결과를 보고 미래에도 그 결과가 유지될 것이라고 믿는 경향이 있어요. 주식은 1920년대부터 매년 약 10% 정도의 수익률을 보여왔습니다. 매우 높은 수익을 올릴 때도 있었고 거의 아무 수익도 올리지 못할 때도 있었는데, 어쨌든 그렇게 해서 전체적으로는 10%의 수익률을 올려온 거죠. 그런데 1990년대에 주식이 각광받으면서 사람들은 1992년부터의 강세장이 만들어내는 어마어마한 수익이 영원히 계속될 것이라 생각했어요. 우리는 2001년 4월의 연구에서 투자자들이 연간 수익률을 15%에서 20% 정도로 생각하고 있다는 것을 알게 되었습니다. 즉 당시 사람들은 역사적인 수익률보다 1.5에서 2배 높은 수익률을 기대하고 있었던 것이죠.

그것이 어떤 의미가 있죠?
사람들은 보통주가 장기적으로 더 높은 수익을 올려준다는 사실을 따르는데 거기서 너무 나아가기도 해요. 채권은 제2차 세계대전 이후 인플레이션을 고려했을 때 약 1%의 실질 수익을 거두었지만 주식은 약 7%의 수익을 거두었습니다. 이런 면에서 주식은 분명 좋은 투자 상품이지만, 우리 조사에 따르면 투자자들은 훌륭하지 못해요. 구체적으로 말해서 수익이 한두 해 정도 좋지 않으면 사람들은 훨씬 나쁠 것이라 예상하는 거죠.

월스트리트와 반대로 하라

월스트리트 리서치를 역발상의 신호로 생각하나요? 예를 들어 애널리스트가 어떤 주식을 살 때라고 하면 그 주식의 매도 신호로 생각하나요?

애널리스트들에겐 실례되는 말이지만, 우리는 애널리스트들의 추정에 대해 많은 연구를 해왔습니다. 1970년대부터 나온 75만여 개의 보고서를 가지고 있어요. 우리 연구에 따르면 연 평균 에러율은 43%에 달해요. 1, 2% 정도의 실수가 주식을 20%나 떨어뜨릴 수 있다는 점을 생각하면 그 비율은 어마어마한 것이라고 할 수 있죠. 또한 주가를 합리적으로 계산하기 위해선 5년 혹은 10년 정도의 정확한 수익을 필요로 하는데, 우리는 20분기 연속으로, 실제 수익을 오차범위 5% 이내로 추정할 수 있는 확률이 140억 분의 1이라는 것을 알았어요. 그 누구도 자기가 생각하는 것만큼 예측을 잘 하진 못한다는 거죠.

사람들은 당장 각광 받는 종목에 대해서 많은 돈을 지불하려 하지만, 일시적으로 인기가 없어진 좋은 회사에는 거의 투자를 안 하려고 합니다. 이것이 우리 역발상 전략의 핵심이에요.

월스트리트의 조사를 믿지 않는다면 주식을 고를 때 무엇을 보나요?
월스트리트의 애널리스트들은 그들이 조사하는 회사에 대해선 잘 알고 있습니다. 리서치 리포트는 두 개로 나누는 게 좋아요. 한 쪽은 회사에 대한 정보와 전망에 대한 것으로, 이것은 좋은 쪽입니다. 다른 쪽은 추천 부분인데 차라리 불로 태워버리는 것이 나을 거예요. 우리는 애널리스트의 정보를 이용하긴 하지만 추천 종목은 거의 보지 않습니다. PER, 가격/현금흐름 비율, 혹은 PBR가 낮은 주식에 분산 투자하면, 재무 이론에서처럼 무작위로 분산하더라도 시장 평균보다 훨씬 잘할 수 있을 거예요. 이 점은 사람들이 인기가 있는 것들에 신경을 쓰고 인기가 없는 주식들에는 신경을 쓰지 않는다는 걸 의미하는 것이죠.

여타의 다른 전략들이 오랫동안 성공하지 못한 건 무엇 때문이라고 생각하십니까?

가장 중요한 원인은 사람들이 수익을 정확히 미세조정할 수 있다고 믿는다는 것입니다. 수익을 미세조정하기 위해 열심히 노력했는데 연 평균 에러가 43~44%에 달하면 기분이 매우 나쁘겠죠. 역으로 인기가 없는 주식의 수익을 미세조정할 수 있으면 매우 기분 좋을 거예요. 어떤 연구에 의하면 대형주 1,500개 중에서 가치 기준으로 하위 20%에 속하는 주식들의 수익은 예측 오류가 크지 않다고 합니다. 그 주식들은 예측이 잘못된 분기에도 아주 조금만 손해를 입을 뿐이죠. 반면 고평가된 성장주를 소유한 사람은 시간이 지남에 따라 잘못된 예측으로 훨씬 큰 손해를 입게 됩니다.

여기서 다시 똑같은 사실로 돌아오게 되는데, 사람들은 미래의 성공과 실패를 결정할 수 있다고 강하게 믿는 경향이 있습니다. 그래서 보통 당대에 유행하는 것들에 끌리게 되는데 그것들은 오래지 않아 인기가 없어질 것들이에요. 사람들은 유행이 끝나고 새로운 유행이 시작되려고 하기 직전에야 그 유행을 따르려고 하죠.

당신은 1999년, 강세장이고 성장주가 급등했을 때 마이너스를 기록했습니다. 어떻게 휩쓸리지 않고 신념을 지킬 수 있었죠?

전에도 서너 번 그런 적이 있었습니다. 다른 매니저들이 훨씬 잘하고 있거나 컨설턴트와 고객들이 불만족해 하는 걸 보면 심적으로 매우 힘든 게 사실입니다. 사람들은 수익률이 좋은 회사를 가리키면서 "저들은 왜 저렇게 잘 할 수 있나요?"라고 묻습니다. 사실 그건 그런 회사의 포트폴리오에 성장주와 기술주가 30% 정도를 차지하기 때문이죠.

우리는 1999년에 기술주를 전혀 가지고 있지 않았습니다. 하지만, 1999년에 기술주를 샀던 매니저들은 2000년에 모두 망해버렸고 우리는 42%나 수익을 올렸죠.

투자자들이 가지고 있는 가장 큰 문제는, 그것이 역발상이든 성장 위주의 것이든, 전략이 먹히지 않을 때 그 전략을 포기해버린다는 것입니다. 오랜 기간 동안 좋은 결과를 얻기 위해서는 자신의 방법을 포기하지 말아야 합니다.

성장주보다는 가치주나 지수 펀드로

포트폴리오를 구성할 때 성장주와 가치주를 모두 포함해야 한다고 보시나요? 아니면 가치주만 포함해야 한다고 보시나요?

대부분은 가치형 펀드나 지수 펀드에 투자해야 합니다. 지수 펀드가 가치주와 성장주를 모두 포함하는데 가치주와 성장주를 모두 가지고 있을 이유는 없죠.

그럼 당신은 지수 펀드의 지지자인가요?

지금까지 증명해 보인 것처럼 장기적으로는 역발상 펀드가 지수 펀드보다 좋은 성과를 낼 수 있습니다. 1970년대 초부터의 자료를 이용한 연구들에 의하면 어떤 기준이든, 하위 20%의 주식을 사는 역행적 전략이 시장보다 150% 정도 높은 수익을 기록한 것으로 나타났어요. 그것은 분명히 지수 펀드보다 좋은 성과지요. 반면 같은 기간 상위 20%에 속하는 주식은 그 어떤 것도 시장보다 성과가 좋지 못했어요.

효율적 시장 이론을 믿으십니까?

전혀요. 그 이론은 말이 되지 않아요. 여기에는 어느 정도의 설명이 필요한데, 우선 기본적으로 효율적 시장가설이 제시한 그 어떤 것도 오랫동안의 테스트를 통과하지 못했다는 점을 들 수 있습니다. 주요한 모든 연구들이 부정되었고 노벨상을 수상한 연구도 요즘에는 무가치한 것으로 여겨지고 있어요. 어떤 학자들은 주식을 분할하는 회사들의 실적이 장기적으로 특별히 좋은 면이 없다는 것을 밝히려고 합니다. 이런 면에서 시장은 효율적인 것이라고 주장하죠. 그 연구를 보고 저는 그것이 속임수에 지나지 않는다는 것을 발견할 수 있었습니다. 그들은 주식분할 공표일의 주가를 측정하지 않았죠. 실제 주식분할일을 기준으로 측정했을 뿐인데 그건 발표로부터 이미 90일이나 지난 후였고 따라서 모든 뉴스는 이미 주식에 반영되어 있었던 것이지요. 현실에서 주식은 분할이 발표된 직후에 상당히 상승합니다. 그리고 학자들은 리스크와 베타로 비슷한 일들을 하고 컨설턴트들도 그것들을 많이 사용하고 있습니다. 높은 리스크는 높은 수익률에 따르는 것이고, 리스크는 베타로 측정됩니다. 베타가 높을수록 리스크도 큰 것이고, 베타가 낮으면 리스크도 낮아지죠. 그런데 우리는 베타와 리스크 간에는 아무런 상관관계가 없다는 것을 발견했습니다. 높은 베타가 때로는 낮은 수익률을 보이고 낮은 베타가 높은 수익률을 보이기도 하는 거죠. 사실 학계에서조차도 그 주장 대부분이 반박되었습니다.

효율적 시장 이론을 믿지 않는다면 인덱싱(indexing)도 믿지 않아야 하는 거 아닌가요?

인덱싱은 단지 대부분의 사람들이 주식을 정확히 고를 수는 없다는 것을 보여줄 뿐이에요. 적절히 분산된 넓은 범위의 지수를 취하면 평균 수익은 올릴 수 있죠.

학계에서 말하는 자산 배분에 대해선 어떻게 생각하세요?
듣기에는 좋아 보이지만 사실과는 맞지 않아요. 해외 투자에 대해 예를 들어보죠. 1998년에 지난 10년간 EAFE 지수*를 S&P 500과 비교해본 적이 있는데 S&P의 실적이 훨씬 좋았어요. 많은 것을 가지고 있을수록 잘하게 된다는 것은 이론적으로 멋진 생각이긴 하지만 현실은 그렇지 않습니다.

많은 사람들이 소형주가 대형주보다 장기에 걸쳐 많은 수익을 올려준다고 믿고 있습니다. 그건 자산 배분 주장의 중요한 내용인데요.
그것 역시 사실이 아닙니다. 소형주가 대형주보다 좋은 성과를 올린다는 연구를 본 적이 있는데 연구자가 소형주를 사용하지 않았더군요. 그 연구는 소형주의 성과가 좋았던 1931~35년과 1940~45년에 대한 것이었는데 1931~35년이 대공황 시기였기 때문에 관심이 갔습니다. 어떻게 소형주들이 그때 더 잘할 수 있었을까? 그런데 그 연구는 아주 가끔 저가에 거래되고 있던 큰 회사들에 대한 것이었습니다. 사실 대공황 때에는 주식 거래가 거의 없었어요. 매수가와 매도가의 차이는 때론 100%가 넘기도 했었죠. 그런데 학자들은 그 중간값을 취해서 100주를 그 중간값에 살 수 있다고 가정했던 겁니다. 현실에는 그런 일이 벌어지기 어렵죠. 소형주가 더 실적이 좋다는 주장은 이미 논리적으로 맞지 않다고 생각합니다.

---
* 유럽, 호주, 극동 지역을 대상으로 하는 선진국 지수

하지만 당신은 소형주에 투자하는 펀드를 가지고 있지 않나요?
그것 소형 가치주에 투자하는 펀드예요. 우리는 러셀 2000$^{Russell\ 2000}$을 그것의 시작 시기인 1980년까지 조사해서 소형 가치주나 역발상주가 러셀의 성장주들보다 훨씬 좋은 실적을 올리고 있다는 것을 알아냈어요. 사실 그 주식들은 대형 역발상주들보다 몇 % 더 좋은 성과를 내더군요.

그건 소형주 효과를 지지하는 게 아닌가요?
소형주 효과가 아니라 소형 역발상주 효과죠. 소형주로 구성된 지수 자체를 본다면 그 성과는 그리 좋지 않았습니다. 저는 이 모든 것이 효율적 시장가설에 대한 연구가 제대로 행해지지 않았기 때문이라고 생각해요.

역발상주에 투자하라

지금까지 논의한 모든 것을 고려할 때, 과연 어디에 투자해야 할까요?
이런 문제는 주관적일 수밖에 없지만 저는 역시 역발상주가 좋다고 생각합니다. 만약에 성장주에 속하는 좋은 블루칩 주식을 사려고 하는 경우, 우리는 그 주식의 PER가 낮을 때 매입해요. 여기서 PER가 낮다는 것은 시장 평균보다 낮다는 것을 의미하는 것이죠. 이 주식들은 연 10~15% 정도 성장하는데 S&P 주식들 대부분은 연 7% 정도 성장합니다.

그런 주식들을 어디에서 찾나요?

매우 쉬워요. 온라인 정보이나 밸류라인을 보면 시가총액별 혹은 어떤 기준에 따라 정리된 PER 하위 100개 주식이 잘 나와 있어요.

회사를 찾아서 평가하려고 하는 경우 먼저 PER가 낮은 주식을 찾기 위해 스크린을 보시는군요?
PER나 PBR가 낮은 주식을 찾습니다. 이 모든 것은 「밸류라인 투자 서베이 Value Line Investment Survey」를 보거나 컴퓨터로 검색을 하면 잘 나타나 있지요. 또한 각 주식의 배당률과 재정 상태를 알려주는 지표들도 살펴봅니다.

예를 들자면 어떤 것이 있습니까?
우선 PER나 PBR, 혹은 가격/현금흐름 비율이 낮은지부터 확인합니다. 그리고 재무 상태가 좋은지 배당이 평균 이상인지 등을 확인하는데 배당은 여전히 장기에 걸쳐 수익에 큰 영향을 미칠 수 있기 때문이지요.

어떤 종류의 PER를 찾는 것인가요?
우리는 상대적 PER를 사용합니다. 벤저민 그레이엄은 대공황 때 안전마진 margin of safety 으로 절대적 PER를 사용했었어요. 하지만 그는 강세장에서 자신이 정한 PER가 너무 낮을 수 있다는 것을 고려하지 않았고, 그래서 『현명한 투자자』의 개정판을 낼 때마다 PER를 올려왔어요. 저는 상대적 PER가 더 좋은 개념이라고 생각하는데 강세장, 약세장에 모두 적용될 수 있기 때문입니다.

시장에 비해 얼마나 PER가 더 낮기를 원하나요?

특별히 한도를 정하진 않는데 최저 10%~12% 근처에 있을 때도 있습니다. 저는 또 S&P에 비해 수익 성장이 빠르길 원합니다. 배당 수익이 가장 높은 것을 찾는 건 아니지만 S&P보다는 배당 수익이 높고 배당성향이나 배당 증가율이 높기를 기대하지요. 이런 조건을 모두 갖춘 주식을 찾는 것이 매우 어렵게 생각되고 실제로 이런 주식들을 보유하고 있는 사람이 별로 없는데, 그렇게 어려운 일만은 아닙니다. 프레디맥Freddie Mac과 패니메이Fannie Mae는 우리가 1980년대 후반부터 보유해오고 있는 종목들인데, 이 종목들은 우리에게 15배의 이익을 안겨주었고 30년간 15%가 넘는 성장을 기록하고 있습니다. 이 두 종목은 여전히 수익의 17배 정도에서 거래되고 있습니다. 반면 S&P의 경우 수익의 25배 정도에서 거래되고 있지요.

왜 그렇게 차이가 나는 거죠?
그것이 시장의 예외라는 것입니다. 사람들은 이런 회사들에 정당한 가격을 쳐주지 않았어요.

숫자들 이외엔 무엇을 보시나요?
경영진을 고려합니다. 경영진이 좋지 않으면 우리는 그 회사 주식을 사지 않아요. 또 모든 질적인 요소들을 보려고 합니다. 사람들은 어떤 질적인 요소들에만 흥분해서 회사에 대한 전체적인 견지를 잃고 맙니다. PER가 낮은 회사들 중 일부는 가격이 계속 낮은 상태에 머물러 있어요. 이런 회사들에는 주의를 기울여야 하죠.

주식이 좋은 이유 때문에 싼 것인지 회사가 위기 상황이라서 싼 것인지 구분해야 한다는 말씀이죠?

바로 그렇습니다. 제 경우에는 저만의 수익예측 방법을 이용합니다. 그 방법을 통해 일반적인 경향을 이해할 수 있죠. 만약 어떤 회사의 수익이 떨어질 것으로 예상되면 그 주식을 매입하지 않아요. 보통 예측에서 수익이 10% 떨어지는 것으로 나오면 실제로는 30% 정도까지 떨어질 수 있기 때문이에요.

기술주는 어떻게 생각하나요? 기술주는 가격이 떨어졌어도 여전히 시장 평균보다 높은 PER에서 거래되고 있고 수익도 예측하기 어려운데요.
항상 그런 건 아닙니다. 1990년대에 기술주를 정말 싸게 살 수 있는 기회가 있었습니다. 컴팩Compaq은 1990년 초에 정말 싸게 거래되고 있었어요. 경쟁이 치열해지고 있어서 가격이 더 낮아져야 한다는 의견도 나왔었죠. 그 종목은 정말 폭락했었어요. 인텔Intel은 1995년에 수익의 15배로 거래되고 있었는데 우리도 그 주식을 가지고 있었습니다. 휴렛 패커드Hewlett-Packard와 애플Apple도 네다섯 번 정도 보유했던 적이 있고, 텍사스 인스트루먼트Texas Instruments와 모토로라Motorola도 매우 싼 가격에 샀던 적이 있었습니다.

이런 성장주들의 가격이 떨어지면 꽤 할인된 가격에 살 수 있어요. 힐러리 클린턴Hillary Clinton이 제약회사들을 비윤리적이라고 비난했던 1990년대 초에 제약주들을 매입했었던 것처럼 말이죠. 당시 브리스톨 마이어스Bristol-Myers의 PER는 40에서 15로 떨어졌고 배당률은 6%였어요. 저는 그런 가격이라면 성장주를 사는 것도 좋아합니다.

포트폴리오의 구성

보통 포지션을 얼마나 유지하고 있나요?

우리는 주식들이 시장 PER에 도달하면 매도하곤 했고 현재도 그렇게 하고 있습니다. 다만 기술주의 경우 좀더 높은 PER를 갖는 경향이 있는데 그럴 때는 좀더 오래 보유하기도 하지요.

또 어떤 경우에 주식을 처분하나요?

전망을 어둡게 할 만큼 펀더멘털에 좋지 않은 변화가 생긴 경우에는 즉시 처분하죠. 한 분기 실적이 나빴다고 해서 주식을 처분하지는 않습니다. 장기적인 전망에 영향을 미치는 주요한 펀더멘털에 변화가 있을 때만 처분하지요. 시장보다 실적이 좋지 못한 상태가 2, 3년간 계속되는 종목들은 처분하기도 합니다. 저희가 가지고 있는 포트폴리오가 50~55 종목 정도로 집중되어 있기 때문에 종목을 바꾸기도 하는 거죠.

담배회사 주식들을 많이 가지고 있던데요. 담배산업은 분명히 논쟁의 여지가 있는 분야인데 가치투자자들을 많이 끌어들이고 있습니다. 담배회사 주식을 선호하는 특별한 이유가 있나요?

분명히 담배회사들은 소송의 위험을 가지고 있습니다. 다만 사람들이 잊고 있는 사실은 대부분의 경우 담배회사가 승소한다는 것이죠. 게다가 이 회사들은 어느 산업에도 뒤지지 않을 만큼 막강한 가격결정력을 가지고 있습니다. 큰 담배회사가 몇 년 전에 2,750억 달러를 보상하기로 한 적이 있었는데요, 이 손실을 향후 25년간 보충하기 위해 필요한 건 한 갑당 가격을 20센트 올리는 것뿐이었어요. 분명히 이 회사들은 1억 달러짜리 소송에 휘말려들 수도 있지만 판결이 날 때쯤이면 그 금액은 3천만 달러 정도로 내려가 있을 것이고, 몇 년에 걸쳐 항소를 할 수도 있기 때문에, 그 소송은 담배회사에 아무런 피해를 입히지 못하게 돼요. 담배회사들은 주정부 판결 후 가격을 올릴 수 있고 실제로 매년 가격을 올리고 있습니다. 미국에서 담배 소비가 떨어지고 있지만 가격은 그보다 더 빨리 오르고 있어요. 이런 면들을 고려할 때 담배회사 주식은 매우 저평가되어 있다고 할 수 있죠.

다른 기관들이 담배산업에 투자하지 않는 이유가, 고객들이 담배산업에 투자하는 것을 싫어하기 때문이라고도 볼 수 있을까요?
그럴 수도 있습니다. 그런데 제 생각에 그건 도덕적 판단을 할 것이 아니라고 봅니다. 그 회사들은 합법적인 회사이고 우리 일은 주주들에게 최고의 수익을 돌려주는 것일 뿐이니까요.

배당률이 계속 떨어져왔고 어떤 회사들은 지난 몇 년간 배당을 지급하지 않거나 계속 줄여왔습니다. 배당이 원래 수준으로 돌아올까요?
확정적으로 말씀 드리긴 어렵지만 시장이 펀더멘털을 보다 강조하는 방향으로 간다면 배당은 오를 겁니다. 사실 현재의 배당률 1%는 너무 낮습니다. 과거에는 배당이 역발상 투자자의 수익에 있어 매우 큰 부분이었지요.

시장의 타이밍을 고려하나요?
누구도 시장 타이밍으로 성공할 수는 없다고 생각합니다. 우리는 시장 타이밍을 고려하지 않도록 해야 합니다.

비슷한 문제인데 신중해야겠다는 판단이 섰을 때 현금 비율을 늘리나요?
거의 늘리지 않습니다. 우리는 시장이 자유낙하 하는 경우에만 현금 비중을 늘리죠. 시장을 앞서 가려다가 피해를 본 매니저들이 참 많습니다. 그들은 상승장을 놓치고 말지요. 변동성은 항상 우리에게 유익한 것이었어요.

우리가 가격이 크게 떨어진 주식을 찾는다는 점에서는 기회주의적이라고 말할 수 있습니다. 또 하락장이나 변동성을 매우 좋아하죠. 이 기간에 우리는 훨씬 싼 가격으로 성장주를 얻을 수 있으니까요. 1990년대 초, 주식 시장이 준패닉 상태에 있을 때 투자해서 5년간 매우 좋은 실적을 올리기도 했었죠. 현재 우리는 나쁜 뉴스 하나에도 주가가 뚝 떨어지고 마는 1990년 초와 유사한 상황에 놓여 있는데, 저희는 향후 몇 년간 포트폴리오를 더 강하게 가져가려고 하고 있어요.

채권은요? 투자자의 포트폴리오에서 일정한 역할을 할 수 있을까요?
그것은 투자자의 연령에 따라 달라집니다. 물론 연령에 관계없이 단기 주식의 형태이든 단기 시장 펀드의 형태이든 일정한 현금은 가지고 있어야 하겠죠. 하지만 투자자의 연령이 높을수록 포트폴리오에서 채권이 차지하는 비율은 높아야 한다고 생각합니다. 그래야만 포트폴리오의 규모가 크고, 주식을 많이 보유하더라도 여전히 만족스러운 수입을 올릴 수 있겠지요. 나이가 많은 투자자는 보유 주식을 팔지 않을 수 있을 정도로 채권을 통해 충분한 현금을 확보하는 것이 좋습니다.

개인투자자는 개별 주식을 사는 것이 좋을까요, 아니면 펀드에 투자하는 것이 좋을까요?

아마도 펀드에 투자하는 것이 좋을 겁니다. 대부분의 개인 투자자들은 잘 분산된 포트폴리오를 구축할 만큼 충분한 경험을 가지고 있지 않으니까요. 개인들은 종종 이슈가 되는 주식을 한두 개 정도 산 후 형편없는 실적을 올리곤 합니다. 저는 개인투자자의 경우 5년에서 10년간 좋은 실적을 가지고 있고 운용자가 그 펀드를 계속 운용하고 있는 펀드를 찾는 것이 좋다고 생각해요. 그렇지 않다면 앞으로의 전략과 실적은 과거와 많이 다를 겁니다.

1999년 드레먼의 가치투자 전략이 시장에 부합하지 않았을 때, 어떤 사람들은 그를 새로운 차로 갈아타기를 거부하는 공룡이라 불렀고, 드레먼 자신은 스스로를 티렉스$^{T-Rex}$*라고 불렀다.

그는 시간이 흐름에 따라 더 많은 시장 광신도들이 생길 것이라고 믿고 있다. 물론 최근의 열병으로 많은 사람들이 너무 지쳐버렸기 때문에 다음의 열병은 오랜 시간이 흐른 후에야 생길 것이라 믿는다.

드레먼은 시간을 애스펜, 뉴저지, 그리고 그의 요트 '역발상' 호로 나누어 보내는데, 그의 요트는 겨울엔 카리브 해를, 여름엔 낸터케트^{Nantucket}를 항해한다. 그 요트에는 통신시설이 완벽하게 갖춰져 있어서, 바다에 있을 때도 투자에 계속 신경을 곤두세우고 있다고 한다.

---

*Tyrannosaurus rex를 의미함. 백악기 시대에 살았던 포악한 육식 동물.

Jean-Marie Eveillard

1940년 프랑스에서 태어남

Ecoles des Hautes Etudes Commerciales 경제학 전공

1962년 소시에테 제네랄 입사

1968년 미국 시장 진출

1970년 ~ 1999년 소젠 인터내셔널 펀드

1993년 ~ 현재 퍼스트 이글 오버시즈 펀드, 골드 펀드 매니저

1999 ~ 현재 퍼스트 이글 펀드의 공동 대표이자 포트폴리오 매니저

대표 펀드 : 퍼스트 이글 글로벌 펀드(합병 전 소젠 인터내셔널 펀드)

chapter 03

장 마리 에베이야르

장 마리 에베이야르는 오늘날 가장 존경받는 해외 가치투자자이다. 하지만 스스로도 인정하다시피, 공격적 성장형 펀드가 높은 수익률을 거두던 1990년대 초반에는 그다지 뛰어난 성과를 보이지 못했다.

그 이유는 에베이야르가 리스크를 싫어하기 때문이다. 그는 자신의 투자에서 최우선순위는 가능한 빨리 큰 수익을 내는 것이 아니라 손실을 입지 않는 것이라고 한다. 모멘텀 위주의 투자자들이 큰 성과를 거두던 그 당시를 에베이야르는 사막 위에서 방황했던 시기라고 묘사하곤 한다.

에베이야르는 40여년 전에 일을 시작했다. 프랑스 일류 비즈니스 스쿨인 HEC[École des Hautes Études Commerciales]를 졸업한 후 프랑스 은행 소시에테 제네랄[Société Générale]에서 애널리스트로 일하기 시작했다. 은행은 당시 유행하던 성장투자를 했지만, 에베이야르는 항상 가치투자를 더 좋아했다. 1979년, 에베이야르는 작은 글로벌 뮤추얼 펀드 중 하나를 운영할 기회를 갖게 된다. 에베이야르는 그 일을 택했고 지금까지 계속해오고 있다. 그 펀드는 현재 퍼스트 이글 소젠 글로벌First Eagle SoGen Global이라고 불리고 있다. 퍼스트 이글 소젠 글로벌은 이름에서 알 수 있는 것처럼 전 세계의 증권에 투자한다. 이외에도 에베이야르는 나중에 만들어진 퍼스트 이글 소젠 오버시즈 펀드Overseas Fund와 골드 펀드Gold Fund를 운용하고 있다.

60세의 이 운용자는 스스로 표현하기를 '독창적이고, 묻혀 있으며, 괴팍하고, 정도를 벗어난' 주식을 찾기 위해 전 세계를 누비고 있다. 그 이유는 이 주식들이 저평가되어 있을 가능성이 가장 크기 때문이다. 이 때문에 그는 인기가 떨어진 블루칩 주식을 사기도 하고, 대부분의 사람들이 들어본 적도 없는 소형주를 사기도 한다.

에베이야르는 분명히 인내심이 많은 사람이다. 그의 주식 보유 기간은 평균 5년에 이르고 가끔 장이 좋지 않으면 아예 시장에서 떠나 있기도 하는데 이것은 분명 그의 투자 스타일에서 비롯된 것이다.

프랑스에서 미국으로

프랑스에서도 미국만큼이나 주식시장에 투자하는 것이 인기가 좋나요?
아닙니다. 앞으로도 별로 그럴 것 같지 않고요. 그래도 제가 처음 일을 시작했던 3, 40년 전보다는 주식시장에 대한 관심이 커진 편이긴 합니다.

어떻게 투자에 흥미를 가지게 되셨습니까?
저는 1962년에 프랑스의 비즈니스 스쿨을 졸업했는데, 졸업 요건 중

하나가 최소한 한 달 이상 인턴 사원으로 근무해야 한다는 것이었죠. 저는 비즈니스 위크Business Week와 배런스Barron's의 중간쯤 되는 프랑스의 금융잡지사에서 일했어요. 거기서 주식시장에 흥미를 가지게 되었죠. 그 해 9월 직장을 구하고 있었는데 소시에테 제네랄이라는 프랑스 은행에서 증권 애널리스트를 뽑았습니다. 그래서 취직하게 되었죠.

은행에서는 어떤 일들을 하셨습니까?
그때가 1960년대 초반이었는데 프랑스, 독일, 그리고 유럽 다른 지역에서 증권 분석이 싹트기 시작했을 때였습니다. 그때까지만 해도 사람들은 브로커가 제공하는 비밀 정보에 따라 투자했었어요. 당시에도 증권 분석이 아주 조금이긴 하지만 있긴 있었는데 벤 그레이엄을 따르는 것이었어요. 부동산의 가치를 파악하려고 하는 것과 같은 많은 일들이 있었어요. 즉 회사가 파리의 좋은 지역에 본사를 가지고 있으면 그 빌딩의 가치는 매우 높았죠. 하지만 미국에서 1950년대 후반에 도널드슨 러프킨Donaldson Lufkin의 주도 아래 성장투자 학파가 크기 시작했습니다. 자연스럽게 1960년대 초반에 유럽 대륙에 증권 분석을 소개하려고 했던 사람들은 당시 가장 최신의 이론이던 성장투자 학파를 소개했죠.

당신과 같은 증권 애널리스트들에 대한 유럽 회사의 반응은 어떻습니까? 잘 지내려고 하나요?
금융잡지사에서 일할 때 제가 한 일 중 하나는 제 스쿠터로 파리를 가로질러 주주총회에서 연차보고서를 가져오는 것이었습니다. 사무실에서 회사에 전화를 걸어 연차보고서를 보내달라고 해도 회사 사람들은 외부인에 대해 적대감을 가지고 있어서 "싫어요. 연차보고서가 보고 싶으면 주주총회에 와서 가져가세요. 우리는 그걸 당신에게 보내지 않을 겁니다"라고 합니다.

프랑스 회사들은 자신들이 배당으로 정한 액수만큼만 수익으로 보고하곤 했습니다. 노조에서 회사가 그렇게 많은 돈을 벌도록 놔두지 않을까봐 두려워했었죠. 그들이 보고를 제대로 하지 않았던 것은 주주들이 자본을 낭비했다고 경영진을 고소할까 봐 그랬던 것이 아니었어요.

그땐 프랑스 회사들만 분석했나요?
네. 그때가 1962년 가을이었어요. 5년 동안 저는 당시에 지배적이던 성장투자 방식에 따라 증권 분석을 했습니다.

성장투자로 시작했군요. 그때 성장은 무엇을 의미하는 것이었나요?
모든 사람이 많이 이야기하는 좋은 회사를 말합니다. 성장은 매우 매력적인 것이었죠. 1960년대 후반에 저는 은행의 고객이었던 부자들을 위해 포트폴리오를 운용하기 시작했습니다. 저는 그때, 대부분의 투자자들이 스스로 투자하게 되면 잘못된 시기에 잘못된 투자를 한다는 것을 알았죠. 아직도 그렇다고 생각합니다.

왜 그렇게 생각하십니까?
개인투자자들의 문제는 기본적인 투자의 법칙도 이해하지 못한다는 겁니다. 대부분의 투자자들은 대차대조표도 읽지 못하는데, 그건 단순히 기술적 지식이 부족하기 때문만은 아닙니다. 기술적 지식은 그렇게 얻기 어려운 것이 아니니까요. 그건 성격이나 지성의 결핍 이상입니다.

사람들은 소심하게 행동하고 무리 속에 있길 좋아합니다. 또, 이미 올라간 주식을 원하는 경향이 있는데, 그런 주식을 사면 좀더 성공적이라고 느끼기 때문이죠.

전문가들은 그렇지 않다고 생각하십니까?
그들도 그렇긴 하지만 좀 덜 하지요. 전문가들은 그렇게 행동할 때 자신이 양처럼 행동하고 있고, 또 그렇게 해서는 안 된다는 걸 느낄 거예요. 그에 비해 많은 개인투자자들은 자신이 잘못하고 있다는 것을 깨닫지 못합니다. 개인투자자들은 별 생각 없이 추측해버리죠.

어떻게 프랑스에서 미국으로 오시게 되었나요?
5년이 지났을 때쯤 은행이 좀 지루해졌어요. 1960년대의 프랑스 은행은 결코 일하기 좋은 곳이 아니었지요. 이직할까 생각하고 있었는데 뉴욕 월스트리트에 있던 소시에테 제네랄의 상업은행 부문에 빈 자리가 있더군요. 그때 미혼이어서 별 부담도 없었기 때문에 거기서 제안한 자리에 동의했어요. 원래는 한두 해 정도 있으려 했는데 결국 6년이나 있게 되었죠. 그때 저는 파리 본부가 보낸 뉴욕의 연락통 정도로 여겨졌어요.

도착 몇 개월 후 그레이엄의 책들을 보게 되었습니다. 그의 이론은 제가 프랑스에서 하던 것보다 훨씬 매력적이더군요. 그레이엄은 겸손, 주의, 그리고 정리를 말하는 것 같았어요. 성장투자 학파의 문제 중 하나는 미래가 불확실하다는 것을 부정하는 것처럼 보인다는 겁니다. 하지만 미래는 불확실하고 그래서 우리는 미래에 대해 겸손해야 하죠. 그리고 주의가 필요합니다. 이 때문에 그레이엄은 자신이 안전마진이라고 부른 쿠션을 항상 강조했었요. 그는 또한 정리의 아이디어를 얘기했습니다. 다시 말해 증권은 단순히 시장 심리에 의해 사고 파는 종이 이상이라는 거죠. 내재가치라는 것이 존재하는 법이고, 그것이 회사의 진정한 가치라는 거죠. 그레이엄이 얘기한 미스터 마켓*은 때때로 가격이 진정한 가치로부터 멀어지도록 할 수 있습니다. 미스터 마켓이 너무 낙관적이어서 주식이 내재가치 이상으로 거래될 때는 주식을 팔 기회고 주식이 너무 낮은 가격에 거래되면 살 기회죠.

해외 투자도 국내 투자와 다르지 않다

그레이엄의 가르침을 처음 적용한 것은 언제인가요?

그렇게 하기 위해서 또 10년이 지나야 했습니다. 1974년까지 저는 파리의 본사에서 해오던 것처럼 증권 분석을 했어요. 본사 사람들은 성장투자를 믿었고 그래서 싫든 좋든 그 방식을 따라야 했죠. 1975년 초, 저는 파리로 돌아가는 실수를 했습니다. 거기서 비참한 3년을 보내야 했죠. 당시 은행은 자산이 1억 5천만 달러 정도 되는 소젠 인터내셔널Sogen International이라는 작은 펀드를 가지고 있었는데, 사람들은 제가 만족스러워 하지 않는다는 걸 알고, 1979년 1월 저에게 뉴욕으로 가서 그 펀드를 운용해보라고 제안했어요. 그때 처음으로 가치투

---

* 벤저민 그레이엄이 변덕스러운 주식시장을 빗대어 표현한 말. 그레이엄은 특별한 이유도 없이 변덕스럽게 가격이 변동하고 있는 주식시장을 기분에 따라 가격을 높게도 낮게도 부르는 미스터 마켓이라고 표현했다.

자 방식을 사용해 뮤추얼 펀드를 운용해볼 수 있었습니다.

그것이 현재 퍼스트 이글 소젠 글로벌 펀드로 알려진 펀드인가요?
네. 그 펀드는 전 세계를 대상으로 투자했는데, 1986년까지는 저 혼자 운용해야 했기 때문에 처음에 매우 힘들었습니다. 대신 완벽한 자유를 얻었지요. 파리로부터 멀리 떨어져 있었고 펀드가 매우 작은 편이어서 본사 사람들은 저를 간섭하지 않았어요. 덕분에 저는 정확히 제가 원하는 것을 할 수 있었습니다.

그게 어떤 것이었죠?
저는 그 펀드를 가치투자 방식으로 운용했고 국내 주식과 해외 주식을 모두 보유했어요. 해외 주식을 국내 주식을 보는 것과 완전히 동일한 방식으로 봤습니다. 사람들은 제가 해외 시장에서 벌어지는 것을 어떻게 이해할 수 있는지 놀라워했죠. 그런데 사실 저는 해외 시장에서 무엇이 일어나는지 이해하려고 하지 않았어요. 저는 그저 제 생각에 내재가치보다 3, 40% 아래에서 거래되고 있는 주식을 찾으려고 노력했을 뿐이죠. 그리고 현재도 그렇게 하고 있습니다.

그럼 포트폴리오를 만들 때 어느 나라가 가장 좋아 보이는지 판단하지 않겠군요. 나라에 상관없이 가장 매력적인 가격을 가진 주식에 투자하는 거죠?
맞아요. 어떤 나라 혹은 어떤 부문이 저평가되었는지는 신경 쓰지 않습니다. 1988년 중반, 우리는 18개월의 투자 기간 동안 30%의 수익을 올렸던 도쿄 주식시장을 완전히 떠났습니다. 당시 도쿄 주식시장은 세계에서 두 번째로 큰 시장이었는데, 곧 첫 번째가 될 분위기였고, 우리는 많은 종목을 보유하고 있었죠. 특정 국가를 보다 중요하게 생각하지도 않습니다. 다만 인도네시아와 같은 개발도상국에 자산의 25% 이상을 투자하지는 않습니다. 독일 같은 나라엔 30% 이상을 투자할 수도 있겠죠.

거시적 문제는 어떤가요? 어떤 사람들은 일본 시장이 고평가되어 있다고 하고 어떤 사람들은 저평가되어 있다고 하기도 합니다. 유럽과 미국에 대해서도 비슷한 이야기가 있습니다. 시장 전체에 대한 평가나 특정 국가의 경제적 전망도 투자 결정 시 고려하나요?

포괄적인 전망을 완전히 무시할 수는 없지만 선진국에서는 어느 정도 무시해도 된다고 봅니다. 사실 우리는 현재 상당한 양의 일본 주식을 가지고 있는데, 이건 도쿄 주식시장이 지난 10여 년 간의 약세로 가격이 매우 떨어져 있다는 사실을 이용한 것이었어요. 가끔은 일본이 금융 위기에 빠질 수도 있다는 생각이 들어요. 하지만 그렇더라도 그 시장은 위기의 탈출구를 찾을 겁니다. 1970년대 중반의 잉글랜드를 보십시오. 전후의 모든 실수들이 그들의 발목을 잡고 있었고 그들은 큰 위험에 처했었죠. 그건 금융 위기였고 국제통화기금까지 개입했어요. 영국인들은 자신들이 금융 위기에 처했고, 30년간 해왔던 것들이 지속될 수는 없다는 것을 깨달았죠. 덕분에 주요한 개혁들이 이루어질 수 있었어요.

미국과 유럽을 포함해서 다른 주요한 시장들에 대해선 어떻게 생각하나요?
미국의 경우 2000년에 터져버린 투기 거품이 좋지 않은 경제적, 금융적 결과를 초래하는 바람에 새로운 문제들이 제기되고 있는 것 같습니다. 거품의 붕괴는 항상 그런 식이죠. 또한 제 생각에 미국의 생산성 기적은 일정 부분 신기루에 지나지 않아요. 유럽의 경우 일본만큼 오랜 문제를 가지고 있지는 않고 미국만큼 크지는 않지만 투기 거품도 있었습니다. 또한 유럽의 오랜 문제점은 세금이 너무 높다는 겁니다. 하지만 유럽연합 때문에 독일이 세금을 줄이고 있고 다들 뒤따르겠죠. 다른 일이 없으면 유럽은 괜찮을 겁니다.

동남아시아와 신흥시장들은 어떤가요?
그 지역들은 비상식적일 정도로 가격이 매력적일 때가 있기 때문에 우리는 종종 그 지역에 투자하곤 합니다. 하지만 우리는 신흥시장을 새로운 성장의 관점에서 보지 않았어요. 이 나라들은 정치적으로, 경제적으로, 그리고 금융적으로 매우 불안하지요. 그런 지역에 투자하는 것과 스위스에 투자하는 것은 매우 다릅니다. 스위스에서는 내일 혁명이 발생할 가능성이 없지만 동남아시아는 그렇지 않죠.
그럼에도 불구하고 여전히 가격이 비상식적인 경우가 있습니다. 몇 년 전에 두 명의 동료가 한국에 갔다 온 적이 있어요. 수익성이 매우 높고, 가족이 경영하고 있고, 이렇다 할 부채도 없지만, 아무도 관심을 가지지 않고 있어서 가격이 매우 낮은 중소기업들을 발견했기 때문이었습니다. 외국인들은 그 회사에 대해 잘 모르고, 아시아의 다른 지역에서처럼 한국 투자자들은 데이트레이더였습니다.

유럽의 회계가 의심스러운 면이 있다고 하셨는데 지금도 그런가요?
요즘은 미국의 회계가 최악이라고 생각합니다. 대부분의 미국 회사들은 지난 몇 년간 수익을 크게 과장해왔죠. 강세장이라는 압력 때문에 일단 주식이 수익의 30~40배 정도에서 거래되면 한 해도 수익이 떨어지거나 조금 오르게 되어서는 안 됩니다. 그 결과 너무 많은 회계 속임수들이 나타나서 증권거래위원회가 나서서 해결해야 할 수준에 이르렀어요. 워런 버핏도 스톡옵션이 일종의 비용이고 따라서 손익계산서에 반영되어야 한다고 반복적으로 주장해왔었죠.

전 세계의 수많은 증권들로 포트폴리오를 구성할 수 있다면 어떻게 주식들을 고를건가요?

우린 보고된 숫자를 믿지 않기 때문에 많은 가치투자자들과 달리 컴퓨터 선별 작업을 이용하지 않고 항상 숨겨진 자산을 찾으려고 하지요. 어떤 목재회사가 수십 년 전에 산림지를 매입했습니다. 재무제표에 별 관심이 없는 그들은 여전히 그 땅을 에이커당 1달러에 산 것으로 생각하지만, 오늘날 그 가치는 에이커당 1,000~2,000달러에 이르죠. 이건 실제 사례입니다.

미국 회사를 검토할 때는 보고된 수익을 당연하게 생각하지 않습니다. 확인을 위해 보충 설명을 열심히 읽죠. 우린 과대 보고된 것을 싫어해요. 또한 우리는 어떤 회사들, 특히 유럽에 있는 회사들이 여러 가지 이유 때문에 수익을 과소 보고한다는 것을 알고 있습니다. 예를 들어 독일의 법인세는 매우 높은데 이것이 과소 보고의 요인이죠. 이와 함께 국세청에서는 회사들이 높은 법인세율을 상쇄할 수 있도록 모든 종류의 공제를 허용해줍니다.

우리가 유럽 대륙에서 알게 된 또 한 가지는 몇 년 전까지 환매가 허용되긴 했지만 그와 관련된 다양한 벌금들이 있었던 것입니다. 최근에야 그 벌금들은 없어졌는데 그 전에는 회사들이 대차대조표에 현금을 쌓아두고 부동산을 사고 다른 회사의 지분을 조금씩 가지고 있었어요. 즉 유럽에서는 회사들이 주변 자산 peripheral assets이라고 불리는 것을 기본적으로 쌓고 있었어요. 가치투자자는 회사 전체를 사기 위해 지불해야 하는 합리적인 가격을 알려고 하죠. 그런 경우 가치가 있는 주변 자산도 함께 고려해야 해요. 만약에 그 자산들을 좋아하지 않는다면 회사를 소유한 후 처분하면 됩니다.

외부 리서치에 대한 생각은 어떠십니까?

외부 리서치를 보기는 하지만 신뢰하지는 않습니다. 인수 업무와 리서치 간에 이해의 충돌이 있기 때문이죠. 대부분의 리서치는 오늘 사서 6개월이나 9개월 후 처분될 증권을 찾는 성장투자자들을 위한 것이에요. 그건 우리가 취하는 접근법이 아닙니다. 우리의 회전율은 20% 정도입니다. 주식을 평균적으로 5년 동안 보유한다는 뜻이죠. 우리는 항상 전 세계에 걸친 풍부한 리서치 자료들을 접하고, 그래서 아이디어들은 넘쳐납니다. 리포트에 따라 아예 보지 않기도 하고 15초만에 볼 때도 있죠. 물론 더 자세히 조사하기도 합니다.

보통 수치들은 다시 계산해야 합니다. 예를 들어 국제적인 비교를 위해서는 기업의 가치를 EBITDA*로 봐야 하는데 이는 감가상각 방식이 국가마다 다르기 때문이죠. 예를 들어 민영화된 코펜하겐 공항의 활주로는 20년에 걸쳐 상각되는 반면, 브리티쉬 공항은 100년에 걸쳐 상각됩니다. 같은 활주로이기 때문에 코펜하겐 공항과 브리티쉬 공항에 똑같은 PER를 적용한다는 것은 잘못된 것이죠. 평균적으로 아이디어 20개 중 하나 정도는 우리의 관심을 끌고 더 조사하게 됩니다. 물론 조사한 후에 흥미를 잃는 경우도 있고, 매입하게 될 때까지 더 깊이 살펴보는 경우도 있죠.

---

* EBITDA(earning before interest, taxes, depreciation, and amortization) : 기업이 영업활동을 통해 벌어들인 현금창출 능력을 나타내는 수익성 지표. 이자비용, 법인세, 감가상각비를 공제하기 이전의 이익으로 편의상 영업이익과 감가상각비를 더해서 구함.

구 가치와 신 가치

내재가치를 계산하는 방법에 대해 말씀해주시겠습니까?

기업의 내재가치란 우리가 합리적인 수익을 기대하면서 그 회사 전체를 사는 경우 지불하고자 하는 금액입니다. 또한 현재의 이자율을 고려해야 합니다.

버핏이 천재인 이유 중 하나는 그가 향후 10년간 지금처럼 성공할 수 있는 회사가 별로 많지 않다는 걸 이해하기 때문이에요. 2000년까지 기술주에 적용된 PER의 이상한 점은 기술이 매우 빠르게 변하는 분야이기 때문에 95% 이상의 회사가 10년 후에 어떻게 변해 있을지 아무도 알 수 없다는 것이었어요. 가치는 큰 천막과 같은 겁니다. 그레이엄은 기본적으로 구 가치$^{\text{old value}}$를 적용했고 워런 버핏은 신 가치$^{\text{new value}}$를 적용했죠. 레그 메이슨$^{\text{Legg Mason}}$의 빌 밀러$^{\text{Bill Miller}}$는 신신 가치$^{\text{new new value}}$를 적용했어요.

우리는 과거의 가치와 미래의 가치를 동시에 고려합니다. 버핏의 용어로 표현하자면, 우리는 만족스런 가격에 미심쩍은 회사를 보유하기도 하고, 미심쩍은 가격에 만족스런 회사를 보유하기도 하는 거죠. 또한 내재가치는 현재의 이자율을 고려해야 합니다. 사업을 평가한 후에는 EBIT*에 얼마만큼의 현금흐름과 사업가치를 적용시킬지 결정해요. 우리는 X회사와 Y회사가 같은 사업을 가지고 있기 때문에 Y회사가 X회사와 같은 가격에 거래되어야 한다고 생각하지 않는데, 이는 X주식이 크게 과대평가 되었을 수 있기 때문입니다. 1980년대

---

* EBIT(earnings before interest and tax) : 이익 및 세전이익. 영업행위로 발생한 수익에서 비용을 차감한 것으로 이자비용과 세금을 포함하지 않으며 비정상 항목도 포함하지 않는다.

후반 일본에서 사람들은 시장 평균은 수익의 75배인데 자신들은 수익의 55배에 해당하는 주식을 보유하고 있다고 했어요. 저는 그러면 이렇게 대답하죠. "왜 그렇게 큰 거래를 하셨나요? 너무 비싼데요."

내재가치보다 할인된 가격에 주식을 매입하나요?
이상적으로는 우리가 추정한 내재가치에서 30~40% 할인된 가격에 주식을 매입하려고 합니다. 하지만 우리가 그 사업을 제대로 이해하고 있고 그 회사가 정말로 좋은 회사라면 25% 할인된 가격에 사기도 해요. 때로는 추정 내재가치를 신뢰하지 못할 때도 있는데 그럴 경우에는 45% 할인된 가격도 충분히 싼 가격이 아니죠.

숫자를 보고 난 후 더 보는 것은 없나요?
숫자는 공개된 정보로 사업을 이해하려고 노력하고, 그 산업에 관련된 두세 명의 애널리스트와 얘기해본 후 최종적으로 산출된 것입니다. 우리는 회사 경영진을 조사하는 데 많은 시간을 할애하지 않습니다. 일반적으로 투자자들은 다음의 두 가지 중 하나를 위해 회사 경영진을 활용하려고 해요. 하나는 이번 분기가 어떨지 알기 위해서죠. 하지만 사업의 내재가치는 한 분기의 결과가 어떨지와는 거의 상관없기 때문에 별로 도움이 되지 않아요. 경영진을 만나는 두 번째 이유는 경영진의 장기적 전략을 듣기 위해서입니다. 하지만 그들이 하는 말은 대부분 말도 안 되는 것들이죠. 어떤 사업을 운영한다는 것은 대부분 기회를 보고 잡으려고 하느냐의 문제지, 장기적인 계획을 가지고 있는지가 아닙니다. 장기적인 계획이 중요한 문제라면 소련은 붕괴되지 않았을 거예요.

이해 가능하면서도 안정된 기업을 찾아서

주식은 언제 매도하나요? 가격이 내재가치에 도달하면 처분하나요?
네. 하지만 가치가 계속 증대되는 회사들도 있습니다. 버핏도 이에 동의하고 있어요. 즉 어떤 회사의 내재가치가 100달러인데 현재 가격이 75달러나 80달러일 수 있어요. 그 회사가 가치를 계속 창출해 간다면 내년의 내재가치는 115달러이고 2년 후의 가치는 125달러로 오를 수도 있죠. 가치투자자는 이해 가능할 뿐만 아니라 안정적인 사업을 찾으려고 합니다. 우리가 가장 많이 보유하고 있는 종목 중 하나는 독일의 주거용 보일러 제조업체입니다. 대부분의 사람들은 그 사업이 재미없다고 하고 실제로도 그런 면이 있어요. 하지만 그건 대개 설비 제품이고 따라서 매우 안정적으로 교체가 발생하는 사업이죠.

주식을 처분하는 다른 경우는 없나요?
예를 들어 어떤 사업의 가치가 25달러였는데 18개월 지나서 다시 보니까 15달러밖에 되지 않은 경우라면 처분합니다. 그런 경우 보통 주가가 떨어져서 손해를 보게 되는데 그 손해만큼은 우리가 실수한 대가라고 생각하죠.

외국 주식을 살 때 통화를 헤지하나요?
예전에는 하지 않았는데 10년 전부터는 하고 있습니다. 우리는 완벽하게 헤지하려는 사람들의 이론적 원리도 알고 있고, 또한 헤지하지 않는 사람들의 생각도 이해하고 있습니다. 하지만 완벽히 헤지하는 것이나 전혀 헤지하지 않는 것, 두 경우 다 문제가 될 수 있어요. 그래서 우리는 50% 정도 헤지하는 것을 기본으로 하지요.

전통적인 자산 배분 이론에 따르면, 해외에 투자하게 되면 분산화의 이득을 거둘 수 있으므로 포트폴리오의 일부를 해외에 투자할 필요가 있다고 합니다. 그런데 최근의 연구 결과들은 그것을 부정하고 있고, 또 일부에서는 실제 국제적 투자 효과는 통화의 변동에만 관련된다고 주장하고 있어요. 당신은 무엇이 옳다고 생각하나요?

그런 사람들은 통계적으로 어떤 주식에 발생한 일이 그것이 속해 있는 산업이나 국가와 관련된다는 주장을 하지요. 그건 6개월이나 12개월 동안은 맞을 수 있지만 더 장기에서는 성립하지 않아요. 도쿄와 미국 주식시장은 과거 몇십 년 동안 완전히 반대로 움직였어요. 일본 국민들이 포트폴리오에 미국 증권들을 포함시켰다면 일본 증권에만 투자한 경우보다 훨씬 좋은 성과를 거둘 수 있었을 거예요.

그럼 당신은 국제적 분산의 중요성을 믿는다는 말씀이죠?

네. 저는 장기적으로 볼 때 다양한 주식시장들은 상당한 차이를 가지게 된다고 믿습니다. 조심하고 싶으면 분산시켜야 하죠. 하지만 제 생각에 해외 증권에 투자하는 것이 가장 매력적인 이유는 그것이 단지 미국 경계를 넘어선 더 큰 세계에 투자하기 때문입니다. 다른 나라에도 투자 기회가 있는데 왜 거기에 투자하지 않겠어요.

목표는 잃지 않는 것

당신의 목표는 리스크를 되도록 낮게 유지하는 것이라고 말해왔습니다. 그 말은 투자에서 얼마나 더 벌 수 있을지보다 얼마나 잃지 않을지를 고민하는 것처럼 들리는데요.

그것이 제가 저의 저축을 전부 펀드에 투자한 이유입니다. 저는 주주처럼 생각합니다. 저에게 그건 소중한 돈이에요. 많은 뮤추얼 펀드 투자자들처럼 여유 자금이 아니라 저의 은퇴 자금이죠. 연말에 담당 펀드매니저가 당신에게 와서 남들은 20%를 잃었는데 당신이 가입한 펀드는 15% 잃었다고 얘기하는 것은 말도 되지 않는다고 생각해요. 연초에 100달러였던 돈이 85달러로 바뀌어버린 것인데 그건 끔찍한 일이죠.

많은 가치투자자들과 마찬가지로 우리도 1995년 봄부터 2000년 봄까지 매우 힘들었습니다. 1995년부터 1996년에 투자자들 사이에서 가장 좋은 투자는 대형 다국적 성장주를 소유하는 것이라는 생각이 퍼졌는데 정말 엉터리 아이디어였어요. 그 후 기술주 혁명이 왔고 그보다 더 불행하게도 인터넷주가 각광 받기 시작했어요. 그때는 저 스스로가 사막에서 방황하던 시기라고 부르던 때였죠. 5년 동안 우리도 주주들에게 돈을 벌어주었지만 모멘텀 타입의 공격적 펀드보다는 약한 편이었습니다. 1997년 가을부터 2000년 가을 사이에 소젠 글로벌 펀드에 있던 우리 주주의 10분의 7이 떠나버렸어요. 우리가 돈을 잃었기 때문이 아니라 다른 사람들보다 돈을 적게 벌었기 때문이었죠. 제 친구 중 한 명은 그걸 '장모님 신드롬'이라고 하더군요. 어떤 투자자가 그의 장모로부터 전화를 받았는데 장모의 펀드가 작년에 45% 올랐다는 거예요. 그 불쌍한 친구는 자신의 펀드가 15% 밖에 오르지 않았다고 얘기하고 다음날 아침 브로커 사무실에 가서 투자금을 상환해달라고 했죠. 그런 일들이 실제로 일어났었어요.

그런 시기를 겪으면 자신의 투자 방법에 대해 재고하게 되지 않나요?
주주, 브로커, 금융설계사 그리고 자신으로부터 엄청난 압력을 받게 되죠. 많은 드라마의 끝에서 그러는 것처럼 수많은 가치투자자들이 투자 사업을 그만두려고 하는 시점이었어요. 하지만 우리는 회사를 지킬 수 있었고 다시 일어설 수 있었죠.

당신은 몇 년 동안 골드 펀드도 운용하고 있죠? 사실 금은 지난 십여 년 동안 별로 성과가 좋지 못했습니다. 몇 년 전 당신은 실적이 오르지 않으면 그 펀드를 정리하겠다고 했었죠. 다행히도 현재까지 실적은 매우 좋았고 그 펀드는 여전히 운용되고 있습니다.
1993년 펀드를 시작하면서 가졌던 생각들은 잘못된 것으로 판명되었습니다. 우리는 연간 500~1,000톤 정도의 수급불균형이 지속될 것이라고 정확히 예측했어요. 하지만 그 차이가 메워지리라는 것은 알지 못했습니다. 중앙은행이 금을 팔고 대부해주었기 때문에 투자는 불리했죠. 5년 후인 1998년 가을에 저는 인내하는 것은 좋지만 완고한 것은 좋지 않다고 말했습니다. 그때 러시아 위기가 발생했고 연방준비은행은 롱텀 캐피털 매니지먼트Long Term Capital Management 헤지펀드를 긴급구제해야 했어요. 저는 연방준비은행이 그와 같이 개입한다면 골드 펀드를 유지시키는 것이 나을 것이라고 생각했습니다. 가격이 결국 안정을 되찾거나 오르게 되면 중앙은행들이 금 매도를 중지하리라는 것을 알았죠.

그건 마치 꿈이 이루어진 것처럼 들리는군요.
좋은 것이든 나쁜 것이든 무엇이든지 일어날 수 있어요. 저는 요즘 금이 값싼 보험이라고 생각해요. 하지만 어쨌든 꿈이 이루어졌죠.

당신의 주식형 펀드에 속해있는 주식들의 평균 시가총액은 10억 달러가 되지 않더군요. 소형주를 좋아하시나요?
전체적으로 봤을 때 그건 작고 분명치 않은 주식일수록 시장에서 무시당하고, 경시되고, 가격이 잘못 매겨질 가능성이 크다는 단순한 생각에 기반한 것입니다.

하지만 당신은 무엇이든 사지 않나요?
물론 그렇죠. 어떤 면에서 우리는 부당하게 가격이 떨어진 큰 회사의 주식을 찾는 일을 가장 좋아합니다. 우리는 항상 약간의 대형주를 보유하고 있어요.

해외 주식을 사는 것은 평균적인 개인투자자들에게 너무 어렵거나 비용이 많이 들지 않나요?
그렇게 비용이 많이 들진 않습니다. 일본의 수수료율도 협상할 수 있고 고정되어 있지도 않아요. 개인투자자들에게 문제가 되는 것은 그들이 해외 증권을 조사할 만한 시간, 기술 그리고 희망을 가지고 있느냐예요. 미국인이라면 미국의 대차대조표를 보는 것보다 독일의 대차대조표를 보는 일이 좀더 어렵겠죠. 그 때문에 개인투자자들은 펀드에 투자하는 것이 좋습니다. 하지만 일정한 시간을 해외 투자에 쏟을 수 있다면 개인투자자도 충분히 잘 할 수 있을 거라고 생각합니다.

⚜

　몇 년 전 에베이야르는 나에게 직업 고유의 스트레스 때문에 2000년 정도에 은퇴할까 생각 중이라고 말한 적이 있다. 하지만 그는 2004년 말 그의 65번째 생일까지 펀드를 운용할 수 있도록 보장하는 내용의 계약을 체결하였다. 또한 그는 미국 내 회사에만 투자하는 퍼스트 이글 유에스 밸류^{First Eagle U.S. Value}라는 새 펀드를 시작했다.

　에베이야르가 모멘텀투자자들에게 너무 비판적이라고 생각할 수 있지만 그는 성장투자도 괜찮은 편이라고 강조한다. 그것이 그에게 맞지 않을 따름이다. 그가 얘기하는 것처럼 다른 투자자는 다른 기술을 가지기 마련이다. 에베이야르는 이렇게 말한다. "농구 코치가 포인트가드에게 파워포워드를 맡으라고 하면 그 불쌍한 친구는 시작할 수조차 없습니다. 그와 똑같이 누군가 나에게 갑자기 성장투자자가 되라고 한다면 나는 최악의 성장투자자가 될 겁니다. 그건 저의 기본적 재능과 맞지 않아요."

William Fries

펜실베이니아 주립 대학 재무 전공

템플 대학교 재무 전공 MBA

1961년 ~ 1964년 미 해병대 통신 장교

1964년 ~ 1974년 지라드 신탁은행, 피델리티 은행 등 여러 회사에서 근무

1774년 ~ 1996년 USAA 인베스트먼트 운용 회사, USAA 어그레시브 그로쓰 펀드, USAA 인텀 스탁 펀드 등 운용

1996년 ~ 현재 손버그 밸류 펀드, 손버그 인터내셔널 밸류 펀드 매니저

2003년 모닝스타 선정 올해의 해외 투자자

chapter 04

윌리엄 프라이즈

윌리엄 프라이즈는 월스트리트로부터 2천 마일이나 떨어진, 해발 7천 피트에 있는 사무실에서 일하고 있다. 뉴저지에서 태어나 뉴멕시코의 산타페에서 살고 있으며 거기서 1995년부터 손버그 밸류 펀드Thornburg Value Fund를 운용하고 있다. 몇 년 전에 손버그 글로벌 밸류Thornburg Grobal Value도 시작했는데 그 펀드는 해외의 비슷한 회사들을 매입하는 펀드이다.

62세의 프라이즈는 명백히 절충주의적인 투자 접근법을 따르는데, 그의 포트폴리오는 세 가지 타입의 가치주(기본 가치주·지속 성장주·그리고 신흥 프랜차이즈)로 구성되어 있다. 기본 가치주는 PER가 낮고 가격이 장부가치와 비슷한 전통적인 가치주의 특성을 가지고 있다. 지속 성장주는 보통 가치 있는 가격결정력을 가지고 있고 예측 가능하며 지속적인 수익을 가진 블루칩 회사들이다. 그리고 신흥 프랜차이즈는 변화의 첨단에 있는 젊은 회사들로 성장 가능성에 비해 가치가 저평가되어 있는 주식들이다.

이런 유연성 덕분에 프라이즈의 포트폴리오에는 캐터필러^{Caterpillar}가 펩시코^{Pepsico}, 이트레이드$^{E-Trade}$ 혹은 AOL 타임워너$^{AOL\ Time\ Warner}$ 등과 함께 있다. 프라이즈는 이런 접근법이 다양한 시장에서 일관성 있는 성과를 만들어냄으로써 안정된 수익을 올릴 수 있다고 주장한다.

손버그에 들어오기 전 프라이즈는 애널리스트와 매니저로서 거의 이십 년 정도를 USAA 투자운용$^{USAA\ Investment\ Management}$에서 일했다. 그 동안 그는 USAA 성장형 펀드, 배당 주식형 펀드, 그리고 공격적 성장형 펀드를 두루 맡아왔다. 전체적으로 그는 향후 몇 년간 미국 시장의 전망도 괜찮지만 현재 투자하고 있는 다른 몇 개 나라의 전망이 더 좋을 것이라 예상하고 있다.

다른 곳의 가치투자자

산타페는 월스트리트로부터 꽤 멀군요.
정말 멀죠. 가치투자에 대한 우리의 슬로건도 '우리는 다른 곳의 가치투자자이다'인데 그건 산타페가 멀리 떨어져 있다는 것 이상을 의미합니다.

원래 뉴멕시코 출신인가?
아닙니다. 저는 뉴욕으로부터 57마일 떨어진 뉴저지의 서섹스에서 자랐습니다.

젊었을 때 투자 분야에서 일하겠다는 생각을 가지고 있었습니까?

네. 8학년 때 선생님이 영향을 주셨고 제 가족도 주식시장과 투자에 항상 관심이 있었습니다. 투자에 관심을 가지게 된 것은 매우 자연스러웠어요.

대학에서 비즈니스를 전공하셨나요?

저는 펜실베이니아 주립대학에서 재무를 전공했습니다. 졸업한 후 해병대에서 통신장교로 4년을 보냈습니다. 그 후 필라델피아에 있는 지라드 신탁은행Girard Trust Bank에서 증권 애널리스트로 일했습니다. 그때 템플 대학원에 다녔는데 거기서 MBA를 받았지요.

지라드에서 일을 시작했을 때 어떤 증권들을 분석했습니까?

처음엔 앨런우드 스틸Alanwood Steel과 같이 필라델피아에 있던 회사들과 버로우즈Burroughs와 필코Philco와 같은 사무 설비 회사들, 그리고 아메리칸 홈 프로덕츠American Home Products와 같은 소비재 회사들을 분석했습니다. 거기서 핵심 가치라고 부르는 접근법을 배웠는데, 그건 현금흐름과 총자산에 대한 현금흐름 수익에 초점을 두는 것이었습니다. 수익성을 추정하는 이 접근법은 회사를 평가할 때 어느 정도의 회계 변수들을 통제할 수 있도록 해주었어요. 당시에는 주당순이익EPS이나 희석 주당순이익* 등을 계산하는 통일된 방법이 없었습니다. 애널리스트의 업무 중 하나가 여러 회사들의 주당순이익 계산을 표준화하는 것이었습니다. 물론 표준은 그때부터 여러 번에 걸쳐 바뀌었죠. 회계는 고정된 것이 아니기 때문입니다. 최근에 우리는 기술 산업의 합병

---

* diluted earnings per share. 희석증권, 즉 전환사채, 신주인수권부사채, 스톡옵션 등 일정한 권리 행사시 보통주가 발행될 가능성이 있는 증권도 보통주로 간주하여 산출한 주당순이익.

에 적용할 수 있는 완전히 새로운 회계 법칙을 만들고 있습니다.

지라드에선 얼마나 있었습니까?

대략 3년 반 정도 있었습니다. 저는 비과세채권에 대한 보조 애널리스트이기도 했는데 덕분에 채권 사업에 대해 잘 알 수 있었습니다. 그때 마침 길 건너편에 있는 은행에서 채권 분야의 사람을 필요로 하더군요. 그들은 저에게 매력적인 제안을 했고 그래서 1년 반 동안 피델리티 은행^{Fidelity Bank}에서 지방채를 거래했습니다. 하지만 주식에서 손을 놓게 되었고, 이래선 안 되겠다 싶어 다시 주식 리서치 분야로 돌아가기로 했습니다. 필라델피아의 증권회사에 들어가게 되었는데 거긴 저를 포함해서 3명의 애널리스트가 있었습니다. 우린 모두 제너럴리스트로 전반적인 회사와 산업에 대해 조사했습니다. 그때가 1960년대 말, 1970년대 초였죠. 파트너와 브로커들을 위해 유용하고 잘 정리된 투자 아이디어들을 제공했던 당시의 일은 저에게 좋은 경험이었습니다.

1973년, 74년에도 그 일을 했습니까?

네.

그때의 경험은 어땠나요?

지금보다도 더 나빴습니다. 고평가된 주식이 너무 많았고 그 주식들은 1년 내내 매일 뚝뚝 떨어져버렸죠. 가끔 오를 경우도 있었지만 길지 않았습니다. 우리는 국가 에너지 문제를 인식하기 시작했고 돈이 투입되어야 하는 전쟁이 계속되고 있었죠. 인플레이션도 심했는데 많은 사람들이 인플레이션을 인정하려고 하지 않아서 어쩌면 요즘보다도 더 파괴적이었던 것 같아요.

그러면 2000년부터 시작된 약세장이 1973년과 1974년의 약세장과 다르다고 생각하는 것인가요?
네. 현재 우리의 문제는 거의 기술주 부문의 자본지출 문제에만 국한돼 있습니다. 1974년 경제는 중공업에 훨씬 의존적이었죠. 또한 현재 이자율은 매우 낮은 편입니다. 저는 1974년에 에너지 가격 상승 때문에 경제가 얼마나 불안정해질 것인지를 놓고 걱정했습니다. 그것은 소비자들에게 심각한 수준의 세금을 매기는 것과 같았으니까요. 유가는 1970년대 초에 배럴당 2.50달러였는데 1970년대 말에 배럴당 30달러로 뛰어올랐습니다. 경제적 충격을 피할 방법이 없었죠.

가치와 성장

1970년대 후반에 USAA에 있었죠?
네. 1974년에 USAA 애널리스트로 옮겼습니다. USAA는 원래 텍사트 샌안토니오에 있던 보험회사였는데, 제가 오기 두 해 전에 펀드운용사를 설립해서 보험 투자를 직접 하려고 하고 있었습니다. 그런 노력을 지원하기 위해서 제가 필요했었죠.

USAA 투자운용은 주로 성장형 펀드를 운용하지 않았나요?
그렇진 않아요. 대부분의 자산은 USAA 캐피털 그로스 펀드USAA Capital Growth Fund에 포함되어 있었고, 그 자산들은 가치투자 철학에 따라 운용했었죠. 인컴 펀드Income fund라는 성장형 펀드도 있었지만 그 규모는 크지 않았습니다. 전체적인 철학은 보수적이었고, 아마 지금도 그러리라고 생각합니다.

당시에도 투자 대상을 고르는 데 가치투자 기준 같은 것을 사용했나요?
매우 흥미로운 질문이군요. 그 때는 투자 접근법을 요즘처럼 가치형 펀드냐 성장형 펀드냐처럼 이분법적으로 구분하지 않았습니다. 그런 이분법은 지난 10년 동안 나타난 현상인데, 아마도 가치투자의 장점에 대한 설득력 있는 연구들 때문일 것입니다. 주식투자에 대한 저위험 접근법은 매력적이고 이 접근법이 장기적으로 성공해왔다는 것이 그 연구들의 결론이죠.

솔직히 과거 실적에 대한 연구는 기간을 어떻게 잡느냐에 따라 달라질 것이라고 생각합니다. 1998년 혹은 1999년까지 3년 혹은 5년을 추정해보면, 2000년까지 추정한 것과 매우 다른 결과를 얻을 것입니다. 최고가의 주식을 피하거나 '가치'와 '모멘텀' 투자를 명확하게 구분해야 한다는 것은 맞습니다. 하지만 '가치'와 '성장'을 구분하는 건 '가치'와 '모멘텀'만큼 명확하지는 않은 것 같습니다. 현실에서는 '성장'이라는 개념이 사람들이 주식에 투자하는 이유에 이미 포함되어 있거든요. 자본 증가가 사람들이 주식을 소유하는 가장 기본적인 요인이니까요. 최소한 장기투자자에게는 자본이 성장해야 한다는 아이디어가 암묵적으로 포함되어 있습니다. 저는 사람들이 '가치투자냐 성장투자냐'라는 철학적인 논쟁에 빠져있다고 생각해요. 저는 가치투자 방법이 가치주를 살 때 회사의 성장 측면을 고려하지 않는 것이라고 생각하지는 않습니다.

1995년에 손버그 투자운용에 오셨죠. 그때는 손버그가 주로 채권을 다루지

않았나요?

위탁 자산에 대해서는 그랬죠. 하지만 1990년부터 주식 포트폴리오를 운용하고 있었습니다.

손버그 밸류 펀드는 직접 시작하신 건가요, 아니면 다른 사람으로부터 물려받은 건가요?

1990년부터 1995년까지는 손버그의 파트너들끼리 사적인 포트폴리오를 운용했습니다. 투자 철학은 매우 공격적인 것부터 매우 보수적인 것까지 제가 USAA에서 다양한 포트폴리오를 운용하면서 가졌던 경험들을 통합한 것이었습니다.

제가 USAA에서 배운 교훈 중 하나는 투자에는 하나의 해답만 있는 게 아니라는 것이었습니다. 다양한 위험을 가진 주식을 잘 고르면 장기에 걸쳐 지속적인 실적을 올릴 수 있습니다. 그런 생각에서 '우리는 가치의 다른 측면을 본다'는 슬로건을 달았습니다. 우리는 기본 가치주와 지속 성장주, 그리고 우리가 신흥 프랜차이즈라고 부르는 것들을 구분합니다. 현재 펀드는 가치에 대한 이 세 가지 다른 접근법을 모두 가지고 있습니다.

기본 가치주, 전통적인 의미의 가치

그 세 가지 유형에 대해 하나씩 얘기해 보도록 하죠. 기본 가치주는 무엇인가요?

대부분의 사람들은 주가를 수익, 현금흐름 또는 장부가치와 비교해서 가치를 추정합니다. 또한 배당이 높은 걸 찾죠. 이런 투자 방법은 투자자들을 일정한 산업으로 유도하게 되는데 이는 종종 주기적인 성질을 띠고 있습니다. PER는 편의를 위해 수익률의 역수를 취한 것입니다. 낮은 PER나 높은 수익률은 기본 가치를 추정하는, 믿을 수 있는 방법을 대표하는 것이죠. 이것이 우리 가치 개념의 핵심입니다. 기본 가치주의 유형 중 가장 수익성이 좋은 것은 회사의 문제 때문에 주식이 싸게 거래될 때 매입하는 것입니다. 그 문제가 일시적인 것이라면 가치투자 기회가 생기죠. 부실기업이 회생할 때는 매우 좋은 투자 실적을 보일 수 있습니다.

기본 가치를 결정할 때 어떤 숫자들을 보나요?
역사적인 PBR 값과 대차대조표의 건전성을 참고하는 것이 중요합니다. 각 회사는 독특한 상황에 있지요. 또한 수익 잠재력과 표준화된 수익을 사용한 PER를 살펴보는 것도 중요합니다. 은행, 금융서비스사, 그리고 보험회사들은 낮게 평가되는 경향이 있습니다. 이 회사들의 경우는 PBR가 특히 유용한 참고자료가 될 수 있어요. 전기설비업은 전통적으로 규제가 많아서 성장률과 수익이 특별히 높지 않습니다. 따라서 그 회사들은 PER가 낮은 경향이 있어요. 가치투자자들이 이런 회사들을 많이 보유하고 있다는 것을 알 수 있을 것입니다.

당연히 이런 주식들은 오랜 기간 동안 가치주의 범주에 들어있겠네요?
그렇죠. 하지만 그 회사들도 좋은 기회를 만들 수 있습니다. 예를 들어 금융서비스사와 은행은 부동산과 같이 이자가 지급되지 않는 자산 때문에 1980년대에 실적이 좋지 않았습니다. 많은 회사들이 장부가치 아래에서 거래되었죠. 그런데 이 자산들이 믿어지지 않을 정도로 좋은 기회라는 것이 밝혀졌습니다. 장부가치 아래에서 거래되던 은행들이 장부가치의 서너 배까지 오른 것을 알 수 있을 것입니다. 가치투자자들이 PBR가 낮은 주식으로부터 이익을 얻는 좋은 방법 중에 하나입니다.

당신은 포트폴리오에 이런 주식들을 몇 %나 보유하고 있나요?
현재는 40% 정도인데 이 정도면 보통입니다. 참고로 우리는 포트폴리오를 유형별로 배분하지는 않습니다. 시장이 가치를 만들어 내는 곳에 투자할 뿐이죠.

그럼 그 배분들이 단지 리서치 결과에 의한 것인가요?
네. 기본 가치주, 지속 성장주, 그리고 신흥 프랜차이즈를 비교해볼 수 있습니다. 요즘과 같이 위험을 기피하는 시장에서는 기본 가치주들이 좋은 편입니다. 사실 성장주로 생각되던 몇 개의 기술회사들이 현재는 기본 가치주가 되었습니다. 이것은 현재 시장 사이클에서만의 특징은 아닙니다. 과거에도 유망한 회사들이었는데 순환의 끝에서 장부가치 이하에 거래되던 경우들이 있었죠.

지속 성장주, 지속적 수익의 블루칩

지속 성장주 얘기를 해볼까요. 그것들은 어떤 것이죠?
지속 성장주는 보통 블루칩 회사들로 투자자들이 좋아하고 그래서 프리미엄이 붙을 만한 특성을 가진 것들입니다. 프록터앤드갬블$^{P\&G}$이 좋은 예죠. 그 회사는 수입이 지속적이어서 경기 순환의 변동성이 없습니다. 매일 사용되는 소모품을 만들고, 낮은 가격에 수백만의 장소에서 수백만의 사람들에 의해 구매됩니다. 당연히 어느 정도의 경쟁이 있긴 하지만 그 회사의 브랜드는 안정되어 있습니다. 타이드^{Tide} 세제를 살 때 사람들은 P&G를 생각하지 않아요. 지속 성장주는 높은 수익을 안겨줍니다. 그 회사들은 시장점유율 선두이고 상점의 가장 좋은 곳에 제품을 내놓을 수 있습니다. 특별히 빠르게 성장하는 것은 아니지만 수익 흐름이 연금과 같다고 할 수 있을 정도죠.

그런 회사들의 가격이 싼가요?
세 가지 카테고리에 대한 공통 분모는 그 회사들이 인기가 없을 때 산다는 것입니다. 프록터앤드갬블 같은 회사는 기본 가치주의 두 배 가격으로 거래되어도 괜찮을 때가 있다고 생각합니다. 우리는 그 회사들이 인기가 없을 때 매입할 준비가 되어 있습니다. 그건 정말 좋은 회사를 평범한 가격에 사는 걸 의미하죠.

상대적 가치를 비교할 때 기준으로 삼는 것이 있나요?
우리는 상대적 가치를 시장 평균 PER에 비교합니다. 분명히 평균 이상이고 그렇게 싼 가격에 살 수 있지 않은 회사를 시장 PER 이하에서 매입하는 건 매우 매력적인 거래입니다. 물론 사업과 현금을 효율적으로 재투자할 수 있는지 경영진의 능력을 잘 살펴봐야 합니다. 질레트^{Gillette}가 좋은 예가 되는데 질레트는 과거보다 가격이 많이 떨어져 있습니다. 이 회사는 면도기 칼날 시장을 지배하고 있고 거기서 상당한 성공을 거둬서 현금을 많이 벌었습니다. 질레트는 그 돈으로 배당을 할지, 자사주 매입을 할지, 아니면 새로운 사업을 시작할지를 결정해야 했습니다. 많은 회사에서 그랬던 것처럼 새로운 사업에 대한 질레트의 재투자가 원래의 사업처럼 성공적이지는 못했죠. 이것이 많은 블루칩 지속 성장주들이 해결해야 하는 문제입니다. 단지 인기가 없어졌다는 것만으로는 부족하죠. 회사를 분석하고 미래에 대해 판단해야 합니다. 그것은 가치투자와 투자 일반 모두에 관련된 것입니다. 만약 미래를 정확히 예측할 수 있다면 상당한 투자 수익을 올릴 것입니다.

그런 종류의 예상을 어떻게 하나요?
그것은 대부분 판단력을 요하는데, 세상이 어떻게 흘러가고 있는지와 계획을 실행시키는 경영진의 능력을 알고 있으면 정확하게 알 수 있죠.

투자 결정을 내리기 전에 경영진을 만나나요?
많이 만납니다. 그들의 점포에 가거나 회의에서 그들을 만나 회사에 대한 지식을 쌓기도 하죠. 우리는 경영진을 만나는 것이 회사의 미래에 대해 판단하는 데 중요한 부분을 차지한다고 생각합니다. 사실상 회사는 그들이 원하는 문화를 만드는 하나의 팀이거든요.

신흥 프랜차이즈, 변화의 첨단

마지막 유형은 신흥 프랜차이즈네요.
신흥 프랜차이즈들은 보통 젊은 회사입니다. 그 회사들이 반드시 작을 필요는 없지만 젊은 편이고 변화의 첨단에 서 있죠. 현재 제 포트폴리오에 속하는 주식 중 예를 들자면 AOL 타임워너처럼 큰 것도 있고 애드벤트 소프트웨어Advent Software처럼 작은 것도 있어요. 두 회사는 모두 변화를 불러오는 회사들이죠. 사람들의 라이프 스타일을 살펴보면, 10년 전만 해도 인터넷이 생활의 일부는 아니었습니다. AOL 타임워너는 기술력의 특성을 이해하고, 그 가능성을 월 사용료 형태의 구독 사업으로 변화시켰고, 편의성의 힘을 인식해서 산업 내 지배적인 회사가 되었습니다. 또한 현재 그 회사는 풍부한 콘텐츠를 가지고 있죠.

AOL 타임워너는 가치투자 포트폴리오에 들어 있을 것 같지 않은데요.
그렇죠. 하지만 가치에 대한 우리의 생각은 가격과 관련된 단순한 재무적 추정 이상입니다. 시장점유율 선두라는 것에 가치가 있고, 3천만 구독자를 가지고 있다는 것에도 가치는 있습니다. AOL 타임워너는 2억 명의 구독자를 가지고 있어요. 저는 그런 곳에서 가치를 찾고 있습니다. 이러한 가치의 측면은 전통적으로 가격과 관련되지 않았습니다. 하지만 그럼에도 그것들은 가치를 표현하는 것이라 할 수 있고 특히 신흥 프랜차이즈의 미래를 판단하는 데는 특별히 중요한 것들이죠.

처분은 어떻게 하는지 말씀해주십시오.
우리는 주식을 매입할 때 12개월에서 18개월의 시간 범위를 정해놓고 목표가를 설정합니다. 이 목표가는 그 기간 동안 발생할 수 있다고 생각하는 성장에 기반을 둔 것이죠.

그것은 당신이 내재가치라고 생각하는 것인가요?
내재가치는 다양한 추정치들을 계량화한 것입니다. 예를 들어 PER를 사용해서 주식의 연간 수익 수준에 따른 목표가를 결정할 수 있습니다. 내재가치는 우리가 목표가를 설정할 때 사용하는 여러 방법 중 하나입니다.

목표가에 도달하면 항상 처분하나요?

아닙니다. 특히 신흥 프랜차이즈 산업은 잘 처분하지 않습니다. 우리는 회사가 우리의 평가 이상으로 성장하면 목표가를 변경할 수 있습니다. 주식이 목표가에 접근하면 우리는 다음 12개월에서 18개월 사이 무엇이 바뀔지를 살펴보죠. 회사가 해야 하는 일을 모두 해왔고 수익이 높으며 PER가 여전히 합리적인 수준이라면, 우리는 그 주식을 계속 보유하면서 목표가를 새로 정합니다. 최근의 경험에도 불구하고 투자자들의 큰 실수 중 하나는 신흥 프랜차이즈 유형의 회사를 너무 일찍 처분한다는 것입니다. 저만 하더라도 지금까지 수많은 주식을 너무 일찍 매도해버렸어요. 변동성이 큰 것은 사실이지만 정말 좋은 회사를 처분해버리는 것은 정말 좋은 기회를 잃어버리게 되는 일이지요.

10개의 아이디어 중 얼마나 적중해야 할까요?

저는 6개 이상이면 된다고 봅니다. 사람들은 반 정도 하면 평균보다 잘하고 있다고 하죠. 우리가 성공적이었던 이유 중 하나는 실패한 주식을 많이 가지고 있지 않았기 때문입니다. 즉 우리는 급락을 막아왔어요. 과거를 되돌아보면서 우리 성공의 대부분이 가격이 떨어져버린 주식을 보유하지 않았다는 점에서 비롯되었다는 것을 깨달았습니다. 어떤 주식은 전혀 수익을 못 내기도 했지만 그렇게 많이 떨어지지는 않았어요. 가치투자자에게 또 다른 위험은 고정시킨 가치에 너무 만족하는 것입니다. 기회를 다시 잃어버리고, 포트폴리오는 잘 분산되지도 않고, 상당한 가치를 상실하게 되죠.

신흥 프랜차이즈가 당신의 포트폴리오에서 가장 위험한 자산인가요?
그렇습니다.

몇 %나 되나요?
우리는 그 주식들을 보통 50% 이하로 유지하려고 합니다.

지속 성장주는 몇 %나 보유하나요?
현재는 대략 40%인데 아까 말씀드렸듯이 고정된 비율로 배분하지는 않습니다.

기본 가치주와 지속 성장주는 대충 비슷한 비율이네요.
하지만 지속 성장주는 고평가되어 있을 수도 있습니다. 예를 들어 1999년 제약주가 인기 있었을 때 그 주식들은 지속 성장주에 속했죠. 그런데 우리는 가격이 너무 높아서 그 주식을 전혀 보유하지 않았습니다. 그때는 기본 가치주의 비율이 55%나 됐었죠.

인기 없는 주식을 찾아라

당신의 포트폴리오는 얼마나 분산되어 있나요?
나름대로 잘 분산되어 있어요. 우리는 대략 50종목을 보유하고 있습니다. 20억 달러의 운용 자산을 생각해보면 그렇게 많은 종목은 아닙니다.

한 종목은 얼마나 많이 보유하나요?
보통 3%에서 4% 정도를 보유합니다. 신흥 프랜차이즈는 2% 이하에서 시작합니다.

산업별로도 분산하나요?
우리가 보유한 것 중 가장 큰 산업은 15%에 달합니다. 하지만 저는 리스크를 조금 다르게 봅니다. 저는 전기회사, 반도체회사, 반도체 설비회사, 그리고 부품회사를 전통적인 기술주라고 생각합니다. 그런데 소프트웨어 회사와 통신장비 회사도 거기에 포함시키죠. 그것이 제가 포트폴리오상의 위험이 얼마나 되느냐를 판단할 때 회사를 분류하는 방법입니다. 예를 들어 금융 서비스에서 저는 브로커들을 뮤추얼 펀드와 함께 생각하고 은행도 같은 리스크의 일부를 가지고 있다고 생각합니다. 기업 금융과 금융 서비스라는 두 가지 분류가 있는 경우 저는 그들 간에 일정한 관계가 있다고 인식합니다.

투자운용사에 많이 투자하고 계신데, 요즘 시장이 좋지 않다는 점을 고려해 볼 때 그것은 역발상 투자 같은 것인가요?
우리는 인기가 없는 주식을 사려고 하는데 그 주식들 중 일부는 정말 인기가 없습니다. 분명히 온라인 금융중개업은 현재 인기가 없지요. 하지만 온라인 트레이딩과 온라인 뱅킹은 미래 투자 풍경의 일부분이 될 것입니다.

장기적으로 투자운용 산업에 대해 긍정적으로 생각하나요?
매우 낙관적으로 생각합니다. 그런 많은 회사들이 시스템 회사들이에요. 뉴욕은행Bank of New York이나 찰스 슈왑Charles Schwab 같은 회사의 시스템 투자는 상당한데 그런 투자는 다시 하기 힘든 것들입니다. 그들의 관리 하에 있는 자산과 그 자산을 축적하기 위해 그들이 행한 투자는 실질적인 가치를 나타내는 것들이라고 할 수 있습니다.

기술주의 파멸 이후 당신은 기술주를 예전과 다르게 평가하나요?
우리는 기술주를 새로운 관점에서 예전보다 비판적으로 보아야 합니다. 투자자들이 눈에 보이는 수익성을 실현할 만한 비즈니스 모델이 없거나 현금흐름이 좋지 않은 것을 묵인해주던 시기는 지났기 때문입니다. 이제 사람들은 더 엄격해질 것입니다. 많은 수의 회사들이 장래성이 있는 것처럼만 보였을 뿐 실질적인 사업이라기보다는 시늉에 지나지 않는 '프리텐더pretender' 들이었어요. 이런 대부분의 프리텐더들은 두 번 다시 살아날 수 없을 겁니다. 애널리스트로서 우리는 사업 계획과 사업 모델을 보다 잘 이해할 수 있도록 주의해야 합니다. 그것은 단순히 일어날 수는 있지만 현실적이거나 합리적이지는 않은 숫자들을 만들어내는 스프레드시트를 보는 것 이상을 요구할 것입니다.

대부분의 투자 아이디어는 어디에서 얻나요?
아이디어는 여러 곳에서 찾을 수 있습니다. 처음에는 컴퓨터 선별에서부터 시작합니다. 가격이 낮은 주식들은 항상 관심의 대상이 되죠. 위험한 재무 상태에 있는 회사들을 걸러냅니다. 수익성이 높을 것으로 예상되는 종목이 좋습니다.

글로벌 펀드도 운용하는군요.
그건 사실 해외 펀드입니다. 그걸 글로벌 펀드라고 부르는 이유는 약간의 미국 회사 주식도 함께 보유하려고 하기 때문입니다. 하지만 85% 이상 해외 주식에 투자된 해외 펀드입니다.

해외 회사들을 미국 회사들과 다르게 평가하나요?
아닙니다. 우리는 같은 투자 방법과 동일한 세 가지 가치 분류를 사용합니다. 물론 나라별로 회계 정책이 다르기 때문에 변수들은 조금씩 달라질 수밖에 없죠. 정치적 리스크도 분명히 있습니다. 통화도 헤지해서 환리스크를 없앱니다. 이런 것들은 미국 내 주식에 투자할 때는 특별히 걱정하지 않아도 되는 것들이죠.

향후 3~5년간 해외 시장과 미국 시장 중 어디에 더 기회가 있다고 보나요?
정치적으로 안정되기만 하면 미국보다 빨리 성장할 기회가 있는 나라들이 분명히 있습니다.

어떤 나라들인가요?
중국이 그 중 하나인데 거기에는 막대한 기회가 있습니다. 저는 지난 2년간 중국을 두 번 갔었는데 중국인들이 만들어내는 진보에 감명받고 왔습니다. 베이징은 생각보다 댈러스에 매우 가까워요. 중국은 이제 우마차와 밀짚모자의 나라가 아닙니다. 매우 빠르게 현대화되고 있고 연 6% 이상 성장하고 있습니다. 저는 중국이 1960년대의 일본과 같다고 생각합니다. 부정적인 면도 조금 있는데 그 중 하나가 정치입니다. 하지만 그들은 약간의 통제와 조직으로 시장경제를 발전시키려고 하고 있지요.

포트폴리오에 속한 종목들을 좋아하는 이유와 함께 웹사이트에 올려놓으

셨지요. 다른 많은 뮤추얼 펀드들은 보유 포트폴리오에 대해 정보를 충분히 공개하지 않아서 비난 받아왔습니다. 펀드들이 주주들에게 좀더 공개해야 한다고 생각하나요?

투자자들도 자신이 무엇을 보유하고 있는지를 알면 좀더 만족하리라 생각합니다. 그래서 우리는 인터넷을 광범위하게 사용합니다. 컴퓨터는 산타페와 같은 곳에서도 회사를 운용할 수 있도록 해주죠. 데이터나 정보 면에서는 뉴욕에 있는 것과 똑같아요.

게다가 광란의 군중들과 기타 이질적인 영향으로부터 떨어져 있을 수 있어 더욱 좋습니다. 우리는 우리의 초점을 빗나가게 할 우려가 있는 다른 포트폴리오 매니저들과 점심 식사를 함께 하지 않습니다. 할 수도 없고요. 더욱 독립적인 판단을 할 수 있습니다. 저는 전형적인 월스트리트 잡음에서 떨어져 있을 수 있는 이 곳 산타페에서 일하는 것이 도움이 된다고 생각합니다.

산타페에 살아서 좋은 점 또 한 가지는 골프, 하이킹, 제물낚시, 테니스 등 빌이 좋아하는 오락을 일 년 내내 즐길 수 있다는 점이다. 그는 자신이 성공할 수 있었던 것은 함께 일하면서 펀드의 투자 아이디어를 제공해주는 애널리스트 팀 덕분이라고 한다. 그들은 열린 공간에서 함께 일하고, 하루 종일 자유롭게 이야기한다. 프라이즈가 얘기하기 좋아하는 것처럼 투자위원회는 항상 회의 중이다.

어떤 사람들은 그가 성장형 펀드에 있을 법한 종목들을 너무 많이 보유하고 있다고 비판하지만 프라이스 자신의 의견은 다르다. 그는 향후 10년 내에 매니저들을 가치와 성장으로 구분하는 것이 없어질

것이라고 생각한다. 그동안 그는 그의 포트폴리오에 상당한 수익을
안겨줄 안정적인 성공 투자를 계속 해나갈 것이다.

James Gilligan

마이애미 대학교 회계학 전공

피츠버그 대학교 MBA

1981년 ~ 1985년 걸프 오일 코퍼레이션, 회계사, 신용 애널리스트, 재무 애널리스트

1985년 ~ 현재 밴 캠펜 인베스트먼츠 주식 운용 팀

대표 펀드 : 밴 캠펜 에퀴티 인컴 펀드, 밴 캠펜 그로스 앤드 인컴 펀드

chapter 05

제임스 길리건

　제임스 길리건은 평생 동안 돈을 벌어왔다. 어렸을 때 많은 일들을 했는데 신문 배달을 할 때는 다른 사람들을 고용하기까지 했다. 또한 그는 5명의 형제와 자매들에게 돈을 빌려주고 이자를 받았다. 고등학교 경제학 시간에 주식시장에 대해 알게 되었고 즉시 관심을 가지게 되었다. 그는 아직까지도 그때의 느낌을 잊지 못한다.

　1980년대 초, 대학을 졸업한 후 투자와 관련된 직업을 찾을 수가 없어서 걸프 오일$^{Gulf\ Oil\ Corporation}$에서 회계사이자 애널리스트로 처음 일을 시작했다. 그때 많은 항공사들이 도산하고 있었는데 길리건은 그 회사들에 대출을 더 해줘야 할지를 결정해야 했다. 그 회사에서 4년간 지낸 후 그는 석유 사업에 질리게 되었고 투자 부분으로 갈 결심을 하였다. 길리건은 아메리칸 캐피털$^{American\ Capital}$에 들어가게 되었는데 그 회사가 나중에 밴 캠펜 인베스트먼츠에 합병되었다.

　현재 밴 캠펜 에퀴티 인컴 펀드$^{Van\ Kampen\ Equity\ Income\ Fund}$와 밴 캠펜 그로스 앤드 인컴 펀드$^{Van\ Kampen\ Growth\ and\ Income\ Fund}$의 수석 매니저이다. 길

리건은 이른바 촉매를 지닌 가치를 찾는다. 그는 촉매가 회사 수익의 성장을 이끌어낸다고 믿는다. 주식이 가치가 있는지 판단할 때 그는 다양한 벤치마크와 비교하여 그 주식의 시장 가치 등을 살핀다. 그 결과 43세의 이 매니저는 때때로 매력적으로 보이지는 않지만 성장 가능성이 높은 산업에 속해 있고 전도 유망한 회사들을 매입하곤 한다.

어린 사업가

당신은 어렸을 때부터 사업가였다고 하더군요. 지금 운용 사업에서 성공하게 된 것도 그때의 영향이 컸겠죠?

제 가정은 가난한 편은 아니었지만 아이들이 6명이나 됐기 때문에 돈이 남아도는 것도 아니었습니다. 저는 걷기 시작하자마자 신문 배달을 시작해서 고등학교 3학년 때까지 했습니다. 나중에는 다른 사람에게 돈을 주고 제 구역에 배달을 하라고 하고 저는 다른 일을 했죠. 저는 부모님의 영향으로 자연스레 저축했던 것 같습니다. 부모님들도 돈을 잘 쓰지 않으셨거든요.

즉 당신은 그때부터 가치를 좋아했었다는 얘기군요.

저는 금고였습니다. 제가 막내였는데 형과 누나들이 차를 살 때 돈을 빌려주었죠. 고등학교 때까지는 주식에 별로 관심이 없었습니다. 경제학 수업을 들었는데 모의 주식 투자를 하더군요. 매일 주식이 어떻게 움직이는지를 보는 일은 매우 재미있었습니다. 결국 그 대회에서 3등을 했어요.

대학에 들어갈 때 목표로 하는 직업이 있었나요?

저는 제가 사업과 금융을 좋아한다는 것을 알았습니다. 저는 오하이오 주 옥스포드에 있는 마이애미 대학교에 다녔습니다. 경제학과 재무를 복수 전공했었는데 너무 쓸모 없다는 생각이 들어서 1980년에 대학을 나왔습니다. 그때 고용 시장은 매우 안 좋았어요. 불황기였죠. 애틀란타에 가서 일을 찾는데 거의 최저 임금 수준의 일거리만 있었습니다. 부모님들은 저를 강제로 대학원에 보내려고 했어요. 학교로 돌아가고 싶지는 않았지만 부모님을 기쁘게 해드리기 위해 피츠버그 대학에 지원했고 합격하게 되었죠. 직업을 찾는 동안 저는 제가 회계에 대한 기초가 너무 부족하다는 것을 알게 되었습니다. 그래서 학교에 돌아가서 회계 수업을 많이 들었습니다. 그리고 MBA도 받았죠.

경제학 학위가 투자자가 되는 데 도움이 되었나요?

투자자로서는 도움이 되었습니다. 경제학은 모든 것을 포괄하기 때문에 대부분의 초보적인 일에는 경제학 학위가 거의 의미가 없었습니다. 초보적인 일들은 보통 매우 정형화되어 있고 한정적이죠. 하지만 지금 제가 하는 일의 관점에서 보면 경제와 경제에 영향을 주는 요인들을 이해하는 것은 매우 유용합니다.

대학원 수업이 학부 수업보다 훨씬 도움이 되던가요?

1981년이었습니다. 저는 1년짜리 단기 프로그램에 다녔죠. 사실 그게 제가 들어갈 수 있는 유일한 방법이었어요. 그런데 전 그 프로그램을 매우 좋아했습니다. 회계학 수업을 들으면서 회계를 제대로 이해하기 시작했죠. 또 행태과학 수업도 꽤 재미있었습니다. 대학에서

들었던 심리학 수업은 시간 낭비밖에 안 됐지만 대학원에서의 수업은 개인과 집단 행동의 동학을 이해하는 데 도움이 되었고 주식시장에서의 행위들을 분석하는 데도 도움이 되었습니다.

대학에서 투자에 대한 것도 배웠나요?
네. 투자론 수업을 들었는데 주식시장에 대해서는 그 전부터 흥미를 갖고 있었습니다. 이력서에도 투자 분야의 직업을 원한다고 썼습니다. 하지만 그런 일은 아는 사람이 없으면 하기 힘들더군요. 애틀랜타 은행의 경우에는 최종 면접까지 봤는데 결국 부사장의 아들이 되더군요.

대학원에서 저는 회계적 배경 지식을 갖는 데 가장 중점을 두었습니다. 투자 분야에 있던 사람들은 모두 회계학을 공부해야 한다고 하는데 우습게도 대학원의 투자 경영 프로그램은 회계학을 별로 강조하지 않더군요. 대학원에서는 포트폴리오 이론을 많이 가르치는데 물론 그것도 좋지만 증권을 어떻게 분석해야 하는지에 대한 기초 교육이 부족했습니다.

경제학과 회계학이라는 배경

대학원을 졸업한 후 가장 먼저 무엇을 했나요?
회계 인턴으로 휴스턴에 있는 걸프 오일에 취직했습니다. 저는 3개월마다 다른 부서에서 일하는 경영 교육 프로그램에 속해 있었습니다. 1981년에 입사했는데 그 산업은 그때가 절정이었죠. 4년간 거기에 있었는데 회사는 매년 규모를 줄이더군요. 승진은커녕 많은 사람들이 직장을 잃었습니다. 그 후 T. 분 피켄스$^{\text{T. Boone Pickens}}$라는 사람이 걸프 오일을 인수했습니다(피켄스는 메사 석유$^{\text{Mesa Petroleum}}$을 설립한 텍사스 사업가로 많은 회사를 적대적인 방법으로 인수해서 명성을 얻었다). 그가 걸프 오일을 경영했는데 회사 내에서 그걸 지켜보는 건 매우 재미있었습니다. 그 전까지 걸프 오일은 최악으로 운영되던 석유 회사 중의 하나였습니다. 직원들은 무사안일이었고 처음엔 피켄스를 비웃었지만 곧 겁에 질리고 말았죠. 그는 저의 우상이었습니다. 모든 것을 바꿔버렸기 때문입니다. 그러다가 셰브론^{Chevron}이 걸프를 인수하게 되었고, 그때 투자 분야로 가야겠다고 결심했습니다.

경영 프로그램을 마친 후에는 무슨 일을 했나요?
저는 2년 조금 안 되게 도매 신용 부문에서 일했습니다. 제가 원한 것은 아니었지만, 그래도 거기서 외상매출을 확대하고 회사의 리스크를 파악하는 것에 대해 많이 배울 수 있었습니다. 저는 회사들이 대부를 받아야 하는지 결정해야 했습니다. 당시에는 많은 항공사들이 부도가 나던 때였는데, 우리는 그 회사들에 외상으로 연료를 팔아야 했죠. 그때는 연료 공급자가 비행기에 연료를 넣기 전에 전화로 먼저 승인을 얻어야 했던 때였습니다. 어느 날 허리케인 때문에 저만 출근했더군요. 연료가 부족한 항공사들로부터 전화가 왔고, 그 회사들은 제 관할이 아니었지만 저는 그 요청을 승인해주었습니다. 그리고 회사를 그만 둘 생각을 하게 됐죠. 매우 힘든 시기였기 때문에 더 큰 손해를 막기 위해 고객들의 재정 상태가 어떤지를 알아야 했습니다. 그 후 얼마 동안 내부 회계 부서에 있었습니다. 이것 역시 제가 장기적으로 원하는 것은 아니었지만 거기서 기업 회계에 대한 매우 소중한 경험을 쌓을 수 있었습니다. 특히 금융 정보의 신뢰성을 보장하는 데 있어서 감독이 얼마나 중요한지 배울 수 있었습니다.

다른 직업을 구하지 않고 회사를 그만뒀나요?
회사에는 다른 직업을 아직 구하지 않았다고 얘기했지만 사실은 이미 다른 옵션들을 고려하고 있었습니다. 투자 쪽으로 갈 수 있는 많은 방법들을 고려하고 있었는데 휴스턴에서 채권 포트폴리오 매니저를 하고 있던 친구를 만나게 되었습니다. 친구에게 이력서를 보내서 투자팀장에게 전달하도록 했죠. 제 생각에는 투자팀장이 그 업계 경험이 없는 사람을 고용하기를 원했기 때문에 저를 좋아했던 것 같습니다. 그는 또한 제가 회계학과 경제학의 배경 지식을 가지고 있다는 것을 좋아했죠.

그 회사가 지금 있는 회사인가요?
그 회사는 오랜 역사를 가진 아메리칸 캐피털로 예전 회사입니다. 1984년에 밴 캠펜과 합병했습니다.

회사에 처음 와서 채권 쪽에서 일했나요?
아닙니다. 저는 주식 쪽에서 일을 했습니다.

어떤 일들을 했나요?
정말 열심히 일했습니다. 저는 경험도 없었고 직장 경력도 4년 밖에 안 됐어요. 그때가 1985년이었는데 뮤추얼 펀드도 정확히 뭔지 모르던 때였습니다. 회사는 저에게 운수산업과 화학산업을 맡기더군요. 3개월 동안 정말 열심히 일했습니다. 생각은 시속 200마일로 달리고 있었고 잠도 오지 않았어요. 제가 하고 보는 모든 것이 주식시장과 관련된 것이었습니다. 집에 가면서 길을 잃기도 했어요. 수면 부족이 영향을 미치기 시작했죠. 안되겠다 싶어서 몇 주 여유를 갖기도 했습니다. 그 때 잠을 못 잤으면 저는 이 일을 오래 하지 못했을 겁니다. 다행히도 저는 다시 수면을 취할 수 있었어요.

그때 회사에서 특별히 취하는 투자 방법이 있었나요?
대부분의 포트폴리오는 성장주 위주였습니다. 다행히 제가 스승으로 생각하던 선배 펀드매니저가 가치투자자여서 저와 다른 애널리스트들을 잘 가르쳐주었습니다.

시장은 아는 만큼 가격을 매긴다

특별히 자신에게 맞는 접근법을 찾게 되었다는 말씀이시군요.
제 교육 배경 때문에 처음에는 현금흐름에 초점을 맞추었습니다. 그 때는 인수가 활발하던 시기였고 그래서 그런 접근법이 잘 통했죠. 기업사냥꾼들은 현금을 만들어내는 회사를 찾아서 싸게 투자했습니다. 그 당시에 선배 펀드매니저에게 배운 것들은 지금도 제가 쓰고 있습니다. 그것은 회사를 매 분기 지켜보면서 수입, 수익, 마진을 검사해서 추세가 바뀌는 굴절 시점, 즉 주식을 매입할 순간을 찾아내는 것과 관련된 것이었습니다. 예를 들어 지난 분기에 회사의 매출이 10% 줄었는데 이번 분기에는 2%만 줄었다고 해보죠. 매출 감소세가 줄어든 것은 굴절 시점이 다가왔고 따라서 그 회사를 보다 자세히 살펴봐야 한다는 뜻입니다. 몇 년간 발전시켜온 제 투자 철학에서 중요한 것 한 가지는, 시장은 시장이 아는 만큼 가격을 매긴다는 것입니다. 그런데 시장이 아는 것은 과거에 보아왔던 것들뿐이죠. 분기별 결과를 관찰하고 무엇인가 좋은 일이 발생할 수 있는 회사를 찾아서 추세의 변화를 예측할 수 있다면 높은 기대를 가질 수 있고, 시장이 좋은 결과를 확인해서 그 추세를 알게 됨에 따라 주가는 오르는 것입니다. 좋아 보이지 않는 회사들은 시장도 좋아하지 않는다는 것을 알게 됐죠.

언제 처음으로 돈을 운용할 수 있었나요?
1988년에 대부분 직원들 자산으로 구성된 아메리칸 캐피털 그로스 펀드American Capital Growth Fund라는 작은 펀드를 운용하기 시작했습니다. 그 펀드의 규모는 1,200만 달러 정도로 주로 성장주에 투자했습니다.

그 펀드를 아직도 운용하나요?
아닙니다. 다른 펀드에 통합돼서 이제는 사라졌어요. 저는 아직도 그 날 밤 집에서 포트폴리오를 분석하고 어떻게 재구성할지 낙서했던 것을 기억합니다. 그 펀드는 다음날 80%가 교체되었는데 자산이 1억 달러밖에 되지 않았기 때문에 별로 어렵지는 않았습니다.

처음 다른 사람들의 돈을 투자하는데 그렇게 대담한 결정을 내렸을 때의 기분은 어땠나요? 그 결정은 단지 종이에 당신의 계획을 낙서했던 것일 뿐이었고 실제 거래를 하는 것은 많이 다르지 않던가요?
그건 항상 무서운 일입니다. 제가 했던 첫번째 거래는 제 스승이던 펀드매니저를 위한 것이었습니다. 그가 휴가를 가면서 저에게 펀드를 검토해보라고 하더군요. 저는 그가 없을 때 보잉Boeing을 5,000주 샀어요. 그 금액이 꽤 커서 오랫동안 고민했었죠.

장기적 성장을 위해서는 보수적이어야

지금은 얼마나 운용하나요?
60억 달러가 조금 넘습니다.

그로스 인컴 펀드와 에퀴티 인컴 펀드의 차이는 무엇인가요?
에퀴티 인컴 펀드의 전신은 프로비던트 펀드 포 인컴$^{Provident\ Fund\ for\ Income}$이라는 균형형 펀드였습니다. 균형형 펀드는 그때도 별로 없었고 지금도 별로 없지요. 우리는 펀드의 방향을 바꿔서 그걸 에퀴티 인컴 펀드로 분류하기로 결정했습니다. 그 펀드의 20%에서 40%는 항상 전환사채와 채권, 재무부증권에 투자되고 있습니다.
그로스 인컴 펀드는 거의 주식에 투자합니다. 예전에 전환사채도 이용했는데 1990년대 초에 시장이 너무 좋아서 전환사채는 실적이 떨어졌습니다. 그래서 우리는 그 전략을 버리고 주식만으로 포트폴리오를 구성했습니다.

에퀴티 인컴이 좀더 보수적이겠군요.
네, 그렇습니다.

펀드의 보수적인 특성을 고려했을 때 당신의 포트폴리오는 누구에게 가장 적합하다고 생각하나요?
사실 누구나 상관없습니다. 역사적으로 볼 때 이런 종류의 상품이 보통 성장형 펀드보다 실적은 좋은 반면 변동성과 리스크는 낮습니다. 물론 1990년대 후반과 같이 급성장주들이 비상식적인 수익을 남길 때는 그렇지 않았지만요.

왜 보수적인 펀드가 장기적으로 공격적인 펀드보다 성과가 좋을까요?
제 나름의 이론은 있지만 증명하기는 어렵군요. 저는 성장이든 가치든 훈련이 제대로 되어 있는 사람이면 누구나 장기적으로 좋은 실적을 올릴 수 있다고 생각합니다. 가치투자자들은 그 특성상 훈련을 제대로 받죠. 하지만 성장형 펀드매니저들은 상대적 강점을 살피거나 가장 이슈가 되는 주식을 쫓는 것 이외에는 거의 훈련을 하지 않는 것 같습니다. 1990년 후반에는 그 전략이 수년 동안이나 잘 통했었죠. 한 그룹이 성공하면 모든 사람들이 그걸 따랐습니다. 그때는 기술주에 투자하면 아무런 걱정도 없었기 때문에 훈련이 안 된 사람들도 잘할 수 있었습니다. 하지만 그때는 단지 예외적인 상황이었을 뿐입니다. 지금은 그런 전략이 먹히지 않는데 제 생각에 이것은 훈련되지 않은 전략들의 약점을 나타내는 것 같습니다.

보통 장기적으로 고수익을 올리기 위해서는 공격적 투자자가 되어서 공격적 성장형 펀드에 투자해야 한다고 합니다. 그런데 당신은 장기적으로 성공하기 위해서는 보수적인 펀드에 투자해야 한다는 것이군요.
성장투자자도 잘할 수는 있습니다. 제대로 된 성장투자자를 찾고 그들이 정말 성장주에 투자한다면 장기적으로 훨씬 성공할 수도 있습니다. 하지만 문제는 제대로 된 성장투자자를 찾기 힘들다는 것이죠.

공격적 펀드들이 장기적으로 성장하기 힘든 이유 중 하나는 그들의 수익이 크게 오르내려 계속 증가하기 힘들어서가 아닐까요? 반면에 보수적인 펀드들은 꾸준히 상승하는 경향이 있고요. 게다가 사람들이 공격적 펀드를 가장 높을 때 사고 떨어지자마자 팔아버리기 때문이 아닐까요?
그렇습니다. 몇 년 전에 누군가 부가 수수료가 있는 펀드와 없는 펀드의 실적을 조사한 적이 있습니다. 수수료가 있는 펀드의 주주들은 양도요금이 있고 조언자와 함께 일하기 때문에 펀드에 좀더 오래 있더군요. 그래서 그들은 높을 때 사서 바닥에서 파는 경향을 덜 보였죠. 투자자들은 그 성격상 잘못된 시기에 잘못된 것을 사는 경향이 있습니다.

투자자들이 실적에 너무 관심을 기울인다고 생각하나요?
정말 그렇습니다. 언론의 실적 랭킹은 분기마다 그 분기의 최고 주식뿐만 아니라 최고 펀드까지 보여주는데 그것은 잘못된 것입니다. 한 분기는 별로 중요하지 않은데 시장에 대한 경험과 지식이 부족한 개인들은 거기에 초점을 맞추게 되고 그래서 잘못된 결정을 하게 되죠.

지수 펀드에 투자하는 것은 어떻게 생각하나요?
괜찮은 투자 방법이라고 생각합니다. 실적이 안 좋은 것은 기본이고, 훈련도 제대로 안 된 펀드매니저들이 얼마나 많은지 모릅니다. 그런 매니저들과 비교할 때 지수 펀드는 꽤 매력적입니다. 물론 제대로 된 펀드매니저와 지수 펀드 중에서는 펀드매니저 쪽이 투자자에게 더 좋겠지요.
지수 펀드의 문제점은 다른 것들도 그렇겠지만 성과가 괜찮을 때만 유행한다는 것입니다. 지난 몇 년간은 성과가 괜찮았습니다만, 요즘은 또 떨어지는 추세고 그래서 사람들은 보다 적극적인 투자에 다시 관심을 가지게 되었습니다. 투자는 원칙을 일관되게 지켜야 합니다. 지수 펀드를 선택했으면 오랫동안 거기에 투자해야 해요.

펀드매니저가 제대로 된 투자자인 줄은 어떻게 알 수 있죠?

저는 매입하고자 하는 회사의 경영진을 보는 것과 동일한 방법으로 알아봅니다. 경영진들이 무엇을 성취하려고 하는지 그리고 얼마나 벤치마크를 잘 충족시키는지를 지켜보는 거죠. 가치투자자를 볼 때는 그가 명확한 가치투자 스타일을 지니고 있는지 그리고 포트폴리오가 정말 가치형 펀드인지 살펴봐야 합니다. 그리고 포트폴리오를 적절한 벤치마크와 비교해보고 보유 기간은 어떻게 되는지, 수상한 점이나 비정상적인 면은 없는지 살펴봐야 합니다.

보유 기간은 장기적인 성과를 판단할 수 있는 능력을 의미하는 것인가요?
네.

그런데 당신의 포트폴리오에는 사람들이 당신의 포트폴리오와 어울리지 않는다고 말하는 AOL 타임워너와 마이크로소프트가 있습니다.
그것은 가치를 어떻게 정의하느냐에 따라 다른 것입니다. 우리는 PER에 그렇게 집착하지 않습니다. 그보다는 가격에 대비한 가능성을 살펴보죠. 예를 들어 우리는 AOL을 1996년 회계 문제가 불거진 직후 샀습니다. AOL이 당시 수익은 없었지만 가치주였습니다. 수익 가능성이 분명히 있었죠. 가끔 우리는 그런 회사와 같은 기회를 찾습니다. 마이크로소프트의 경우는 자본수익률이 큰 편이고 어디에 써야 할지 모를 정도로 많은 돈을 벌고 있습니다. 최고의 투자는 단기적인 문제 때문에 과도하게 가격이 떨어져버린 회사와 잠재력이 시장에 의해 인지되지 못한 회사에 투자하는 것입니다. 투자는 쓸모 없는 회사를 사는 것이 아니라 길을 잃었거나 인기가 떨어져버린 회사들을 사는 것입니다. 거기에 큰 기회가 있죠. 완전히 경기변동적인 회사들에 투자하는 것은 데이트레이딩보다 더 위험한 것입니다. 하지만 성장하고 있는 회사를 찾을 수 있으면 보유 기간이 크게 증가합니다.

주식을 찾을 때 가장 먼저 보는 것이 무언가요?
우리는 가치 기준에 의거해서 관찰하고 듣고 컴퓨터로 선별해 좋은 주식을 찾습니다. 또 경제 전반을 보면서 투자할 만한 트렌드를 분석하기도 합니다.

경제 전반에 걸쳐 당신이 관심을 두는 것은 무엇들인가요?
우리의 투자 원칙은 '촉매를 지닌 가치value with a catalyst'입니다. 때때로 촉매는 찾기가 힘듭니다. 촉매는 수익의 성장을 가져올 수 있는 것들과 관련된 것입니다. 만약에 촉매를 찾으면 수익이 상당히 빨리 증가할 것이라고 기대할 수 있습니다. 경기 침체나 불황 시에는 경제가 언젠가는 살아날 거라는 믿음 이외에 구체적인 촉매를 찾기가 힘듭니다. 우리는 그런 상황에서 촉매를 찾기 위해 역사와 우리가 시장에 대해 알고 있는 것들을 이용합니다.

그런 포괄적인 관점에서 투자 결정을 내리나요?
우리는 개별 주식을 보고 투자합니다. 싸 보이는 주식을 골랐더라도 그 회사가 경기에 민감하고, 경기가 그 회사의 수익을 회복시켜줄 만큼 좋다고 생각되지 않으면 그 주식을 사지 않습니다.

컴퓨터로 선별할 때 무엇을 찾나요?
제가 좋아하는 추정치들은 매출 대비 기업가치enterprise-value-to-sales와 EBITDA 대비 기업가치enterprise-value-to-EBITDA에요.

기업가치enterprise value**란 것이 무엇인가요?**

주식의 시장가치와 부채를 더한 것입니다. PER도 보기는 하지만 부차적인 것으로 생각합니다. 매출 대비 기업가치를 더 좋아하는데 매출이 보다 안정적이기 때문입니다. 수익은 크게 바뀔 수 있지만 매출은 변동하더라도 크게 변하지 않지요. 그리고 우리는 기업의 부채를 함께 고려하기 위해서 매출 대비 가격보다는 매출 대비 기업가치를 사용합니다. 단순한 매출 대비 가격은 부채를 무시하게 되어서 매우 위험한 회사를 상대적으로 더 매력적으로 보이게 하고 자본 상태가 좋은 회사를 덜 매력적으로 보이게 합니다. 그건 좀 불합리하죠.

표준화된 수익, 가치평가의 기준

특별하게 생각하는 수치들이 있나요?

경우에 따라 다릅니다. 우리는 자본수익률이 얼마인지 또는 얼마나 될지와 연결지어서 이 추정치들을 살펴봅니다. 정상적인 마진을 가지고 있는 경기변동형 기업의 경우 매출 대비 기업가치 아래에서 살 수 있으면 언제라도 관심을 가집니다. 제약주나 기술주와 같은 급성장 분야에서는 좀더 높게 잡지요. 우리가 찾는 것은 항상 절대적인 것은 아니고 때때로 과거 가격과 관련된 상대적인 것입니다. 자본수익률이 20%에서 30%인 제약주의 경우 매출 대비 기업가치가 3배 이상이더라도 매우 매력적일 수 있습니다. 그런 회사들의 매출은 산업용 기계 회사의 매출보다 훨씬 가치가 있지요.

투자 아이디어를 얻었을 때 그 주식의 가격이 매입할 만한 가치가 있는지는

어떻게 결정하나요?

우선 회사의 과거 실적과 연결해서 그 추정치들을 살핍니다. 우리는 장기적인 자본수익률과 마진에 정말 많은 관심을 기울입니다. 특히 그 회사가 어떻게 수익을 얻게 되었는지를 꼼꼼히 살펴봅니다. 이것을 판단하기 위해 순마진과 운영마진뿐만 아니라 총마진의 추세, 매출비용과 일반비용, 관리비용, 연구개발비, 그리고 세율까지 봅니다. 그런 다음 이 비율들이 경쟁회사에 비해 어떤지를 살펴보고 최종적으로 현실적인 수익성은 얼마가 되어야 하는지를 판단하죠.

많은 경기변동형 기업의 경우 표준화된 수익$^{normalized\ earnings}$ 수준을 추정하는데 결국 이것이 가치평가의 기준이 됩니다. 표준화된 수익을 결정하기 위해서 매출이 얼마나 되어야 할지 예측하고 회사가 그 매출을 통해 장기적으로 얻을 수 있는 마진이 얼마가 될지 결정합니다. 역사가 마진을 결정하는 데 유효한 지침이 될 수 있다는 것을 가정한 것인데 많은 회사들에서 실제로 그렇습니다. 어떤 경기변동형 기업의 목표가를 결정하려고 하는 경우 수익이 최고였을 때의 가격이 수익의 8배가 될 거라고 할 수 있고 그렇게 하면 거의 대부분 맞습니다. 현재 수익 추정치가 표준화된 수익보다 높은 주식에는 별로 관심을 두지 않습니다. 표준화된 수익이 현재 추정치보다 높은 경우는 대부분 주가가 낮은 수준의 수익에 따라 결정된 것이라 오를 여지가 있지요. 특히 회사가 회생할 능력이 충분히 있다고 확신이 드는 경우 오를 가능성이 높습니다.

PER를 중시하나요?

네. 최종적으로는 우리가 계산한 표준화된 수익에 따라 PER를 결정하니까요. 우리는 장기적으로 그 회사에 적합한 PER가 얼마였는지 조사합니다. 그 조사에 따라 우리는 상대적 PER를 쓰기도 하고 절대적 PER를 쓰기도 합니다. 시장이 정상적인 수준으로 복귀한 경우에는 절대적 PER를 더 많이 씁니다. 1990년대 후반에는 어떻게든 투자하기 위해서라도 상대적 PER를 사용해야 했죠. 그렇지 않았으면 살 수 있는 것이 거의 없었을 겁니다.

가치와 성장의 관점에서 가장 이상적인 회사는 어떤 거죠?
절대적인 기준은 없습니다. 다만 저는 8%에서 15%씩 성장하는 회사를 가장 좋아합니다. 15%가 넘으면 성장투자자들이 그 주식에 달려들어서 가격을 너무 올려놓지요. 8%에서 15% 사이로 성장하는 주식은 관심을 가집니다. 그 중에서도 특히 성장률이 높고 자본수익이 자본비용을 초과하는 회사를 좋아합니다. 최고의 회사는 자본수익률이 최소 10% 대는 됩니다. 그리고 풍부한 현금흐름을 만들어내고 자본지출에 대한 감가상각을 더 이상 하지 않으며 재무 상태가 건전할 뿐만 아니라 합리적인 가격에 거래되는 회사들입니다. 그런 회사를 할인된 가격에 살 수 있으면 매우 좋은 실적을 올릴 수 있습니다.

할인은 할인된 PER를 뜻하는 건가요?
그렇게 생각할 수도 있고 현금흐름 대비 기업가치$^{enterprise\text{-}value\text{-}to\text{-}cash\text{-}flow}$가 할인된 것이라고 볼 수도 있습니다.

당신의 두 펀드는 모두 이름에 '인컴^{income}' 이라는 단어가 들어갑니다. 그것은 당신이 높은 배당을 주는 주식을 찾고 있다는 건가요?
사실 시간이 흐름에 따라 배당이 줄어들고 있습니다. 주식을 고를 때에도 배당을 크게 중요시하지는 않습니다. 물론 성장하고 있는 회사들 중에 좋은 자본의 사용처를 갖고 있지 않아서 평균 이상의 배당을 주는 회사를 찾게 된다면 더 좋겠죠.

회사가 투자할 가치가 있다는 것을 확인하기 위해 추가적으로 살펴보는 것은 없나요?
그때 촉매가 있는지 없는지 살펴봅니다. 그것이 정말 가치가 있는 주식이라면 아마도 최근 몇 분기의 수입과 마진 추세가 매우 좋지 않을 것입니다. 매출 성장률도 별로 안 좋을 것이고 마진도 별로 없을 것입니다. 그런 하락이 최저 수준에서 서서히 회복되길 기다리는거죠. 저는 떨어지는 칼을 잡으려고 하지는 않습니다.

그런 지표들이 다시 상승하길 원하나요?
반드시 상승할 필요는 없다고 생각하지만 더 이상 떨어지면 안 되겠죠. 수익도 그렇지만 매출은 특히 떨어지면 안 됩니다. 매출이 어떤 분기에 10% 떨어지고 다음에는 5%, 그리고 그 다음에는 3%로 계속 떨어진 후 다음 하락 폭이 3% 이하면 괜찮습니다. 이제 전환점에 다다랐다는 의미니까요. 투자자들이 신경을 써야 할 것은 델타와 같은 거창한 것이 아닙니다. 그런 숫자들을 올릴 수 있는 회사의 가치와 가능성이 정말로 중요한 것이죠. 그리고 우리는 애널리스트들이 그 주식을 어떻게 평가했는지를 살펴봅니다. 좋지 않게 평가되었거나 월스트리트에서 발견되지 않은 주식일수록 좋은 법이죠. 평가가 좋은 종목들의 포트폴리오도 계속 모니터링하는데 그런 주식들은 리스크가 매우 크기 때문입니다. 증권사 애널리스트들이 강력하게 매수하라고 추천하면 더 이상 가격이 오를 가능성은 없고 많이 떨어질 수 있기 때문이죠.

월스트리트에서 찾지 못하는 주식

발견되지 않은 주식들을 찾으려는 매니저들이 그렇게 많은데 여전히 그런 주식들이 많다는 것은 놀랍군요.
저는 그런 주식을 찾으려고 하는 사람들이 많지 않다고 봅니다. 최근 몇 년을 보더라도 사람들은 모멘텀만을 찾으려고 했지 새로운 주식을 발견하려고 하지는 않았으니까요.

그런 과정을 통해 찾은 회사 예를 좀 들어주시죠.
1999년 초에 3M이 우리의 선별 절차에 잡혔습니다. 그동안 그 회사의 사업들은 약해져 있었고 통화 약세는 그 회사에 큰 충격을 주었습니다. 하지만 추세가 바뀌고 있었습니다. 어떤 분기에 3% 성장했는데 그 다음에는 4% 성장했습니다. 그 후 그 회사를 지켜보기 시작했고 자본수익률이 20%가 넘었는데도 상당히 싼 가격에 거래되고 있다는 것을 알게 되었습니다. 사업 상황도 좋아졌고 현금흐름도 좋아졌더군요. 우리는 좀더 조사하기 시작했고 증권사 애널리스트들이 그 회사를 어떻게 생각하는지 알기 위해 전화해서 물어보았습니다. 그런데 아무도 그 회사를 추천하지 않았어요. 심지어 그들은 모두 그 회사를 싫어했습니다. 회사는 죽었고 이미 한물갔다고 하더군요. 그럼에도 불구하고 우리는 주식을 매입하기 시작했고 경영진과도 만날 수 있었습니다. 분석을 하면서 우리는 CEO가 2년 내에 은퇴하려고 하고 CFO는 1년 반 내에 은퇴하려고 한다는 것을 알게 되었습니다.

이사회는 회사의 실적에 불만이었고 컨설턴트를 통해 경영진을 찾고 있었습니다. 그런 모든 것들이 우리가 찾고 있던 변화를 위한 촉매였습니다.

개인투자자들이 얻을 수 있는 정보는 공개된 리서치 자료 이외에 회사의 연차보고서밖에 없습니다. 그런 문서들이 도움이 되나요? 만약 그렇다면 거기서 무엇을 찾으시나요?

연차보고서는 매우 중요합니다. 재무보고서를 볼 때는 연 단위와 분기 단위의 변화에 초점을 맞추어야 합니다. 그러면 총마진, 매출비용, 일반비용, 관리비용, 연구개발비, 세율 그리고 공모 중인 주식수 등을 통해 추세가 어떻게 변하고 있는지를 발견할 수 있죠. 대차대조표에서는 수취 계정, 매출채권, 재고회전율, 그리고 자산 혹은 부채의 큰 변화를 살펴봐야 합니다. 현금이 증가하고 있고 수입도 최소한 그만큼은 증가하고 있어야겠죠. 수입 증가가 현금 증가보다 빠르면 무언가 좋은 일이 진행되고 있는 것입니다.

펀드를 얼마나 분산시키나요?

지난 10년간 제가 운용하는 펀드들은 80~120종목 정도를 보유해왔습니다. 특별히 초점을 맞추거나 집중했던 부문은 없습니다. 그리고 좋아하는 종목들에 많이 집중하지는 않는데 그것들이 실제로 좋은 실적을 올려줄지는 저도 모르기 때문입니다.

이 책을 위해 제가 인터뷰했던 많은 매니저들이 집중된 포트폴리오를 가지고 있더군요.

그럴겁니다. 오랫동안 그 전략이 먹혀 왔죠. 하지만 어느날 갑자기 큰 손실을 입을 수도 있습니다. 투자자들이 인내심이 있고 이해해준다면 괜찮겠지만 제가 알기로는 그런 투자자들은 별로 없습니다.

매도 목표가는 시장에 따라

언제 주식을 처분하나요?

회사가 기대했던 대로 되지 않거나, 생각했던 만큼 성장하지 못하거나, 그 회사의 장점들을 모두 상쇄시킬 정도의 안 좋은 점들이 나타나면 주식을 처분합니다. 더 좋은 종목에 투자하기 위해서 매도할 때도 있죠. 중요한 것은 주가가 오르든 떨어지든 보유하고 있는 종목에 대해서는 확신을 가져야 한다는 것입니다.

매도 목표가를 정하나요?

네. 어떤 주식을 매입할 때 적정한 가격이 어느 정도 될지 생각해봅니다. 하지만 그 가격에 자동적으로 처분하거나 하지는 않습니다. 시장이 움직이면 목표가도 그에 따라 바꿔야 하죠. 우리는 사람들이 좋은 주식을 골랐으면서도 종종 그 주식의 가능성을 과소평가한다는 걸 알았습니다. 반면에 가격이 떨어지면 보통 그 주식이 얼마나 나빠질 수 있는지 걱정하죠. 우리는 포지션이 포트폴리오의 3%를 초과하면 그 주식을 일정 부분 처분합니다.

당신의 직업에서 가장 흥미로운 부분은 무엇이라고 생각하나요?

저에게 시장은 마약과 같습니다. 시장은 초 단위로 바뀌고 있어요. 단지 시장을 따라가는 것에도 거센 경쟁이 있죠. 얻게 되는 정보의 양도 정신을 마비시킬 정도입니다. 이 직업은 앞으로 어떤 일들이 일어날지 예측하기 위해 지식과 본능을 동원하는 것이고 거기서 이익을 얻는 것입니다. 물론 때로는 좌절할 때도 있습니다. 기술주 거품과 같은 현상이 지속될 때는 특히 그렇죠. 사람들은 아무런 기본적 분석도 없이 수십 억 달러를 내던져 버리기도 하고, 회사에 말도 안 되는 기대를 가지기도 합니다. 하지만 어쨌든 이것은 멋진 사업입니다. 저는 이 직업보다 더 멋진 삶을 상상할 수도 없어요.

※

자신이 투자 사업에 들어오기 위해 고생했던 것을 생각해서, 길리건에게 요즘 이 사업에 들어오려고 하는 젊은이들에게 조언을 해달라고 했다. 그는 다음과 같은 조언을 했다. "공부를 많이 하는 것도 중요하지만, 꼭 실제 투자를 해봐라. 그 후 정확히 자신이 원하는 직업이 아니더라도 어떻게든 투자회사에 들어가서 거기서 자신의 경력을 쌓아라." 길리건이 얘기하는 것처럼 일단 투자사업에 들어오면 거긴 동아리와 같다. 대부분의 사람은 정문으로 들어가려고 하지만 뒷문으로 슬쩍 들어가는 것이 좋을 때도 있다. 그리고 마지막으로 그 직종에 있는 다른 사람들의 학벌이 좋더라도 겁먹을 필요는 없다. 이 분야에서의 성공을 결정하는 것은 어떤 대학이나 대학원을 다녔는지가 아니라 얼마나 상식이 있느냐이기 때문이다.

James Gipson

UCLA 경제학 학사 및 석사

미 해병대 장교 전역

맥킨지 컨설턴트

하버드 비즈니스 스쿨 MBA

1973년 ~ 1980년 소스 캐피털 코퍼레이션, 배터리마치 파이낸셜 포트폴리오 매니저

1980년 ~ 현재 퍼시픽 파이낸셜 리서치 사장 겸 포트폴리오 매니저

모닝스타 선정 2000년 올해의 국내 주식펀드 매니저상

대표 펀드 : 클리퍼 펀드

저서 : 『투자에서 성공하는 법 : 지속적으로 성공할 수 있도록 해주는 가이드(Winning the Investment Game : A Guide for All Seasons)』

chapter 06
제임스 깁슨

　모닝스타는 제임스 깁슨에게 2000년 올해의 국내 주식펀드 매니저상을 주면서 그의 접근법을 "약간 이상하기는 하지만 매우 효과적인 것"이라고 묘사했다. 깁슨은 내재가치에 비해 30% 이상 할인된 가격에 거래되는 강한 프랜차이즈를 찾는다. 그리고 그에 맞는 회사를 찾았을 때 대규모로 산다. 이런 이유로 포트폴리오 전체 자산 중 반 이상이 상위 10종목에 집중되어 있다.

　깁슨은 지금까지 거의 캘리포니아 남부에서 살아왔다. 1981년, 상냥하고 사무적인 운용자 깁슨은 자신의 회사인 퍼시픽 파이낸셜 리서치Pacific Financial Research를 만들었고, 그 직후 클리퍼 펀드Cilpper Fund를 시작했다. 몇 년간 시장보다 좋은 성과를 올리다가 기술주가 갑작스레 각광을 받았던 1990년대를 맞이했다. 깁슨은 그때가 일을 시작한 1973년 이후 가장 힘들었던 시기라고 했다. 시장에 대해 알지 못했던 친구들이 그보다 주식에서 더 많은 돈을 벌었고, 그가 개인 계좌에서 공매도했던 주식은 오르고 또 올랐다. 기분이 상한 주주들은 59세의 전직 해군 장교인 집슨에게 신뢰를 잃었다고 얘기했다. 하지만 집슨은 인내와 고집으로 그 폭풍을 견딜 수 있었다. 오랫동안 보유하고 있었던 필립모리스$^{Philip\ Morris}$, 패니메이, 그리고 프레디맥이 2000년에 되살아났고 그 덕분에 그의 펀드는 이전에 얻지 못했던 수익까지 만회할 수 있었다.

집슨은 대부분의 투자자들이 가져야 할 미덕이 인내라고 생각한다. 그는 너무 빨리 부유해지려고 하다가 보면 오히려 손해를 보게 된다고 믿는다. 그는 또한 성과를 올릴 때까지 인내심을 가지고 기다리며 매입할 만한 주식이 보이지 않으면 포트폴리오의 3분의 1을 현금으로 보유하는 것도 두려워하지 않는다.

성장도 가치의 한 부분이다

어디서 자랐나요?

LA에서 태어나서 자랐습니다. 학사 학위와 석사 학위는 UCLA에서 받았습니다.

어릴 때부터 주식에 관심이 많았나요?

열다섯 살 때 TV 퀴즈쇼에 나가서 2천 달러를 받은 적이 있었습니다. 그 돈을 주식에 투자했었는데 그때부터 투자에 관심을 가지게 된 것 같아요.

무엇을 샀었나요?

가슴 아픈 기억이군요. 저는 IBM과 듀퐁^{DuPont}을 사고 싶었습니다. 그런데 어머니가 변호사와 상의하신 후 그 주식들은 너무 위험하니까 뮤추얼 펀드에 투자하라고 하더군요. 몇 년 후에 대학에 들어가면서 돈을 돌려받았는데 남은 것이 거의 없었습니다. IBM과 듀퐁은 그 기간 동안 매우 많이 올랐는데 말이죠. 사실 그때는 제가 무엇을 하는지도 몰랐습니다.

대학에 다닐 때는 무엇을 하고 싶어했나요?
언젠가 사업을 해야겠다는 생각은 했었는데 정확히 무엇을 할지는 몰랐습니다. 나중에는 하버드 비즈니스 스쿨에 다녔습니다. 1973년에 졸업했는데 아무도 투자운용 쪽에 관심이 없더군요. 그때의 직업 소개 사무소에는 17개의 일반 분류가 있었는데 투자 운용은 거기에 들어있지도 않았습니다.

현재 시장에서 벌어지고 있는 일들을 고려했을 때 향후 몇 년간 대학원생들이 월스트리트에 관심을 가질지 궁금하네요.
글쎄요. 대학원생들은 흥미가 있거나 좋아하는 일보다는 당대에 유망하거나 인기가 있는 직업을 찾는 경향이 있지요. 저 같은 경우 친구들은 좋아하지 않아도 제가 좋아하는 것을 찾았지만요.

왜 주식시장을 그렇게 좋아했나요?
그때도 지금도 저는 여기서의 게임이 흥미롭고 즐겁습니다. 아침에 깨자마자 기대할 수 있는 일들이 너무 많죠.

하버드에 들어가기 전에 맥킨지^{McKinsey}에서 컨설턴트로 일하지 않았었나요?

일했습니다. 해군에서 제대한 후 2년 동안 맥킨지에 있었죠. 주로 마케팅 쪽 일을 했는데 별로 좋아하지도 않았고 사실 적성에도 맞지 않았습니다.

하버드를 졸업한 후에는 무엇을 했나요?
LA에 있는 소스 캐피털Source Capital이라는 폐쇄형 뮤추얼 펀드에서 일했습니다. 소스는 다른 뮤추얼 펀드들과 같이 1973년과 1974년의 하락장에서 손실을 입었습니다. 그나마 다행스럽게도 제가 관여하고 있던 공개 주식 포트폴리오는 손실을 입지 않았죠. 저는 처음부터 가치투자 개념을 받아들였어요. 저는 가치투자를 성장도 가치의 한 부분이 될 수 있다고 관대하게 정의합니다. 가치투자라고 해서 좋은 성장주를 사면 안 되는 게 아니죠. 워런 버핏은 투자 운용자의 경력 초반에 1달러 가치를 1달러 이하에 산다는 생각을 이해할 수 있는지 없는지가 결정된다고 했습니다. 1973년에 소스에 들어갔을 때 보통주에 주로 투자하던, 상대적으로 알려지지 않은 두 사람이 있었는데 그들 덕분에 제가 가치투자에 눈을 뜰 수가 있었습니다. 그 둘은 워런 버핏과 그의 사업 파트너이자 오른팔인 찰리 멍거였습니다. 저는 그때 그들을 지켜봤고 지금도 찰리와는 간간이 연락하고 있습니다. 회사에 들어가기 전부터 가치투자를 믿었는데 그들과 함께 하면서 그 믿음이 훨씬 증가한 것이죠.

멋진 경험이었겠군요. 다음엔 어디로 갔었나요?
보스턴에 있는 배터리마치 파이낸셜Batterymarch Financial에서 2년간 일했습니다. 그때 그 회사는 유망한 회사였을 뿐만 아니라 나라 당시에 가장 전산화가 잘된 투자회사였습니다.

거기서 무엇을 했나요?
포트폴리오 매니저였습니다.

가치투자를 하셨나요?
보다 정확하게는 가치투자 방법론을 회사의 컴퓨터에서 이용할 수 있게끔 변형했습니다.

어떻게 하는 것이죠?
다양한 가치투자 기법을 익혀서 그것들을 수량 기준에 적용했습니다. 『현명한 투자자』에 잘 나와 있는데 벤저민 그레이엄은 순운전자본보다 할인된 가격에 거래되고 있는 회사들을 가려내는 것 같은 다양한 가치 선별 작업을 했습니다. 저도 그와 비슷한 작업을 했고 지금도 그렇게 하고 있습니다.

배터리마치를 나와서 당신의 회사인 퍼시픽 파이낸셜 리서치를 시작했죠?
네. 여기서 1981년 1월 1일부터 운용하기 시작했습니다.

나는 빨리 부자 되는 법을 모른다

얼마의 자산을 가지고 시작했나요?
처음에는 하나도 없었습니다. 저는 방 하나짜리 사무실에서 저에게 포트폴리오를 맡길 사람이 나타나기를 기다렸습니다. FMC가 첫번째 고객이었는데 그 회사는 아직도 저의 고객입니다. 배터리마치에 있을 때 그 회사를 알게 되었죠. 특별히 기억에 남는 것은 고평가된 자산을 사지 않기 위해 가격이 떨어진 회사의 주식을 샀던 것입니다. 1981년에 석유회사 주식은 인기가 많았는데 우리는 그런 주식을 완전히 피했습니다. 비싼 주식을 팔고 채권을 샀죠. 1981년에는 채권에 70%를 투자했습니다. 아시겠지만 1981년 10월에 장기 재무성채권의 이자율이 15%가 되어서 200년간 가장 높은 수준으로 올랐습니다. 채권을 살 수 있는 2세기만의 최적기였죠. 채권은 주식보다 훨씬 쌌고 누구라도 그것을 알 수 있었습니다. 그때 투자 회의에 갔었는데 애널리스트들이 채권이 주식에 비해 훨씬 싸지만 채권은 30년간 약세장이었다고 하더군요. 좋은 기회가 있었지만 아무도 그것을 잡으려고 하지 않았습니다. 1980년대 내내 우리는 비싼 주식을 팔고 싼 채권을 샀습니다. 1987년 시장 붕괴 때 포트폴리오의 40%가 재무성 제로쿠폰 채권에 들어 있었습니다. 그 채권들은 올랐고 주식은 떨어졌죠. 현재 이 전략은 전술적인 자산 배분이라고 알려져 있습니다. 1987년 이후로는 주식과 채권을 보다 공정하게 비교하는 자산 배분 산업도 나타났습니다. 하지만 우리는 기회가 더 이상 생기지 않아 그 전략을 그만두었습니다. 2000년에도 비슷한 일이 있었는데, 현금 잡아먹는 닷컴주들과 많은 기술주들이 엄청나게 고평가되고 있다는 것을 누구나 알 수 있었습니다. 하지만 그 주식은 오랫동안 계속 올랐고 사람들은 그 주식을 사지 않을 수 없었죠.

요즘은 모든 사람들이 빨리 부자가 되고 싶어하는 것 같습니다. 하지만 당신은 자산을 좀더 천천히 불리는 데 관심이 있어 보입니다.
빨리 부유해지고 싶은 마음은 이해합니다. 하지만 저는 그렇게 되는 방법을 모르고 아마 다른 사람들도 모를 겁니다. 어떤 사람들은 자신이 그렇게 될 수 있다고 생각하겠죠. 하지만 합리적이고 훈련 받은 투자자가 되는 것이 더 바람직합니다. 1999년 말과 2000년 초에 인내심을 계속 가지고 있긴 매우 힘들었습니다. 인내란 설교하기는 쉽지만 실행하기는 매우 어려운 것이죠.

보통 인내심을 잃어버리면 잘못되는 경우가 많죠.
맞아요. 이 책을 읽을 독자들은 자신의 투자 스타일이 어떻든 실적이 좋은 시기가 예상치 못한 때에 찾아온다는 것을 알아야 할 겁니다. 빨리 부자가 되려고 하거나 단기 실적에 따라 자산 배분에 대한 장기적인 결정을 하는 사람들은 이 때문에 좌절을 겪기도 하죠.

1999년 열병의 교훈

나스닥 위주의 펀드들이 100%, 200% 혹은 300%까지 오르던 1999년과 같은 시기에 어떻게 냉정을 유지하고 자신의 투자 방법을 지켜나갔나요?
좋은 질문입니다. 저는 컨설턴트들로부터 그때 흥분하지 않았던 운용자들이 거의 없었다는 것을 들었습니다. 우리는 비난을 좋아하지 않습니다. 심리학적 관점에서도 많은 사람들이 '비난을 피하는 것'을 인생의 주요한 목표로 삼죠. 비난을 피하는 한 가지 방법은 다른 사람들이 하는 것을 따라 하는 것입니다. 당신 질문의 핵심은 성격에 관한 것입니다. 당신이 합리적이라고 믿는 것에 대해 보상 받지 못할 뿐만 아니라 비난을 받으면서까지 지켜나갈 인내심이 있는가? 이건 어느 학교를 다녔고 얼마나 명석한가와는 관계없는 성격상의 문제입니다. 저는 그보다 더 잘 설명할 수 없을 것 같아요. 다시 좀 전에 했던 얘기로 돌아가면, 얼마나 머리가 좋은지는 투자자로서의 성공에 있어 하나의 필요조건은 될 수 있더라도 충분조건이 될 수 없습니다. 1999년 말과 같이 머리는 전혀 필요 없지만 자신이 생각하는 일을 계속할 수 있고 자신이 받고 있는 비난을 직시할 수 있으며 때로는 고객을 잃어버리는 것을 감수할 정도의 인내와 용기가 있느냐가 문제가 되는 시기가 있습니다.

그때 시장이 어떻게 돌아가고 있었다고 생각하나요?
과도한 가치평가라는 미국 역사상 최악의 금융 열병을 앓고 있었습니다. PER는 역사상 최고였고 배당률은 최저였으며 PBR 역시 최고였습니다. 어떤 추정치로 보더라도 주식시장이 심하게 고평가되어 있었습니다. 신비한 것은 없었고 사업을 하는 모든 사람이 시장을 보고 있었습니다. 문제는 우리처럼 명확한 결론을 낼 수 있느냐 하는 것이었어요.

그것은 또한 가장 오래 지속된 금융 열병이었습니다. 앨런 그린스펀 Alan Greenspan이 비이성적 과열을 관찰했던 1996년 가을부터 따지면 그 열병은 3년 반이나 지속됐습니다. 더욱이 사기를 당한 사람들의 숫자는 엄청났죠. 1900년에는 전 미국 가정의 1%만이 주식을 보유했습니다. 1929년에는 10% 정도였죠. 지금은 401k 플랜*과 그 비슷한 것 덕분에 50% 정도에 이르렀습니다. 거의 대부분의 가정이 금융자산을 가지고 있다는 얘기죠. 이제는 더 이상 주식시장에 들어와서 가격을 올려줄 신규 투자자 집단이 없습니다.

---
* 미국의 확정갹출형 기업연금 프로그램. 회사와 근로자가 매달 월소득의 일정액을 갹출하여 믿을 만한 곳(주로 뮤추얼 펀드)에 운용을 맡기고 운용 성과에 따라 연금을 수령한다.

거기서 배울 수 있었던 가장 큰 교훈은 무엇이라고 생각하나요?

이성적이어야 하고 가치에 기반을 두어야 하며 제대로 알지 못하는 주식을 사면서 열병에 빠져들지 말라는 것이죠.

앞으로도 그런 시장 열병이 있을까요, 아니면 그 교훈이 당분간 사람들을 이성적이게끔 이끌어줄까요?

사람들이 더 이성적으로 되었다고는 생각하지 않습니다. 하지만 일단 정리가 되었고 최소한 이번 세대에서 그런 투기적 시장이 다시 발생할 것 같지는 않습니다.

그 동안 사람들은 가치로 돌아간 것일까요, 아니면 그냥 시장에서 나왔을 뿐일까요?

아마 둘 다 해당될 겁니다. 1년 전 뉴욕타임즈에 서른 살 정도의 한 젊은 여성에 대한 기사가 실렸습니다. 그녀의 사진 밑에는 "우리 세대는 주식시장을 두려워하지 않아요"란 인용문이 있었죠. 저는 그때 젊은 숙녀 분의 말은 맞지만 '어느 순간엔가 당신은 예금증서 이외에는 어느 것도 가지고 있지 못할 겁니다' 라고 혼잣말을 했죠.

당신의 예상은 생각했던 것보다 빨리 현실화되었을 수도 있겠군요.

투자자 행위의 수량적인 측면을 보면 사람들은 아직도 포기하지 않습니다. 너무 오랜 기간 동안 주식이 유일한 투자 수단이고 사야 할 것이라고 알아왔기 때문이죠. 아직도 1990년대 후반의 영광의 나날이 돌아오기를 기다리는 투자자들이 많습니다.

가치투자의 세 가지 기준

75억 달러를 운용하기 위해서 어떤 투자 절차를 따르는지 알고 싶습니다.
우리가 가장 먼저 하는 일은 만약 내일 뉴욕 주식거래소가 앞으로 10년간 문을 닫는다면 어떤 회사들이 살아남을지에 대한 전망을 가지는 것입니다. 그 회사는 1. 우리가 매우 잘 알고 있고 2. 좋은 사업을 하고 있으며 3. 합리적인 개인이 사업의 파트너가 되기 위해 지불하고자 하는 금액보다 상당히 할인된 가격에 거래되는 것이어야 합니다. 이것은 사람들이 빨리 부유해지기 위해 시도하는 것과는 완전히 다른 것입니다. 우리는 그 사업을 정말로 잘 이해하려고 합니다. 기술 영역에는 아무도 이해할 수 없는 사업도 있죠. 우리는 그런 사업을 원하지 않습니다.

'이해한다' 는 것은 무엇을 의미하는 것인가요?
우리는 그 회사가 어떤 일을 하는지 전망이 어떤지를 합리적으로 이해해야 합니다. 투자자들뿐만 아니라 회사 경영자들까지 그들의 회사가 얼마나 이해 가능한지 잘 모르고 있습니다. 시스코 CEO인 존 챔버스^{John Chambers}는 대규모 해고를 발표하기 6개월 전에 사업이 가속화되고 있다고 자랑했습니다. 나중에 그 사업은 많은 사람들이 생각했던 것만큼 예측 가능하지 않다는 것 밝혀졌습니다. 반면 프레디맥은 10년 후에도 지금 하고 있는 일과 같은 일을 하고 있을 겁니다. 따라서 우리가 쉽게 이해할 수 있는 회사죠.

어떤 면에서 이해 가능한 회사는 단순한 일을 하는 회사네요.
모든 사람에게 가장 좋은 것은 단순한 것입니다. 물론 그 회사의 운영 모델에 대해 합리적인 예측을 할 수 있으면 그 회사도 이해가능한 회사입니다.

두 번째 기준은 좋은 사업을 하고 있느냐라고 하셨죠. 좋은 사업을 어떻게 정의하고 있나요?
일반적으로 좋은 사업은 경쟁우위가 있고 자본수익률이나 주당순이익이 좋으며 회계적 수익과는 별개의 현금을 만드는 것입니다.

당신이 찾고 있는 구체적인 숫자들이 있나요?
우리는 사업의 본질과 개인 매수자가 지불할 용의가 있는 가치를 만들어낼 수 있는 아이디어들이 조화될 수 있도록 하는, 맞춤화된 다양한 가치평가 모델을 만듭니다. 저는 그것을 재단사에 비유하죠. 게으른 재단사라면 문 앞에 모두 낮은 PER를 가진 옷을 걸어놓을 것입니다. 키 큰 사람, 작은 사람, 뚱뚱한 사람이 가게로 들어오면 그는 이 텐트 같은 옷을 똑같이 입힐 것이고 그들은 모두 한두 개의 PER만 가지고 돌아가겠죠. 우리는 회사의 본질과 그 자산을 관찰하고 그 회사들의 가치 측면에서 사업의 본질을 맞출 수 있도록 함으로써 더 근면한 재단사가 되려고 합니다.

예를 들어 PBR는 보험회사에는 매우 의미 있는 숫자이지만 언론사에는 거의 소용이 없습니다. 우리는 지속적으로 합리적인 매수자들이 따를 수 있는 회사별 고유 목적의 가치평가 모델을 세우고 있습니다. 우리가 가치를 잘 평가할수록 그 회사들의 가격이 싸졌을 때 그 회사들을 식별할 수 있는 가능성은 커지게 마련이죠.

그 점은 세 번째 기준인 회사가 할인된 가격에 거래되고 있어야 한다는 것

과 연결되는군요.

가치를 결정했더라도 우리는 주가가 측정한 내재가치에서 30% 이상 할인되었을 때만 매입합니다. 가치가 100달러라면 70달러 이하에서 매입하죠.

그 기준들이 효과적이라는 것을 알 수 있게 그 기준들에 따라 매입했던 회사들의 예를 들어주시겠습니까?

당신의 질문을 한 단계 더 발전시킬 수 있는 일화를 하나 들죠. 우리는 1994년에 메릴린치를 매입했습니다. 그때 장부가치의 1.5배에서 거래되고 있었는데 그런 종류의 프랜차이즈치고는 싼 가격이라고 생각했습니다. 1995년 오렌지카운티 Orange County 위기*가 닥쳤을 때 우리는 메릴린치의 시가총액이 오렌지 카운티 세후 손실액보다 더 감소했다는 것을 알았습니다. 그래서 주식을 더 매입했어요. 이것은 모멘텀투자자에 대비되는 가치투자자의 강점을 위한 좋은 테스트였습니다. 모멘텀투자자는 주식을 70달러에 샀는데 60달러로 감소하면 50달러까지 떨어질까봐 매도해버리죠. 하지만 가치투자자라면 70달러일 때 싸다고 생각했으니까 60달러일 때는 더 싸다고 생각합니다. 합리적인 선택은 더 매입하는 것입니다.

당신이 오랜 기간 보유했던 주식 중 하나가 필립모리스인데 분명히 논쟁의 여지가 있는 회사죠. 왜 그 회사를 사게 됐고, 그 주식이 그렇게 심한 압력 하에 있었음에도 어떻게 계속 확신을 가질 수 있었는지 설명해주세요.

---

* 미국 캘리포니아주의 지방정부인 오렌지카운티가 파생금융상품에 손을 댔다가 15억 달러의 손실을 보고 파산 선고를 받은 사건.

압력을 받던 시기에 회사명을 앨트리아^{Altria}로 변경하려 한다고 발표했었던 필립모리스는 상황이 안 좋을 때 더 사야 한다는 것을 알려주는 좋은 예입니다. 그 회사는 경영이 매우 좋고 현금을 정말 많이 벌어들이는 회사입니다. 재무 상태만 본다면 그 회사는 세계에서 가장 수익성이 좋은 회사 중 하나죠. 주주 이익을 위해서도 노력을 많이 하고 싼 가격에 자사 주식을 되사들여서 현금도 잘 사용하는 회사입니다. 많은 사람들이 국내 시장에만 관심을 두고 있지만 사실 필립모리스는 단순한 국내 담배회사가 아닙니다. 해외 담배사업이 국내 담배사업보다 훨씬 가치가 있거든요. 더구나 그 회사는 매우 수익성 있는 식품 회사인 크래프트 제너럴 푸즈$^{Kraft\ General\ Foods}$도 소유하고 있습니다. 담배 규제에 대한 우려가 높아졌을 때 필립모리스가 며칠 동안 20달러 이하에서 거래되었는데 그때 우리는 더 많은 주식을 확보했습니다. 그 회사는 S&P 500보다 두 배 빠르게 성장하는데 현금배당률이 10%나 됩니다. 그 거래는 비상식적일 정도로 좋은 거래라고 생각합니다.

담배 규제에 대해서 신경 쓰셨나요?

네. 이 문제를 명확히 하고 싶군요. 우리는 그와 관련된 리스크에 현실적으로 대처합니다. 분명 그것은 리스크지만 우리는 시장이 그 상황을 과도하게 부풀리고 있다고 생각했습니다. 법적 절차가 국내 담배사업에 대한 모든 가치를 날려버리고 말보로가 내일 이 나라에서 사라진다고 하더라도 필립모리스는 여전히 현재 주가보다는 더 많은 가치를 가지고 있었습니다.

실패한 주식도 있지 않았나요? 거기서 뭘 배웠나요?

1980년대 후반에 우리는 저축 대부 회사들의 주식을 매입한 적이 있습니다. 만약 부실채권 문제가 세대당 한 번 있을 문제였다면 우리는 많은 돈을 벌었을 겁니다. 하지만 불행하게도 그 문제는 평생에 걸친 문제였습니다.

악마의 대변자

포지션을 상당히 오랜 기간 보유하는 경향이 있으시군요.
예. 우리의 회전율은 매우 낮습니다. 여기에는 몇 가지 이유가 있습니다. 우선 우리의 체질이 그렇습니다. 많은 투자자들이 거래를 많이 하는 것을 좋아하고 포트폴리오를 빨리 회전시키지만 우리는 그렇지 않습니다. 둘째, 우리는 일생에 걸친 우리의 직업적 사명이 우리 고객을 부유하게 하는 것이지 브로커를 부유하게 하는 것이 아니라는 점을 압니다. 셋째, 우리는 스스로를 기업의 장기적인 파트너로 생각하기 때문에 오래 보유하는 것을 좋아합니다.

당신은 좋아하는 아이디어들에 집중하는 경향이 있죠?
가장 좋은 아이디어 1부터 20까지가 가장 나쁜 아이디어 101부터 120까지보다 훨씬 잘 할 가능성이 높습니다. 합리적인 수준에서 집중화하는 것은 좋은 생각입니다. 수학적으로 13종목이면 분산화의 이론적 이익 중 최대 95%를 가질 수 있습니다. 기관 포트폴리오의 대부분은 사실 너무 분산되어 있어요. 그 이유가 좀처럼 이야기되지 않는데, 그것은 사실 대부분의 사람들이 각 주식에서 실패할 수 있다는 생각에 차라리 각각을 많이 보유하지 않는 것이 좋다고 생각하기 때문입니다.

보통 어느 정도의 주식을 보유하나요?
20~35종목 정도를 보유합니다. 그것은 우리가 필요로 하는 것보다 조금 많은데 가끔씩 시가총액 제한에 걸리기 때문입니다.

그런 집중은 위험하게 들리는데요?
우리 포트폴리오의 리스크를 실제로 본다면 상당히 낮다는 것 알 수 있습니다.

왜 그렇다고 보는 겁니까?
우리는 손실을 막는 것을 우선적으로 생각합니다. 또한 '악마의 대변자devil's advocate'에 의한 주식 선별 절차를 가지고 있습니다. 이것은 우리가 뻔뻔스럽게도 로마 카톨릭 교회로부터 훔쳐온 개념입니다. 회사가 가치를 가지고 있는지 없는지, 무엇이 성장을 가져올 것인지는 제안자와 악마의 대변자, 그리고 저로 구성된 작은 팀에서 결정됩니다. 그런 접근법에 대한 전체적인 논리는 카톨릭 교회가 벽장에 어떤 해골도 없다는 것을 확인하는 자신들의 의무를 근면하게 수행했는지 확인하고 난 후에야 누군가를 성인으로 추대하는 관례에서 나왔습니다. 우리는 그걸 구조적인 틀에 맞췄죠. 사람들은 어떤 주식을 좋아하게 되면 그에 대해서 좋게 생각하는 사람들하고만 이야기하려는 경향이 있습니다. 그와 반대로 우리는 무엇이 잘못될 수 있는지 얘기하는 사람의 의견을 들으려고 합니다.

악마의 대변자 접근법은 흥미롭군요. 당신은 누군가에게 왜 그 주식을 매입

해야 하는지 말하게 하고 또 다른 사람에게는 왜 그 주식을 사지 말아야 하는지 말하게 하는군요. 그리고 그 중에서 가장 말이 되는 것을 선택하는 것이고요.

정확합니다. 저는 본질적으로 심판 역할을 맡고 우리 세 명은 공동으로 합리적이고 그럴듯한 포지션이 어떤 것일지 결론을 내리죠. 이것은 위원회에서 내리는 결정과는 다릅니다. 투자사업에서는 위원회가 클수록 결정은 잘못되는 경향이 있죠.

언제 주식을 처분하나요?

간단합니다. 우리는 주식이 내재가치에 다다랐을 때 처분합니다. 거기에는 두 가지 방법이 있는데 하나는 가격이 오르는 것이고 다른 하나는 가치가 떨어지는 것입니다. 대부분 우리가 추정한 내재가치보다 가격이 오릅니다. 이성적인 관점에서 그건 매수 결정의 정반대예요. 우리는 내재가치보다 꽤 싼 가격에 매입합니다. 그리고 일이 진행됨에 따라 우리가 추정 내재가치를 지속적으로 업데이트하기는 하지만 어쨌든 내재가치에 이르면 처분합니다.

시장은 가치를 언제 알아줄 것인가

저는 필립모리스가 당신의 인내를 잘 나타내준다고 생각합니다. 그런데 혹시 주가가 어느 기간까지도 상승하지 않으면 당신도 인내심을 잃고 처분해 버린 다음 다른 데 투자하진 않나요?

아직까지 한 번도 그런 일이 없습니다. 가치투자자가 가장 약한 부분이 언제 시장이 주식의 가치를 알아줄 것인가에 대한 것입니다. 사실 정직한 대답은 아무도 모른다는 것이고 그래서 포트폴리오를 합리적으로 분산할 필요가 있죠. 우리는 회사에 가치가 있고, 운영을 잘하며, 회사의 가치가 계속 증가하는 한 그 사업의 장기적인 파트너가되는 데에 만족합니다.

클리퍼 펀드에는 상당한 양의 현금이 있죠?
지금과 같은 비이성적 과열 시기에는 그렇습니다. 과거에는 전부 다 투자했었죠. 우리는 현금을 쓰고 싶지만 시장이 우리에게 기회를 줄 때만 그렇게 하죠.

왜 포트폴리오에 당신이 좋아하는 종목을 추가하지는 않나요?
사실 우리는 주주들에게 선택권을 줍니다. 몇 년 전에 많은 기관 고객들이 자신들이 자산 배분 결정을 내리고 우리가 주식을 고르기를 원했습니다. 그래서 우리는 PBHG 클리퍼 포커스 PBHG Clipper Focus라고 하는 두 번째 펀드를 시작했던 것인데 이 펀드는 항상 최소 95%가 투자되어 있습니다.

주식을 공매도한 적이 있다고 들었습니다.
제 개인 포트폴리오에서는 해본 적이 있습니다. 고백을 하나 해야겠군요. 2년 전, 저는 야후가 수익의 300배에서 900배로 오를 때 공매도했었습니다. 제 사무실 벽에 작은 흠이 하나 있는데 그건 제가 '믿을 수 없어, 믿을 수 없어' 하면서 제 머리를 박아서 생긴 거예요. 그 주식은 400달러까지 갔습니다. 저는 겨우 14달러에 팔아버렸는데 말이죠. 이게 2000년 3월까지 지속된 비이성적 과열 속에 미친 주식들이 어땠는지를 잘 보여주는 예입니다. 그때를 돌아보면, 다른 때는 분별이 있는 사람들이 어떻게 수백만이나 거기에 동참했었는지 의아할 뿐입니다.

그때는 많은 사람들이 투자에 초보자였고 지금은 아마도 투자 방법에 대해 그들이 믿는 것을 재검토하고 있을 것입니다. 그들에게 가치투자 방법을 고려해보라고 확신을 주기 위해서 어떤 말씀을 해주시겠어요?

일부는 제가 처음에 말씀드렸던 것입니다. 가치투자는 시작할 때 즉시 이해가 되거나 절대 이해할 수 없거나 둘 중에 하나입니다. 1달러 가치의 자산을 1달러가 안 되는 가격에 사서 일관되고 인내심 있는 기초 위에 투자한다는 것은 매우 강력한 투자 방법입니다.

깁슨은 매우 견실한 애널리스트들과 운용자들을 자신의 주위에 배치시켜왔다. 다섯 명의 투자책임자 중에 가장 늦게 합류한 사람이 1987년에 들어왔을 정도이다. 깁슨은 그의 회사를 유나이티드 자산운용United Asset Management에 1997년에 매각했는데 그 회사는 다시 사우스 아메리칸South American 금융서비스가 관여하는 올드 뮤추얼Old Mutual에 매각되었다. 하지만 그는 계약 내용에 따라 회사의 운영에 대한 완전한 자율권을 가지고 있다.

깁슨은 펀드 내 대부분의 돈을 큰 회사에 투자한다. 하지만 그는 소형주들이 가격이 싸기 때문에 향후 5년간 실적이 더 좋을 것이라고 믿는다. 그리고 투자자들이 주식이나 펀드를 사기 전에 그걸 보유함으로써 얼마나 손실을 입을 수 있는지를 스스로에게 먼저 물어야 한다고 생각한다. 스스로 참을 수 없을 정도이면 그 투자를 하지 않는 것이 좋다는 뜻이다. 깁슨은 투자자들이 기술주 거품 동안 그 질문을 스스로에게 던졌다면 연이은 붕괴에 피해를 덜 입었을 것이라고 확신한다.

John Goode

스탠퍼드 대학교 경제학 전공

스탠퍼드 비즈니스 스쿨 MBA

1969년 데이비스 스캐그스 입사

1988년 스미스 바니/시티그룹 자산 운용에 흡수 합병

현재 시티그룹 산하 데이비스 스캐그스 투자 운용 사장 및 포트폴리오 매니저

대표 펀드 : 펀더멘털 밸류 펀드

chapter 07
존 구드

어떻게 캘리포니아 센트럴밸리에서 농부였던 사람이 투자업계에 들어올 수 있었을까? 존 구드는 여전히 센트럴밸리에 뿌리를 두고 있고 그가 자랐던 프레스노의 남부에 40에이커의 농장을 소유하고 있다. 그는 농장에서 포도를 재배하면서 스미스 바니 펀더멘털 밸류 펀드^{Smith Barney Fundamental Value Fund}의 주주들에게 상당한 이익을 안겨주고 있다.

56세의 존 구드는 살로먼 스미스 바니^{Salomon Smith Barney}의 모회사인 시티그룹^{Citigroup} 소유 하에 있는 데이비스 스캐그스 투자운용^{Davis Skaggs Investment Management}의 회장이다. 구드는 주가가 일시적으로 떨어졌지만 다시 투자자들의 인기를 끌 수 있는 선도적인 프랜차이즈를 가진 회사를 찾는다. 그는 회사들의 미래 수익 가능성을 고려해서 가격이 매력적이라고 판단되면 그 주식을 매입한다. 그는 자신이 찾는 주식을 '깨진 계란^{broken eggs}'에 대비해서 '고무공^{rubber ball}'이라고 부른다. 깨진 계란은 내려 앉은 가격에 머물러 있을 수밖에 없다.

주식을 고를 때 구드는 다른 사람들에 앞서 추세를 찾는 요령이 있다. 그는 캘리포니아의 에너지 위기가 불거지기 전에 위기를 경고한 이력이 있다. 또한 기술주가 최고가에 달했던 2000년 3월에 기술주를 처분하는 선견지명을 보여주었다.

구드는 인내심 있는 투자자이며 매우 분산된 포트폴리오를 유지하는데 그 이유는 자신도 어떤 것이 성공할지 알 수 없기 때문이라고 한다. 그는 투자에 대한 중요한 교훈을 그의 100살 된 사촌인 글래드윈^{Gladwyn}으로부터 배웠다. 그 교훈은 이전 세기에도 '신경제'라고 불리던 것이 많이 있었지만 대부분이 같은 – 결국 새롭게 실현된 것은 없는 – 방식으로 끝나고 말았다는 것이다.

주식시장은 끝없이 배워야 하는 곳

우리는 공통점이 있습니다. 둘 다 캘리포니아 센트럴밸리에서 자랐지요.
커크, 거긴 매우 작은 세계입니다. 저는 어떻게 그렇게 많은 사람들이 거기 출신일 수 있는지 항상 놀랍니다.

거긴 분명 큰 농장 지역이지요. 농장에서 자랐나요?
네, 캘리포니아 파울러에서 자랐습니다. 저는 여전히 그 농장과 제가 자랐던 105년 된 농가를 가지고 있습니다. 되도록 자주 거기에 가보려고 합니다.

투자업계에는 어떻게 들어오게 되었나요?

13살 때 아버지가 돌아가셨습니다. 부모님은 모두 UC버클리를 나오셨어요. 아버지가 돌아가시기 전날 우리는 농장에 있었는데 아버지가 "존, 여기는 정말 멋진 곳이야. 네가 여기를 좋아한다는 것은 알지만 너는 대학에 가야 한다"라고 하셨습니다. 저는 아버지의 그 말씀을 결코 잊지 않았어요. 저는 버클리에서도 입학 허가를 받았지만 결국 스탠퍼드에 입학했습니다. 경제학을 전공한 후 스탠퍼드 비즈니스 스쿨에 다녔죠. 거기 다녔던 처음 두 해 여름방학 동안 LA에 있던 캐피털 리서치 Capital Research에서 일을 했습니다. 하나가 또다른 것으로 연결되었던 거죠.

그 전에는 한번도 주식에 투자하지 않았나요?
부모님이 세이프웨이 Safeway와 유니언오일 Union Oil 주식을 조금 가지고 계셨었기 때문에 주식시장이 성장하고 있다는 것을 잘 알았습니다. 저는 항상 주식시장에 흥미를 느꼈지요. 대학에 갔을 때는 많은 학생들이 주식을 상당히 많이 보유한 집안 출신이더군요. 저는 주식시장에 대한 농담이 꽤 자주 생긴다는 것을 알았습니다.

주식시장의 무엇이 제일 마음에 들었나요?
주식시장은 끝없이 배워야 하는 곳입니다. 저는 경제의 일부분에 대한 연구가 끝났다는 생각을 좋아하지 않습니다. 주식시장에서는 그런 함정에 빠지지 않게 돼요. 한 해 동안 어떤 주식들이 인기를 끌거나 시장을 주도했으면 2, 3년 후에는 현실이 바뀌어 있을 것이기 때문에 거기에 적응해야 합니다. 그것은 좌절스럽기도 하고 유쾌하기도 한 일입니다. 그 사업에서 성공하면 경제에서 진행되고 있는 것과 함께 발전하게 되고 고객을 위해서도 적합한 일을 한 것이기 때문입니다. 좋은 투자 대상을 찾는 것은 셜록 홈즈가 되는 것과 같아요. 저는 이 사업에서 처음 15년간 리서치 애널리스트였습니다. 그 일은 정말로 사냥하는 심정으로 하는 것입니다. 불확실성을 다룰 수 있어야 하죠. 제가 여기 스미스바니에서 포트폴리오 매니저가 될 수 있었던 것도 예전에 리서치를 했었기 때문입니다.

MBA를 받은 후에는 무엇을 했나요?

징병 유예가 끝나서 베트남 전쟁 동안 군에 갔습니다. 그런데 바이러스성 간염이 걸려서 제대하고 말았지요. 징병 신체검사 때 주사 바늘을 통해 감염되었던 것 같아요. 집이 있는 파울러로 돌아와서 건강을 되찾은 후 1969년 9월에 작은 지역 브로커 회사였던 데이비스 스캐그스에 들어갔습니다.

그 회사는 지금 당신이 있는 회사죠. 그때는 스미스바니에 인수되기 전이라 독립적이었겠죠? 처음에 무엇을 했나요?

넓은 범위의 산업과 투자 대상을 담당하는 리서치 애널리스트였습니다. 제가 들어가고 1년 후에 리서치 책임자가 나가는 바람에 제가 책임자가 될 수 있었어요. 1982년에 이사회 의장이 되었고 다음 해에 시어슨/아메리칸 익스프레스$^{Shearson/American\ Express}$와 데이비스 스캐그스의 매각에 대한 협상을 했습니다. 1980년대 초는 주요 사업들에서 변화가 일어나고 있었기 때문에 저는 지역 브로커 회사들이 살아남을 수 있을지 걱정했습니다. 저는 다른 큰 회사와 합병하지 않으면 향후 데이비스 스캐그스 프랜차이즈의 가치가 감소할 것이라고 파트너들을 설득했어요. 1988년, 스미스바니에 인수되면서 데이비스 스캐그스 투자 운용의 사장이자 CEO가 되었습니다. 그때 회사의 자산은 1억 달러 정도였습니다. 인수 후에는 운용 자산을 100억 달러까지 증가시킬 수 있었죠. 현재 우리는 스미스바니/시티그룹 자산운용 Smith Barney/Citigroup Asset Management의 다섯 개 뮤추얼 펀드를 운용하고 있습니다.

당신의 회사는 현재 스미스바니의 모회사인 시티그룹 소유이죠?
네.

언제 자금을 운용하기 시작했나요?
1988년입니다. 데이비스 스캐그스에서 리서치를 할 때 약간의 계좌를 담당했었기 때문에 그 절차가 어떻게 되는지 알고 있었습니다. 풀타임으로 자금을 운용하게 되었을 때 저에게는 상당히 유리한 점이 있었습니다. 애널리스트였을 때 모든 것을 다 담당했었거든요. 저는 기술주, 천연자원, 금융서비스, 건강 그리고 매력적으로 보이는 분야라면 어떤 것이라도 다 조사했습니다. 저는 제너럴리스트예요. 요즘은 그렇게 하는 사람이 거의 없어요. 포트폴리오 매니저가 되었을 때 저는 다른 사람들과는 다른 교육 배경을 가지고 있었던 겁니다. 1973년에서 1974년 그리고 1987년과 같은 흥미로운 경기 변동 기간을 거치면서 주식시장에 대한 보다 넓은 관점을 가질 수 있었던 것도 도움이 되었습니다.

깨진 계란보다는 고무공을

당신의 투자 철학은 무엇인가요?

우리는 '깨진 계란' 보다는 '고무공'을 매입하려고 합니다. 좋은 프랜차이즈를 찾는데, 여기서 좋은 프랜차이즈란 우리의 관점에 따라 정의된 것입니다. 대부분의 사람들은 좋은 프랜차이즈가 한 분기도 수익 추정치에 미치지 못하는 때가 없는 성장주라고 생각합니다. 하지만 그것은 전적으로 불가능한 것입니다. 많은 투자자들이 때때로 단기적인 문제를 겪는 좋은 회사들을 처분해 버리는 것을 볼 수 있는데, 오히려 그때가 좋은 가격에 매력적인 회사를 매입할 수 있는 기회입니다. 그 시기에는 보통 기대치가 낮아지는데 그런 회사들은 5년이나 10년 후를 생각할 때 여전히 매력적인 회사들이죠. 그게 바로 고무공입니다. 곧 되튀겨 올라서 투자자들의 인기를 끌 회사죠. 반면 깨진 계란은 싸긴 하지만 계속 그렇게 머물러 있을 수밖에 없는 주식입니다.

그 둘의 차이점을 어떻게 알 수 있죠?

거기에 사업의 기술이 필요합니다. 예를 들어 우리는 지금까지 순항선 사업의 선두 기업인 카니발 코퍼레이션Carnival Corporation을 매입해왔습니다. 그 사업의 문제는 재고를 늘려왔다는 것입니다. 순항선을 살 때는 배의 전체를 사야지 8분의 1이나 4분의 1을 살 수 없습니다. 그래서 가격 결정 문제와 재고 문제를 겪을 수밖에 없어요. 그 주식의 가격이 55달러였는데 2년 전에 25달러 밑으로 내려갔습니다. 순항선 사업은 견고한 성장주의 특성을 지니고 있죠. 그 사업은 주요 회사들이 4개밖에 안 되는 상대적으로 작은 산업이고 향후 5년간 최소 10% 이상 성장할 것입니다. 진입 비용도 4억 달러 이상이기 때문에 새로운 경쟁자가 들어오기도 힘들죠. 우리는 카니발이 고무공의 좋은 예라고 생각했습니다. 인터넷주는 깨진 계란의 최근 예입니다. 그 주가는 80%~90%까지 내려갔지만 여전히 대부분의 회사들은 돈을 벌 수 있는 사업 계획을 가지고 있지 않아요. 대부분의 인터넷 회사들은 내년 이맘때쯤까지면 정리될 거라고 생각합니다.

모든 신경제는 같은 식으로 발전한다

2년 전에는 왜 모든 사람들이 그런 주식에 열광했을까요?
때때로 사업 환경과 언론이 결합해서 투자자들에게 비상식적인 낙관을 가지게 하는데 이로 인해 많은 주식이 비현실적인 가격에 이르게 됩니다. 이 시기들을 종종 '거품bubbles'이라고 부르지요. 19세기 중반에 나온 책 『대중적 현혹과 군중의 광란Popular Delusions and the Madness of Crowds』에는 지난 400여년 동안의 수많은 투자 거품이 상세히 설명되어 있습니다. 우리가 1999년과 2000년 초에 겪었던 것은 몇 세기 전 네덜란드에서 정신이상처럼 보이던 튤립 열병Tulip Mania과 기본적으로 동일한 것이었습니다. 1990년대 주식시장의 대중화로 많은 초보 투자자들이 시장에 들어왔죠. 이 투자자들은 경기 변동을 여러 번 겪어야만 가질 수 있는 견해를 갖고 있지 못했어요. 지난 십 년간 많은 투자자들이 우리가 예전과는 다른 '신경제'에서 살고 있다고 느꼈죠. 그들은 가치평가와 새로운 사업에 내재한 리스크를 심각히 고려하지 않고 주가를 올렸습니다. 이런 시기는 수십 년마다 꼭 있었는데 이번 것은 유난히 컸었죠. 아마도 우리 세대에서 이와 같은 것을 다시 보기는 힘들 겁니다.

당신이 100살 된 사촌 글래드윈에 대해 얘기했던 것을 들었습니다.

글래드윈은 1899년에 태어나서 2000년에 돌아가셨습니다. 그녀는 20세기 초에 전화, 전기, 냉장고, 자동차가 소개됐던 것을 얘기했어요. 지난 100년간의 모든 신경제를 살펴보면 그것들이 거의 같은 방식으로 발전해왔다는 것을 알 수 있습니다. 자동차 산업을 예로 들어보겠습니다. 1915년에 400개의 자동차 회사들이 있었습니다. 그때는 자동차 제조사에 대한 열광과 투기가 넘쳤어요. 자동차는 과거와는 다른 주요한 발전을 나타내는 것이었습니다. 1만년 동안 주요 교통수단이었던 말을 대체하게 되었던 것이죠. 하지만 그렇게 근본적인 변화였음에도 자동차 산업에 400개의 회사가 있다는 것은 너무 무리한 것이었습니다. 자본주의의 비열한 비밀 하나는, 새로운 기술이 살아남기 위해서는 실제로 필요한 것보다 훨씬 많은 투자자들이 함께 춤출 수 있도록 초대되어야 한다는 점입니다. 성공적인 회사들이 뿌리내리게 되면 불필요한 참여자들은 축출되죠. 그런 과정이 계속해서 발생해왔습니다. 1950년대에는 수많은 텔레비전 제조업자들이 있었지만 몇 년 지나지 않아 몇 개의 회사만 살아남을 수 있었죠.

열병의 시기에는 빨리 들어갔다가 절정에 나와야 한다는 것인가요?
신경제에서 가능한 기회를 보는 두 가지 방법이 있습니다. 하나는 방금 말씀하신 방법입니다. 신경제 열풍에서 투자자들은 장기적인 투자가 성공하지 못할 수 있는 위험한 환경에 속해 있다는 것을 이해해야 합니다. 그런 때는 살아남기 위해서 상업적 사고방식을 가지고 있어야 합니다. 다른 하나의 방법은 투기 열풍이 가라앉고 가치가 합리적인 수준으로 돌아갈 때까지 기다리는 겁니다. 지난 세기의 교훈은 두 번째 방법이 투자에서 훨씬 합리적이며 훨씬 리스크가 적다는 것이에요.

저는 이 패턴을 20년 전 바이오 기술에서 처음 보았습니다. 제넨테크^{Genentech}와 다른 바이오기술 회사들이 공개되었을 때 초기의 투기적 상황에서는 가치평가가 문제가 되었습니다. 하지만 대부분은 "암 치료제에 대해서는 가치를 정할 수 없다"라고 했죠. 사실 암 치료제는 말할 것도 없고 실제 제품이 나오기까지 오랜 시간이 필요했어요. 바이오주에 대한 투기적 광란이 끝나고 18개월이 흐른 1980년 대 초 암젠^{Amgen}을 방문한 적이 있습니다. 그 주식은 최고가보다 80% 떨어져서 4달러에 거래되고 있었는데 주당 4달러를 재무제표상에 현금으로 가지고 있었습니다. 어떤 회사가 바이오 산업의 생존자인지 뚜렷해진 거죠. 그 산업과 관련된 리스크는 여전히 높은 수준이긴 했지만 투기적 국면이 지난 후 많이 감소해 있었습니다.

가치투자자의 기술주 투자

기술주에서 많은 고무공들을 찾고 있겠네요. 지난 몇 년간 상당한 양의 기술주, 특히 가치가 있는 주식들을 보유하고 있었죠?

우리는 기술주가 회사 자체의 특성과 자본지출 사이클 때문에 3, 4년 동안 해볼 만하다고 생각합니다. 분명히 기술주는 장기적으로 상승하는 추세를 가지고 있지만 그 추세 주위로 엄청난 변동성을 가지고 있습니다. 붐이 가라앉고 전환하려고 할 때 그 주식을 매입하는 것이 좋습니다. 1996년과 1997년이 바로 그랬습니다. 우리는 오라클^{Oracle}과 시스코를 사지 않았습니다. 그 후 몇 년 동안 훨씬 더 올라가긴 했지만 그 회사들이 너무 고평가되어 있다고 생각했어요. 대신 어도비 시스템즈$^{Adobe\ Systems}$와 같은 회사의 주식을 샀습니다. 그 주식은 금방

25% 떨어졌습니다. 그 주식은 실패한 성장주로 인식되었고 그 회사를 담당한 투자은행가조차 그 회사의 전망에 대해 언급하고 싶어하지 않았어요. 재무 상태는 정말 좋았지만 주로 애플 플랫폼에 소프트웨어를 공급한다는 것이 문제였습니다. 우리는 그 회사가 윈도우 어플리케이션에 맞는 제품도 생산해서 그 시장을 확장시킬 것이라고 생각했습니다. 그런데 우리도 알지 못했던 사실은 그 회사가 인터넷을 위한 제품도 생산할 수 있다는 것이었습니다. 이 주식은 1996년과 1997년에 주당 8달러였는데 2000년 1분기에 80달러까지 올랐습니다. 그때 우리는 이익을 거두어들였습니다. 우리는 아무도 좋아하지 않을 때 그 주식을 샀고, 4년 후 모두가 그 회사에 대해 칭찬할 때 그 주식을 처분했습니다.

그때 시스코와 오라클을 잘못 분석했던 것인가요, 아니면 시장이 그 주식들을 너무 과대평가했던 것일까요?

저는 우리가 맞았다고 생각합니다. 시스코는 좋은 회사였지만 1996년과 1997년에 이미 충분히 가격이 높았어요. 우리가 잘못 예상했던 것은 투기적 시장이 특히 큰 기술회사들의 주가를 어디까지 올려놓을 것인가였습니다. 시장은 이 주식들의 크기가 커짐에 따라 예상 성장률을 높게 잡았는데 이것은 전혀 이치에 닿지 않는 것이었습니다. 10년 동안 매년 40%가 오르면 오늘의 1달러가 10년 후에 29달러가 됩니다. 이런 성장은 중소형 회사에서는 일어날 수 있지만 역시 매우 드문 경우죠. 이런 변화가 시스코, 마이크로소프트, 오라클과 같은 큰 회사에서는 훨씬 발생하기 힘든데, 그 회사들의 PER는 어떤 경우에는 100이 넘었습니다. 이렇게 높은 PER가 정당화될 수 있는 경우는 이 회사들이 매년 40% 이상 성장하는 경우뿐인데 그것은 거의 불가능한 일입니다.

가치투자자로서 우리는 어도비, 사이언티픽 애틀란타$^{Scientific\ Atlanta}$, 사이프레스 반도체$^{Cypress\ Semiconductor}$와 같은 주식을 매입했습니다.

텍사스 인스트루먼츠도 매입했는데 그것은 그 회사가 여전히 항공우주국을 운영하고 D램을 생산했던, 당시보다 몇 년 전에 매입했던 것입니다. 우리가 처음 매입했던 것은 4번에 걸쳐 가격이 떨어졌던 때였어요. 분명히 1990년대 후반 사람들의 입맛에 맞는 회사가 아니었습니다. 이 회사 때문에 우리 펀드는 1996년부터 1998년까지 S&P 500보다 실적이 좋지 않았습니다. 하지만 1998년 중반부터 2000년까지 우리가 보유했던 기술주들은 다른 주식들과의 격차를 만회했을 뿐만 아니라 가장 잘 알려진 기술주들조차 앞지르는 실적을 올렸습니다. 우리의 실적은 매우 좋아졌고 저는 우리의 접근법이 리스크가 훨씬 적다고 생각했습니다. 덧붙이자면 우리는 '왕복 여행$^{round\ trip}$'이라고 불리는 것을 피하기 위해 2000년 초에 기술주에서 얻은 상당한 이윤을 은행에 넣어두었습니다.

사실 당신은 가장 좋은 시기였던 2000년 초에 기술주 비중을 줄였습니다. 운이 좋았던 것 이외에 다른 무슨 요인이 있었나요?

기술주 보유를 줄이게 된 데는 여러 가지 이유가 있었습니다. 32년간 투자 사업을 해오면서 과거의 투기적 사이클에서 배웠던 교훈들이 분명히 도움이 되었죠. 1999년, 2000년 초와 가장 비슷했던 시기는 1972년에서 1974년까지였습니다. 그때와 똑같은 주장들이 많이 나왔습니다. '니프티 피프티$^{Nifty\ Fifty}$'는 원래 기관들이 PER가 얼마가 되더라도 문제되지 않는다고 할 정도로 좋게 생각하는 회사들을 지칭하는 말입니다. 선도적인 기관투자자들에 의하면 그 주식은 다른 모든 주식보다 영원히 실적이 좋을 유일한 주식이었죠. 25년 후 그와 비슷한 소리들이 또 들리더군요. 그리고 저는 사촌 글래드윈이 해준 지난 100년간의 신경제에 관한 교훈에도 주의를 기울였습니다. 말씀드렸던 것처럼 대부분의 새로운 분야들은 결국 나중에 터져서 많은 투자자들이 손해를 입고 마는 투자 거품을 만듭니다. 투자 거품 시기에 문제가 되는 것은 상황이 언제 안 좋아질 것인가입니다.

게다가 2000년 초에 나스닥의 주요한 급락이 멀지 않았다는 다른 정보도 있었습니다. 브로커 회사인 샌포드 번스타인$^{\text{Sanford Bernstein}}$이 2000년 3월과 6월 사이 시장에 쏟아져 나올 락업$^{\text{lock-up}}$주식*의 양(보호예수 물량)을 계산했었습니다. 락업주식은 IPO 6개월 후 벤처 캐피털리스트들과 내부자들이 처분하는 주식입니다. 이 주식들에 평균 가격을 적용했을 때 가능한 매도금액은 1,000억 달러에서 1,500억 달러 사이였습니다. 어쨌든 가격이 너무 올랐다고 여겨지던 인터넷주와 다른 기술주에 대한 공급이 수요를 과도하게 초과하는 것은 피할 수 없을 것처럼 보였습니다. 초과 공급은 매번 투기적 광란을 마감시키는 요인 중 하나였죠. 상대가치 측면에서 기술주들은 천장에 달했던 것입니다.

동시에 유가가 배럴당 12달러였는데 4%에서 8%의 투자자들만 에너지 주식에 대해 낙관하고 있었습니다. 사실 에너지 주식은 유일하게 약세였어요. 그래서 모든 나쁜 뉴스가 에너지 주식들에 반영될 가능성이 높았습니다. 저는 또한 캘리포니아 에너지 상황에 문제가 있

---

* IPO시 우리사주나 특정 투자자들의 지분은 일정 기간 동안 처분할 수 없는데 그 기간을 락업기간이라고 한다. 그 락업기간이 끝난 후 시장에 쏟아져 들어오는 물량을 락업주식이라고 한다.

다는 것을 알았습니다. 그해 여름 에너지, 특히 천연가스의 가격이 매우 오르고 있었습니다. 천연가스가 대체에너지인데 아무도 그 주식에 관심을 기울이지 않았기 때문에 거기에 투자할 만하다는 생각이 들었습니다. 그래서 우리는 기술주를 처분하고 천연가스와 다른 에너지주들에 투자했습니다. 몇 년간 약세였던 건강과 금융주들도 같은 식으로 생각할 수 있었습니다. 기술주로부터 이런 부문으로 자산을 배분했던 것은 우리의 투자 방법에 부합되는 것이었죠.

당신이 추세를 따라가는 것처럼 들리는군요.
최고의 결과를 위해선 시장의 추세와 전환점을 예측할 수 있어야 합니다. 기회가 매일 찾아오는 것은 아닙니다. 하지만 미래에 앞설 수 있다면 즉 발전의 추세를 일찍 파악할 수 있다면 상당한 투자 수익을 얻을 수 있습니다.
한편 매우 중요한, 일화 같은 증거들도 많이 있습니다. 역사상 최고의 투자자 중 한 명인 워런 버핏이 2000년 초에 현실을 외면하려 한다고 비웃음을 샀던 적이 있습니다. 그 후 저는 줄리안 로버트슨Julian Robertson이 타이거 운용Tiger Management을 그만두는 것을 보았습니다. 그리고 높은 장기수익률을 기록하고 있는 피델리티의 어떤 포트폴리오 매니저도 직장을 그만뒀죠. 저는 그것이 제가 들어본 어떤 것보다 가치투자 접근법을 위한 가장 좋은 신호라고 생각했습니다. 저는 이런 식으로 성공해왔어요. 포트폴리오 매니저들은 시장의 격동기에 당시 유행하던 생각과 반대되는 일을 함으로써 자신들을 차별화하죠.

투자라는 의자의 다리 네 개

당신의 투자법으로 돌아가보죠. 어떻게 고무공을 찾는지 좀 더 자세하게 얘기해주시겠습니까?

아까 제가 우리는 우선 추세나 전환점을 찾으려 한다고 말씀드렸죠. 이것이 투자라는 의자의 다리 중 한쪽입니다. 둘째 다리는 컴퓨터를 이용한 선별 능력과 관련된 것입니다. 이 수량적인 면에 대한 노력을 통해, 인플레이션을 포함한 자본비용에 비해 자본수익률이 좋고 현금흐름이 자유로우며 많은 면에서 장기적 특성이 좋은 회사들을 구분할 수 있습니다. 우리의 수량적 접근법의 목표는 좋은 사업성을 가진 모든 회사를 식별하는 것입니다. 그 회사들의 현재 가격이 매력적이지 않을 수 있지만 지속적으로 그 자본비용에 프리미엄을 벌어주는 사업들이 무엇인지 알고자 노력하죠. 어떤 환경에 의해 그 회사의 주가가 매력적인 수준에 도달하면 움직일 준비를 합니다.

우리 투자 의자의 셋째 다리는 기본적 분석입니다. 우리 회사에는 6명의 애널리스트들이 있는데 흥미있는 중소규모 회사들에 대한 투자 아이디어를 발굴하고 있습니다. 우리 애널리스트들은 수량적 노력에 의해 식별된 주식을 좀더 세밀히 조사하는 역할도 합니다. 또한 애널리스트들 스스로 우리 컴퓨터 선별 작업에 의해 발굴되지 않은 주식을 찾고 있습니다. 모든 회사들은 장기에 걸쳐 진행되는 다양한 변화들을 가지고 있습니다. 그것은 경영상의 문제일 수도 있고, 때로는 신상품이나 주요한 자본 지출 사이클일 수도 있습니다. 기업 분할, 인수 합병 등도 물론 그렇습니다. 우리 애널리스트들의 임무는 단지 손익계산서나 대차대조표를 보는 것만으로는 파악될 수 없는 측면에서 회사들에 대해 이해하는 것입니다. 그들의 노력은 제가 아까 말씀드린 것과 같은 맥락에서 이해될 필요가 있어요. 우리의 목적은 리스크와 수익이 모두 좋은 특성을 가진 회사들과 부문들로 구성된 포트폴리오를 만드는 것입니다. 리스크 조절은 우리가 선별 과정에서 가장 먼저 행하는 것이죠.

마지막 넷째 다리는 기술적 분석입니다. 투자 결정이 기술적 분석에 의해서만 내려지지는 않지만 기술적 분석은 투자 결정이 옳은지 나쁜지를 구분해주는 중요한 증거가 될 수 있습니다. 예를 들어 어떤 주식에서 내부자 거래가 있었다고 해보죠. 매수든 매도든 한쪽이 크다는 것은 중요한 투자상의 증거가 됩니다. 우리는 또한 어떤 주식과 관련된 열광과 낙담을 수량화해주는 간단한 수학적 도구를 사용하고 있습니다. 현재 주가와 90일 이동평균 간의 비율 차는 종종 투자자의 감정 정도를 나타내주는 것입니다. 어떨 때는 기술적 분석이 주식의 매매 결정을 위해서 기본적 리서치가 더 필요하다는 것을 제시해주기도 합니다.

어떤 면에서 그것은 가격이 떨어진 성장주를 찾는 것처럼 들리는군요.
우리는 그 주식이 가치주로 불리든 성장주로 불리든 장기적으로 좋은 가치를 갖는 회사를 찾고 있습니다. 예를 들어 우리는 알코아Alcoa, 셰브론, 다우케미컬Dow Chemical을 보유하고 있습니다. 이 종목들은 모두 전통적인 가치주로 인식되는 것들이죠. 우리는 또한 1990년대 초에 매입한 아메리칸 익스프레스American Express도 보유하고 있습니다. 그 회사는 우리가 매입하기 전 10년 동안 투자자에게 전혀 돈을 벌어주지 못했습니다. 워런 버핏도 거의 같은 시기에 투자했죠. 인텔은 1996년 칩 리콜 문제 때문에 많은 투자자들이 그 주식을 처분할 때 매입했습니다. 저는 가치주와 성장주가 별개이고 구분되어 있다고 생각하지 않습니다. 정말로 중요한 것은 미래 전망에 비해 싼 주식을 찾는 것이죠. 그것은 가치주일 수도 있고 일시적인 이유로 투자자들의 인기를 잃어버린 예전 성장주일 수도 있겠죠.

이 회사들을 평가하기 위해 전통적인 가치 기준을 사용하나요?
요즘 회사들이 분식회계를 너무 많이 해서 PBR, PER, 배당률 같은 것들이 예전만큼 유용할지 의심이 듭니다. 우리는 가치의 척도로 현금흐름 대비 기업가치를 사용합니다. 우리는 항상 장기에 걸쳐 초과현금흐름을 만들 수 있는 회사를 찾습니다. 우리에게는 그것이 좋은 사업 프랜차이즈를 정의해주는 가장 중요한 요소 중 하나입니다. 그리고 매출액 대비 가격을 가끔 사용하는데 그것이 투자 결정에 주요한 영향을 미치는 것은 아닙니다. 우리는 재무제표를 평가하는 데 상당한 시간을 들이고 손익계산서와 대차대조표 사이의 상호 작용을 이해하기 위해 노력합니다.

제가 인터뷰했던 많은 매니저들이 내재가치에 비해 상당히 할인된 회사들을 찾더군요. 그런데 당신은 그런 얘기를 한번도 안 했습니다. 그것에 신경을 쓰나요?
주식에 따라 다릅니다. 저에게 내재가치는 손에 잡히는 어떤 종류의 자산 기반이 있다는 의미인데 항상 그런 것은 아닙니다. 우리는 잉여현금흐름을 살펴보는데, 잉여현금흐름을 통해 회사의 가치가 어떤 종류의 중심 혹은 내재가치에 비해 할인되었는지를 결정할 수 있습니다. 하지만 우리는 그 개념을 그렇게 좋아하진 않습니다. 저는 많은 가치 운용자들이 보유한 회사의 내재가치를 너무 높게 잡는다는 것을 알게 되었습니다.

의사결정의 요소

어떤 주식을 매입할 때 가장 중요하게 생각하는 것은 무엇인가요?
저는 합리적인 숫자들을 가지고 향후 5년간 시장보다 꽤 높은 실적을 올릴 수 있는 주식을 찾습니다. 아까 말씀드린 것처럼 투자 결정에 영향을 미치는 요인은 많이 있어요. 하지만 펀더멘털, 수량적 요소, 기술적 요소 간의 상호 작용이 추세와 잘 부합되는 경우에만 투자에 대한 최소한의 확신을 가지게 됩니다. 우리가 경영진을 좋아한다면 의사결정에 상당한 도움이 되는데, 최종 단계에서는 이것이 중요한 차이점이 되기 때문이죠.

매입 결정을 하기 전에 또 살펴보는 것은 없나요?
우리는 회사를 방문하고 그들이 우리 사무실로 오도록 합니다. 연차보고서와 숫자들은 방정식의 일부일 뿐입니다. 우리는 되도록 우리가 보유하는 회사들과 직접 대화하고 그들에 대해 많이 알기를 원합니다. 저는 회사와 직접적으로 접촉하면 항상 무언가를 배울 수 있다고 생각해요. 특히 최고경영진을 만나보길 좋아하는데 그 회사가 정말 돈을 벌어들이고 있는지 알 수 있기 때문입니다.

경영진에 대해서는 어떻게 판단하나요?
그것 역시 투자의 기술 중 하나입니다. 우리는 한두 번의 경기 변동을 성공적으로 헤쳐온 누군가가 있는 것을 좋아합니다. 그리고 골프 핸디캡이나 소비에 대한 열정보다는 그 사업과 관련된 일을 주로 했던 사람들을 찾습니다. 예를 들어 뉴욕주식거래소에 상장되어 있는 어느 회사의 최고경영진이 최근 어떤 지역의 땅을 많이 사려고 한 적이 있습니다. 이것은 경영과 아무런 상관이 없는 일이고 소중한 시간을 낭비하는 것밖에 안 되는 일입니다. 그 일과 관련된 사람에게 흥미로운 도전일 수 있겠지만 주주에게는 아무 도움도 안 되는 것이죠. 우리는 최고경영진의 열정이 그 회사를 운영하는 것에 초점이 맞춰져 있길 원합니다. 그리고 그 회사의 주가가 경영진의 능력을 의미한다고 생각합니다. 또한 경영진이 회사 주식을 많이 가지고 있어서 주가에 관심이 많은 경우를 좋아합니다. 스톡옵션 같은 것은 별로 좋아하지 않습니다.

포트폴리오를 어떻게 결정하고 얼마나 분산시키나요?
우선은 부문별로 분산시켜 S&P 500 정도로 잘 분산되도록 합니다. 먼저 S&P처럼 부문별 가중치를 매기고 우리의 분석에 따라 조정하죠. 규모는 상관없지만 향후 5년간은 중소형주의 실적이 훨씬 좋을 것 같습니다. 우리는 현재 펀더멘털 밸류 펀드에 80개의 주요 종목을 가지고 38억 달러를 운용하고 있습니다.

왜 중소형주들의 실적이 더 좋을 거라고 생각하십니까?
이 자산 집합들 간의 역사적인 관계를 보면 현재는 중소형주 대 대형주의 비율이 지난 30년간 가장 낮은 수준에 있습니다. 그런 극단적인 수준에서는 수렴 현상 같은 것을 기대해볼 수 있어요. S&P 500의 PER는 1995년부터 2000년 초까지 2배로 올랐습니다. 오라클, 시스코, 선 마이크로시스템즈를 포함한 상위 10종목은 PER가 4배 올랐죠. 이런 대형주들의 PER 수준은 이제 내려가고 있습니다. S&P 500은 향후 5년간 아마도 5~7% 정도 오를 것입니다. '니프티 피프티'를 제외한 450종목은 10~12% 정도 오를 겁니다. 많은 중소형주들은 평균 12~15% 오를 것이라 생각합니다. 숫자들이 실제로 이렇게 될지는 중요한 게 아닙니다. 대신 향후 몇 년간 시장 각 부문의 상대적 실적이 어떻게 될지는 예측할 수 있지요. 1925년부터 지난 76년간 평균 성장은 11%였는데 가장 많이 오른 10년간은 평균 18~19% 정도 올랐습니다. 현재는 10% 내외의 수익률을 보일 시장인 것 같습니다. 시장은 확장될 것 같은데 왜냐하면 수익률이 20%가 넘는 시장에서보다 10% 정도 되는 시장에서 당연히 평균수익률을 달성하는 주식들이 많을 것이기 때문이지요.

중소형주를 어떻게 정의하나요?
소형주는 20억 달러 미만의 주식이고 중형주는 20억에서 100억 사이입니다.

포트폴리오에는 중소형주가 몇 % 있나요?
대략 자산의 25% 정도 되지요. 모든 규모의 포트폴리오를 운용하는 사람 치고 그 정도면 매우 큰 비율입니다.

보통 몇 개의 주식을 보유하나요?
대략 100개인데 그 중에서 핵심은 80종목입니다.

가치주가 좋은 실적을 낼 시기

좋아하는 종목이 생기면 많이 사는 편인가요, 아니면 분산된 상태를 유지하나요?

주식을 매입할 때는 한 종목당 2% 이상 사지 않습니다. 주식이 4배가 돼서 포지션이 8%가 되면 그건 상관없지만요. 어떤 주식이 가장 많이 오를지 알 수 있다면 좋지만 그런 느낌을 갖는 것과 실제로 벌어지는 일은 다르더군요.

주식을 보유할 때는 어느 정도의 인내심을 가지고 지켜보나요?
우리가 주식을 사더라도 아무도 "존 구드가 그 주식을 매입했으니 이제 우리가 그것을 올려줄 차례다"라고 하지 않더군요. 우리는 보통 우리가 실수를 했다는 사실을 알게 되지 않는다면 6개월에서 9개월 정도 보유합니다. 최고 실적은 보통 18개월에서 36개월 정도 보유했을 때 얻어지는데, 기대가 낮은 수준에서 중간 정도로 바뀌고 중간 정도에서 높은 수준으로 바뀌는 데 그 정도가 필요하기 때문입니다. 회전율이 41% 정도 되니까, 종목당 평균 2년 반 정도를 보유하는 셈이지요. 물론 어떤 종목들은 5년에서 10년 정도까지 보유하기도 했습니다.

언제 주식을 처분하나요?
주식이 미친 듯이 오르거나 우리가 생각하는 가치 이상으로 오르면 처분합니다. 또 많은 내부자가 주식을 팔고 있으면 그들이 무엇을 예상하고 그러는지를 이해하려고 하죠. 주식을 샀는데 분석이 맞지 않았다는 정보를 알게 되면 주식이 떨어질 때까지 가만히 있는 것보다 처분하고 나오는 것이 좋아요. 물론 손실은 최소화해야겠죠.

고무공이 깨진 계란으로 바뀌는 주요한 이유는 무엇인가요?
사업은 라이프 사이클이란 것이 있습니다. 예를 들어 웨이스트 매니지먼트Waste Management는 1980년대 중반 최고의 성장주 중 하나였어요. 문제는 웨이스트 매니지먼트가 꾸준한 M&A를 바탕으로 성장했다는 것입니다. 그 회사는 회사들을 매입했는데 일단 그렇게 회사가 커지고 나면 아무도 그 회사를 매입할 수 없었던 것이죠. 많은 기술주들이 깨진 계란으로 바뀌었습니다. 기술 변화는 급격하게 일어나지요. 산업을 주도했던 회사들 스스로도 모르게 자신의 시장 내 위치를 잠식하는 새로운 경쟁 제품이 나와있는 것을 발견하게 될 정도로요.

가치투자자에게는 좋은 시기일까요?
가치주가 좋은 실적을 낼 시기에 접어들고 있습니다. 시장에 참여하는 회사가 늘고 10% 정도의 평균적인 수익을 제공해주는 시장은 1995년과 2000년 사이 겪었던 것보다 훨씬 가치투자 매니저들이 잘 할 수 있는 환경입니다. 게다가 향후 몇 년간 인수·합병이 많이 일어날 것입니다. 당연히 인수·합병은 성장주보다는 가치주에 대해 많이 일어나지요. 투자 스타일은 시기별로 좋았다가 나빴다가 합니다. 1995년과 2000년 사이에는 분명히 성장투자가 좋았습니다. 하지만 그 이전에는 가치투자가 성장투자보다 조금 실적이 좋았습니다. 저는 앞으로도 가치투자가 성장투자보다 실적이 좋을 거라고 예상하고 있습니다.

최근 구드는 틈나는 대로 골프를 연습하고 있다. 또한 작가로 스탠퍼드와 UC버클리 간에 있었던 여덟 번의 빅 게임 역사에 대해 썼다. 그 책은 1892년까지 거슬러 올라가는 미식축구 라이벌에 대한 것이다.

스미스바니 펀더멘털 밸류에 대한 구드의 정년 보장은 1990년에 이루어졌고, 그때 그는 자신의 빅 게임에서 승리했었다. 매년 플러스의 수익률을 기록하고 있으며, 그 때문에 그의 주주들은 갈채를 보내고 있다. 그의 조직은 펀더멘털 밸류 펀드뿐만 아니라 스미스바니 자산운용과 시티그룹 자산운용의 4개의 뮤추얼 펀드와 수천 개의 개인 계좌를 운용하고 있다.

William Miller

경제학과 유럽지성사 학사

1977년 철학 박사 수료 후 J.E. 베이커 입사, 회계 업무 담당.

1981년 레그 메이슨 리서치 책임자로 입사

1982년 ~ 현재 밸류 트러스트 포트폴리오 매니저

대표 펀드 : 레그 메이슨 밸류 트러스트

chapter 08

윌리엄 밀러

　윌리엄 밀러는 분명히 현재 투자업계에서 가장 흥미로우며 동시에 가장 논쟁의 여지가 있는 가치 운용자이다. 볼티모어에 있는 이 전문 투자자는 레그 메이슨 밸류 트러스트^{Legg Mason Value Trust}의 매니저로 1991년부터 매년 S&P 500보다 높은 실적을 올림으로써 명성을 얻어 왔다. 그것은 피터 린치의 전설적인 기록도 경신하는 것이다. 밀러는 최근에는 더 작은 규모의 레그 메이슨 오퍼튜니티 트러스트^{Legg Mason Opportunity Trust}도 운용하고 있다.

　어떤 사람들은 밀러의 접근법이 가치투자가 아니라며 그를 비난한다. 51세인 그는 사실 AOL 타임워너, 델 컴퓨터^{Dell Computer}, 아마존닷컴과 같이 성장 포트폴리오에서나 찾을 수 있는 주식들을 보유하고 있다. 이런 종목들이 전통적으로 가치주로 여겨지고 있는 종목들과 함께 있는 것이다. 어떻게 그런 회사들이 가치주가 될 수 있을까? 밀러는 자신이 매입할 때 그 주식들이 사업가치에 비해 할인된 가격에 거래되고 있었기 때문이라고 한다. 그는 복잡한 사업 단위들의 가치를 평가할 때는 PER와 같은 단순한 기준들은 불충분하다고 믿는다.

철학 전공 학생이었고 오랫동안 시장을 지켜보던 밀러는 1981년에 레그 메이슨의 리서치 책임자로 들어왔다. 그는 1982년 밸류 트러스트의 시작부터 공동 매니저로 일했고, 1990년부터는 혼자 운용해오고 있다. 밀러는 여전히 위대한 철학자들에 대해서 공부하는데 철학자들의 가르침이 투자자로서의 자신의 일에 적용되고 있다고 생각한다.

금융잡지를 읽는 철학도

당신은 철학을 전공했지만 당신의 교수 중 한 명은 도서관에서 당신이 세계의 위대한 철학자들 대신 월스트리트저널을 읽는 것을 자주 목격했다고 했습니다.

저는 금융에 대해 항상 관심이 있었습니다. 9살인가 10살 때 아버지가 신문에서 금융면을 읽고 있는 것을 봤는데 스포츠면과는 색깔이 달랐어요. 저는 아버지에게 그것이 무엇이냐고 물었죠. 아버지는 그것들은 주식과 주식의 가격이라고 얘기했어요. 제가 그것이 무슨 의미가 있냐고 물었죠. 아버지는 한 종목을 가리키더니 "여기를 보면 +1/4을 볼 수 있지? 네가 만약에 이 회사의 주식 한 주를 가지고 있으면 너는 어제보다 25센트를 더 가지게 되는 거야"라고 말씀하시더군요. 제가 "그 25센트를 얻으려면 무얼 해야 해요?"라고 묻자 아버지는 "아무 것도 하지 않아도 돼. 그건 스스로 알아서 한단다"라고 대답했어요. 제가 주식시장에 관심을 갖게 된 것은 그 대화 때문이었습니다. 저는 생각했죠. 와! 아무 일을 안 해도 돈을 벌 수가 있네? 저는 그런 사업에 몸담고 싶었습니다.

그때 제가 2시간 동안 잔디를 깎아야 25센트를 받을 수 있었기 때문에 주식을 매우 좋은 것으로 생각했던 것 같아요. 아무 일도 하지 않고서는 시장수익률을 올릴 뿐이라는 것을 알게 된 것은 훨씬 뒤였죠. 초과 수익을 올리는 것은 어려운 일입니다. 그 후 대학에서 경제학과 유럽 지성사를 전공했습니다.

어떻게 철학박사 과정에 들어가게 되었나요?

대학원에 갔던 것은 엄청나게 재미있는 무엇인가를 찾기 위해서였습니다. 경제학은 30년 전이나 지금이나 너무 틀에 박혀 있고 기본적으로 수학적 연습이에요. 다른 대안들도 별로 매력적이지 않았습니다. 로스쿨은 쉼표를 문서의 어디에 찍어야 하는지 이해하기 위해 3년이나 보내야 하기 때문에 시간 낭비 같았고, 비즈니스 스쿨은 너무 상식적인 것 같아 보이는 케이스들을 공부하느라 2년을 보내고 있더군요. 저는 철학이 지적으로 흥미롭다고 생각했고 그래서 철학을 공부했습니다.

어려서부터 주식에 흥미가 있었지만 아버지가 당신을 투자 분야로 가지 못하게 하려고 했다는 얘기를 알고 있습니다.

그 충고를 지켰으면 큰일날 뻔했죠. 1975년에 군대를 제대했을 때 시장은 대공황 이후 최고의 불황기를 마감하고 있었습니다. 투자는 좋은 직업으로 추천 받던 분야가 아니었습니다.

학위를 받기 전에 박사 과정을 그만 두었지요? 그 후에 무얼 했나요?

1977년에 펜실베이니아에 있는 J.E. 베이커J.E. Baker라는 회사에 다니기 시작했습니다. CEO의 조수로 저는 그가 요청하는 모든 일을 했고 모든 거래에 관여했습니다. 그는 경제학의 개념적 기초를 알고 있는 누군가를 찾고 있었죠.

레그 메이슨에는 언제 왔나요?
1981년에 리서치 책임자로 왔습니다.

어떻게 옮길 수 있었나요?
제 부인이 레그 메이슨의 브로커였기 때문에 쉽게 올 수 있었습니다. 그녀는 제가 대학원에 갈 수 있도록 돕기 위해 1975년에 그 회사에 들어갔고, 그래서 저는 레그 메이슨의 중역들을 알고 있었습니다. 그 회사는 볼티모어에 있는 꽤 작은 회사입니다. 레그 메이슨은 저에게 입사해서 리서치를 하라고 했는데 별로 흥미롭지 않았습니다. 그러자 그는 돈도 운용할 수 있게 해주겠다고 했어요. 저는 그것이 훨씬 재미있을 거라고 생각했죠. 그때 저는 J.E. 베이커의 재무 담당이었는데 회사의 투자 포트폴리오를 살펴보는 것을 좋아했습니다. 레그 메이슨의 CEO였던 칩 메이슨Chip Mason은 회사의 리서치 아이디어들을 반영할 수 있는 펀드를 시작하려고 했습니다. 저는 1981년 10월에 들어왔고 1982년 3월인가 4월에 밸류 트러스트를 시작했습니다. 전임 리서치 책임자였던 어니 키네Ernie Kiehne와 제가 그 펀드를 공동으로 운용했는데 그가 선임 매니저였습니다. 우리의 최초 포트폴리오는 어니가 오랫동안 조사해오던 주식들로 대부분 구성되었습니다.

1981년 회사에 들어왔을 때 당신의 투자 철학은 무엇이었나요?

지금과 똑같이 가치투자였습니다. 하지만 그때는 지금보다 훨씬 단순했었죠.

그런 가치투자에 대한 태도는 어떻게 갖게 된 것인가요?
책으로부터 얻게 된 것입니다. 오래 전부터 투자에 관한 것이라면 무엇이든 읽고 있어요. 저는 항상 무엇인가를 하는 가장 좋은 방법은 거기서 누가 최고인지 결정해서 그가 무엇을 하는지 보는 것이라고 생각해왔습니다. 벤 그레이엄이 증권 분석 분야의 지적 지도자라는 것은 너무 당연해 보였습니다. 그 후 워런 버핏에 대해 읽고 그가 어려운 시기였던 1960년대 후반과 1970년 초에 어떻게 살아남고 또 성공할 수 있었는지 알게 되면서 정말 눈을 뜨게 되었죠. 또한 최적의 가격에서 무엇인가를 사야 한다는 것은 직관적으로 이해할 수 있었습니다. 10년 전에 동료이자 가치투자자인 밥 토레이$^{Bob\ Torray}$와 얘기를 했던 적이 있었습니다. 그가 생각하기에, 가치투자를 사람들에게 설명하면 사람들은 즉시 그것을 받아들이거나 절대 이해하지 못하거나 둘 중 하나였어요. 가치투자를 즉시 받아들이지 않는 사람에게는 그것이 좋은 투자 방법이라는 것을 절대 이해시킬 수 없다는 거죠. 대부분의 사람들은 이유야 어쨌든 성장하고 있고 전망이 좋으며 사람들이 흥분할 무엇인가를 가지고 있는 회사를 매입하는 것을 좋아하는 것 같습니다.

새롭게 해석되는 그레이엄과 버핏

당신의 투자법에 대해 보다 깊이 얘기해봤으면 좋겠습니다. 당신이 보유한

회사들의 종류 때문에 어떤 사람들은 당신이 여전히 그레이엄과 버핏의 방법을 따르고 있는지 궁금해합니다.

우리는 분명히 가치투자에 엄격한 투자자들입니다. 하지만 우리는 바보 같은 가치투자자는 아닙니다. 많은 사람들은 그레이엄이 인터뷰에서 얘기했거나 『현명한 투자자』에 썼던 내용만을 가지고 가장 단순하고 그럴듯한 법칙을 추론해버리죠. 하지만 그레이엄의 『증권분석』과 그가 말년에 했던 인터뷰들을 제대로 읽어보면 거기에는 무엇인가 더 있다는 것을 알 수 있습니다. 그레이엄의 말년 인터뷰 중에 연방위원회 앞에서 주가가 너무 높은지 그리고 주가는 어떻게 결정되는 것인지에 대해 답한 것이 있습니다. 주가는 수익, 가장 중요하다고 할 수 있는 미래 전망, 그리고 어느 정도는 현재의 자산가치에 따라 결정된다고 그는 말했다. 대부분의 사람들은 그레이엄이 현재 자산가치에 가장 초점을 맞추고 미래 전망은 별로 중시하지 않을 것이라고 믿지요. 하지만 그것은 그가 실제로 했던 이야기와 완전히 다릅니다.

버핏의 경우도 그의 저술들을 자세히 읽어보면 우리의 방법론과 거의 동일하다는 것을 알 수 있을 겁니다. 버핏은 미래 현금흐름에 비해 가격이 가장 싼 사업들을 사려고 했습니다. 그는 정확히 현금흐름을 계산하지는 않았습니다. 그는 정확히 틀리는 것보다는 애매하게나마 맞는 것이 낫다고 했습니다. 우리는 보다 광범위하고 자세한 분석을 행하지만 결국 그와 같은 접근법을 사용하고 있습니다.

사람들이 그레이엄의 가르침을 오해하고 있다는 얘기인가요?

아닙니다. 그들이 오해하고 있는 것은 아니라고 생각해요. 단지 너무 편협한 견해를 가지고 있다는 것이죠. 그레이엄은 PER와 PBR가 낮은 것이 좋다고 믿었어요. 그건 정확합니다. 하지만 그것이 다가 아니거든요. 마이클 조던에게 얼마나 버는지 물어보는 것과 같다고 할까요. 그가 1년에 20만 달러를 번다고 한다면 그것도 사실일 겁니다. 하지만 그는 그보다 훨씬 많은 돈을 벌고 있어요. 그레이엄도 그와 같습니다. 그가 PER가 낮은 것을 좋아하는 사람이기는 했지만 단지 그것만 생각했던 것은 아닙니다.

현재의 가치투자를 어떻게 정의하나요?
저는 그것을 교과서로부터 얻었습니다. 재무나 투자에 관한 교과서에서 가치나 가치평가에 대해 찾아보면 '투자의 가치는 그 투자에 의한 미래 잉여현금흐름의 현재 가치이다'라고 되어 있을 겁니다. 어떤 교과서도 가치를 다르게 정의하고 있지는 않죠. 그 정의는 존 버 윌리엄스$^{John\ Burr\ Williams}$가 만든 것인데 1930년대 쓴 그의 박사학위 논문은 나중에 『투자 가치 이론$^{The\ Theory\ of\ Investment\ Value}$』라는 책으로 출간되었습니다. 알루미늄 회사와 컴퓨터 회사 같이 두 개의 다른 투자를 비교할 수 있는 유일한 방법은 그들을 공통적인 기준으로 살펴보는 것입니다. 그리고 유일하게 합리적인 기준은 그 투자로부터 얻을 수 있는 수익이죠. 그것이 제가 하려고 하는 것입니다. 버핏이 말했듯이 투자는 내일 더 많은 돈을 가질 수 있다는 기대를 가지고 오늘 돈을 내놓는 것입니다. 문제는 그것을 어떻게 하느냐죠. 투자로부터 돌려받을 수 있는 수익을 합리적으로 예측할 수 있는 가장 좋은 방법은 그 투자의 미래 현금흐름에 대한 우리의 견해가 시장의 것과 어떻게 다른지 고민해보는 것이라고 생각합니다.

시장이 잘못 판단하는 회사를 찾아라

투자 아이디어를 처음 어떻게 찾나요?

모두 다른 출처를 가지고 있습니다. 대부분 신저가 리스트로부터 나옵니다. 우리는 통계적으로 싸 보이는 것은 무엇이든지 살펴보고 컴퓨터 선별 작업을 합니다. 그것을 바탕으로 더 깊게 조사해볼 필요가 있는 종목들을 뽑아냅니다. 시장의 붕괴로부터 아이디어를 얻어내기도 하는데 1999년의 웨이스트 매니지먼트나 맥케슨/HBOC McKesson/HBOC 가 좋은 예들이죠. 경쟁에서 밀린 것처럼 인식되는 회사들로부터 아이디어를 찾기도 하는데 토이즈러스 Toys 'Я' Us가 그 대표적인 예입니다. 또 우리의 스타일을 아는 사람들이 항상 많은 투자 아이디어를 제공해줍니다. 그것들 중 99%는 별로 흥미가 없지만, 때때로 좋은 투자 대상이 있기도 합니다.

신저가 리스트에 있는 주식들은 분명히 사람들이 지금 사고 싶어하지 않는 회사들입니다. 그 회사들은 문제들을 갖고 있죠. 어떤 상황이면 그 주식들이 살만한 건가요? 그 회사들이 회생할 것을 희망하는 건가요?

참고로 저는 애널리스트들에게 리서치할 때 '희망 hope'이라는 말 대신 '믿음 believe'이나 '기대 expect'라는 단어를 사용하라고 합니다.

보통 경제에서 상당한 우위를 가지고 있는 좋은 회사들이 우리 포트폴리오에 포함되지 않는데, 그 회사들이 우리 가치평가 기준을 충족시키지 못하고 그래서 우리 관심에 들어오지 못하기 때문입니다. 그래서 우리는 마이크로소프트와 찰스 슈왑 같이 저평가되었던 것으로 밝혀진 좋은 회사들을 많이 놓쳤습니다. 그것들은 항상 비싸 보이는 주식이고 그래서 우리는 깊게 분석할 기회를 갖지 못했죠. 특정 회사를 보유해서 초과 수익을 얻을 수 있는 유일한 때는 시장이 그 주식의 가치를 제대로 인식하지 않았을 때입니다. 시장이 그 회사의 가격을 적절하게 인식하면 투자자는 시장수익률이나 회사의 수익률 중 낮은 것만큼을 벌 수 있어요. 오랜 기간 초과 수익을 얻기 위해서는 시장이 특정 사업에 대해 체계적으로 잘못 판단하고 있어야 합니다. 성장투자자들은 시장이 믿었던 것보다 회사가 빠르고 오래 성장하게 되면 실적이 좋아집니다. 반면 가치투자자는, 시장이 회사의 어떤 나쁜 소식을 과대평가하거나 주가에 영향을 미치는 것들에 대해 너무 비관적이어서 회사가 저평가되어 있으면 좋은 성과를 올릴 수 있죠.

시장의 움직임이 과잉 반응이고 그렇게 심각한 일이 아니라는 것을 어떻게 알 수 있죠?

사업을 분석하기 때문이죠. 투자자는 회사가 무엇을 하고 있고 경쟁 우위가 무엇인지 알아야 합니다. 그리고 이것이 가장 중요한데 투자자는 사업의 장기적인 경제 모델을 이해하고 있어야 합니다. 그 회사가 운영되기 위해서는 어느 정도의 자본이 필요한가? 어느 정도가 그 산업의 정상 수익률인가? 회사는 그 산업에서 어디에 위치하고 있는가? 경영진은 사업 모델을 성공시킬 수 있는 방식으로 행동하고 있는가?

'가치' 만큼 '투자' 도 중요하다

당신의 포트폴리오에 있는 종목들에 대해서 얘기해 보죠. AOL 타임워너, 델 컴퓨터, 아마존닷컴과 같이 보통은 가치형 펀드에서 찾아보기 힘든 종목들을 보유하고 있죠? 이 주식들이 어떻게 가치 포트폴리오에 있을 수 있는지, 처음에 그 종목들을 어떻게 찾을 수 있었는지 말씀해주십시오.

우선 이해해야 하는 점이 우리가 가치투자자라고 얘기할 때 우리에게는 '가치'와 '투자' 두 단어 모두 중요하다는 점입니다. 첫째, 우리는 스스로를 가치투자자라고 하는 많은 사람들이 종종 복잡한 가치평가 작업을 하지 않는다고 믿고 있어요. 둘째, 그리고 이 점이 중요한데 그들은 투자를 하지 않아요. 거래를 할 뿐이죠. 그들은 주식을 매입해서 주가가 50%나 100% 오르거나 역사적인 가치평가 기준보다 오르면 처분해버립니다. 사람들이 우리 포트폴리오를 볼 때 관심을 기울이는 것은 델, AOL 타임워너, 유나이티드 헬스케어United Healthcare, 그리고 최근 아마존닷컴과 같이 성장투자자들이 주로 매입하는 것들입니다. 우리는 이 회사들의 주가가 쌀 때 매입했어요. 우리는 델과 AOL에서 30배에서 40배의 수익을 남겼습니다. 대부분의 투자자들은 3, 40배로 돈이 불어날 때까지 오래 보유하지 않습니다. 50, 100, 200% 정도 수익을 올리면 다행이라고 생각하죠. 3, 40배 정도의 수익은 그 주식들을 거래하고 언제 주가가 떨어질 것인지 추측하는 것이 아니라 실제로 그 회사에 투자했을 때에만 얻을 수 있습니다. 우리는 주가가 움직이는 것을 추측하는 데 시간을 쏟지 않습니다. 사업들의 가치를 측정하는 데에만 시간을 사용하죠.

예를 들어 1996년 2월 델을 분석할 때는 모두가 곧 경기 후퇴가 있을 거라고 생각했던 시기였습니다. 투자자들은 우리가 기회라고 생각할 만한 정도로 낮은 가격에 기술주를 팔아버리더군요. 그때 대부분의 가치투자자들은 역시 폭락했던 제지, 철강, 알루미늄 주식들을 매입하고 있었습니다. 우리도 그런 회사들을 분석해봤는데 그 회사들이 정말 매력적이거나 시장에 의해 잘못 평가된 것은 아니라는 결론을 내렸습니다. 그 회사들의 사업 펀더멘털이 빈약했고 계속 그렇게 남아 있을 가능성이 컸어요. 반면 델의 주가는 주식 분할을 감안해서 생각했을 때 당시 1달러에서 2달러 정도였습니다. 뛰어난 사업 모델과 경쟁우위를 가지고 있고 연간 25~30% 성장하면서 투자 자본에 30%의 수익을 안겨주었지만 수익의 5배 정도에서 거래되고 있었죠. 최고의 회사를 살 수 있는데 왜 제지회사를 사겠어요? 사업을 좀더 세부적으로 조사해보고 우리는 시장이 그 회사의 잠재력을 잘못 평가하고 있다고 생각했습니다. 역사적으로 PC회사들은 수익의 6배에서 12배 정도에서 거래되었죠. 가치투자자들도 그 주식들을 수익의 5배에서 6배 정도에서 사서 12배 정도에서 처분했는데 12배가 그런 회사들이 그때까지 도달할 수 있었던 최고치였기 때문이었어요. 우리는 델이 최소한 수익의 25배 가치는 있다고 생각했습니다. 그 회사를 통째로 매입한다면 수익의 25배를 지불할 텐데 시장은 역사적으로 12배 정도에 가치의 최고치를 정하고 있었습니다. 그래서 우리는 시장이 그 회사를 평가하는 것보다 대략 5배 정도는 실제로 더 가치가 있다고 생각했습니다. 그렇게 저평가된 회사를 찾는 것은 매우 드문 일이었기 때문에 우리는 그 주식을 계속 매입했어요. 아시다시피 우리가 옳았습니다. 사실 우리도 우수한 사업 모델을 실행할 경영진의 능력을 과소평가하긴 했지만요.

운좋게도 우리는 동적으로 가치를 평가하기 때문에 우리의 모델은 매 분기 업데이트되고 펀더멘털에 대한 정보가 더 생길 때에도 업데이트됩니다. 우리는 항상 사업의 근본적인 가치와 회사의 내재가치를 이해하기 위해 노력하고 있습니다. 1999년 전에 델은 약간 고평가되었다고 생각할 만한 수준에 도달했고 그래서 우리는 그 주식 중 상당 부분을 처분했어요.

AOL도 비슷한 경우인가요?

1996년 가을 AOL을 매입했을 때에는 훨씬 논쟁의 여지가 많았습니다. 사람들은 AOL이 도산할 거라고 생각했고 5월부터 11월까지 주가가 75%나 떨어졌습니다. 우리 분석으로는 그 회사가 가격의 2배 정도는 가치가 있으리라는 것이었어요. 미래가 실제로 어떻게 진행될지는 모르기 때문에 우리는 그 회사의 시나리오를 만들어서 분석해봤습니다. 가능한 미래들을 상세하게 정리해서 각각의 발생 가능성을 고려해본 후 어떤 결과가 나올 가능성이 가장 높은지 살펴보았습니다. 그리고 그 시나리오하에서 그 회사의 가치가 얼마가 될지 계산했습니다. 한 시나리오에서 우리는 AOL이 우리가 계산했던 것보다 몇 배 이상의 가치가 있다는 걸 알게 됐어요.

그때는 AOL이 심각한 용량 문제를 겪고 있어서 사람들이 로그온조차 할 수 없을 때였습니다. 당시 월스트리트는 모든 사람들이 AOL에서 다른 회사로 옮겨갈 것이라고 생각했습니다.

그것도 하나의 시나리오였지만 AOL이 주 검찰총장에게 기소되고, 사람들이 왜 로그온할 수 없는지 매일 뉴스에 나올 때 우리는 AOL이 가입자들을 잃지는 않을 거라고 생각했습니다. AOL이 가진 가치는 매우 강력했어요. 보통 사람들이 상품이나 서비스를 샀는데 사용할 수 없을 경우에는 돈을 돌려달라고 하고 다른 회사로 옮겨갑니다. 하지만 AOL의 고객 기반은 계속 증가해갔어요. AOL에는 무언가 다른 가치가 있다는 생각이 들었죠. 그것은 코카콜라가 콜라 제조법을 바꾸는 것과 같은 것입니다. 사람들은 예전의 콜라를 원하고 새로운 콜라를 원하지 않습니다. 사람들은 컴퓨서브^{CompuServe}나 MSN을 원하지 않았어요. AOL을 원했죠. 트래픽 패턴을 분석해보고 우리는 MSN

고객의 80%가 그것을 단지 인터넷 이용을 위한 관문으로만 사용하지만 AOL 고객들의 80%는 AOL의 독점 서비스에만 머물고 다른 인터넷으로 들어가지 않는다는 것을 알았습니다. 이 점은 그 서비스에 굉장한 가치가 있다는 의견을 지지해주었죠. 물론 사람들이 계속해서 로그온할 수 없으면 그 서비스를 떠날 것이라는 생각도 했습니다. 그래서 AOL이 이 문제를 해결하는 데 얼마나 걸릴지 분석해봤죠. 거기에는 두 가지 문제가 있었습니다. 하나는 기술적인 것이었죠. 그들이 일정한 시간 내에 그 문제를 해결할 만한 기술이 있는가? 우리는 그 대답이 긍정적이라고 믿었습니다. 둘째는 그 문제를 해결하기 위해서는 상당한 양의 선행 투자가 필요하고 그들은 돈이 별로 없는데 문제 해결에 필요한 자금을 조달할 수 있을까, 그것이 그들의 재무 상황을 악화시키지는 않을까였습니다. 상황을 분석해본 후 우리는 충분한 자금 조달이 가능하다는 해답을 얻었습니다. AOL에 큰 내기를 걸었던 것인데 운 좋게도 우리가 맞았던 겁니다.

성공에 대한 오해

델과 AOL은 20배에서 40배 정도 올랐습니다. 그 두 주식이 없었으면 당신의 펀드는 현재의 위치에 이르지는 못했을 것이라는 생각이 드는데요.

가장 많이 오른 그 두 개가 없었으면(델과 AOL은 1990년대 후반 밀러가 가장 많이 보유한 종목들이다) 우리가 잘하지 못했으리라는 건 의심의 여지가 없습니다. 제가 리서치 책임자로 일할 때 우리는 다음해 매입할 12개 주식을 나열한 추수감사 리스트를 만들곤 했습니다. 그것은 시장보다 상당히 좋은 실적을 보였어요. 월스트리트저널이

1980년대 초부터 그것을 보도하기 시작했습니다. 그들은 추수감사절에 추수감사 리스트를 발표하더군요. 어떤 기자가 한번은 저에게 이렇게 얘기했습니다. "당신의 지금까지의 리스트들을 분석해봤습니다. 시장보다 실적이 좋았는데 각 리스트마다 12종목이 있더군요." 제가 "네, 한 달에 하나씩이라고 보면 되죠"라고 했더니 그는 "당신이 내년에 최고 실적을 올릴 두 종목을 버린다면 시장보다 실적이 좋지는 못할 겁니다. 작년에 당신이 시장보다 잘할 수 있었던 이유는 그 큰 것들 때문이에요"라고 하더군요. 저는 이렇게 대답했어요. "우리가 시장보다 실적이 좋게 해줄 것들을 보유하지 않는다고 가정한다면 우리는 시장보다 실적이 좋을 수 없죠. 하지만 우리는 그것들을 보유하고 있었습니다." 그것이 AOL과 델과 같은 것입니다. 우리는 그것들을 보유했어요. 우리가 시장보다 실적이 좋은 이유는 이런 사업을 선별해서 보유했기 때문입니다.

사람들이 우리 성공에 대해 오해하는 또 다른 점은 우리가 델과 AOL을 1996년부터 보유했다는 것입니다. 하지만 우리는 델과 AOL을 보유하기 훨씬 전인 1991년부터 매년 시장보다 실적이 좋았습니다. 또한 우리는 펀드의 전체 기간 동안 S&P 500보다 좋은 실적을 올리고 있습니다.

2000년에 여전히 S&P 500보다는 실적이 좋긴 했지만 밸류 트러스트는 7.1% 떨어졌습니다. 흥미로운 점은 그 해에 많은 가치형 펀드들이 잘 했었다는 것이죠. 왜 그랬던가요?

우선 우리 펀드는 매우 큽니다. 펀드를 구성하는 모든 종류의 주식과 자산을 고려하면 200억 달러가 넘습니다. 또한 많은 가치 포트폴리오들과 달리 매우 집중된 펀드입니다. 일반적인 가치 펀드는 100종목 정도를 보유하고 연 80~90%를 교체하지만, 우리는 35종목을 보유하고 포트폴리오를 5년에서 10년에 걸쳐서 교체합니다. 1990년대 후반에 다른 가치형 펀드보다 우리가 잘했던 이유 중 하나는 우리가 1995년과 1996년에 시장에서 가장 가치가 높았던 것이 기술주라는 것을 정확히 인식했다는 점입니다. 2000년까지, 즉 그 가치를 완전히 반영할 때까지 시장은 기술주의 가격을 조정했죠. 하지만 우리의 자산은 규모가 너무 컸기 때문에 현재와 같이 기술주의 비중을 줄이는 데 거의 1년을 보내야 했습니다. 2000년 1분기에는 시장보다 실적이 좋지 않았지만, 후반에는 시장보다 실적이 좋아서 결국 시장을 앞설 수 있었지요. 반면 대부분의 가치투자자들은 수년 동안 포트폴리오를 변경시키지 않았습니다. 그들은 1994년부터 오랜 기간 시장보다 낮은 실적을 올렸습니다. 그들은 2000년에 올랐지만 수년의 결과를 놓고 보면 절대적으로나 상대적으로나 별로 좋지 않은 실적이었습니다. 반면에 우리는 1990년대 내내 시장보다 높은 실적을 올렸습니다.

가치주가 인기가 없었던 기간에 당신의 실적을 올려준 주식들을 가격이 떨어지기 전에 빨리 처분할 수 없었기 때문에 2000년 당신의 실적이 떨어졌다는 것이군요?

네. 우리는 우리 실적을 올려준 주식들을 상당히 많이 처분했습니다. 여전히 약간의 AOL 주식을 가지고 있지만 상당수는 2000년에 처분했어요. 노키아 전부와 넥스텔과 델 대부분을 처분했습니다. 짧은 기간에 수백만 주를 처분할 수 없었던 것뿐입니다.

델을 왜 다시 매입했나요?

2000년 1분기에 거의 대부분의 델 주식을 처분했습니다. 그런데 4분기에 우리가 매력적이라고 생각할 만한 가격까지 떨어졌고 그래서 다시 매입했습니다. 현재 좋은 성과를 올려주고 있죠.

논쟁의 여지가 있는 기술주와 기술통신주를 매입해오셨죠?
2001년 1분기에 아마존닷컴과 넥스텔을 매입했어요.

아마존은 가치주다

아마존닷컴에 대해 얘기를 해보죠. 그 주식은 거의 대부분 가치주라고 생각하지 않습니다. 어떻게 그 주식의 가치를 측정했고 왜 그 거래가 할 만하다고 생각했는지 말씀해주십시오.
우선 여기서 용어를 명확히 하죠. 저는 '가치주'나 '성장주'와 같은 것이 있다고 믿지 않습니다. 가치와 성장이 회사를 묘사한다고도 생각하지 않습니다. 그것들은 단지 투자 스타일을 묘사하는 것일 뿐입니다. 사람들이 회사를 가치주나 성장주로 분류하는 것은 이상한 일입니다. 재무이론의 견지에서 보아도 성장은 가치 계산을 위한 입력내용입니다. 그것은 무엇인가의 내재가치 계산을 위한 연습문제의 일부입니다. 게다가 PBR 기준으로 가치와 성장이 분류된다면 90년대 초 그들의 장부가치를 상당 부분 누락시켰던 제너럴모터즈와 같은 회사들은 갑자기 성장주로 분류되게 됩니다. JDS 유니페이즈^{JDS Uniphase}와 같은 회사들이 주식을 발행해서 높은 가격에 바보 같은 인수를 하고 그것을 영업권으로 자본화한다면 그 회사들은 가치주가 됩니다. AOL은 타임워너를 인수함으로써 PBR이 마술에 걸린 듯이 낮아지게 됐으니 이제 가치주가 된 것인가요?
가치와 성장은 투자 스타일을 묘사하는 것입니다. 성장투자자도 있고 가치투자자도 있죠. 성장투자자에게는 성장이 그들의 투자 과정에서 가장 중요한 결정 요인입니다. 그들은 성장을 찾죠. 그들에게 성장은 좋은 수익으로 이끌어줄 신호입니다. 수입 증가, 수익 증가, 자본수익률 증가를 좋아하죠. 가치투자자에게는 가치 평가가 투자 과정에서 가장 중요한 결정 요인입니다. 어떤 가치투자자들은 성장을 원하고, 어떤 가치투자자들은 우리처럼 성장에 대해서 불가지론자의 견해를 가집니다. 우리는 내재가치에 비해 크게 할인된 가격에 주식을 사는 것뿐입니다.

아마존의 내재가치는 어떻게 결정했나요?
내재가치는 투자하는 동안 발생시키는 미래 잉여현금흐름의 현재가치입니다. 우리는 아마존의 가치를 그 회사의 모델을 세우고 잉여현금흐름을 예측한 후 그것을 할인해서 결정했습니다. 우리도 다른 사람들처럼 아마존의 실제 현금흐름이 어떨지는 모르기 때문에 다양한 시나리오에 따라 다양한 종류의 현금흐름을 예측했습니다. 우리는 아마존의 직전 분기 수입과 손실, 그 해의 상황, 애널리스트들 간 일치된 기대를 고려하면 회사의 가치가 30달러 정도 된다고 믿습니다. 15년간 수입이 성장한다고 가정하고 시나리오를 돌려보면 100달러 이상의 가치를 얻게 되죠. 아마존이 현재 100달러 가치가 있다고 생각하지는 않지만 30달러는 된다고 믿습니다. 1년 후 아마존이 기대치를 충족시키게 되면 그 회사의 가치는 아마 연간 30% 상승할 것입니다.

제가 아는 한 당신이 아마존에 대해서 그렇게 얘기한 유일한 가치투자자일 겁니다. 대부분의 가치투자자들은 그 주식이 엄청나게 고평가되어 있다고 주장하죠.

우선 저는 다른 가치투자자들이 아마존의 사업 모델을 분석하고 그 현금흐름을 추정해서 실제로 아마존의 가치를 측정해봤는지 의심스럽습니다. 그들은 아마존의 역사를 보고 그 회사가 적자 상태에 있고 마이너스의 현금흐름을 만들고 있으며 시가총액이 여전히 30억 달러에 달하므로 고평가되어 있다고밖에 얘기하지 않습니다. 그 주식이 고평가되어 있다고 얘기하는 모든 사람들이 잘못된 숫자를 대입했거나, 구체적이지 않고 증거가 없는 것들, 즉 아마존의 채권자들이 자금줄을 끊으리라고 가정하고 있습니다. 우리는 우리의 예상을 실제 상황과 연관시키려고 노력합니다. 무디스도 아마존의 신용도를 상향 조정했습니다. 아마존이 기대치를 실제로 충족시킬 수 있다는 확신을 가진 거죠. 이런 면에서 우리의 예측도 대략 맞는 것이라 생각합니다. 마지막으로 하나만 더 얘기하죠. 인터넷은 분명히 큰 거품이었고 많은 주식들의 가격이 폭락했습니다. 하지만 아마존은 그런 약세장에서 상승하고 있습니다. 아마존은 회사가 공개된 2000년을 제외하곤 매년 시장보다 높은 성과를 올려왔습니다. 아마도 그 회사에 무언가 다른 것이 있기 때문이겠죠.

아마존의 최대 주주인가요?

설립자인 제프 베조스$^{\text{Jeff Bezos}}$가 최대 주주예요. 하지만 우리가 최대 기관 주주고 제프 바로 다음이죠.

아마존을 1996년 AOL을 판단했던 것과 같은 방법으로 판단하나요?

아마존은 어떤 면에서는 AOL과 비슷하고 어떤 면에서는 다릅니다. 하나의 공통점은 아마존도 크고 충성도 높은 고객 기반을 가지고 있다는 점입니다. 그건 결국 아마존의 장기 가치를 증가시키는 것이죠. 다른 점은 아마존의 총 가치가 AOL이 1996년 거래되던 것의 몇 배에 이른다는 겁니다. 그런 면에서 1996년 AOL의 이론적 가치와 경제 모델이 아마존보다 좋다고 할 수 있죠. 시장은 AOL에 했던 것보다 아마존의 개선을 좋게 평가하지 않습니다. 하지만 타이밍의 관점에서는 1996년의 AOL과 비슷하다고 할 수 있습니다. 1996년의 AOL은 엄청난 돈을 잃고 있었습니다. 사람들은 그 회사가 도산할 것이라고 생각했고 그 사업 모델에 대해 회의적이었습니다. 같은 상황이 현재 아마존에 대해 진행되고 있는 것입니다.

오퍼튜니티 트러스트에 아마존의 전환채권과 엑소더스 커뮤니케이션즈 Exodus Communications 와 같은 침체된 회사들의 채권을 함께 보유하고 있죠? 왜 주식 대신 채권을 매입했나요?

그건 상대적 리스크 및 수익과 관련됩니다. 재무이론의 좋은 점은 어떤 자산이라도 가치를 매길 수 있다는 점입니다. 채권도 자산이죠. 그것의 가치를 어떻게 측정하냐구요? 미래 잉여현금흐름의 현재가치를 구함으로써 가능하죠. 엑소더스와 같은 사업을 접하면 우리는 그 회사의 가치를 계산합니다. 사업의 가치는 자금 조달 방법과는 상관없습니다. 하지만 자금 조달 방법은 그 사업가치에 누가 권한을 가지고 있는지와는 관련이 있습니다. 어떤 회사의 가치가 10억 달러인데 부채가 전혀 없으면 그 10억은 모두 주주들의 몫입니다. 반면 회사의 부채가 10억 달러라면 주주들은 아무 가치도 없는 자산을 소유하고 있는 것입니다. 엑소더스의 경우 부도 신청과 디폴트 후에 채권이 달러당 15센트에 거래되고 있었습니다. 우선 채권의 현재가치는 3억 달러 정도였죠. 우리는 회사의 가치를 10억 달러 정도로 측정했고 그래서 파산 후 재정리를 통해 몇 배의 수익을 남길 수 있다고 믿었습니다.

조금 전에 아마존을 살펴보지도 않은 가치투자자들에 대해 말씀하셨던 것으로 잠깐 돌아가보죠. 많은 가치투자자들이 고평가되어 있다는 이유로 좋은 주식을 무심코 지나친다고 생각하나요?

분명히 좋은 투자 아이디어를 많이 놓쳐왔고 지금도 여전히 그러고 있습니다. 마이크로소프트와 시스코는 10년 전에 굉장한 가치를 가지고 있었습니다. 이 회사들은 수백 배 올랐죠. 상당히 조정된 후에도 시스코는 여전히 1,200억 달러 정도로 가치가 추정되고 있습니다. 10년 전에는 10억 달러였습니다. 많은 회사들이 훌륭한 가치주인 것으로 드러났지만 당시 비싸 보인다는 이유 때문에 가치투자자들이 관심을 갖지 않았습니다. 다른 좋은 예는 월마트(Wal-Mart)입니다. 1970년대 초에 주식시장은 평균 수익의 7배 정도에 거래되고 있었는데 월마트는 수익의 24배에 거래되고 있었습니다. 하지만 당시에도 월마트는 저평가되었던 것이기 때문에 계속 시장보다 좋은 성과를 올려주고 있습니다.

우리가 지금까지 배운 것 하나는 단순한 선별 작업, 즉 PER가 낮거나 PBR가 낮거나 현금흐름 대비 가격이 낮은 것이 가치에 대해서 많은 것을 알려주지 않는다는 점입니다. 그런 방법들로는 비싸 보이지만 그 가격보다 훨씬 가치가 높은, 좋은 회사들을 많이 놓칠 수 있습니다. 문제는 우리를 포함해서 많은 가치투자자들에게 통계적으로 비싸 보이지만 실제로는 싼 주식들을 찾는 것이 매우 어렵다는 것입

니다. 비싸 보인다는 것은 비싸다는 것과는 다르고 싸 보인다는 것도 실제로 싼 것과는 다른 문제입니다

실적이라는 목적, 가치투자라는 전략

언제 주식을 처분하나요?

우리는 세 가지 경우에 주식을 처분합니다. 첫째는 회사의 가격이 제대로 매겨졌을 때입니다. 둘째 더 좋은 거래를 찾았을 때 기존의 것을 처분합니다. 우리는 대부분의 자산을 투자해 놓고 있습니다. 그래서 우리가 보유한 것보다 세후 기준으로 더 저평가된 무엇인가가 있으면 포트폴리오에서 가장 매력이 없는 종목을 처분해버리죠.

마지막으로 투자의 상황이 바뀌면 처분합니다. 예를 들어 정부가 개입해서 사립 요양원의 보상금 지급 비율을 수정할 것이라고 발표할 수도 있습니다. 그렇게 되면 모든 현금흐름이 바뀌게 될 것입니다. 테러리스트들이 월드트레이드센터를 공격했기 때문에 방위주에 대한 투자 기회가 변경되었던 것도 좋은 예입니다.

시장과 이자율 같은 것들에 많은 관심을 두나요?

상당히 많은 관심을 가집니다. 인플레이션이 7%일 때 정당하다고 할 수 있는 가치평가와 2%일 때 가치평가는 꽤 다릅니다. 하지만 우리는 관심을 갖기만 할 뿐 예측하지는 않습니다.

수개월 혹은 수년 동안 가격이 오르지 않는 회사들을 얼마나 지켜보나요?

우리는 사업가치와 그 가치를 실현하는 경영진의 능력에 자신이 있

는 한 그 회사를 보유합니다. 경영진을 신뢰하고 그 회사가 정당하게 일 처리를 하는 한 처분하지 않죠.

매입 전에 하는 추가적인 분석이 있으면 말씀해주십시오.
우리는 가치를 늘리는 데 도움이 되는 것이면 거의 무엇이든지 합니다. 경영진, 공급자, 경쟁자 애널리스트와 얘기하죠. 우리는 회사들을 오래 보유하고, 한 분기 실적이 안 좋거나 일정 기간 동안 다른 회사들보다 실적이 안 좋다고 해서 주식을 처분해버리지는 않기 때문에 경영진과 논의할 때 단기 투자자들은 좀처럼 신경 쓰지 않는 장기적인 문제들에 초점을 맞춥니다.

지금까지 보유했던 회사 중 가장 성공적인 회사들의 특성이 무엇인가요?
그 회사들은 가치가 낮게 평가되고 느낌의 문제이든 실제 문제이든 일정한 문제 때문에 예전의 높은 가격보다 낮게 거래되는 경향이 있습니다. 그 회사들은 산업 내의 리더이고 실제 주주 가치에 관심이 있는 경영진을 갖고 있으며 가장 중요하게는 자본비용을 웃도는 수익을 발생시킬 수 있는 기본적인 경제 모델을 가지고 있습니다.

밸류 트러스트는 1991년부터 매년 S&P 500보다 좋은 실적을 올린 유일한 펀드입니다. 수천 개의 주식 펀드가 있는데 어떻게 당신만 그런 위업을 달성할 수 있었다고 생각하나요?
거기에는 여러 가지 이유가 있다고 생각합니다. 제 생각에 가장 중요한 것은 대부분의 운용자들이 실제로는 장기적으로 투자하지 않는다는 것입니다. 그들의 회전율은 정말 높아요. 그들은 주식을 너무 자주 거래하고 매입한 자산의 장기적인 수익률이 어떨지에 대해서는 실제로 별로 신경 쓰지 않습니다. 대부분의 운용자들이 매입한 자산을 실제로 이해하지도, 가치를 제대로 측정하지도 못하고 있습니다. 워런 버핏은 '주식은 사업의 소유가치를 나타낸다'고 했습니다. 사업의 가치를 이해하면 장기적으로 그것이 주식의 가치를 이해하는데 도움을 줄 겁니다. 저는 대부분의 운용자들이 주식과 주가에만 초점을 맞추고 사업의 가치에 대해서는 별로 신경 쓰지 않는다고 생각합니다. 더욱이 사람들은 실제로 그것들이 효과가 있을지 없을지에 대해서는 고려하지 않으면서 전략에만 사로잡히는 경향이 있습니다. 너무 스타일에만 얽매이는 거죠. 사람들은 목적과 전략을 혼동하고 있습니다. 적극적인 운용자들의 목표는 벤치마크보다 더 많은 가치를 만드는 것입니다. 고객들이 꽤 낮은 비용에 효율적으로 시장수익률을 올리기는 쉽습니다. 그럼에도 적극적인 매니저들에게 돈을 지불하는 유일한 이유는 그 매니저들이 지수보다 더 좋은 실적을 올릴 수 있기 때문입니다. 사람들은 지수보다 실적이 좋아야 한다는 목적과 전략, 예를 들어 성장주나 가치주에 투자한다는 것과 같은 전략을 혼동해왔습니다. 그래서 실제로 성과가 좋으냐 나쁘냐와는 상관없이 사람들은 과거에 해왔던 것에 집착합니다. 자신의 직업을 시장보다 좋은 실적을 올리는 것이 아니라 성장주나 가치주를 사는 것으로 생각하게 되는 거죠. 저는 직업이 시장보다 좋은 실적을 올리는 것이고 그렇게 할 수 있는 가장 좋은 방법이 가치투자라고 생각합니다.

⚜

밀터는 분명히 좋은 전략을 가지고 있다. 그 전략으로 가치주의 인기가 심각하게 떨어진 기간 동안에도 좋은 성과를 거두었다. 다른 가치투자자들보다 더 융통성 있게 대처하고 시장보다 좋은 실적을 올리는 데 집중함으로써 그는 다른 사람들보다 높은 곳에 설 수 있었다.

밀러는 앞으로 주식의 연간 수익률이 8% 정도일 것이라고 예측하지만 투자자들에게 다른 어떤 자산들보다 높은 수익을 남겨줄 것이라고 믿는다.

Ronald Muhlenkamp

M.I.T. 공학 학사

하버드 비즈니스 스쿨 MBA

1968년 버클리 딘 앤 코 포트폴리오 애널리스트

1970년 ~ 1975년 인테곤 코퍼레이션 포트폴리오 애널리스트 및 매니저

1977년 뮬렌캠프 앤드 컴퍼니 설립.

1988년 뮬렌캠프 앤드 컴퍼니 뮤추얼 펀드 포트폴리오 매니저

뮬렌캠프 메모랜덤 저자. 투자에 대한 많은 에세이들을 쓰고 있음.

대표 펀드 : 뮬렌캠프 뮤추얼 펀드

chapter 09

로널드 뮬렌캠프

　로널드 뮬렌캠프는 투자가 농업과 상당히 비슷하다고 말한다. 좋은 작물을 기르면 풍작을 거둘 수 있다. 오하이오의 농장에서 자랐고 아직도 때때로 친구의 밭에서 트랙터를 모는 뮬렌캠프는 이 사실을 잘 알고 있을 것이다.
　그는 정말 우연히 투자업계에 들어오게 되었다. 하버드 비즈니스 스쿨을 졸업하자마자 친구들 몇 명이 월스트리트에서 투자회사를 준비하고 있다는 것을 알게 되었다. 그들은 그에게 함께 하자고 제안했다. 보수는 다른 제안들보다 좋지 않았지만 흥미 있는 기회라고 생각했기 때문에 그들과 함께 하기로 했다. 그 회사는 자산을 늘리는 데 어려움을 겪었고 18개월 후 뮬렌캠프는 회사를 그만두기로 결정하였다. 하지만 그 후로도 그는 투자업계에 계속 머물러 있었다.
　1970년대 초반 보험회사의 애널리스트로 그는 기업 가치에 대한 리서치를 시작했다. 그러는 동안 주식의 적정한 가격을 산출하는 공식을 개발해냈는데 지금도 여전히 그 공식을 사용하고 있다. 뮬렌캠프의 방법은 그레이엄과 도드의 분석을 자신의 방법으로 변형시킨 것이다. 그는 기준에 맞기만 하면 어떤 규모의 회사라도 매입한다. 또한 '기후^{climate}'가 맞기만 하면 채권도 매입한다. 그의 목적은 어떤 수단을 사용해서라도 높은 총수익을 만들어내는 것이다. 58세의 이 투자전문가는 1978년 펜실베이니아의 웩스퍼드에서 자신의 회사를 시작했다. 그는 개인 계좌를 운용할 뿐만 아니라 뮬렌캠프 펀드도 운용하고 있다. 사무실 밖에서 뮬렌캠프는 트인 도로를 달리기 좋아하는 오토바이광이다. 오토바이에 대한 그의 사랑을 생각하면 자신이 좋아하는 오토바이를 만드는 회사인 할리 데이비슨$^{Harley-Davidson}$에 투자하지 않은 것은 놀라운 일이다. 하지만 그 실수는 그에게 미래를 위한 교훈을 가르쳐줬다.

기후를 파악하고 계절을 이해해라

오하이오 서부의 농장에서 자라셨네요. 밭을 가는 동안 투자를 배웠나요?
네. 하버드 비즈니스 스쿨에서 배운 것보다 많이 배웠다고 할 수 있습니다. 제가 가장 먼저 배운 것은 작물이 매달 자라는 것은 아니라는 것입니다. 둘째는 심지 않으면 키울 수 없다는 것입니다. 그리고 기후 전체를 알고 있어야 합니다. 오하이오 농업은 텍사스나 캘리포니아의 농업과 달라요. 기후를 알고 나면 계절을 이해해야 하죠. 농업과 투자의 유일한 차이점은 투자자들은 좋은 달력을 가지고 있지 못하다는 점입니다. 우리는 3년이나 5년의 경기 변동이 있다는 것은 알고 있지만 6개월 후에 우리가 꼭대기에 있을지 바닥에 있을지 알지 못하죠.

작물을 심지 않는다는 것은 주식을 매입하지 않는다는 뜻이죠?

네. 어떤 투자자들은 돈을 단기재정증권$^{T\text{-}bill}$*에 묻어두고 주식을 사지 않는 것이 안전하다고 생각합니다. 제 사촌은 옥수수를 재배할 때 에이커당 3만을 거두고 싶으면 3만 3,000을 심어요. 그들은 작물의 10%는 제대로 크지 않으리라고 생각하죠. 밭의 10%나 15%를 다시 경작해야 한다고 해도 별로 놀라지 않습니다. 즉 작물을 심을 때 그것들이 모두 자라지는 않으니까 약간의 여유분을 가지고 있어야 해요. 물론 아무 것도 심지 않으면, 그러니까 주식에 전혀 투자하지 않으면 보상을 받을 수 없죠.

분산화에 대한 주장처럼 들리는군요. 같은 이유로 전체 시장 환경은 농장의 '날씨'^{weather}와 같은 것인가요? 좋은 작물을 심었는데 비가 너무 많이 오면 아무리 잘 재배하더라도 작물을 망칠 수 있는 것처럼요.

농장을 망치는 무엇인가가 항상 있을 수 있죠. 하지만 그래도 단기재정증권을 보유하는 것보다는 작물을 키우듯 주식을 소유하는 것이 더 나아요. 채권은 현금 대부라고 할 수 있는데 땅을 소유하고 있는 것에 비유할 수 있습니다. 농업의 위험을 떠안고 싶지 않으면 그 위험을 감수할 용의가 있는 사람에게 현금을 받고 땅을 빌려줄 수 있습니다. 물론 거기서 좋은 수익을 올리지는 못하겠죠.

---

* 만기 1년 이하의 단기재정증권. 원래는 미국의 재무부가 발행하는 단기국채를 의미하였으나 요즘은 미국의 국채만이 아니라 모든 단기재정증권을 의미하는 포괄적 개념으로 사용된다.

채권을 보유해야 할 때도 있을까요?
물론이죠. 채권에 좋은 기후가 있을 때는 그렇죠. 하지만 그런 경우는 거의 없고 매우 간헐적입니다. 지난 75년간 채권을 보유할 만했던 때는 불황이나 인플레이션이 잠잠해질 때뿐이었습니다. 1981년에서 1993년까지 그랬던 것처럼 이자율이 13%에서 6%로 떨어지면 채권에서 많은 돈을 벌 수 있습니다. 하지만 세금과 인플레이션을 고려했을 때 채권에서 돈을 벌 수 있었던 유일한 시기는 1929년부터 1937년까지와 1981년부터 1993년의 불황기뿐이었습니다.

한동안은 채권을 보유할 생각이 없다는 말씀이시군요.
네. 현금보다는 좋겠지만 주식보다 좋아보이지는 않습니다.

주식시장에 일찍부터 관심이 있었나요?
농장에서 자라면서 저는 기계류를 좋아하게 되었습니다. 그래서 MIT에 가서 공학을 공부했죠. 4학년 땐 비즈니스 수업을 조금 들었어요. 졸업 후에 석사 학위를 위해 하버드 비즈니스 스쿨로 갔습니다. 거기서 마케팅, 재무, 노사 관계를 공부했습니다. 졸업할 때 모든 일자리들이 비슷하게 보였는데 하나만 좀 달랐습니다. 학교 친구들 몇 명이 월스트리트에서 투자회사를 만들었습니다. 그때까지 주식이나 채권을 사본 적은 없었지만 거기에 들어가는 것이 재미있을 것 같더군요. 연봉은 다른 일의 3분의 1밖에 안 됐지만 유망해 보이기도 해서 거기에 들어갔습니다. 거기서 1년 반을 일하면서 그 사업에 완전히 빠져들게 되었죠. 그 후로 지금까지 이 업계에 있습니다. 저는 제가 전혀 모르는 것들에 관심이 있었습니다. 제가 잘 모르는 분야이기는 하지만 다른 사람들도 마찬가지이기 때문에 특별히 불리한 점이 있는 것은 아니죠.

왜 친구들과 더 오래 함께 하지 않았나요?
1년 반이 지났는데도 우리의 운용 자금은 300만 달러밖에 되지 않았고 저는 세 번째 서열밖에 되지 않았습니다. 그때 저는 부양해야 할 아내와 네 명의 아이가 있었습니다. 그래서 노스캐롤라이나에 있는 보험회사로 이직했습니다. 그곳에서 학교에서는 배우지 못했던 투자 지식을 배우게 되었습니다. 또한 하버드에서보다 MIT에서 투자에 대해 더 많은 것을 배웠다는 것을 알게 됐어요. MIT에서 저는 기본을 제대로 이해하면 모든 것이 이해된다고 배웠습니다. 저는 1970년부터 1974년까지 기업 가치를 평가하는 일을 많이 했습니다. 지금도 같은 방식으로 사업의 가치를 평가하고 있죠.

좀더 자세히 말씀해주십시오.
1968년에 모든 연구들은 4.5%가 정상적인 이자율이고 17이 정상적인 PER라고 증명했습니다. 1972년부터 1974년까지 이자율은 4.5% 이상이었죠. 그 후 7%가 되었고 1970년 말에는 13%가 넘었습니다. 1973년과 1974년에 PER는 17에서 14, 12, 9, 7로 계속 내려갔습니다. 그러는 동안 월스트리트는 이 주식들이 모두 싸다고 했습니다. 저는 애널리스트에게 "당신이 그 주식들이 싸다고 해서 매입했는데 계속 떨어지고 있어요. 그 회사의 가치는 얼마나 되나요?"라고 물었습니다. 애널리스트들은 회사의 가치가 얼마인지 모르더군요. 저는 그때 벌어지고 있는 일들을 이해하기 위해 다양한 회사에서 핵심이 되는 숫자들을 살펴보기 시작했습니다. PBR 대 ROE 같은 것들이 유용한 기준이라는 결론이 나오더군요. 핵심은 자본비용 단위별로 얼마나 수익을 얻을 수 있느냐였습니다. 더 조사하면서 우리는 PBR 대 ROE가 유용하긴 하지만 인플레이션과 이자율에 따라 조정해야 한다는 것을 알게 되었습니다. 1974년에는 벤 그레이엄조차 그의 가치를 조정했죠. 1974년에 그의 숫자가 맞았다면 주식을 매입해야 했고 제가 맞았다면 주식을 매도해야 했습니다. 저는 제가 벤 그레이엄과 논쟁할 수준이 되는 사람인가라는 생각을 했습니다.

하지만 1974년 12월까지 가격은 현저하게 떨어졌습니다. 그때 저는 제가 제대로 했다는 것을 깨달을 수 있었습니다. 저는 그레이엄의 체제에 인플레이션과 이자율을 적용시킨 모델을 지난 27년간 사용해 오고 있습니다.

당신이 가치투자자였다는 것을 깨닫게 되었군요.
네. 장기적인 기록이 좋은 사람들은 최소한 한두 가지 면에서는 가치투자자입니다. 저도 성장주를 살 수 있지만 일정 범위 내에서만 매입합니다. 인플레이션이 1% 이내이고 이자율이 4.5%이며 높은 성장률을 지속시킬 수 있을 정도로 ROE가 높으면 PER는 성장률의 2.5배여야 한다고 주장할 수 있습니다. 반면 저는 PER가 어떻게 성장률의 2.5배 이상이 될 수 있는지를 합리적으로 설명한 경우는 보지 못했습니다.

그 다음에는 무엇을 했나요?
1975년 초에 자금운용자로 피츠버그에 있는 보험회사에 갔습니다. 그런데 문제는 그 회사 사람들이 책을 좀 읽었다는 것이었습니다. 그들은 자금운용자가 되기 위한 훈련을 시작했을 뿐인데 이미 끝났다고 생각하고 있었습니다. 제가 그들이 책에서 읽었던 것 이상을 하려고 할 때마다 그들은 그것을 받아들이지 못했습니다. 마침내 1977년 말에 거기서 나와서 제 회사를 시작하기로 결심했죠.

즉시 펀드를 시작했나요?

아닙니다. 펀드는 비쌌고 시작하기에 너무 힘들었습니다. 투자자문사로 등록하는 것이 오히려 쉬웠기 때문에 개인 계좌로 시작하는 것이 더 편했습니다. 저는 사무실 밖에서 일했고 저에게 자금을 운용하게 해줄 고객을 찾기 위해 노력했습니다. 투자금의 하한선을 20만 달러로 제한했는데, 시간이 지나면서 그게 너무 높다는 분들이 많아지더군요. 그래서 더 작은 계좌들을 서비스하기 위해 1988년에 뮤추얼 펀드를 시작했습니다.

시작은 개별 회사에서부터

얼마나 운용하나요?

현재는 6억 5천만 달러가 조금 넘는데 5억 달러는 펀드에 있습니다.

중형주나 소형주와 같이 당신이 특별히 전문화한 주식 종류가 있나요?

규모는 별로 문제가 되지 않습니다. 수익성과 수익의 성장률이 문제가 될 뿐이죠. 우리는 성장과 가치의 차이를 실제로 구분하지 않습니다. 좋은 회사들을 찾을 뿐이죠. 우리는 ROE부터 살펴봅니다. ROE가 높고 그것을 지속시킬 수 있으면 좋은 회사일 가능성이 높습니다. 그리고 우리는 합리적인 가격에 그 회사들을 매입합니다. 우리가 지불하는 가격은 인플레이션과 이자율에 따라 달라집니다. 1980년대 초에 우리는 PER가 ROE의 절반 이하가 되기를 원했습니다만, 현재는 PER가 ROE 이하이기만 하면 됩니다. 주먹구구식 분석을 좋아하지는 않지만 그럭저럭 괜찮은 방법입니다. 우리는 항상 좋은 회사를 원합니다. 나쁜 회사들을 보유하는 것은 돈을 잃는 방법밖에 되지 않습니다. 문제는 단지 현재의 투자 환경에서 일정 수준의 수익성에 대해 얼마나 지불할 용의가 있느냐입니다.

시가총액 규모가 문제가 되지 않는다고 말씀하셨는데 연구에 의하면 장기적으로 소형주가 대형주보다 실적이 좋다고 합니다.
1983년에 소형주가 대형주보다 실적이 좋다는 연구가 있었습니다. 하지만 1980년대 후반과 1990년대 내내 대형주들의 실적이 더 좋았습니다. 저는 나쁜 대형주보다 좋은 소형주를 좋아하고 나쁜 소형주보다 좋은 대형주를 좋아합니다.

규모가 상관 없다면 투자자들은 포트폴리오를 어떻게 구성해야 하죠?
합리적인 가격에 좋은 회사를 찾으면 됩니다. 그렇게 하면 우리 포트폴리오처럼 모든 규모의 회사들을 가지고 있게 되죠.

뮤추얼 펀드 투자자들은 어떤가요? 그들은 어떤 펀드에 투자해야 하죠?
시가총액 규모에 제한이 없는 펀드에 투자해야 합니다. 장기적으로 돈을 잘 버는 사람들은 모두 다양한 규모의 회사를 보유해왔습니다. 워런 버핏은 회사의 규모에 신경을 쓰지 않습니다. 그는 매우 작은 회사들도 보유하고 있고 매우 큰 회사들도 보유하고 있습니다.

포트폴리오를 구성할 때 개별 회사를 찾기 전에 테마나 전체 환경을 먼저

살펴보나요?

아닙니다. 우리는 개별 회사에서부터 시작합니다. 한 분야에 많은 회사들이 있으면 그때 고려해볼 만한 일반적인 테마가 있는지 살펴보죠. 수익성이 예전보다 증가했지만 사람들이 아직 그것을 깨닫지 못해서인가, 아니면 정치적 리스크 때문인가? 그것을 이해할 수 없으면 조사를 좀더 해봐야죠. 환경은 항상 변해왔습니다. 최근 50년 동안 그런 변화들은 인플레이션과 세금에 의해 주로 촉발되었죠. 하지만 그런 것들은 사람들이 무엇이 진행되고 있는지 깨달을 때만 변화됩니다. 사람들은 1960년대 말과 1970년대 초에 인플레이션이 급격히 올랐을 때에야 그것을 깨닫기 시작했습니다. 몇 년간 사람들은 그런 급성장이 일시적인 것이라고 생각했습니다. 똑같은 일이 인플레이션이 떨어질 때도 일어났습니다. 1980년대에 모든 사람들이 인플레이션과 이자율이 떨어지고 있다는 것을 알았지만 다시 오를 거라고 생각했습니다. 우리는 그런 지각의 지연을 이용해서 고객에게 큰 돈을 벌어줬습니다. 투자자로서 돈을 만들 수 있는 최고의 기회는 지각과 현실에 차이가 있을 때입니다. 월스트리트는 수익을 예측했다고 얘기하고 싶어하고 실제로 그러기도 합니다. 하지만 인플레이션과 같은 큰 변화들은 잘 예측하지 못합니다.

개별 회사로부터 시작한다고 말씀하셨는데 그런 회사들을 어떻게 찾나요?

보통은 밸류라인을 훑어봐서 찾습니다. 저를 위해 컴퓨터 선별을 해주는 사람도 있습니다. 우선 ROE가 좋은 회사들을 선별합니다. 그 리스트를 가지고 가격이 괜찮은 회사들을 찾습니다. 그리고 ROE가 지속될 수 있으면 리서치와 분석을 더 합니다. 일시적으로 좋은 것보다는 스스로 회사의 일부가 되고 싶다는 확신을 가질 수 있는 회사가 좋아요.

주로 양적인 면을 보고 시작을 하는 것 같습니다.
선별 과정에서는 그렇습니다. 숫자들이 좋아보이면 우리는 보통 전화를 해서 회사와 이야기를 하는데, 세 가지를 주로 묻습니다. 첫째, "당신의 회사를 잘 분석하는 월스트리트의 애널리스트가 있나요?" 그렇게 하면 시간을 절약할 수 있어요. 둘째 질문은 "회사의 실적을 판단하기 위해서 어떤 기준을 사용하나요?"입니다. 30년 전에는 주로 '원금 회수payback'를 사용했습니다. 오늘날은 아마도 ROE, 할인된 현금흐름, 경제적 부가가치와 같은 것들을 사용할 겁니다. 모두 유효한 것들이죠. 우리는 단지 회사 사람들의 용어로 얘기하고 싶은 것입니다. 셋째 질문은 "어느 시점부터 성과급을 받기 시작하나요?"입니다. 저는 그들의 기준이 어디인지 알고 싶습니다. 보너스의 기준이 ROE가 15%일 때부터거나 비슷한 수준이면 흥미를 갖기 시작합니다. 10%부터 보너스를 받는다면 관심을 기울이지 않습니다. 좋은 수익을 낼 만큼 눈높이가 높지 않다는 뜻이거든요. 우리 일은 회사가 추구하는 목표에 실제로 도달할 수 있을지 판단하는 것입니다. 그러기 위해서 우리는 최소한 그들의 목표가 무엇이고 무얼 시도하고 있는지 알아야 합니다.

"숫자가 좋아 보일 때"라고 하셨죠. 어떤 의미죠?
우선 ROE가 평균적인 수준인 14%보다는 높길 원합니다. 저는 평균 이상의 회사를 좋아하죠. 요즘과 같은 환경에서는 PER가 ROE보다 낮은 것이 좋습니다. ROE가 30이라면 PER는 30 이하이고 ROE가 16이면 PER가 16 이하여야 합니다. 좋은 회사에 프리미엄을 얹어줄 때도 있지만 무한정 그러지는 않습니다.

ROE가 30인 것이 지속될 수 있다고 생각하나요?
흥미로운 질문이군요. 많은 회사들이 오랫동안 높은 ROE를 유지하지는 못합니다. 무대 뒤편에서 어떤 일이 벌어지는지 알기 위한 노력을 하지 않고서는 그런 좋은 숫자를 바랄 수 없죠.

항상 경영진과 얘기하려고 노력하나요?
경우에 따라 달라요. 회사가 포드자동차 Ford Motor 라면 그럴 필요가 없겠죠. 회사가 작을수록 경영진을 더 잘 알아야 하겠죠.

경영진에게 하는 첫째 질문은 "당신의 회사를 잘 분석하는 애널리스트가 있나요?"였습니다. 많은 사람들은 월스트리트 리서치에 대해서 비판적입니다. 당신은 신뢰하고 있나요?
그것은 분명히 도움이 될 수 있습니다. 하지만 저는 애널리스트에게 종목을 추천해달라고 하지는 않습니다. 애널리스트가 그 산업과 그 회사에서 무슨 일이 벌어지고 있는지 얘기해주기를 원할 뿐입니다. 그들의 일은 회사들을 이해하는 것이고 저의 일은 가치가 얼마이고 어떤 회사를 보유할지를 판단하는 것입니다.

그 주식을 사도 되는지에 대해서보다는 산업과 회사에 대한 정보를 찾는 것이군요.
정확합니다. 제가 밸류라인 데이터를 사용하는 것과 같은 것일 뿐 그들의 결론을 사용해야 하는 것은 아닙니다. 그런 것이 분석에 도움을 줄 수 있지만 결론을 사용할 필요는 없습니다.

해외 주식에도 투자하나요?

할 수 있지만 최근에는 별 매력을 못 느끼고 있습니다. 미국 밖으로 나가면 통화 리스크와 우리가 회계 리스크라고 부르는 것을 감당해야 합니다. 회계 방식은 나라마다 다르니까요. 해외에 투자할 때는 회사의 상대적 가치보다 환율 변화에 더 영향을 받습니다. 그래서 우리는 해외 투자에 내재된 리스크에 비해 훨씬 높은 수익이 가능할 때만 투자합니다.

회사를 평가할 때 추가적으로 고려하는 것이 있나요?

물론입니다. 우리가 얘기했던 것은 시작에 지나지 않습니다. 우리는 수익 성장을 살펴봅니다. 성장주는 성장하고 있을 때만 보유합니다. 1998년에 우리는 코카콜라, 질레트, 프록터앤드갬블의 매출이 수년 동안 5% 조금 안 되게 떨어졌다는 것을 알게 되었습니다. 그 회사들은 수익을 조금 증가시킬 수 있겠지만 이미 잘 운영되고 있는데다 매출이 증가하고 있지 않기 때문에 수익이 크게 증가하는 것은 어려운 일이었습니다. 경기는 하강하고 있고 연방준비이사회가 긴축을 하면 재무제표에 더 신경을 써야 합니다. 회사가 그 힘든 기간을 버텨낼 수 있어야 할 테니까요.

큰 회사보다 작은 회사에서 그런 것들을 더 자세히 살펴보나요?

당연합니다. 작은 회사에서 그런 것들이 더 민감하고 따라서 경영진이 시도하고 있는 것을 더 잘 이해해야 합니다.

어떤 회사를 보유하지 않도록 하는 위험 신호에는 어떤 것이 있나요?

손익계산서를 볼 때는 매출부터 봐야 합니다. 매출이 감소하거나 마진이 감소하고 있으면 신경을 써야 합니다.

보통 우리는 회사를 네 가지 면에서 살펴봅니다. 첫째는 마케팅 혹은 매출이 어떠한지입니다. 둘째는 수익성으로 주로 비용 통제를 살펴보죠. 셋째는 재무 상태로 기본적으로 대차대조표를 보는데 상황이 안 좋아지면 더 자세히 봐야 하는 것들입니다. 넷째는 노사 관계입니다. 항공회사들은 종종 매출 성장보다 노사 관계에 더 민감합니다.

요즘은 PER 대신 PSR price to sales ratio(주가/주당 매출액)을 더 중요하게 살펴보는 시기가 되었습니다. PER는 좋지 않은데 PSR가 좋은 회사들은 매출액은 크지만 수익성이 좋지 않다는 의미이고, 그것은 곧 경영이 좋지 않다는 것입니다. 1980년대와 1990년대에 월스트리트가 수익성을 강조함에 따라 경영이 좋지 않은 회사들은 그들의 수익성을 높여줄 경영진을 외부에서 영입하게 되었습니다. 그런 상황에서는 PSR가 경영이 좋지 않은 회사들을 식별할 수 있게 해주죠. 새로운 경영진이 올바른 길을 가고 있다는 믿음이 든다면 좋은 일입니다.

포트폴리오에 보통 얼마나 많은 주식을 보유하고 있나요?
개인 계좌의 최저는 20종목입니다. 펀드에서는 50~60종목을 보유하지요. 그리고 개인 계좌에는 한 산업으로부터 한두 개의 주식만 보유하고 펀드는 다섯 개까지 보유합니다.

다소 분산시키는 경향이 있나요?
네. 같은 이유로 모든 것을 보유할 필요는 없어요. 우리가 한 주식에서 처음에 취하는 포지션은 최대 5%이고 보유 중인 것은 10%입니다. 한 주식이 전체 보유의 10%를 넘어서면 그 종목이 아무리 좋더라도 비중을 조절하죠. 한 산업에 투자하는 최대 비율은 30%입니다.

아까 계절과 사이클에 대해서 얘기했었죠. 거래를 자주 하는 편인가요?
아닙니다. 우리의 평균 회전율은 20% 이내입니다. 즉 우리는 보통 5년 정도 보유한다는 얘기죠. 그 계절은 3년에서 5년의 경기 변동을 말하는 것입니다.

주가가 떨어지면 주식을 더 산다

언제 주식을 처분하나요?
회사가 실망스러운 모습을 보이면 즉시 처분합니다. 주가가 실망스러운 모습을 보이더라도 그 회사가 결국 잘할 것이라는 확신을 가지고 있으면 좀더 지켜보죠. 주가가 실망스러운데 우리가 그 이유를 이해하지 못한다면 처분할 수도 있습니다. 주식의 실적이 좋으면 보통 나쁜 뉴스를 찾을 수 없습니다. 그것은 가격에 가장 먼저 반영되죠. 원칙은 상대적 강도에 따라 처분한다는 것입니다. 상대적 강도가 약해지는데 우리가 그 이유를 이해할 수 없으면 처분합니다. 우리 사업에서 거래비용은 낮은 편이기 때문이죠.

주가가 떨어지더라도 상황이 괜찮으면 주식을 더 매입한다는 점에서 당신은 제가 인터뷰했던 다른 가치 운용자들과 비슷하군요. 일반 투자자들은 가격이 떨어지면 처분하기 시작하는 것 같은데요.
일반 투자자들이 주식에 대해 알고 있는 것은 가격밖에 없습니다. 사람들은 삶에서 다른 모든 것들, 즉 차나 집이나 옷들은 가치에 기반해서 삽니다. 좋은 가치가 얼마인지 잘 알기 때문에 세일 중인 것들을 사려고 하죠. 사실 사람들은 10% 세일에 대해서도 만족하지 못합니다. 20%가 되면 살펴보기 시작하고 30%가 되어야 관심을 갖기 시작하죠. 하지만 주식을 살 때면 옷을 사는 10대들 같아요. 유행하는 것이면 무엇이든 사는 거죠. 나이가 좀더 들면 가격을 고려해서 쇼핑을 하는데 그 물건이 어느 정도 가치가 있는지 알기 때문이죠. 그런데 주식에서는 회사의 가치를 모르고 가격만 쫓는 경향이 있습니다. 월스트리트에서는 회사의 수익 추정치가 1페니 정도만 틀려도 난리가 납니다. 우리는 수익의 추정치가 플러스이든 마이너스이든 10% 정도 틀릴 때 관심을 가지죠. 사실, 추정치가 약간의 차이밖에 나지 않는다는 것은 회사가 수익을 관리하고 있다는 의미입니다. 저는 그런 회사들에 프리미엄을 지불하지 않습니다. 계절을 무시하고 12월에도 6월처럼 작물이 자라고 있는 척하는 것은 말도 안 됩니다. 사람들이 가격을 살펴보는 이유는 가치를 모르기 때문입니다.

투자에는 실제로 오직 두 가지 방법밖에 없고 그 방법은 벤 그레이엄과 제럴드 롭$^{Gerald\ Loeb}$이 만든 것입니다. 벤 그레이엄은 회사의 가치를 정하고 그 가격 아래에서 회사를 사서 그 가격 이상에서 팔라고 했습니다. 제럴드 롭은 가치를 정할 수 없지만 추세의 변화는 찾아낼 수 있다고 했죠. 그리고 추세의 모멘텀에 투자했습니다. 추세를 잘 식별한다면 저에게 귀 기울이면 안 됩니다. 시장에 반영된 추세와 인간의 심리로 게임을 해야 하는데 저는 그것을 잘하지 못하거든요. 저는 회사의 가치를 측정하는 훈련을 해왔기 때문에 가치 게임을 합니다. 단기적으로는 주가가 인간 심리에 의해 지배될 수 있습니다. 하지만 장기적으로는 기업의 가치가 가격을 결정합니다.

당신은 예전에 당신의 가치평가 전략을 폰티악^{Pontiac}과 뷰익^{Buick}를 사는 것에 비유했었죠. 어떤 것이죠?

우리는 평균 이상의 회사들을 원한다고 말씀 드렸죠. 우리는 시보레^{Chevrolet}를 평균적인 것이라 정의하는데 그래서 폰티악과 뷰익을 좋아합니다. 우리는 가격이 어떻더라도 싸구려를 사려고 하지는 않습니다. 우리는 평균 이상의 회사를 원한다는 의미입니다.*

최고도 최악도 원하지 않는 거군요?

우리도 최고인 캐딜락^{Cadillac}을 사고 싶기는 한데 그것들은 세일을 거의 하지 않습니다. 캐딜락이 세일할 때까지 기다리다가는 좋은 재료들을 잃어버리게 되죠. ROE 25% 이하인 회사는 매입하지 않고 - 그 이상인 회사를 우리는 캐딜락이라고 정의하죠 - 캐딜락만을 좋은 가격에 사려고 하면 너무 많은 기회들을 잃게 됩니다. 많은 사람들은 시스코와 같은 회사는 롤스로이스라고 주장할 겁니다. 롤스로이스는 훌륭한 차지만 그 가격만큼의 가치는 없기 때문에 그것을 가지고 있는 사람은 거의 없죠.

사실 당신은 많은 기술주를 보유하지는 않습니다. 기술주는 ROE가 높은 경향이 있는데도 말이죠. 왜 더 보유하지 않나요?

가격이 너무 높기 때문입니다. 한번은 인텔을 수익의 12배에서 싸게 샀습니다. 싼 가격에 캐딜락을 살 수 있는 기회가 있기도 하지만 너무 드물어요.

---

* 1920년대 GM은 여타 업체들을 인식하여 브랜드 체계화를 단행했다. 시보레, 폰티악, 뷰익, 올즈모빌, 캐딜락(가격순)으로 이루어진 GM은 미 자동차 시장의 57%를 장악했으며, 시장세분화, 소비자 지향 마케팅의 대표적 사례를 만들어냈다.

비슷한 면에서 기술주를 보유하지 않아서 1998년과 1999년에 당신의 상대적인 실적은 좋지 않았습니다. 그때는 스스로에게 자신의 제한을 좀 풀어야 한다고 생각하지 않았나요?

그 시기에 대해 말할 때는 가정을 재확인해 봐야 합니다. 분명히 참여하지 않았던 것에서 무엇인가 진행되고 있었죠. 하지만 모든 가정을 재확인해보고 숫자들이 지속되고 있으면 스스로의 원칙을 지키면서 고객에게 무엇을 하고 있는지 설명할 수 있습니다. 저는 그때 제 제한을 더 강하게 하면 강하게 했지 더 느슨하게 하진 않았습니다. 1998년부터 1999년 사이의 우리의 좋지 않은 실적은 2000년과 2001년에 만회되었습니다.

데이트레이딩 현상에 대해서는 어떻게 생각하나요?

저는 데이트레이더들의 수명이 6개월 정도밖에 안 된다고 생각합니다. 그들은 뉴욕 주식거래소의 스페셜리스트들과 컴퓨터를 사용해서 아무리 작은 액수라도 거래할 수 있는 모건 스탠리의 수학박사들과 경쟁하고 있습니다. 맨하탄 중심지구에서 일할 때 스페셜리스트들과 경쟁하기에는 제가 거래소에서 너무 멀리 떨어져 있다는 것을 깨닫고 한번도 그들과 경쟁하려고 하지 않았습니다.

당신의 최대 투자 실수는 무엇이었고 거기서 무얼 배웠나요?

그것은 사업을 잘못 이해했거나, 사람을 잘못 이해했거나, 변화된 것을 잘못 이해해서 생긴 그 어떤 것일 수 있습니다. 어떤 경우에는 시장의 심리 때문일 수도 있죠. 저는 이런 모든 경우의 실수를 해봤습니다. 거기서 배운 것은 오픈 마인드를 유지해야 한다는 것입니다. 투자로 돈을 버는 데 있어 유일하게 어려운 점은 마음을 정해야 한다는 것입니다. 우리는 55% 확신을 가지면 결정해야 합니다. 90%의 확신을 얻을 때까지 기다리면 늦죠. 정보는 점진적으로 얻게 됩니다. 예를 들어서 당신이 어떤 주식에 꽤 많은 금액을 투자했다고 칩시다. 어떤 친구가 그 사실을 알고 계속 전화를 걸어서 그 주식이 얼마나 나쁜지 계속 이야기합니다. 문제는 그 친구가 매번 틀리기만 한다는 것입니다. 당신은 그 친구를 믿으시겠습니까? 아니면, 그러려니 하고 무시하시겠습니까? 당신은 당신 자신을 친구의 정보에 열어놓고 시기가 되었을 때 마음을 바꿀 수 있어야 합니다.

마음을 열어놓는다는 것은 쉬운 일이 아닙니다. 모든 가정을 다시 생각해 봐야 하니까요. 총의 가늠자가 완벽히 맞았다고 해도 여러가지 이유로 빗맞을 수 있습니다. 보통 어려움은 A, B, C를 살펴보고 있는데 D, E, F가 더 중요해질 때 찾아오죠.

우리는 항상 '기후의 변화 change in climate'라고 부르는 것을 찾아봅니다. 그것은 전쟁이나 정치와 같은 거시적인 것일 수도 있고 개별 회사에 대한 것일 수도 있습니다. 새로운 CEO나 CFO가 온 것과 같이 쉬운 것일 수도 있고 더 잘하는 경쟁자가 나타나는 것일 수도 있습니다. 회사만 바라보고 경쟁을 생각하지 않으면 모르는 곳에서 당할 수도 있습니다. 가장 어려운 것은 실적이 좋았던 주식을 처분하는 것입니다. 실수했을 때는 마음을 바꾸기 쉽지만 성공했던 것에 대해서는 마음을 바꾸기가 쉽지 않거든요.

향후 몇 년간의 주식 시장을 내다볼 때 주식에 투자하는 것이 괜찮을까요?
네. 우리는 인플레이션이 문제가 될 거라고 생각하지 않습니다. 그리고 전 세계 많은 국가들이 자유무역으로 이행하고 있습니다. 크게 보아서는 강세장일 거라고 예상합니다.

사무실 밖에서는 오토바이 타는 것을 좋아한다고 들었습니다.

저는 17살 때부터 오토바이를 탔습니다. 여유가 생기자마자 오토바이를 샀죠. 기계를 느끼고 바깥의 트인 공기에 있는 것을 좋아합니다. 할리 데이비슨은 그것을 30분간의 휴가라고 부르죠. 정말 멋진 표현입니다.

할리 주식에 투자했었나요?

아니요. 경영진이 향후 5년간 대형 오토바이에 대한 대규모 관세 보호를 요청해서 얻어냈을 때 저는 할리에서 손을 뗐습니다. 그들 스스로 일본 회사들과의 경쟁을 포기했다는 판단을 했고 그래서 할리를 보유하고 싶지 않았습니다. 3년 반 후에 그들은 정부에 관세를 없애달라고 요청했죠. 그때가 제가 마음을 바꿀 시기였는데 불행히도 그러지 못했습니다. 제가 지금까지 배운 것 중 하나는 어떤 산업도 영원히 침체되어 있지는 않는다는 것입니다. 저는 소매업이 세계에서 두 번째로 오래된 업종이었기 때문에 월마트를 한 주도 사지 않았습니다. 샘 월튼 Sam Walton이 할 수 있는 일 중 JC 페니 JC Penny와 K마트 Kmart가 6주 내에 모방할 수 없는 것이 있을까요? 제가 잘못 인식했던 것은 경쟁자들이 자신들의 방식을 바꾸는 데 관심이 없어서 월튼이 많은 것을 할 수 있었다는 겁니다. 샘은 소매업을 개편했고 미국에서 가장 부자가 될 수 있었어요. 어떤 사람이 새로운 아이디어를 가지고 나왔을 때 오래된 성향을 버리는 것은 매우 어려운 일입니다. 마음을 바꾸는 것이니까요.

⚜

　뮬렌캠프는 그의 투자 방법으로 돈을 벌기 위해서는 3년 이상을 지켜봐야 한다고 단언한다. 그는 유행하는 주식에 투자하지 않기 때문에 그가 3개월에서 6개월 동안 다른 사람들과 조화되지 않는 것은 이상한 일이 아니다. 하지만 그 이상으로 가면 가치가 거의 항상 승리한다. 뮬렌캠프가 지적했듯이 그의 일부 동료들은 1990년대 말에 그 사실을 잊고 2000년 초에 그들의 방식을 바꿔버렸다. 가을에 시장을 따라잡을 수 있었음에도…….

WILLIAM NYGREN

미네소타 대학 회계학 학사

메디슨의 위스콘신 대학 재무 석사

1981년 노스웨스턴 뮤추얼 라이프 컴퍼니 입사. 애널리스트

1983년 해리스 어소시에이츠 입사.

1990년 ~ 1998년 해리스 어소시에이츠 리서치 책임자. 현재까지 대표 펀드매니저, 파트너

모닝스타 선정 2001년 올해의 국내 주식펀드 매니저상

대표 펀드 : 오크마크 펀드, 오크마크 실렉트 펀드

chapter **10**

윌리엄 나이그렌

최근에 윌리엄 나이그렌만큼 존경과 명성을 얻은 가치투자자도 없을 것이다. 나이그렌은 1983년에 해리스 어소시에이츠Harris Associates의 애널리스트로 출발해서, 1990년에 리서치 책임자가 되었다. 그 해에 해리스는 뮤추얼 펀드인 오크마크 펀드Oakmark Fund를 만들어 로버트 샌본Robert Sanborn에게 운용토록 했다. 당시 애널리스트였던 나이그렌은 이 펀드가 투자 아이디어를 찾도록 도움을 주었고, 오크마크 펀드는 최고의 수익률을 기록하면서 급격히 성장했다.

1996년 나이그렌은 해리스 이사회에 회사 내의 가장 좋은 투자 아이디어들에만 집중하는 새로운 펀드를 만들자고 제안했다. 나이그렌은 그 펀드가 20종목 정도로 구성될 것이고, 기존의 오크마크 펀드보다 훨씬 공격적일 것이라고 생각했다. 그는 리서치 업무를 수행하면서 스스로 펀드도 운용하겠다고 해서 이사회의 동의를 얻어낼 수 있었다. 이렇게 해서 만들어진 펀드가 바로 오크마크 실렉트 펀드Oakmark Select Fund이다.

오크마크 실렉트는 시작부터 매우 훌륭한 성과를 보였고, 나이그렌은 처음으로 주목을 받기 시작했다. 그 후, 오래지 않아 오크마크 실렉트는 오크마크 펀드보다도 높은 실적을 올리게 되었고, 두 펀드 간 성과 차이가 지속되자 해리스는 결국 오크마크 펀드의 운용자를 샌본에서 나이그렌으로 교체하게 된다. 오크마크 실렉트의 자산이 너무 증가하자, 해리스는 자산의 지속된 유출입이 실적에 나쁜 영향을 미치게 될까 봐 2001년 5월 포트폴리오를 고정시키기로 결정한다. 나이그렌은 갑자기 가치투자의 위대함을 상징하는 인물로 여겨지게 되었는데, 모닝스타의 어떤 애널리스트는 "윌리엄 나이그렌이 아직 하지 못한 일은 물 위를 걸어가 죽은 사람을 부활시키는 것뿐이다"라고 말할 정도였다. 그는 2001년 '올해의 국내 주식 매니저상'을 수상하기도 했다.

과거의 유명 매니저들과 달리, 43살의 나이그렌은 그의 명성을 뒷받침해줄 수 있는 구체적인 숫자들을 가지고 있다. 미네소타의 중산층으로 태어난 나이그렌은 고등학교 때부터 지역 도서관에서 투자 관련 서적들을 읽었는데, 그때의 독서는 현재 그의 투자에 도움이 되고 있음이 틀림없다.

즉시 이해되는 가치투자

미네소타 세인트폴에서 어린 시절을 보내면서 돈의 가치를 배웠다고 들었습니다.

크면서 가치투자 철학을 깊게 각인시켰다고 할 만한 많은 일들을 겪었습니다. 그 중 하나는 어머니와 함께 정기적으로 식료품 쇼핑을 했던 것입니다. 우리 집 근처에 있던 쇼핑센터에 두 개의 식료품 가게가 있었는데, 두 가게 모두 주간 특매품들이 있었어요. 우리는 두 가게에 가서 세일 중인 물품들을 사곤 했었죠. 당시 우리는 중산층이었는데, 저는 그때 쇼핑을 잘하면 더 많은 물품을 살 수 있다는 것을 배웠습니다. 제가 주식시장에 관심을 갖고 주식 투자와 관한 책을 읽었을 때, 가치투자 철학을 즉시 받아들일 수 있었던 것도 그런 어릴 적 경험 때문이었다고 할 수 있습니다. 워런 버핏이 "가치투자는 즉시 이해되든지 결코 이해할 수 없든지 둘 중에 하나다"라고 했었죠.

제가 만나봤던 다른 많은 가치투자자들도 그런 비슷한 얘기를 하더군요.
가치투자에 대한 믿음을 갖게 해준 또 다른 경험이 있는데, 그건 10살 때 가족과 휴가차 라스베이거스에 갔을 때입니다. 저는 아직도 아버지가 형과 저를 근처 카지노에 데려갔던 것을 생생히 기억하고 있습니다. 아버지는 우리에게 슬롯머신에 돈을 건다는 것이 얼마나 멍청한 짓인지를 보여주기 위해 5센트짜리 동전 5개를 꺼냈습니다. 그런데, 일이 아버지 마음대로 되지 않아서, 첫 번째 동전을 넣었을 때 7개가 튀어나오더군요. 그것 때문에 우리는 30분 동안이나 도박이 결코 성공할 수 있는 일이 아니라는 것을 스스로 증명하는 아버지를 지켜봐야 했습니다. 아버지는 현명한 분이셨고 저에게 도박은 멍청한 짓이라고 말했지만, 저는 그 기계가 아버지에게 자꾸만 많은 돈을 돌려주는 것을 목격했습니다. 이 경험은 저에게 리스크를 감수하는 것과 관련된 수학을 공부하게끔 했어요. 보통의 슬롯머신에 100개의 동전을 넣으면 80개가 돌아오고, 크랩스^{craps}*에서는 100달러를 걸면 99달러 정도를 건질 수 있습니다.

주식시장의 좋은 점 하나는 주식시장이 다른 사람들보다 잘 하지 않아도 플러스의 기대수익을 올릴 수 있는 거의 유일한 시장이라는 점입니다. 주식시장에 100달러를 투자하고 평균적인 수익을 얻으면 1년 후 그 돈은 110달러가 됩니다. 또 하나의 좋은 점은 제가 회계법인에서 일하면서 알게 된 것인데, 좋은 회계사라면 주식시장에서 평균 이상의 수익을 올리는 것이 어렵지 않다는 것입니다. 주식시장은 투자자의 재능에 대비한 레버리지가 매우 큰 편입니다. 평균적인 투자자라면 S&P 500 정도나 그 이하의 성과를 올리고 고객에게 큰 가치를 줄 수 없겠지만, 좋은 투자자라면 굉장한 수익을 올릴 수 있죠.

언제부터 주식시장에 관심을 가지게 되었나요?

학교 다닐 때 언어보다는 수학을 항상 잘했었어요. 그리고 어릴 때 야구를 무척이나 좋아했는데 야구의 통계적 측면, 그 중에서도 미네소타 트윈즈와 관련된 통계들을 정말 좋아했었습니다. 우리 지역 신문에서는 야구 박스 스코어 왼쪽에 한 장짜리 비즈니스 섹션이 있었는데, 거기에 주식 가격이 나와 있었습니다. 거기서 주식에 대한 흥미를 키울 수 있었죠. 그 후 고등학교에 다닐 때, 지역 공공 도서관에 가서 투자와 관련한 책들을 많이 읽었습니다. 제가 고등학교를 졸업한 것이 1976년이었는데, 분명히 그때는 지금처럼 주식시장이 전국적인 관심거리이던 시기는 아니었습니다.

대학에서 재무를 공부했나요?

네. 저는 미네소타 대학에서 회계학을 전공했습니다. 회계학을 선택했던 것은 투자의 언어라고 할 수 있는 재무제표에 가까워지기 위해

---

* 주사위 2개를 던져서 나올 수 있는 숫자의 확률에 의해 이루어지는 카지노 게임.

서였습니다. 대부분의 투자자들이 회계에 대해서 잘 모르고 있는데, 저는 이것이 매우 이상한 일이라 생각합니다. 재무제표가 어떻게 만들어지는지 알지도 못하면서 PER나 성장률 등을 분석한다는 것은 말도 되지 않는 일이니까요.

석사 학위도 받았나요?
네. 매디슨의 위스콘신 대학에서 투자를 전공해서 금융 석사 학위를 받았습니다. 위스콘신 대학에는 증권분석 응용이라는 프로그램이 있었는데, 그 프로그램 때문에 위스콘신 대학으로 갔던 것입니다. 그 프로그램에는 실제 투자 포트폴리오를 운용하는 14명의 학생 그룹이 있었습니다. 투자 금액은 수십만 달러 정도밖에 안 됐지만 그 그룹은 학기 초에 운용회사를 구성해서 고객이 어떤 사람들인지, 고객은 무엇을 원하는지 등을 정의하는 것에서부터 자산 배분, 종목 선택에 이르기까지 펀드 운용과 관련된 모든 일을 했습니다.

유연성, 개인 투자자의 장점

고등학교와 대학교 때 주식시장과 관련해 읽은 책들이 주로 가치투자에 관한 것이었나요?
그런 책들에 초점을 맞춘 것은 아니었지만 저에게 가치투자가 합리적으로 보였고, 특히 벤저민 그레이엄의 『현명한 투자자』는 매우 감명 깊었습니다. 기술적 투자나 초고속 성장주 투자 등에 관한 책도 읽었는데, 아무래도 가치투자만큼 와닿지는 않더군요.

최초로 산 주식은 무엇이었나요?

대학교 1학년 때 아르바이트를 해서 1,200달러를 모았습니다. 그 돈으로 지역 증권사에 가서 AT&T, 걸프 오일, 그리고 텍사코^{Texaco}의 주식을 각각 10주씩 샀습니다. 그 주식들은 제가 주식시세표를 조사하고, PER가 낮고 배당이 높은 주식 조합을 찾아 선택한 것들이었습니다. 그때 제가 받은 배당은 저축계좌의 이자보다 높았습니다. 대학원 진학 전에 대규모 기관에 비해 소규모 투자자가 우위에 설 수 있는 것이 유연성이라는 것을 알게 되었습니다. AT&T나 텍사코 같은 회사에 투자하는 것보다 규모가 작아서 전문가들이 분석하지 않을 만한 소형주에 투자하는 것에 제가 더 경쟁력이 있겠다는 거였죠. 대학원 프로그램에서 제가 처음으로 추천한 종목은 내셔널 프레스토 National Presto였습니다. 이 주방기구 생산업체는 주가에 반영된 기업가치보다 장부상 현금을 더 많이 보유하고 있었습니다.

졸업 후 무엇을 했죠?

밀워키에 있는 노스웨스턴 뮤추얼 라이프 컴퍼니$^{Northwestern\ Mutual\ Life\ Company}$에서 일반 주식 애널리스트로 일을 시작했고, 거기에 2년간 있었습니다. 3명의 애널리스트가 있었는데 산업을 삼등분해서 각각을 맡았습니다. 제가 담당한 산업은 소매, 식료품, 그리고 유틸리티 업종이었습니다.

가치투자와 관련된 산업들처럼 들리는데요?

저는 가치투자에 가까운 산업이란 것이 존재한다고는 생각하지 않습니다. 개별 주식에 따라 다를 뿐입니다. 거기서 배운 가장 중요한 교훈은 함께 일하는 사람과 투자 철학을 공유해야 한다는 것이었습니다. 노스웨스턴 뮤추얼의 포트폴리오 매니저에게 40달러에서 20달러로 떨어져서 대략 수익의 6배 정도에서 거래되던 어떤 주식을 추천한 적이 있습니다. 다른 사람들은 기술적 분석과 기본적 분석을 함께 사용하곤 했는데, 그런 관점에서는 그 주식이 20달러 후반이 되어야 매력적으로 보입니다. 거기서는 서로의 마음이 통하는 것을 결코 느끼지 못했고, 가치투자를 하는 사람으로서 저를 적절히 활용하지도 못했습니다.

그래서 이직하기로 한 것인가요?
네. 어느 날 매디슨에서 투자 프로그램을 운영하던 스티브 호크$^{Steve\ Hawk}$ 교수님으로부터 전화를 받았습니다. 교수님은 저와 회사가 투자법에서 맞지 않는다는 것을 알고 있더군요. 교수님은 프로그램의 동문이고, 나중에 오크마크 에퀴티 앤드 인컴 펀드$^{Oakmark\ Equity\ and\ Income\ Fund}$의 매니저가 된 클라이드 맥그리거$^{Clyde\ McGregor}$가 제게 전화를 할 것이라고 전해주셨습니다. 클라이드는 저에게 해리스 어소시에이츠의 자리를 얘기했는데, 그때까지 저는 그 회사에 대해 전혀 들어보지 못했습니다. 스티브 교수님은 제가 그 자리를 맡는 것이 좋을 거라고 했는데, 그게 1983년 2월경이었습니다. 그때 해리스는 20억 달러도 안 되는 회사였어요. 제가 망설이고 있자 잠시 후 클라이드는 해리스의 파트너들을 만나게 해주겠다고 하더군요. 그들과 잠시 얘기해본 후, 저는 그들과 제가 투자에 대해 동일한 생각을 가지고 있다는 것을 알게 되었는데, 그것은 이전 회사와는 분명히 다른 점이었습니다. 우리는 주식에 대해 이야기했는데 각자가 리서치하는 내용이 놀랍도록 일치했습니다. 그날 밤 밀워키로 돌아오면서 그 일이야말로 제가 원하던 것이라는 것을 알게 되었습니다. 우리는 바로 계약 조건에 합의할 수 있었고, 전 1983년 5월부터 해리스에서 일하게 되었습니다.

애널리스트로 일하기 시작했나요?
네. 제가 리서치 부서를 정말 좋아했던 것은 리서치가 해리스의 투자 절차에서 매우 중요한 부분이었고, 더욱이 모든 애널리스트가 특정 부분에 국한되지 않았기 때문입니다. 월스트리트의 거의 모두가 특정 산업만 파고드는데 저는 그런 투자 방식을 좋아하지 않습니다. 특히 가치투자자의 경우 너무 전문화되는 것은 별로 좋지 않다고 생각합니다. 가치투자 방식에 적합하기만 하다면 그 어떤 분야에든 열려 있어야 합니다. 지금까지도 우리의 리서치 부서는 가치투자에 밝고, 어떤 산업이라도 다룰 수 있는 노련한 애널리스트들로 구성되어 있습니다. 그 9명의 전문가 그룹이 오크마크 펀드의 모든 투자 아이디어를 제공하죠. 저는 그들이 최고의 애널리스트 그룹이고, 우리 펀드의 우수한 성과에 가장 큰 기여를 하고 있다고 생각합니다.

오크마크 펀드의 놀라운 성공

당신은 결국 회사의 리서치 책임자가 되었죠?
1990년에 리서치 책임자가 되었습니다. 1년 후 우리는 로버트 샌본이 운용하는 오크마크 펀드를 시작했습니다. 저는 로버트와 긴밀히 협의했는데 펀드가 시작되고 처음 몇 년은 특히 그랬습니다. 제가 한 일은 최고의 투자 아이디어들을 추려내고, 로버트와 다른 포트폴리오 매니저들이 가장 유망한 종목들에 투자했다는 것을 확인해주는 것이었습니다.

그 펀드는 시작부터 놀라울 정도로 성공적이었습니다.

그 펀드는 1991년에 시작하였고, 1998년 4월에 98억 달러로 최고치를 기록했어요. 우리는 부유한 개인투자자들과 기관들이 완전히 분리된 계좌를 가지도록 했었는데, 뮤추얼 펀드가 우리의 주요한 자산이 될 때까지 성장시켰습니다.

제 기억으로는 처음에 몇 개의 주요 주식이 펀드의 실적을 급격히 높인 것으로 알고 있습니다.

실적을 크게 높인 몇 개의 탁월한 주식이 있었습니다. 하나는 리버티 미디어$^{Liberty\ Media}$였는데, 그건 제가 관여한 주식이었고, 텔레커뮤니케이션즈사$^{Telecommunications,\ Inc.}$의 자회사였습니다. 현재 우리 회사의 CEO로 있는 밥 레비$^{Bob\ Levi}$가 그때 포트폴리오 매니저였는데, 텔레커뮤니케이션즈사를 담당했습니다. 그가 리버티의 스핀오프*를 논의하러 갔었는데, 돌아와서 이렇게 말하더군요. "우리가 리버티에 관심을 가져야 한다는 강한 예감을 받았어요. 그런데, 좀더 고려해야 할 것들이 있네요. 빌, 내가 수량화할 수 없는 것들을 이해할 수 있다면, 이 회사를 한번 검토해주실래요?"

리버티는 스핀오프와 관련해서 600페이지짜리 문서를 만들었는데 그것은 제가 본 문서 중 가장 복잡한 것이었습니다. 저는 그 문서를 철저히 조사했고, 리버티가 정말 싸다는 것을 느낄 수 있었습니다. 그때 유선방송 산업은 인기가 없었는데 리버티는 다양한 유선방송 프로그램과 시스템에 잡다한 투자를 하고 있었습니다. 그 회사들은

---

* 주식회사 조직의 재편성 방법으로 모회사에서 분리독립한 자회사의 주식을 모회사의 주주에게 배분하는 것

대부분 개인 소유였고 그래서 정확히 가치를 측정하기가 어려웠습니다.

지금도 그렇지만 그때도 우리의 투자 철학은 내재가치보다 60% 이하에서 거래되고 있는 회사들을 찾는 것입니다. 리버티는 내재가치의 33% 이하에서 거래되고 있는 것처럼 보였습니다. 우리는 시간이 흐름에 따라 기업 가치도 증대될 것인지도 중요하게 생각하는데, 유선방송 가입자들이 점차 증가할 것이라는 것을 알 수 있었습니다. 공중파 채널에 비해 유선방송 채널을 보는 사람들의 비율이 매년 높아지고 있었고, 공중파 채널과 유선방송 채널에 대해 광고주들이 지불하는 시청자당 광고비가 큰 차이가 있긴 했지만, 그 격차가 점차 줄어들고 있었습니다. 그런 요소들이 유선방송 회사의 자산을 극적으로 증가시킨 것들입니다.

마지막으로 우리가 중요하게 생각하는 것은 외부의 주주와 강한 경영진이 얼마나 경제적 이해관계를 함께 하는가입니다. 우리는 경영자들이 전문 경영인의 입장보다는 오너의 입장에서 그들의 업무에 접근하는지 확인해야 합니다. 우리는 경영진들이 그 회사의 주식을 소유하고 있고, 옵션을 가지고 있으며, 그리고 주식 가치에 영향을 미칠 만한 변수들에 기반한 인센티브를 가지고 있는 것을 좋아합니다. 존 맬론^{John Malone}이 현금 보상이 없는 상당한 규모의 옵션 패키지를 가지고 있다는 것은 CEO에게 가치를 증대시킬 강한 유인이 존재한다는 것을 나타내주는 것이었습니다.

리버티 주식을 1991년부터 사기 시작해서 1998년 AT&T에 인수될 때까지 60배가 증가했습니다. 제가 관여한 것 중 가장 커다란 수익이었죠. 가치투자자에게는 이상적인 상황이었습니다. 기업가치가 너무 빨리 증대되어서 주가가 거의 매일 올라도 항상 내재가치 이하에서 거래될 정도였습니다.

언제 직접 운용하는 펀드인 오크마크 실렉트를 시작했나요?

1996년 11월이었습니다. 우리 회사는 실렉트를 시작하기 전 해에 세대교체를 겪고 있었습니다. 창립 파트너들은 은퇴 시기에 접어들고 있었고, 자신의 투자를 현금화하기 바랐습니다. 저를 포함한 다른 파트너 그룹도 있었는데, 우리는 해리스 어소시에이츠가 25년 후에 어떤 모습일지에 더 관심이 있었죠. 이 두 그룹을 다 만족시키기 위해서 우리는 사업을 엔베스트Nvest에 매각했습니다. 그때 제 인생 처음으로 많은 돈을 가지게 되었고, 저의 순자산은 연간 투자 수익에 크게 영향을 받게 되었습니다. 그래서 개인적인 돈을 어떻게 투자할지에 보다 관심을 가지게 되었죠.

투자 회사에서 일하게 되면 자신의 돈을 투자할 때 상당한 제한이 있습니다. 저는 회사가 인정한 100개가 넘는 종목들 중 20종목 이내로 포트폴리오를 짜고 싶었습니다. 그리고 그때, 요즘의 뮤추얼 펀드 투자자들이 20년 전의 투자자들에 비해 어떤 면에서 다른지를 보여주는 리서치 자료를 읽었습니다. 20년 전에 펀드 투자자들은 자산을 대부분 한 펀드에 투자했지만, 요즘의 투자자들은 뮤추얼 펀드의 포트폴리오를 구성한다는 내용이었습니다. 저는 사람들이 지수를 따라잡을 수 있는 포트폴리오에 수수료를 낼 것이라고 생각했습니다. 이런 면에서 사람들이 펀드 포트폴리오를 구성하기 위해 집중된 펀드에 투자할 유인이 있다고 생각했습니다. 그때 20종목 이하로 운용되던 큰 규모의 펀드는 클리퍼 펀드와 세쿼이아Sequoia 두 개뿐이었습니다(클리퍼 펀드는 이 책에 나오는 제임스 깁슨에 의해 운용되었다). 저는 논쟁의 여지가 있는 이 아이디어를 금융 신문, 투자자문, 그리고 개인 투자자들에게 판매할 의욕에 넘쳐 있었습니다. 저는 제가 이론적으로도 옳고 집중된 투자가 중요하다는 것을 사람들에게 설명할 수 있다고 확신했습니다.

집중 투자의 모험

당신은 사람들에게 당신의 것을 포함해서 몇 개의 집중된 펀드를 소유해야 한다는 아이디어를 팔길 원했군요.
정확히 그런 것이었습니다. 우선 저는 집중된 포트폴리오가 평균적인 투자자에게는 너무 위험하다고 생각했습니다. 하지만, 몇 개의 집중된 포트폴리오를 합치면 주식 특유의 위험이 포트폴리오로부터 사라지게 되죠.

당신은 여전히 투자자들이 집중된 펀드의 포트폴리오를 구성해야 한다고 생각하나요?
네. 집중된 펀드는 유용하게 사용될 수 있습니다. 우선, 정말 주식 선택자의 능력을 믿고, 리스크를 이해하며, 장기적으로 투자하는 공격적인 투자자들에게 도움이 될 수 있습니다. 둘째는 지수 펀드의 가치를 높일 수 있습니다. 지수 펀드는 집중된 펀드의 반대라고 할 수 있지만, 두 펀드는 좋은 조합이 될 수 있습니다. 투자자들은 자산의 대부분을 지수 펀드에 넣어놓고 나머지를 하나 혹은 두 개의 집중된 펀드에 투자할 수 있습니다.

당신 자신의 돈은 모두 오크마크 실렉트에 들어있나요?

저의 순자산 대부분은 제가 운영하는 실렉트와 오크마크, 두 펀드에 들어가 있습니다. 실렉트 쪽이 좀더 많은데, 제가 그 펀드를 더 오래 운용해왔고 제 성격과 좀더 맞기 때문입니다.

분명히 가장 좋은 아이디어에 집중해서 투자한다는 당신의 이론은 지금까지 맞아왔습니다. 오크마크 실렉트는 매우 성공적인 펀드였죠.

5년 전에 제가 이사회 회의에 참석해서 이 펀드를 시작해야 한다고 파트너들을 설득해야 했던 것이 아이러니하게 느껴질 정도죠. 뮤추얼 펀드 산업 내에 집중된 펀드의 사례가 거의 없지만, 우리는 펀드가 이윤을 낼 만한 수준으로 자산을 증대시키기 위해 어떻게 해야 하는지에 대해 고민해야 했습니다. 그런데, 이제 우리는 우리의 접근법 자체를 바꿔야 할 만큼 자산이 너무 증가하는 바람에 새로운 투자자들에게 펀드를 닫아야 하는 수준에 이르렀습니다.

현재 펀드는 어느 정도 규모죠?
약 40억 달러입니다.

그렇게 돈의 규모가 커지면 효율적인 집중투자자로서의 당신의 능력에도 영향을 미치지 않을까요?
제 생각에 50억 달러까지는 괜찮을 것 같습니다. 우리는 펀드에 20종목 이상이 포함되기를 바라지 않고, 중형주에 주로 투자하려고 합니다. 중형주의 평균 시가총액은 대략 50억 달러 정도입니다. 중형주 평균보다 자산이 더 커지면, 제가 하고 싶은 대로 펀드를 운용하기가 어려울 것으로 생각됩니다.

2000년에 로버트 샌본으로부터 오크마크 펀드도 넘겨받았는데요.

네. 언론에서는 로버트가 실적 때문에 펀드에서 물러난 것이라 생각하는 것 같은데, 그건 오해입니다. 로버트가 떠나게 된 것은 투자와 관련된 문제가 아니었습니다. 매니저 중 한 명이 아파서 결국 퇴직하게 된 후, 모든 펀드에 공동 매니저들의 이름을 올릴 필요가 있다고 느꼈습니다. 로버트는 그렇게 하는 것을 탐탁지 않게 여겼고, 그것이 로버트가 떠나게 된 결정적인 이유였습니다. 저는 그 포트폴리오를 2000년 3월에 물려받았는데, 1998년 4월부터 2000년 3월까지 그 펀드의 자산은 98억 달러에서 20억 달러로 줄어 있었습니다. 많은 사람들이 투자액을 회수했기 때문이었죠. 우리가 잘못했던 것은 기술주가 지수를 크게 이끄는 시장에서 상대적으로 낮은 수익률을 기록했기 때문이었습니다.

그것은 필립모리스와 같이 상승장이 무시하던, 영구적인 가치가 있는 회사들을 보유했기 때문이지요?

맞습니다. 많은 사람들이 놓친 것이, 지수로부터 한발 떨어져서 평균적인 주식을 놓고보면, 1998년과 1999년에 거의 오르지 않았다는 점입니다. 상승장은 몇 개의 주식들, 특히 기술주와 대형주에 집중되는 경향이 있습니다.

그리고, 보통 당신은 기술주를 사지 않지요.

맞아요. 하지만, 우리가 기술회사들을 좋아하지 않기 때문은 아닙니다. 저의 영웅 중 한 명인 워런 버핏의 투자에 대한 최고의 교훈 중 하나는 능력의 영역 내에서만 투자해야 한다는 것입니다. 워런은 항상 이렇게 말했었죠. "저는 기술주를 이해할 수 없습니다. 그렇기 때문에 저는 기술주들이 저의 능력의 영역 밖에 있다고 생각합니다."
저는 사람들이 가치투자자라면 기술주들을 바라보지 말아야 한다고 하는 것은 잘못이라 생각합니다.

우리는 기술회사들을 식료품회사, 유틸리티회사, 정유회사 등과 똑같이 생각합니다. 처음부터 좋아하거나 싫어하는 산업은 없습니다. 우리는 비기술주들에 적용하는 기준을 똑같이 기술주에도 적용합니다. 이 회사에는 현금구매자들이 끌릴 만한 내재가치가 있는가? 주가는 내재가치의 60% 이하인가? 향후 몇 년간 성장을 정확히 예측할 수 있는 사업인가? 경영진은 전문경영인의 관점이 아닌, 주주의 관점에서 회사를 운영하는가? 대부분 기술주들은 포트폴리오에 포함될 정도의 낮은 가격에 거래되고 있지 않습니다. 우리는 지난해에 몇 개의 기술주를 소유한 적이 있는데, 다른 회사에 적용하는 기준을 똑같이 적용한 후, 그 주식들을 샀던 것뿐입니다. 보통 우리는 수익이 나빠져서 주가가 급격히 떨어진 회사의 주식을 구매하곤 하죠.

오늘, 현금구매자, 추정

인터뷰 중에 잠시 나오기는 했지만, 회사들에서 정확히 무엇을 찾는지 나열해주시겠습니까?

우리가 찾는 것은 세 가지입니다. 학문적 관점에서 볼 때 수익률을 높이기 위해서는 더 높은 위험을 감수해야 하죠. 하지만, 우리는 아래의 세 가지 기준이 리스크를 낮추는 한편, 기대수익도 올려준다고 믿고 있습니다. 우리는 추정된 내재가치의 60% 이하에서 거래되고 있는 주식을 좋아합니다. 내재가치는 현금구매자가 그 사업을 오늘 산다고 했을 때 지불하고자 하는 금액으로 추정합니다. 여기서 몇 가지 개념들은 중요한 시사점을 가지고 있습니다.

첫 번째 중요한 개념은 '오늘' 입니다. 누군가 5년 후에 이 사업에 대해 지불하고자 하는 금액은 고려하지 않습니다. 우리는 현재 이 사업의 가치를 추정하려고 하는 거죠. 주가가 그 가치의 90%에 이르면, 우리는 매도합니다.

다음은 '현금구매자' 입니다. 기술주가 절정에 달했을 때, 상당히 높은 가격으로 이루어진 많은 인수 거래들이 있었습니다. 우리는 인수자의 주식이 심각하게 고평가되었다고 생각될 경우, 주식 스왑 거래가 비즈니스 가치를 제대로 반영한다고 생각하지 않습니다. 저는 이런 기술주 거래들이 제 딸이 비니 베이비$^{Beanie Babies*}$를 가지고 하는 스왑 거래와 비슷하다고 생각합니다. 소녀들은 밖에서 5달러에 비니 베이비를 삽니다. 그리고 잡지에서 그것들 중 하나가 200달러라는 내용을 읽게 되죠. 그러면 소녀들은 잡지에서 100달러라고 하는 두 개와 200달러짜리 하나를 교환하는 겁니다. 소녀들의 거래는 경제적으로 공평한 거래지만 실제로 그것들은 5달러짜리 비니 베이비일 뿐입니다. 1999년에서 2000년 사이에 하이테크 부문과 인터넷 회사들 사이에서 발생했던 거래들은 소녀들의 이런 비니 베이비 거래와 비슷한 것 같습니다.

중요한 또 다른 개념은 '추정' 입니다. 투자는 인수 시 어떤 사업이 정확히 얼마의 가치가 있는지 계산하는 것과 같은 정확한 사업이 아

---

* 미국 타이(ty)사의 콩 모양의 보형물이 채워져 있는 동물 인형 시리즈. 비니 베이비는 수집 인형 개념을 내세우며 한정판매를 원칙으로 하는 타이사의 제품군 중 가장 유명한 것으로 전 세계적으로 많은 수집가들이 형성될 정도로 인기를 끌고 있다.

닙니다. 실제로 우리가 가치를 40달러로 추정했다는 것은, 오늘 그 사업이 인수된다면 30달러 중반에서 40달러 중반의 어느 정도가 합리적인 추측이라는 것을 의미하는 것일 뿐입니다. 하지만 이렇게 계산이 정확하지 않다고 하더라도 투자 접근법 자체가 틀린 것은 아닌데, 그것은 시장에 할인이 존재하기 때문입니다. 우리는 내재가치의 60% 이내에서 주식을 매수하고자 하므로 회사의 가치가 40달러일 때 최대 매수 가능 금액은 24달러입니다. 그러므로 우리가 분석을 잘못했고 실제 회사의 가치가 32달러일지라도 우리에게 여전히 그 주식을 살만한 유인이 있게 되는 거죠.

그래서 할인이 매우 중요한 것이군요.
네. 우리가 주식을 소유하고 있는 동안에 애널리스트는 펀더멘털이 어떻게 전개되고 있는지, 특히 주식 매수 시 우리가 예상했던 것과 다르게 전개되지는 않는지를 감시합니다. 주가가 올랐다고 해서 매도 목표가를 올리지는 않습니다. 현금흐름이 예상했던 것보다 좋거나 비슷한 사업이 우리가 생각했던 것보다 높은 가격에서 거래된다는 새로운 증거가 있을 때, 혹은 이자율이 많이 떨어졌을 때에만 매도 목표가를 올리죠. 중요한 것은 우리가 목표가를 변경시키는 것이 펀더멘털에 따른 것이지 주가에 따른 것이 아니라는 점입니다.

두 번째로 찾는 것은 그 사업이 시간이 흐름에 따라 가치가 안정적으로 증가할 것이라고 예상할 수 있느냐입니다. 대략적으로 우리는 추정된 연간 주당 사업가치 증가율과 연간 배당수익률의 합이 10%가 넘는 사업을 좋아합니다. 제가 10%라고 정한 이유는 오랜 역사에서 10%가 주식 시장에 대한 장기 수익률이었기 때문입니다.

이 기준은 다른 많은 가치투자자와 달리 우리가 구조적으로 불리한 회사들에 촉매 위주의 투자 접근법을 취하지 않도록 해줍니다. 저는 회사들에 촉매가 있는 것을 좋아하지만 거기에는 많은 비용이 뒤따르는 법입니다.
우리가 투자하는 회사들은 시간이 흐름에 따라 가치가 증대되는 회사들이기 때문에 기다림의 고통을 참을 수 있습니다.

요약하면 당신은 가격이 내재가치의 60% 이내에 있고, 가치가 증가할 것이라고 생각되는 사업을 원하는군요. 당신이 찾는 세 번째 것은 무엇인가요?
세 번째는 경영진입니다. 우리는 경영진이 성공 경험이 있으며 주주와 경제적 이해관계를 함께 하기를 원합니다. 그들이 얼마만큼의 주식을 가지고 있는지와 같은 것을 알고자 하죠. 그 주식이 순재산의 많은 부분을 차지하는가, 어떤 종류의 옵션을 가지고 있는가, 연간 보상액에 어떤 인센티브를 가지고 있는가, 경영진의 인센티브가 회사의 매출 증가와 관련되는가, 만약에 그렇다면 매출 증가에는 도움이 되지만 주당 가치를 희석시킬 수 있는 합병을 하려고 하지는 않는가 등을 고민하죠. 그리고 경영진의 인센티브가 주가의 성과를 보다 잘 나타내주는 자본수익률과 같은 척도에 연결되어 있는지 등도 살펴봅니다.

우리는 주식을 3년에서 5년 정도 보유하고자 하는데, 그동안 경영진은 몇 가지 중요한 의사결정을 하게 됩니다. 우리는 경영진이 전문경영인의 관점이 아닌, 오너의 관점에서 그런 결정들에 임하는지 살펴봅니다.

매수만큼 엄격한 매도

처분 방식 역시 똑같이 엄격한가요?
사업 펀더멘털에 변화가 있을 때만 매도 목표가를 조정합니다. 주가가 내재가치의 90%에 도달하면 매도하는데, 이 법칙에는 두 가지 예외가 있습니다. 하나는 세금이 문제가 될 때인데, 이것은 우리가 장기적인 세후 수익률 극대화를 펀드 운용의 목표로 삼기 때문입니다. 주가가 매도 목표가를 달성했지만 1년 이내에 그 가격을 많이 초과하지 못한 경우, 우리는 종종 일년 넘게 그 포지션을 유지하고 장기적으로 보유합니다. 두 번째 예외는 그 종목이 우리의 세 가지 기준에 더 이상 맞지 않는다고 판단될 때입니다. 그러면 우리는 바로 처분합니다. 펀더멘털이 가치를 증가시키는 방향으로 전개되지 않거나 경영진이 주주의 이해를 위해 행동하지 않을 경우, 우리는 내재가치에 비해 주식이 아무리 싸더라도 그 종목을 처분합니다.

가격이 오르지 않는 주식을 처분할 때도 똑같이 합니까?
그렇습니다. 많은 사람들이 우리가 처분 전 어느 정도까지 주가가 떨어지는 것을 참을 수 있는지 궁금해 하는데, 저는 사업이 잘 진행되고 있을 경우 주가가 아무리 떨어져도 기다릴 자신이 있습니다. 사실 많은 경우 포지션을 오히려 더 강하게 가져갑니다. 물론, 펀더멘털이 제가 생각했던 방향으로 전개되지 않을 경우에는 그렇지 않죠.

투자 아이디어를 어디에서 주로 얻나요?
아까 말씀드렸던 것처럼 대부분의 투자 아이디어는 내부 리서치 애널리스트에 의해 만들어집니다. 그들은 두 가지 기본 재료로부터 이 아이디어들을 찾는데, 일부는 좋은 뉴스가 있지만 시장에서 과소평가받는 주식들로부터 나오고, 나머지 대부분은 월 스트리트가 단기적인 문제들을 장기적으로 취급해서 주가가 급락한 주식들로부터 얻습니다.

우리 애널리스트들은 우선 저렴해 보이는 주식을 찾는데, 가격이 많이 떨어진 주식, 동종 산업의 다른 회사에 비해 PER가 낮은 주식, 그리고 낮은 PSR를 가지고 있는 주식 등을 찾습니다. 또한, 우리가 높게 평가하는 새로운 경영진을 구한 회사들, 그리고 믿을 만한 지인이 추천한 회사들에서 투자 아이디어를 찾습니다.

오크마크와 오크마크 실렉트의 주된 차이점은 무엇인가요?
오크마크 실렉트는 20종목 이하의 주식을 보유하고 중형주와 대형주에 주로 투자합니다. 반면 오크마크는 50종목 정도의 대형주로 구성됩니다. 여기서 대형주라 함은 반드시 시가총액이 높은 종목을 뜻하는 것은 아닙니다. 매출, 수입, 혹은 자본과 같은 사업 펀더멘털을 기준으로 했을 때 크다고 할 만한 기업들을 의미하는 것이죠. 오크마크는 오크마크 실렉트보다 리스크가 낮도록 구성되어 있습니다. 이렇게 하기 위해 우리가 취하는 방법은 보유 종목을 늘리거나 안정적인 사업에 투자하는 것입니다.

나이그렌에게 이 책에 이름이 실리게 되었다고 처음 알렸을 때, 자신은 오랫동안 펀드를 운용한 것이 아니기 때문에 그럴 만한 가치가 있는지 모르겠다고 말했다. 하지만 오래지 않아 그는 자신이 20년 넘게 업계에 몸담고 있었으며, 대부분의 시간을 무대의 뒤편에서 보냈다는 것을 알게 되었다.

나이그렌은 분명히 이 책에 포함될 만한 가치가 있고, 여러분들도 충분히 동의할 것이다. 궁금한 점은 최근의 그의 모든 성공이 결국 그의 수익에 부정적인 영향을 미칠 것인지이다. 지금까지 사업은 전혀 문제 없었는데, 나이그렌의 명석함을 놓고 볼 때, 완벽한 기록이 계속되더라도 나는 놀라지 않을 것이다.

Kevin O'Boyle

스탠퍼드 대학 경제학 학사

스탠퍼드 비즈니스 스쿨 MBA

회계 법인 아서 영 근무. 회계사 자격증 취득.

피드몬트 리얼티 어드바이저즈 재무 애널리스트

1993년 퍼시픽 피지션 서비스 입사

1994년 애스터 투자 운용 입사

1996년 메리디언 밸류 펀드 포트폴리오 매니저

현재 메리디언 밸류 펀드 부사장

대표 펀드 : 메리디언 밸류 펀드

chapter 11

케빈 오보일

케빈 오보일은 이 책에서 만나게 되는 투자의 대가들 중 가장 경험이 적은 운용자이다. 그는 1994년부터 투자업계에서 일했고 거의 바로 메리디언 밸류 펀드$^{Meridian\ Value\ Fund}$를 운용하기 시작했는데 짧은 재직 기간 동안 지속적으로 같은 클래스 내에서 최고의 수익률을 보여주었다. 그 결과 오보일은 순식간에 동료들과 주주들의 존경을 받게 되었다.

오보일은 37살밖에 되지 않았지만 투자사업에는 오래 전에 투신했다. 스탠퍼드를 졸업하고 나서 그는 빅5 회계법인에서 회계사로 일하기 시작했는데 곧 자신이 회계감사보다는 주식을 분석하는 일에 관심이 있음을 발견했다. 투자업계에 들어오기가 어려웠기 때문에 그는 가장 비슷해 보이는 일을 선택했다. 샌프란시스코 부동산 자문 회사에서 애널리스트로 일하기로 한 것이다. 그러나 그 후 부동산 시장은 추락했다.

오보일은 MBA를 받으면 그가 정말로 하고 싶은 일, 즉 투자 매니저가 되는 게 쉬우리라 판단하고 학교로 돌아왔다. 스탠퍼드에서의 첫 번째 여름방학 동안 오보일은 샌터바버라의 실적형 펀드에서 인턴으로 근무했는데 거기서 퍼시픽 피지션 서비스$^{Pacific\ Physician\ Services}$라는 남부 캘리포니아 회사를 분석했다. 그는 그 회사가 사업모델을 전국적으로 키울만한 상당한 잠재력과 능력을 가지고 있다고 생각했다. 졸업하자마자 오보일은 그 회사에 사업개발 매니저로 들어갔다. 하지만 상황은 생각했던 것만큼 좋지는 않아서 곧 다른 일을 찾기 시작했다.

첫 번째 돌파구는 1994년 여름에 찾아왔는데 샌터바버라 펀드의 예전 사장이 그에게 리차드 애스터$^{Richard\ Aster}$의 빈자리에 대해 얘기했던 것이다. 애스터는 샌프란시스코 근처 사무실에서 메리디언 그로스 펀드$^{Meridian\ Growth\ Fund}$를 운용하고 있었다. 둘은 만나서 자신들이 투자 철학을 많이 공유한다는 것을 발견하고 즉시 함께 일하기로 했다. 오보일은 애스터의 보조자가 되었고 얼마 후 메리디언 밸류 펀드를 관리하게 된다.

오보일의 투자 테크닉은 애스터의 이론으로부터 나온 것들이다. 핵심은 수익이 감소함에 따라 가격이 크게 떨어져버린 문제가 있는 회사들을 찾는 것이다. 그것은 재앙을 위한 요리법처럼 들리지만 숙련된 요리사는 그 요리법을 잘 사용할 수 있다.

회계사에서 투자자로

첫 직업이 회계사였죠?
사실 회계사가 되는 것은 꿈꿔본 적도 없었습니다. 저는 스탠퍼드 대학에서 경제학을 공부했어요. 제가 학문적으로 잘했고 관심이 있었던 분야는 일반 교양이었지만 저는 꽤 분석적이었습니다. 졸업하자마자 사회 생활을 하는 것이 현명하게 느껴지더군요. 회계는 시작하기에 좋은 분야였습니다.

어디서 자랐나요?
캘리포니아의 월넛크리크에서 자랐습니다. 샌프란시스코 외곽에 있는 곳이죠.

자라면서 주식시장을 접해본 일이 있나요?
아니요. 아버지는 공무원이었고 어머니는 주부이자 파트타임 여행 컨설턴트였습니다.

스탠퍼드를 졸업한 후 무엇을 했나요?
지금은 언스트앤드영Ernst and Young의 일부인 아서영Arthur Young에서 일했습니다. 그건 빅5 회계법인 중 하나였죠. 회계에 대한 배경지식은 별로 없었지만 파트너 중의 한 명이 스탠퍼드 졸업생이었고 스탠퍼드 학생들을 데려오고 싶어했습니다. 저는 회계 감사원으로 채용되었고 밤에 회계 수업을 들었습니다. 직장에서 배웠던 셈이죠.

무엇을 했나요?

고객의 회사로 가서 장부를 검사했습니다. 그리고 재정 상태에 대한 의견을 냈어요. 2년 동안 그 일을 했습니다. 하루하루가 좋지는 않았지만 그 일을 계속했고 공인회계사 자격증을 땄습니다. 그 후 제가 파트너까지 올라간다고 하더라도 그 일에 있으면서 얻을 수 있는 이익이 흥미와 시간 및 노력 면에서의 비용보다 결코 크지 않다고 생각했습니다.

회계를 해봤자 많은 돈을 벌지는 못할 거라고 생각했나요?
네. 파트너가 되면 그래도 좀 벌 수 있습니다. 그런데 파트너는 고객을 끌어올 수 있는 능력에 따라 보수를 받아요. 회계사가 되는 것 자체로 돈을 벌 수는 없는 거죠.

그래서 무엇을 했나요?
샌프란시스코에 있는 피드몬트 리얼티 어드바이저Piedmont Realty Advisors라는 부동산 자문 회사에 갔습니다. 그 일은 스탠퍼드 취업 센터에서 찾은 것이었습니다. 그런데 거기서 일하는 애널리스트 중 한 명이 제 고등학교 동창이더군요. 그 친구 때문에 제가 인터뷰를 할 수 있었던 것 같아요. 처음에는 재무 애널리스트였는데 주로 부동산 구입의 지불을 승인하는 데 도움이 되도록 현금흐름을 모델링하는 일을 했습니다. 또한 이미 포트폴리오에 있던 자산에 대한 민감도 분석을 했는데 그것을 통해 임대차 결정과 운영 결정을 할 수 있었습니다. 그것은 본질적으로 수량적인 것이었죠.

그 일을 좋아했나요?
회계 일보다는 훨씬 재미있었는데 특히 투자를 이해하기 위한 사고의 과정과 부동산을 위한 사고 과정이 비슷했기 때문입니다. 하지만 부동산 자체가 특별히 흥미롭지는 않았습니다.

그걸 언제 했습니까?
1988년 말입니다. 저는 거기에 1990년 말까지 있었어요.

그때까지도 당신이 정말 주식시장에 관심이 있었던 것 같지는 않군요.
저는 그러기 위한 자격을 얻어야 했습니다. 아서 영을 나오면서 투자 운용사업 쪽, 특히 주식시장 쪽으로 가고 싶었습니다. 열심히 일을 찾았고 베이 에어리어 Bay Area* 지역에 있는 회사들과 접촉을 했었지만 운이 없었습니다. 저는 당연히 그 업종에 대해서 몰랐고 거기서 일자리를 어떻게 찾아야 하는지에 대해서도 잘 몰랐습니다. 하지만 피드몬트 리얼티에서 일하게 돼서 재무보고서나 회계를 하는 것보다는 투자 분석 쪽 경험을 더 쌓을 수 있었죠.

왜 투자업계에 관심을 가지게 되었나요?
돈을 모으기 시작했고 그 돈을 어떻게 투자할지를 알고 싶었습니다. 투자 서적을 읽고 뮤추얼 펀드들을 조사했었죠. 그러면서 투자가 제가 전업으로 일하고 싶은 분야라는 것을 알게 되었습니다.

피드몬트에서 잠시 일해본 후 그것도 당신이 원하던 것이 아니었다고 생각했군요.

---

* 미국 서부 캘리포니아 샌프란시스코만 일대. 샌프란시스코를 중심으로 오클랜드, 버클리, 새너제이, 산타클라라 등의 도시가 여기에 속한다.

맞아요. 1990년에 부동산 시장은 추락하기 시작했습니다. 거기에는 두 가지 함의가 있었죠. 하나는 아이러니하게도 제가 회사 내에서 더 많은 책임을 맡게 된 것이었고, 두 번째는 회사의 전망이 나빠지고 있었다는 것이었습니다. 저는 비즈니스 스쿨로 돌아가기로 했습니다. 그래서 1991년 가을부터 1993년 봄까지 스탠퍼드 비즈니스 스쿨에 다녔습니다. 학교로 돌아가면서 저는 지원서에 두 가지 진로가 가능하다고 썼습니다. 하나는 주식투자 쪽으로 이직하는 것이고 다른 하나는 진취적인 사업에서 관리 쪽 일을 하는 것이었습니다. 하지만 실제로는 자금운용 사업과 주식투자 쪽으로 가고 싶었습니다.

그 기회를 결국 언제 얻었나요?
스탠퍼드로 돌아간 2년의 여름방학 동안 저는 샌터바버라에 있는 팀 블리스$^{Tim\ Bliss}$라는 스탠퍼드 동문이 운영하는 실적형 펀드에서 일했습니다. 블리스는 저명한 성장투자자인 필 피셔$^{Phil\ Fisher}$를 스승으로 여겼습니다. 그 펀드는 소위 극소형주$^{micro\text{-}cap\ stocks}$ 투자에 집중했습니다. 졸업 후 자금운용 부문의 풀타임 직업을 찾았지만 결국 캘리포니아 레드랜드에 있던 퍼시픽 피지션 서비스라는 회사의 관리직을 맡게 되었습니다. 그 회사는 여름 인턴을 할 때 주로 분석했던 회사였습니다. 저는 그 회사가 캘리포니아 남부 시장으로부터 얻은 사업 계획을 전국적으로 확장시킬 수 있을 것이라고 생각했습니다.

어떤 종류의 회사였나요?
내과의사의 개업을 관리해주는 회사였어요. 의사들을 의료 그룹으로 조직하고 HMO$^{Health\ Maintenance\ Organization}$ 환자들을 관리할 수 있도록 해주었습니다. 핵심은 의사들이 HMO 환자들을 돌볼 때 그에 대해 고정된 액수를 받는 경향이 있기 때문에 훨씬 비용에 민감하다는 것이었습니다. 의사들은 그것을 효율적으로 할 수 있는 경제학적 교육이나 도구가 없었어요. 퍼시픽 피지션 서비스는 의사들을 조직하고 HMO들과 좋은 계약을 맺고 의사들과 회사 모두 성장할 수 있도록 하는 데 정말 성공적이었습니다. 하지만 불행하게도 약품 치료는 지역에 따라 크게 달랐습니다. 그래서 한 지역으로부터 모델을 취해서 다른 곳으로 퍼뜨릴 수가 없었습니다. 저는 그것을 몇 달만에 이해하게 됐고 그래서 1년도 채 되지 않아서 다른 직업을 찾기 시작했죠.

그때가 벌써 1994년이었으니 투자사업으로 들어올 결심을 굳히고 있었겠군요.

1994년 봄에 팀 블리스가 저에게 메리디언 그로스 펀드를 운용하고 있는 릭 애스터가 자신을 도와줄 애널리스트를 찾고 있다고 전해줬습니다. 애스터는 가치형 펀드도 시작했는데 아직 포트폴리오 매니저가 없었습니다. 저는 릭에게 편지를 보내서 만나서 얘기를 할 수 있는지 물었습니다. 그 후 그와 그의 투자 접근법, 그의 배경 그리고 과거 기록에 대해서 연구를 많이 했습니다. 저는 할 수 있는 한 열심히 그 기회를 얻으려고 했지요. 석 달 동안 고생시키더니 저에게 기회를 주더군요.

당신은 성장투자자 밑에서 훈련을 받았죠. 릭은 가치투자자였나요?

릭은 성장주에 투자했지만 항상 가치에도 민감했습니다. 그의 철학은, 높은 ROE를 올리는 시장지배자이자 성장이 빠른 시장에서 운영되고 있는 회사에 투자하는 것이었습니다. 그는 그런 회사들이 지속가능한 경쟁우위를 가지고 있고 합리적인 가격에 거래된다면 장기에 걸쳐 좋은 수익을 얻을 수 있을 거라고 믿었어요. 그가 지금도 운용하고 있는 메리디언 그로스 펀드는 지난 15년간 가장 실적이 좋은 펀드 중 하나였어요.

릭의 조수로 시작했나요?
그가 메리디언 그로스 펀드를 운용하는 데 도움이 되도록 리서치 분석을 했어요.

메리디언 밸류 펀드는 그때 있었나요?
그는 메리디언 밸류 펀드를 1994년 2월에 시작했는데 저는 1994년 9월에 거기에 들어갔어요. 그는 그 펀드에 신경을 많이 못 쓰고 있었기 때문에 그 펀드를 운용할 사람을 찾고 있었거든요.

어떻게 그 일을 맡게 됐죠?
1994년 말에 릭은 메리디언 밸류 펀드를 운용할 전략을 위한 가설들을 세우고 있었어요. 성장주에 오랫동안 투자했던 경험으로 그는 수익이 전 해보다 떨어진 회사들은 시장 가치가 급격히 떨어진다는 걸 발견했어요. 소형주에 투자하는 투자자로서 그는 중소형주들이 조직적으로 흔들릴 때가 굉장한 기회가 될 수 있음을 알았어요. 그래서 그는 그것이 견실한 가치투자 전략의 기초가 될 수 있다고 생각했죠. 릭은 그 가설을 저에게 내놓더니 리서치를 해보라고 하더군요. 우리는 간단하고 보수적인 룰을 몇 개 세웠어요. 저는 15년치의 데이터를 모아서 과거 회귀 연구를 했어요. 우리가 X, Y, Z를 했으면 그 결과는 어땠는가? 그건 순전히 수량적인 연습이었죠. 저는 1995년 봄에 그 연구를 마쳤는데, 릭의 전략을 취했으면 1981년부터 1994년까지의 시험 기간 동안 S&P 500보다 훨씬 높은 실적을 올렸을 거라는 결론을 얻었습니다. 그 연구를 하면서 그게 괜찮은 전략이고 제대로 적용된다면 괜찮은 투자 수익을 얻을 수 있을 거라는 확신이 들더군요. 릭은 저에게 실제로 그걸 해보라고 했죠. 그래서 1995년 6월에 제가 자산이 100만 달러도 안 되던 메리디언 밸류 펀드의 수석 매니저가 됐던 거였어요.

그리고 그 전략을 운용할 때 채택했나요?
네. 경험을 쌓게 됨에 따라 조금씩 그 전략을 수정하긴 했지만 지금까지 그 전략은 좋은 성과를 내고 있어요.

수익이 떨어지고 있는 회사를 찾아라

메리디언 밸류 펀드는 대부분 소형주나 중형주 투자 펀드로 분류되고 있습니다. 그것이 당신이 초점을 두는 분야인가요?
시가총액 제한을 두지는 않아요. 우리는 대형주에도 투자했고 앞으로도 그럴 겁니다. 하지만 최고의 투자 기회들이 중소형주 회사들에 있어왔고 릭과 제가 그런 회사들에 투자하는 것을 가장 편안하게 생각하는 것은 사실이에요.

분명히 그 이론은 현실에서 성공적인 결과를 내왔습니다. 그런데 가설을 과거에 적용해서 좋은 결과를 얻었음에도 때때론 그 이론이 현실에 잘 적용되지 않죠.
우리의 경우는 그 전략의 핵심이 분명히 그럴 듯했습니다. 연구를 통해 그걸 확신할 수 있었고 실제 현실에 적용해서 또 한번 확인할 수 있었죠.

전략의 구체적인 내용에 대해 얘기해보죠.
그 전략은 두 가지 핵심 가정에 기반하고 있습니다. 첫 번째 것은 주식시장이 매우 근시안적이어서 단기적인 경향을 너무 먼 미래까지 적용시킨다는 것입니다. 두 번째 것은 사업의 내재가치는 주가나 특정 사업의 수익만큼 변동성이 크지 않다는 거예요.

월스트리트가 근시안적인 것은 왜일까요?
몇 가지 추측이 가는 점은 있지만 정확히는 모르겠군요. 시장은 사업이 어떻게 변하는지와 상관없이 오르고 내리는 경향이 있습니다. 주식시장이 사업의 내재가치보다 변동성이 크기 때문에 낮은 가치에 주식을 살 수 있는 기회가 생깁니다. 역으로 주식이 상당히 고평가된 기간이 오래 지속될 수도 있죠.

그러면 전체 시장 환경에 대해 신경을 쓰는 건가요?
아니요. 우리는 개별 회사를 기준으로 각 회사를 살펴봅니다. 어떤 회사의 전망을 평가할 때는 분명히 거시경제적 환경을 고려하지만 전체 시장만 살펴보지는 않아요. 사실 메리디언 밸류는 현금을 전체 펀드의 10% 이하로 유지시킨다는 조항을 가지고 있습니다.

방금 말씀하신 것을 배경으로 했을 때 포트폴리오에 넣을 개별 회사들은 어떻게 찾나요?
우선 우리는 실제 주당순이익^{EPS}나 예상 주당순이익이 향후 3분기 간 떨어질 것처럼 보이는 회사들을 찾습니다. 전 해와 비교해 수익이 3분기 연속으로 떨어졌을 수도 있고 그냥 발생할 것으로 예상된 것일 수도 있어요. 그리고 주가가 52주 최고가보다 50% 이상 떨어진 회사를 찾죠.

이 문제에 대해 직접적인 질문을 드리죠. 수익이 떨어지고 있는 회사들을 찾나요?
네.

그건 다른 월스트리트 사람들이 찾는 것과는 정반대군요.
맞아요. 우리는 주가가 50% 이상 떨어진 상황을 좋아합니다.

게다가 당신은 수익이 3분기 연속 떨어졌거나 3분기 연속 떨어질 것으로 예상되는 회사를 찾는군요.
둘 중의 하나여야 합니다. 처음 이 연구를 시작했을 때에는 3분기 연속 떨어졌던 회사들을 찾았지만, 지금 이 시장은 충분히 효율적이고 우리 펀드도 이제는 충분히 크기 때문에 수익이 떨어질 것으로 예상되는 회사에도 투자를 합니다. 회사가 부정적인 소식을 미리 발표를 하면 수익이 떨어지리라는 건 명확해져요. 그런 경우에 주가는 그 다음날 바로 급격히 떨어지고 우리는 그 기회에 초점을 맞추기 시작합니다. 실제로 수익이 3분기 동안 떨어지기를 항상 기다릴 수는 없죠.

수익이 떨어지고 있는 회사들은 가장 나쁜 투자 대상인 것 같은데요. 그 회사들은 아마도 많은 문제를 가지고 있을 것이고 수익은 주가에 영향을 미칩니다.

문제가 있는 회사들을 완전히 배제하는 것은 아니지만 그렇다고 우리가 문제가 있는 회사들을 찾는 것도 아닙니다. 여기서의 핵심은 대부분의 회사들은 어쨌든 경영의 관점에서 비틀거릴 수 있다는 거예요. 경영이 비틀거리는 것은 회사 자체의 문제 때문일 수도 있고, 그 회사에 충격을 주는 산업 전체에 걸친 문제 때문일 수도 있습니다. 우리는 시장 지배자이거나 높은 자본수익률을 올려왔거나 쉽게 모방될 수 없는 자산을 가지고 있고 미래에 높은 자본수익률을 낼 수 있는 회사들에 초점을 맞춥니다. 그리고 경영상의 관점에서 비틀는 동안에도 현재의 자본 구조를 충분히 지지할 정도로 높은 현금흐름을 가지고 있거나, 필요하면 자본시장에 언제든 접근할 수 있는 재무구조가 좋은 회사들을 찾습니다. 우리가 찾는 회사들은 산업 조직이나 규제의 변화가 성장 기회를 제공할 수 있는 성숙한 시장에 속해 있는 회사들이에요.

당신의 원래 질문으로 돌아가서 보면 세상은 말쑥하고 깔끔한 곳이 아닙니다. 회사는 실수들을 하죠. 비틀거리기도 하고 때로는 산업의 조건이 불리하게 바뀌기도 해요. 수익성을 일시적으로 감소시킬 수 있어요. 그런데 우리는 그렇게 수익이 낮아진 회사들의 주가가 곤두박질친다는 걸 발견했습니다. 하지만 그 회사의 내재가치와 장기적 사업 전망은 여전히 좋을 수 있습니다.

이 회사들이 문제를 맞게 되는 특별한 이유가 있나요?

우리는 그 회사들이 공통적으로 가지고 있는 다양한 문제들을 분류해왔습니다. 회사 자체의 문제로는, 인수를 한 회사들이 종종 그 인수 때문에 큰 어려움을 겪는 것을 들 수 있습니다. 가격을 너무 많이 지불해서 수익이 악화될 수도 있고 문화적 측면이나 의사소통, 물류 측면에서 인수된 회사를 통합시키는 데 실제로 문제를 겪을 수도 있어요. 그런 경우 예상했던 것보다 운영비용이 훨씬 많이 들죠.

특히 기술주 영역의 회사들은 제품 사이클을 놓치곤 합니다. 그러면 그 회사들은 시장점유율을 잃게 되죠. 게다가 제품 사이클을 놓치면 수입은 줄어드는데 비용 구조는 여전히 높게 유지되고, 그러면 수익이 감소할 수 있습니다.

어떤 회사들은 수입이 몇몇의 고객들에게만 집중된다는 문제가 있습니다. 한 고객이 어려움을 겪으면 회사는 바로 수익에 충격을 받게 되죠. Y2K가 큰 이슈였을 때는 많은 회사들이 IT 시스템 구현 문제를 겪었습니다. 비용이 예상했던 것보다 올라갔고 시간에 맞춰 제품을 내놓을 수 없었죠. 이런 것들이 회사 자체의 문제들 중 자주 발생하는 것들이에요.

산업과 연관된 면에서는 특정 산업에 공급이 너무 많아서 문제를 겪는 회사들이 많습니다. 그렇게 되면 가격이 압력을 받고 마진이 줄어들고 수익성이 떨어지죠. 정부 규제 변화가 있는 산업에서는 그런 변화가 미래 수익에 큰 영향을 미칠 수 있습니다. 그런 상황에서는 회사의 사업모델이 더 이상 작동하지 않을 수 있으므로 성장 궤도로 돌아가기 위해서는 일정한 조정 기간이 필요해요.

마지막으로 산업 자체가 성장이 너무 빠르고 시장이 포화된 경우나 시장에 참여하는 회사들이 너무 많은 경우에 문제가 발생합니다. 그런 회사들의 핵심 사업은 수명이 짧고 항상 새로운 제품이나 성장 기회에 많은 투자를 해야 합니다. 그렇게 되면 보통 수익이 감소하고, 다시 제 궤도에 오를 수 있다고 하더라도 전환을 겪어야 해요.

3분기 연속 수익이 감소한 회사들을 찾으시는데, 특별히 3분기여야 하는 이

유는 있나요?

회사가 첫 번째 수익 감소를 보고하는 것은 어떤 문제가 있었다는 인정밖에 안 됩니다. 한 분기가 나빴던 것은 보통 특별히 문제가 되지 않죠. 주가는 보통 두 분기째 수익이 감소한 후에 폭락했어요. 우리는 주가가 상당히 떨어지고 발생한 문제점이 제기되기까지는 최소한 두 분기 연속 수익이 떨어져야 한다는 걸 알았어요. 그리고 세 번째 분기가 되어야 문제점들이 고쳐지기 시작하죠.

세 분기 연속으로 수익이 떨어질 때까지는 그 회사의 주식을 사지 않는다는 것이 당신의 주식 매입 기준 중 하나인가요?

우리가 1995년에 펀드를 처음 시작했을 때는 매입하기 전에 실제로 회사가 최소한 세 번 수익이 떨어지기를 기다렸습니다. 계속 그렇게만 하고 있다면 투자 수익이 지금처럼 좋지 않았을 겁니다.

여기에는 두 가지 이유가 있습니다. 하나는 시장이 상당히 효율적이라는 거예요. 수익이 두 분기 연속 떨어지면 주식은 급락하고, 상당한 가치가 있음을 알게 된 사람들이 매입하기 시작해요. 두 번째 이유는 우리가 5년이나 6년 전보다 훨씬 많은 대형주에 투자하고 있다는 것입니다. 시장은 대형주들에 대해 더 효율적이죠. 회사의 수익이 실제로 세 번 연속 떨어질 때까지 기다려야 하는 것은 아니에요.

매입 전에 우리는 그 사업이 영원히 손상을 입은 것은 아니라는 확신을 가지려고 하죠. 그 회사의 사업 전망이 좋아지고, 지속적인 개선의 신호가 나타나 회사가 영업마진을 역사적인 수준까지 회복시키고 수입을 다시 극대화시킬 수 있기를 바랍니다. 물론 그런 조짐을 남들이 몰라야죠. 사업 전망이 앞으로도 견실할 것이 너무 명확하다면 가치가 그렇게 매력적이지 않으니까요.

그건 전체적으로 위험/보상 비율이군요. 위험이 적으면 비용이 더 들죠.
맞아요. 회사가 일정한 마진을 확보할 수 있고 5년 간의 수입 성장률이 $x\%$일 거라고 굳게 믿으면 우리는 그 가정들에 따라 가치를 측정합니다. 그와 비교해 주식의 현재 가격이 매력적이면 그 회사가 여전히 상당한 경영상의 어려움을 겪고 있고 회복되기까지는 시간이 걸리더라도 매입하기 시작합니다. 가치가 매력적이지 못하고 불확실성이 너무 많으면 더 기다리죠.

잠재적인 투자 대상들은 어떻게 찾죠?
컴퓨터 선별 작업을 통해 월 기준으로 회사들을 찾습니다.

무엇을 찾나요?
우선, 수익이 실제로 3분기 연속 감소했거나 그럴 것이라 기대되고 주가가 50% 이상 떨어진 회사들을 찾습니다. 그리고 뉴스도 매일 조사합니다. 좋은 회사가 수익이 떨어졌다고 하면 즉시 그 주식을 '감시monitor' 리스트에 넣죠.

예를 들어 CNBC를 보면서 어떤 회사의 분기 수익이 떨어졌다는 얘기를 들으면 그 회사를 감시 대상으로 넣지만 그것이 수익이 감소한 첫 번째 분기이면 즉시 매입하진 않는군요?
그렇습니다.

하지만 두 번째 분기이면 매입할 수 있고요?
가능하지만 보통 좀더 기다리죠.

그렇게 회사를 찾았고 그 회사들이 두 번째나 세 번째 연속 수익이 떨어졌고 흥미롭게 보이더라도 그 회사들은 분명히 수익을 떨어뜨린 원인을 가지고 있을 겁니다. 당신은 회사가 3분기 후 그 문제를 스스로 해결할지 아니면 좀더 장기적인 문제가 될지를 어떻게 구분하나요?

우리가 가장 먼저 평가하는 것은 사업 모델이 영원히 손상을 입은 것이냐 아니면 일시적인 상황일 뿐이냐에요. 예를 들어 정부 규제의 변화는 영구적이고 그래서 저는 산업 전체가 혼란에 빠진 회사에 투자하는 것에 주의를 기울이죠. 제가 관심을 기울이는 대부분의 회사는 높은 자본수익률을 올릴 수 있다는 걸 증명한, 성장하는 시장의 시장 지배자에요. 그런 회사들은 단지 약간의 경영상의 문제가 발생한 것뿐이고 그래서 수익이 감소한 거죠.

그 문제가 해결될 수 있는지를 판단하기 위해 제가 살펴보는 것은 새로운 경영진, 특히 그 문제가 심각할 때는 새로운 이사회, 경영 재조직, 그리고 새로운 제품의 개발과 즉각적인 출시 등입니다. 공급이 과다하면 산업 내에 합병이 일어나서 공급이 감소하고, 그래서 자본 흐름이 감소하고 새로운 경쟁자가 나오기 쉽지 않게 되는지를 지켜봐야 합니다.

당신은 소형주를 많이 매입했지만 비교할 수익이 없기 때문에 수익 예측이 빗나간 최근 신규등록주들보다는 기존에 있던 회사들을 찾는 것 같군요.

우리가 가장 선호하는 회사는 그 사업의 경제 모델이 통할 수 있다는 것을 증명해온 운영 역사가 있는 회사들입니다. 하지만 그렇다고 해서 영업이익을 낸 회사들에 국한하는 건 아니에요. 거기엔 일장일단이 있죠. 가장 빠르게 성장하는 시장에 들어온 많은 회사들은 다소 짧은 운영 역사를 가지고 있고 그들의 경제 모델을 충분히 증명하지 못했을 수 있어요. 하지만 그런 회사들도 고려할 가치가 있는 투자 대상이라고 생각합니다.

가치평가의 관점에서 매입하기에 좋은 주식인지 아닌지는 어떻게 결정하나요?

우리는 표준화된 주당 현금수익 목표를 정하려고합니다. 즉 사업 모델이 작동하게 되면 그 회사의 이윤은 얼마가 될까? 자본 구조를 고려했을 때 그 회사는 잠재적으로 어느 정도의 수익을 얻을 수 있을까? 저는 여기서 출발해요. 가격을 회사의 역사적 가치에 따라, 산업 내 비교 회사들에 따라, 때때로 시장 평균에 따라 표준화된 현금 수익에 가격을 비교해봅니다. 또한 할인된 현금흐름 모델을 통해 숫자들을 찾고 그것들을 표준화된 주당 현금수익 대비 가격$^{\text{price-to-normalized-cash-earnings}}$에 비교해봅니다.

여기서의 핵심은 사업가치에 비해 할인됐다고 생각되는 회사들을 매입하려 한다는것입니다. 시간 리스크뿐만 아니라 가격 리스크도 고려하기 때문에 고정된 가치평가 변수들을 사용하진 않아요. 그래서 저는 사업가치에 비해 $x\%$ 이상 할인됐을 때만 주식을 매입한다고 말할 수 없어요. 아까 말씀드렸다시피 회사가 정말 제 궤도로 돌아갈 것이 너무 확실하면 불확실성이 많을 때보다 더 높은 가격을 지불할 의사가 있어요.

산업 내 모든 회사들이 동일한 문제를 겪는 경향도 있는데, 이때문에 동시에 같은 부문에 속하는 회사를 사는 경우도 있지 않나요?

물론 그렇죠. 예를 들어 현재는 거의 모든 텔레커뮤니케이션 서비스 공급자들이 우리 리스트에 있습니다. 그 산업에는 상당한 자본이 투입되었고 인프라도 굉장히 많이 갖추어져 있습니다. 현재 수요에 비해서 공급이 너무 많다는 것이 드러났죠. 하지만 전체 산업과 연관되지 않은 문제들을 가진 개별 회사들도 많이 있습니다.

그런 경우처럼 모든 산업이 문제에 빠진 경우 그 부문 내에서 매입할 주식을 어떻게 고르나요?
경쟁력이 가장 강하고 재무 상태가 가장 건실하며 경영진이 가장 좋은 회사들을 찾으려고합니다. 종종 한 회사에서 세 가지 특성을 다 찾지 못할 수도 있죠. 그런 경우에는 각 변수들에 가중치를 두고 어떤 회사들에 투자할지를 결정합니다.

한 부문에 투자하는 최대 금액을 정해놓나요?
우리는 분명히 분산화된 포트폴리오를 유지하려고 합니다. 그건 펀드의 약관에도 나와 있지요. 그래서 한 부문에 펀드 자산의 25% 이상을 투자하지는 않아요.

얼마나 많은 주식을 보유하나요?
작년까지는 펀드를 40종목으로 제한하고 각각을 균등하게 배분했습니다. 그런데 우리 자산이 너무 많이 증가해서 보유 종목 수를 60종 이상으로 늘렸지요. 우리의 장기적인 목표는 보유 주식수를 가능한 한 낮게 유지하는 것인데 그건 운용 중인 자산의 양에 따라 달라질 수 있습니다.

현재 얼마나 운용하나요?
대략 70억 달러 정도입니다.

신규 펀드 가입을 막을 생각은 없나요?
당분간은 그럴 생각이 없어요. 우리는 우리가 얼마나 운용해야 하는지를 시장에 맡겨두려고 합니다. 시가총액 제한을 가지고 있지 않기 때문에 그 금액이 얼마가 될지는 몰라요.
대신 요즘은 극소형주의 최초 투자액을 펀드 자산의 1% 이내로 제한하고 있습니다. 예전에는 그런 것도 없었죠.

언제 주식을 처분하나요?
사업 펀더멘털이 개선되지 않거나 나빠지기 시작하면 처분합니다. 또 투자 이유가 여전히 유효하고 사업 펀더멘털이 강하더라도 가격이 우리가 그 사업의 내재가치라고 생각했던 것보다 너무 오르면 처분합니다. 마지막으로 사업 펀더멘털이 기대한 만큼 실현되지 않거나 분석을 잘못했다는 결론에 이르면 처분해요.

얼마나 오래 보유하게 되면 그런 결론에 도달하게 되나요?
사업 성장이 너무 갑자기 제 예상을 빗나가면 걱정하게 돼요. 저는 항상 경영진을 의심하지 않으려 노력합니다. 하지만 두 번이나 그런 일이 일어났고 그것이 첫 번째로부터 6개월 이내이면 투자 결정을 다시 살펴봅니다. 실수했다고 판단되면 주식을 처분합니다.

평균 보유 기간은 얼마인가요?
평균적으로 한 주식을 18개월 정도 보유합니다.

당신이 실수를 했거나 회사가 계획한 대로 돌아가지 않을 때 가장 흔한 이유는 무엇인가요?

아마도 가장 흔한 원인은 제가 경영진의 능력을 너무 낙관적으로 평가하는 것일 거예요.

주식을 매입하기 전에 경영진을 만나보려고 하나요?
항상 경영진을 만나는 것은 아닙니다만 투자를 하기 전에 어떻게든 경영진과 얘기해보려고 하죠.

당신의 펀드에서 흥미로운 점 하나는 다양한 상황의 시장에서 성공해왔다는 것입니다. 성장주가 각광 받을 때도 잘했고 가치주가 스포트라이트를 받을 때도 높은 실적을 올려왔어요. 당신의 접근법이 모든 시장 환경에서 통할 수 있다고 생각하나요?
우리 펀드가 모든 환경에서 꽤 잘 될 거라고 생각합니다. 1999년 나스닥이 85% 오르고 우리 펀드가 38% 올랐을 때 우리가 보유한 기술주들은 나스닥보다 성과가 더 좋았어요. 경제가 아무리 호황이더라도 고려해볼 만한 많은 투자 기회가 있음을 알게 됐죠.

반대로 수익상의 문제가 있는 회사들을 매입하기 때문에 지금처럼 불황일 때는 그 전략이 얼마나 통할까요?
그건 두고 봐야죠. 제가 말씀드릴 수 있는 것은 사업 전망이 개선되는 것과 매력적인 가치 사이의 역관계에 초점을 맞춰왔다는 것입니다. 주식을 충분히 싼 가격에 사면 상황이 나쁘고 개선되고 있지 않다 하더라도 손실은 꽤 제한적일 것이라고 믿습니다. 지금까지 실수를 했을 때 손실은 보통 30% 정도였어요. 반면 성공했을 때는 2년에서 3년 기준으로 종종 100% 이상의 수익을 올리기도 했지요.

지금까지 메리디언 밸류 펀드는 짧은 기간 동안 70만 달러에서 70억 달러로 자산이 증가했다. 오보일이 종종 말하는 것처럼 소형주를 매입하면 자산이 증가할 때 계속 경쟁력을 유지하고 민첩하게 행동하는 것이 어려워진다. 오보일도 자산이 작을 때 그의 일이 더 쉽다고 인정했다. 하지만 그는 자신의 전략이 앞으로도 계속 유효할 것이라고 믿는다. 그리고 실적이 좋지 않은 기간이 펀드에 들어올 가장 좋은 때라고 생각한다. 그는 투자에 들어갈 가장 좋은 때는 그것이 인기가 없을 때라고 생각하기 때문이다.

Robert Olstein

미시간 주립 대학 MBA

아서 앤더슨 경영 컨설턴트

1968년 척 로이스의 회사에서 증권 애널리스트로 입사

1971년 손턴 오글로브와 퀄리티 오브 어닝스 리포트 설립

1980년 퀄리티 오브 어닝스 리포트 지분을 파트너에게 매각하고 개인 계좌들을 운용하기 시작

1995년 올스타인 파이낸셜 얼러트 펀드 시작

대표 펀드 : 올스타인 파이낸셜 얼러트 펀드

chapter 12

로버트 올스타인

　로버트 올스타인은 30년 넘게 투자사업에서 큰 목소리를 내왔다. 애널리스트로 능력을 갈고 닦은 후 그와 파트너들은 1970년대에 투자전문지를 만들었는데, 그 전문지는 계속 폭등하고 있는 주식들이 곧 추락할 것이라고 경적을 울렸다. 이들은 그 회사들의 재무제표들을 해부해서 수익이 공격적인 회계로 인해 매력적으로 보이고 있다는 것을 보여주었다.
　출판물 사업을 파트너에게 매각하고 올스타인은 같은 방식으로, 즉 역발상적인 방법으로 자금을 운용하기 시작했다. 장부를 조작한 것처럼 보이는 회사들보다는 재무제표가 건실하고 월스트리트에서 과소평가되고 있는 사업들을 찾았다.
　59세의 올스타인은 자신이 어떤 주식을 좋아하고 어떤 주식을 싫어하는지 말하는 것을 두려워하지 않는다. 보스턴 치킨Boston Chicken에 대한 그의 이른 부정적 견해는 최근의 루슨트 테크놀로지Lucent Technologies

에 대한 경고처럼 많은 사람들의 관심을 끌었다. 올스타인이 얘기하면 투자자들은 귀를 기울인다. 자신은 예측할 때 그런 힘에 대해서는 생각하지 않는다고 하지만 그의 말에 따라 주식은 빠르게 오르고 내린다.

올스타인은 숫자에 초점을 맞추기 때문에 경영진과는 거의 얘기를 하지 않는다. 그는 경영진들이 거의 항상 사업에 대해 장밋빛 견해를 밝히고 잘못된 일에 대해서 좀처럼 정직하게 얘기하지 않는다고 생각한다. 월스트리트 리서치도 잘 믿지 않는데, 대부분의 애널리스트들이 회사의 기업인수 사업을 위해 부정적인 리포트를 내려 하지 않기 때문이다.

그의 펀드는 가장 비싼 펀드 중 하나지만 올스타인은 그럴 만한 이유가 있어서 가격이 높은 것이라고 주장한다. 그에게 만족하는 고객 중에는 헤지펀드의 전설 조지 소로스$^{George\ Soros}$도 있다.

성공의 전제는 수비

간간이 월스트리트에 파문을 일으켜오셨죠.

저는 여기에 34년간 있었습니다. 퀄리티 오브 어닝스 리포트$^{Quality\ of\ Earnings\ Report}$라는 리서치 서비스를 공동 설립한 1970년대 초부터 제 이름이 알려졌지요. 그것은 동종회사 중에서 가장 큰 리서치 서비스 회사였습니다. 제 파트너인 손턴 오글로브$^{Thornton\ O'glove}$와 저는 진실을 말하지 않는 회사들의 재무제표에 숨겨진 것들을 찾았습니다. 그래서 우리는 일반적으로 받아들여지는 회계원칙보다는 경제적 현실에 맞게 회사의 수익을 조정했습니다. 펜 센트럴$^{Penn\ Central}$, 레비츠 가구

Levitz Furniture와 다른 여러 회사들에서 그 문제를 발견했지요. 월스트리트저널 표지에 나왔던 적도 있었고 주택금융위원회에서 증언한 적도 있었습니다. 우리는 '월스트리트의 경비견들'이라고 불렸습니다. 모든 사람들이 우리의 리서치 리포트를 읽었죠.

가치와 성장을 분류하는 문제에 대해서도 다루었었죠.
산업 내 많은 젊은 사람들이 시가총액의 문제, 가치와 성장의 문제를 고민하고 있었습니다. 저는 성장이 가치의 일부라고 생각합니다. 그래서 성장주도 포트폴리오에 넣어놓지요. 그것들의 가치를 적절히 측정할 뿐입니다. 저는 '펀드에는 두 가지 종류가 있는데 그것은 가치형 펀드와 과대평가된 펀드다'라고 얘기합니다. 가치형 펀드들은 할인된 현금흐름 모델을 사용해서 회사를 고릅니다.

투자에서는 가치주든 성장주든 각 회사에 적정한 가격을 지불하는 것이 매우 중요합니다. 장기적으로 실적이 좋은 펀드는 가장 많은 성공주를 찾은 펀드가 아니라 가장 실수를 적게 한 펀드입니다. 성공하기 위해서는 수비를 먼저 해야 하는데 수비의 기본 원칙 중 하나가 적정한 가격을 지불하는 것입니다.

논리적으로 들리지만 공격적인 모멘텀 펀드들 일부도 잘하고 있지 않나요?
그들 중 일부는 매우 잘하지요. 그들은 군중의 심리를 판단할 수 있는, 제가 외계의 힘이라고 부르는 것을 가지고 있습니다. 그들은 동물적인 본능을 가지고 있죠. 어떻게 하는지는 모르겠지만 어떤 사람들은 그것을 할 수 있습니다. 군중들은 주가를 각 시점에서 결정하고 투자자들은 항상 투표하고 있어요. 그들은 회사에 대한 인식을 가지고 있습니다. 그 회사의 주가는 당시의 인식에 따라 결정되죠. 저와 같은 가치투자자들은 언제 이 인식이 틀리는지 그리고 변화할지를 예측하려고 하는 겁니다. 다른 사람들은 그 인식을 보고 실제로 변화를 알아챌 때까지 그 주식으로 게임을 하죠. 군중의 심리를 결정할 수 있는 사람들이 실적이 가장 좋을 겁니다. 하지만 그럴 수 있는 사람은 별로 없죠.

안다는 것은 매우 어려운 일이죠. 언제 처분할지를 알아야 하기 때문이죠.
그들은 다른 사람들의 희생으로 돈을 벌고 있습니다. 그건 –더 바보인 사람이 들어와서 그 주식에 대해 더 높은 가격을 지불하길 기대하는- '더 바보' 게임 같은 거죠. 가치에 대한 저의 정의는 월스트리트 98%의 사람들보다 더 느슨할 겁니다. 저는 제가 절충적 가치형 펀드를 운용하고 있다고 얘기하길 좋아해요. 그것은 현금흐름을 살펴보고 미국 재무부증권과 비교해 할인된 현금흐름이 더 크면 어떤 종류의 주식이라도 산다는 것을 의미합니다. 기술주부터 경기변동주까지 모든 것을 살 수 있고 대형주와 소형주도 구분하지 않습니다. 그런 것들은 저에게 아무런 차이가 없거든요.

브롱크스에서 어린 시절을 보낼 때 주식시장에 관심을 가지고 있었나요?
아닙니다. 저는 주식시장이 존재하는지도 모르고 있었습니다. 실제로 대학에 들어갈 때는 보험계리사가 되려고 했고 미시간 주립 대학에서 MBA를 받았습니다.

보험계리사는 당신에게 별로 어울리는 것 같지 않은데요. 졸업 후에는 무엇을 했나요?
아서 앤더슨 경영 컨설팅 부서에서 일했습니다. 그때 거기서 일하기 위해서는 회계 관련 학과에 가야 했는데 회계가 그 일의 큰 부분을 차지했기 때문이었습니다.

언제 투자에 관심을 가지게 되었나요?
저는 베트남 전쟁에 동원될까봐 정말 걱정하고 있었습니다. 당시에는 학교에 있으면 군을 면제 받았었죠. 그래서 아서 앤더슨을 나와 호프스트라 대학에서 시간 강사를 하면서 박사 학위 공부를 했습니다. 그때 한 교수님이 주식시장에 관심을 가지고 있었어요. 그 교수님이 우리에게 주식을 분석해보게 하더군요. 저에게는 컨트롤 데이터Control Data를 분석해보라고 했습니다. 그때가 1967년이었는데 분석을 완전히 마친 후 저는 컨트롤 데이터가 일시적인 문제를 겪고 있긴 하지만 머지 않아 해결될 거라는 확신을 가지게 되었습니다. 아버지에게 컨트롤 데이터 주식을 사게 돈을 빌려달라고 했는데 아버지는 돈이 없었기 때문에 그냥 웃기만 하셨어요. 저는 옆에서 컨트롤 데이터가 3배까지 오르는 것을 지켜봤고 주식시장에 매료되기 시작했습니다.

1968년 26살이 되었을 때 더 이상 전쟁에 동원될 걱정을 하지 않아도 되었습니다. 그래서 학교를 그만두고 작은 회사의 증권 애널리스트로 취직을 했죠. 당시 엄청난 강세장이 계속되었고 저는 폭등하는 주식들을 분석했습니다. 제 삶의 목적은 주마다 300달러를 버는 것이었어요. 그러다 한 회사에 탐방을 나갔는데, 그 회사는 야간 형광 설비를 만드는 회사였습니다.

그때까지 저는 경영진이 하는 말을 믿는 편이었습니다. 저는 그들의 기술에 매료되었죠. 그들은 베트남에서 사용될 야간 형광 설비를 군에 공급할 뿐만 아니라 다른 흥미 있는 제품들도 만들려고 하고 있었습니다. 예를 들어 감마광선을 이용해 15분 내에 사람을 숙면에 들게 하는 제품도 있었습니다. 그 주식에 대한 조사 리포트를 썼고 기관들에게 그 주식을 팔았습니다. 그 주식은 하룻밤 새 두 배로 올랐죠. 저는 모든 기관들을 이 회사로 끌어들였습니다. 그런데 갑자기 그 주식이 떨어지기 시작하더군요. 이해할 수 없었어요. 알고보니 다른 애널리스트가 그 회사에 대해 부정적인 리포트를 썼더군요. 그가 무슨 말을 했는지 알기 위해 전화를 걸었습니다. 그는 컬럼비아 MBA를 갓 졸업한 사람이었는데, 이 야간 형광 설비 회사가 전쟁이 끝나감에 따라 폭락할 것이라고 했습니다. 주가는 계속 떨어졌는데 그 회사는 여전히 수익이 올라갔다고 보고하더군요. 어느날 경영진에게 전화를 걸어 "이번 분기에 수익이 떨어질 것이라는 소문이 있던데요"라고 했더니, 그들은 "밥, 걱정하지 말아요. 이번 분기에도 떨어지지 않을 거예요"라고 하더군요. 다음날 회사에 왔는데 월스트리트저널의 수익 리포트란에 그 회사의 수익이 나와 있지 않았습니다. 저는 그것이 오타라고 생각했어요. 하지만 그게 아니었습니다. 수익이 30% 이상 떨어졌던 것이었습니다. 우리가 그 주식에 큰 포지션을 가지고 있었기 때문에 회사의 모든 사람들이 저를 원망했습니다. 제가 경영진의 거짓말에 크게 당했던 거죠. 저는 당시까지 실패한 적이 없었는데 그걸로 인해 사람들의 돈을 잃게 되었습니다. 그래서 그 업계를 떠날 준비를 했습니다.

정말 떠나진 않았죠.

그건 손턴 오글로브 때문이었습니다. 그는 UC 버클리를 졸업하고 그 회사에서 애널리스트로 일하고 있던 젊은 친구였죠. 그는 "밥, 당신은 숫자들을 봤어야 해요. 그 회사는 일찍부터 위험 신호가 있었어요. 숫자들을 읽었으면 당신은 그 회사의 수익이 1년 전부터 떨어지고 있었다는 걸 알았을 거예요"라고 하더군요.

그와 저는 팀이 되어서 퀄리티 오브 어닝스 리포트를 설립했습니다. 리서치 내용을 기관에게 팔았는데 어디서 문제가 발생할지에 대해서는 경고했지만 매도나 매수 추천을 하지는 않았습니다. 10년 동안 그 일을 한 후에 저는 투자 게임의 진정한 승자는 가장 많은 성공주들을 뽑는 사람이 아니라 실수를 가장 적게 하는 사람이란 걸 깨달았습니다.

그렇게 문제가 발생할 수 있는 회사들을 어떻게 찾았죠?

가능한 모든 것을 읽고, 과열되고 있는 것을 찾아보고, 재무제표를 상세히 분석하고, 너무 좋아 보이는 것들을 확인하고, 실속 없는 경영진 - 과대 선전만 잘하고 그걸 뒷받침할 실질이 거의 없는 경영진 - 을 찾았습니다.

사람들이 당신의 정보를 이용해 주식을 공매도하기도 했나요?

그 정보를 이용해서 공매도하기도 하고 문제들을 피하기도 하는 등 모든 것을 다 하더군요.

당신이 조사한 회사의 경영진은 당신들을 싫어했겠군요.

물론이죠, 그들은 모두 우리를 싫어했습니다. 그들의 주식에 대해 좋지 않은 것을 얘기할 때는 애널리스트들조차 우리를 싫어했습니다. 그들은 메신저를 쏴 죽이면 나쁜 뉴스가 없어질 거라고 생각했죠.

분석을 하는 데 회계 내용에만 의지하나요?

재무보고서죠. 우리는 숫자를 조사하고 그 이면을 조사하기도 했습니다. 기본적인 리서치는 절대 하지 않았죠.

경영진은 어쨌든 당신들과 얘기하지 않으려 했겠군요.
그들이 얘기하려고 할 리가 없죠. 우리가 문제점을 폭로하려 했는데.

당신은 출판사의 지분을 1980년에 파트너에게 매각했습니다. 왜 거기서 나올 결정을 했나요?
자금 운용을 하고 싶었기 때문입니다. 실수를 피하면 성공한다는 제 이론을 채택하는 증권 애널리스트와 자금운용자에 대한 수요가 있을 것이라 생각했죠. 저는 제 지분을 팔고 개인 계좌 운용을 시작했습니다. 1994년에 대략 1억 5천만 달러를 운용했어요. 계좌 규모는 평균 50만 달러 정도였죠. 하지만 고객들의 평균 나이는 60이 넘었고, 머지 않아 대부분의 고객들이 돈을 인출해가기 시작하면 저는 곧 업계에서 은퇴해야 할 상황이었습니다. 그래서 시장으로 돌아가기를 고대했죠. 저는 10년간 시장보다 실적이 좋았고 그 실적을 이용해 뮤추얼 펀드를 시작하기로 결정했습니다. 그래서 1995년에 제 주식 계좌에 있던 7천만 달러를 올스타인 파이낸셜 얼러트 펀드 Olstein Financial Alert Fund로 전환했습니다. 우리의 자산은 현재 8억 달러에 달합니다.

조지 소로스가 당신의 가장 큰 투자자 중에 한 명인 것으로 알고 있습니다.
그뿐만 아니라 지난 33년간 개인적으로 알아왔던 다른 월스트리트 자금 운용자들도 제 펀드에 투자하고 있습니다. 우리는 한번도 손해를 본 적이 없었죠.

하루를 어떻게 보내는지 얘기해주십시오.

포트폴리오에는 5명이 관여하고 있습니다. 우리는 잡지와 연차보고서를 포함해서 모든 종류의 출판물들을 읽고 과열된 것을 찾는 데 대부분의 시간을 보냅니다. 내부적인 리서치를 하기도 합니다.

가격, 가격, 또 가격

그런 자료들을 읽으면서 무엇을 찾나요?

잘못 인식되고 있는 것, 즉 주식의 악재가 숫자에 의해 지지되지 않는 것을 찾습니다. 특히 일시적인 문제점들을 찾아요. 가장 좋은 예는 1998년 아시아 위기가 발생했을 때입니다. 투자자들은 석유 굴착 회사들을 처분하고 있었습니다. 저는 이런 굴착 회사들에 대한 리스가 끝나고 있었고 유가가 배럴당 10달러로 떨어졌기 때문에 전환이 시작될 것이라고 생각했습니다. 그래서 현금흐름이 풍부하고 처분 가치의 25%에 살 수 있는 굴착 회사들을 찾았습니다. 비관론이 너무 셌기 때문에 폭풍이 가라앉을 때까지 기다렸어요. 2~3년 후에 투자금을 두세 배로 불릴 수 있었습니다.

당신이 지금 하고 있는 일은 뉴스레터에서 하던 일과 정반대인 것처럼 들리는군요. 전에 당신은 너무 고평가되어서 곧 추락할 회사들을 찾았었죠. 지금은 뉴스가 사실보다 너무 부정적이어서 주가가 올라갈 회사들을 찾는군요.

좋은 요약이네요. 현재 우리는 다른 방향의 잘못된 인식 즉 회계가 너무 보수적인 것을 찾고 있습니다. 하지만 우리는 항상 상승 가능성을 평가하기 전에 하락 위험을 측정합니다. 가치투자를 하기 위해서는 2일이나 3일이 아니라 2년에서 3년이 필요합니다. 주식 선별 과정에서 세 가지 특성은 가격, 가격, 또 가격입니다. 좋은 회사를 비싼 가격에 사는 것은 나쁜 회사를 사는 것과 마찬가지입니다.

회사들을 평가할 때 어떤 숫자에 주로 관심을 기울이나요?

향후 3년에서 5년 동안 현금흐름이 어떻게 될지를 살펴봅니다. 즉 수익이 어느 정도 될지를 보는 것이지요. 회사는 수익이 있어야 성장할 수 있습니다. 우리는 펀드의 100% 모두를 재무부증권에 투자할 수도 있습니다. 따라서 포트폴리오에 선택되는 어떤 주식도 3년에서 5년 만기 재무부증권보다 최소 50%에서 100% 현금 수익이 높기를 기대합니다. 그래서 우리는 회사를 100% 매입해서 사유화할 경우 지불해야 하는 것과 할인된 현금흐름을 비교해보죠.

그러한 분석에서 가장 자주 하는 실수는 무엇인가요?

현금흐름을 잘못 추정하는 것입니다. 세 번 중 한 번은 틀리더군요. 다행히도 보통 크게 틀리지는 않아서 50% 이상은 거의 손해를 보지 않습니다. 핵심은 회계가 투명하고 재무제표상 현금이 있는 회사에 투자해서 손실을 보호하는 것입니다. 그런 요소들은 폭풍을 견뎌낼 시간을 주죠. 현금은 안전망입니다.

처분 원칙은 무엇인가요?

시장가치에 따라 처분합니다. 연간 회전율은 150% 정도죠. 우리는 처분 원칙을 엄격히 적용하는데 회사의 가치를 측정해서 주가가 그 가치에 이르면 처분합니다.

주가가 떨어지면 어떻게 하나요?

추정가가 변하지 않는 한 더 매입합니다. 우리는 추정한 시장가치보다 20%에서 50% 정도 할인된 가격에 매입하기를 원합니다. 주가가 그 가치로부터 멀어질수록 우리는 그 주식에 대한 포지션을 늘리죠. 역으로 주가가 그 가치에 가까워질수록 그 주식에서 멀어지려고 합니다.

세 가지 주식 중에 하나는 통하지 않는다고 하셨죠. 그것이 통하지 않으니 처분해야겠다는 결정은 언제 하나요?

24달러인 주식을 가지고 있는데 그 회사의 전망을 너무 낙관하고 있다는 것을 알려주는 자료를 읽거나 재무제표상에 무엇인가 사기 비슷한 것이 나타나려고 하면 처분합니다. 미계산된 수취 계정이 갑자기 증가하게 되거나 세금 지불이 연기될 수가 있습니다. 그런 것들은 분명히 문제가 발생할 것임을 알려주죠.

판단을 요하는 것이군요.

네. 그리고 다시 한번 말씀드리지만 주가가 떨어지는 것 자체는 처분할 이유가 되는 것도, 제가 실수했다는 것을 의미하는 것도 아닙니다.

얼마나 분산시키나요?

한 포트폴리오에 90~100종목 정도를 보유합니다. 어떤 것들은 0.5%만 보유하기도 하고, 어떤 것들은 2.5%까지 보유하기도 하죠.

예전에 애널리스트를 할 때 한번도 경영진에 대해서 언급하지 않았습니다. 지금은 어떤가요?

지금도 그렇습니다. 사실적인 내용들, 예를 들어 "이 계정이 무엇입니까? 이것은 무슨 의미죠?"와 같은 것들을 명확히 하기 위해 경영진에게 전화를 걸 수는 있어요. 하지만 회사가 어떻게 될 거라고 생각하는지 혹은 수익은 어떻게 될 것 같은지를 묻기 위해 경영진들에게 전화를 하진 않습니다. 경영진들과 이틀을 보내는 것보다는 연차보고서를 하룻밤 더 검토하는 게 낫다고 생각합니다. 저는 숫자를 봄으로써 제가 알아야 하는 모든 것들을 알 수 있습니다. 그들이 얼마나 보수적인지도 알 수 있어요. 3년간 주주들의 편지를 비교해서 주주들이 회사의 문제점을 어떻게 지적했는지도 알 수 있어요. 경영진들이 지켜지지 않은 무엇인가를 예측했는지, 주가에 너무 신경 쓰고 있지는 않은지, 회사의 재정을 처리하는 방식이 너무 보수적이진 않은지 그리고 그들이 얼마나 투명한지도 알 수 있어요. 재무제표를 보는 것만으로 경영진에 대해 알아야 하는 모든 것들을 알 수 있죠. 저는 회사에 문제가 있고 그 문제를 조만간 해결하지 못하면 주가가 바닥을 칠 거라고 얘기하는 경영자를 한번도 만나보지 못했습니다.

전체 주식시장의 상황은 어떻다고 생각하나요?
누가 그것에 신경을 쓰나요? 그건 군중심리라고 생각합니다. 저는 그것을 어떻게 예측하는지 모르기 때문에 거기에 시간을 쓰지 않아요.

그것은 당신이 많은 현금을 보유하지 않는다는 것을 의미하나요?
네. 지난 4년간 우리는 평균적으로 펀드의 20% 정도를 현금으로 보유해왔습니다. 현금 수준은 매입할 주식을 얼마나 많이 찾았느냐에 따라 결정됩니다. 기준을 충족시키는 아이디어를 얼마나 찾았는지에 따라서요.

현금을 보유하는 것보다 현재의 아이디어에 더 사용하는 것이 낫지 않나요?
분산시킨다는 저의 원칙 때문입니다. 라스베이거스에서 룰렛 휠을 할 때 보면 휠을 많이 돌리면 돌릴수록 더 유리하고 돈을 딸 확률도 증가하죠. 한 회사의 10%를 매입했는데 제가 잘못 판단했다면 손해가 훨씬 커지기 때문에 저는 기존의 아이디어에 더 투자하지 않습니다.

세금에 대해서 신경을 쓰나요?
세금은 부차적입니다. 투자 결정 전에 세금에 대한 결정을 해야 한다고 믿는 바보들이 있죠. 하지만 분명히 투자 결정이 우선되어야 합니다. 세금은 그 후의 문제죠. 30일이 지나면 장기 보유로 인한 세금 혜택을 받을 수 있다고 칩시다. 주식이 고평가되지 않은 경우에는 30일 더 기다릴 수 있습니다. 하지만 고평가된 경우라면 세금을 신경 쓰지 않고 처분해버립니다.

당신의 최대 투자 실수는 무엇이었으며 거기서 어떤 점을 배웠나요?
도나 카란$^{\text{Donna Karan}}$이었습니다. 도나 카란의 포지션을 크게 가져갔는데, 그녀가 회사를 위해 디자인한 제품에 대해 매출액에 따라 로열티를 가져간다는 사실을 놓치고 말았습니다. 그녀는 이윤이 아니라 매출에서 너무 큰 비율을 떼어갔습니다. 1999년에 거기서 손해를 보았죠. 그건 제가 잘못 분석한 회사였습니다.

당신이 다른 가치 매니저들과 다른 점은 무엇이라고 생각하나요?
성장이 제 가치 개념 중 일부라는 것입니다. 또한 제가 기술주든 비기술주든 경기변동주든 상관없이 매입할 수 있고, 성장 회사이든 가치 회사이든 상관없이 매입할 수 있다는 점에서 무엇이 가치냐에 대한 선입관을 가지고 있지 않습니다. 즉 가치의 정의에 인위적인 제한을 두지 않죠.

하지만 당신의 연차보고서 중 하나에서 당신은 AOL를 가치주로 정당화하고 있는 매니저들을 비판하지 않았습니까.
네. 그건 할인된 현금흐름 측면에서 AOL을 정당화할 수 있는 방법이 없었기 때문입니다. 그 회사를 현금흐름의 200~300배에서 사는 것을 정당화하기 위해서는 수년 동안 상당한 현금흐름이 있어야 했으니까요.

그래서 당신은 스스로를 빌 밀러처럼 가치를 결정하는 데 훨씬 유연한 접근법을 가지고 있다고 하는 매니저들과 같은 열에 넣지 않으려고 하는군요.
네. 저는 매우 엄격하게 훈련받은 사람이고 할인된 현금흐름 모델을 사용합니다. 차이점은 오늘의 현금흐름을 사용하지 않는다는 것입니다. 향후 3년에서 5년의 현금흐름을 사용하죠.

1980년대에 보스턴 치킨에 대해 목소리를 높였었죠.
보스턴 치킨과 루슨트 테크놀로지, 두 종목에 대해 목소리를 높여서 공개시장에서 가격이 떨어지게 했었죠. 보스턴 치킨은 치킨 회사가 아니고 리스크가 높은 사람들에게 돈을 빌려주는 은행이었습니다. 그 회사는 프랜차이즈들에게 돈을 빌려주고 그 돈을 수수료로 돌려받았죠. 저는 장기적으로 이 회사가 실질적인 현금흐름이 없을 것이며 업계에서 퇴출될 것이라고 얘기했습니다. 결국 제가 옳은 것으로 판명이 났죠. 루슨트의 경우는, 1999년 3월에 CNBC에 출연해서 루슨트가 숫자들을 속이고 있다고 했는데 그 말이 뉴욕타임스에도 인용되었습니다. 저는 그 회사가 말하는 연 20% 성장이 거짓이며, 그 주식이 너무 고평가되어 있다고 주장했죠.

어떻게 그런 결론을 얻었나요?

루슨트를 보유하고 있었는데 새로운 경영진마다 불연속으로 부채를 탕감하고 준비금을 되돌리고 있음을 알았습니다. 주식을 처분하고 회사가 말하는 것처럼 성장하고 있는 것이 아니라고 얘기했죠. 재무제표들이 이상했습니다. 경제적 실질과 조화되지 않았죠. 예전에는 루슨트를 매우 좋아했습니다. 숫자들이 제 마음을 바꾸게 한 거죠. 보스턴 치킨의 경우는 돈을 보스턴 치킨에 다시 돌려보내는 무익한 프랜차이즈들에게 돈을 빌려주고 있다는 것이 명확했습니다.

펀드에서 주식을 공매도 하기도 하나요?

할 수 있습니다. 지금은 공매도하지 않는데 굉장히 고평가된 주식을 찾지 못했기 때문입니다.

일반 투자자들이 주식을 공매도할 수 있다고 생각하나요?

아닙니다. 위험한 게임이에요. 우리도 공매도는 거의 하지 않습니다. 그리고 펀드의 4% 이상은 절대 공매도하지 않아요.

영원한 성장도, 영구보유도 없다

기술주는 1990년대 후반부터 2000년 3월까지 매우 인기가 있었습니다. 당시 기술주를 보유했었나요?

네. 우리는 인텔에서 수익을 올렸습니다. 기술주라고 특별히 나쁜 것은 없어요. 오늘날의 기술주는 20년 전의 철강주와 비슷합니다. 우리 경제의 필수적인 부분 중 하나입니다. 다만 문제는 사람들이 기술주를 그 본질 이상으로 만든다는 것이죠. 기술회사들은 순환적인 성장 회사들입니다. 기술주는 잭과 콩나무가 아닙니다. 그 회사들은 달까지 자랄 수 없고 성장하는 동안 문제가 없는 것도 아닙니다. 기술주에 잘못된 무엇인가가 있는 것은 아니에요. 다만 그것의 가치를 측정해야 하죠. 모든 것은 순환적입니다. 어떤 것도 영원히 성장할 수는 없죠.

매입해서 영원히 보유하는 것을 믿진 않나요?

절대 믿지 않습니다. 오늘 그것을 한다면 루슨트, 제록스^{Xerox}, 펜 센트럴을 보유하겠죠. 이 회사들을 지켜봐야 해요.
저는 가장 웃긴 것 중의 하나가 지수 펀드라고 생각합니다. 예전에는 엄청난 아이디어였죠. 하지만 지수 펀드들이 무엇을 해야 하는지 지켜보세요. 지수 펀드는 어떤 가격에서라도 야후, AOL, 퀄컴^{Qualcomm}을 사야 합니다. 그 주식들은 지수에 편입된다고 발표되었을 때 50%가 상승했었죠. 어떻게 그런 식으로 돈을 벌 수 있죠? 지수 펀드들은 곧 사라질 겁니다. 지수 펀드들은 결코 우리보다 잘할 수 없어요. 그럴 수 있는 방법이 없습니다. 매년 우리보다 실적이 나쁘지야 않겠지만 장기적으로 그것은 항해사 없는 배와 같습니다. 결국 빙하에 부딪히게 될 겁니다. 저는 왜 지수 펀드가 사기인지 얼마든지 증명할 수 있어요. 지수 펀드는 현금을 보유할 수 없고 고평가된 주식을 매입해야 합니다.
물론 많은 운용자들이 지수보다 실적이 좋지 않은 것은 사실입니다.

그러면 어떻게 해야 할까요? 실적이 좋은 운영자를 찾으세요.

사람들이 우리가 겪었던 시장 급락으로부터 배워야 할 가장 중요한 교훈이 무엇이라고 생각하나요?

재무제표를 어떻게 읽는지 이해하지 못하거나, 자신이 무엇을 하고 있는지 이해하지 못하면 그것을 잘 아는 전문가를 찾는 게 가장 좋다는 것입니다. 지난주에 치과의사한테 갔던 적이 있습니다. 그는 시스코가 어떻게 그렇게 내려갔는지 모르겠다고 불평하더군요. 저는 그에게 그의 도구들을 달라고 했습니다. 그는 어리둥절해하더군요. 저는 "당신이 주식시장에서 나보다 실적이 좋을 확률은 내가 내 이를 제대로 고칠 확률이랑 같아요"라고 했습니다. 그는 웃더군요. 자신이 무엇을 하고 있는지 이해하지 못하면 전문가에게 맡기는 게 좋습니다.

지금의 시장은 제가 처음 들어왔었던 32년 전과 다릅니다. 당시는 건실한 이유에 의해서 분기별로 오르고 내렸습니다. 오늘날은 시장에 너무 많은 정보가 있어서 사람들이 그걸 잘못 사용하고 있습니다. 매입하고 보유할 수는 없어요. 그런 건 없죠. 분석을 해야 합니다. 주식은 복권이 아닙니다. 그 숫자들 뒤에는 실제 회사들이 있어요.

시장 붐 동안 많은 사람들이 그들의 돈을 뮤추얼 펀드에서 빼서 스스로 개별 주식을 매입하기 시작했습니다. 당신은 사람들이 다시 전문 운용자에게 돌아갈 것이라고 생각하나요?

게임을 하고 싶어하는 투자자들은 항상 있었습니다. 똑똑한 사람들은 전문가들과 함께 가려고 하죠. 재미를 느끼려고 혼자 투자할 수는 있습니다. 하지만 저와 경쟁하고 싶다면 그건 다른 얘기죠. 저는 이 일을 하루에 16시간씩 하거든요.

어떤 주식에 대한 당신의 발언은 시장을 움직여왔습니다. 그런 힘을 가진 것에 대해 어떻게 생각하세요?
제가 시장을 움직여보려고 한 적은 없습니다. 저는 이 업계에 있으면서 부자가 되었죠. 제 굴레를 벗어던질 수 있었습니다. 저는 브롱크스의 중하층 출신이고 솔직히 제가 이 업계에 무언가를 돌려줘야 한다고 믿습니다. 제 발언이 실제로 도움을 줘왔어요. 저는 주주들을 사랑하고 존경합니다. 여전히 그들을 위해 일하고 있습니다. 저는 사람들에게 잘못된 투자 인식에 대해 경고를 주는 전문가가 필요하다고 생각합니다. 이 업계에서는 자신에 대해서만 생각하는 탐욕스런 사람들이 많습니다. 제가 공개석상에서 얘기할 때 저는 스스로 하는 말을 믿고 제 소명 중 일부가 교육을 통해 무언가를 돌려주는 것이라는 걸 믿습니다. 저는 제가 믿는 것에 대해서만 공개석상에서 이야기합니다. 시장을 움직이려고 얘기하지는 않아요.

당신의 펀드는 금융 전문가들에 의해 특히 많이 판매되었죠.
우리 펀드는 판매수수료가 없는 시장에 제공되지 않습니다. 브로커에게 1%를 지불하고 1%를 운용비로 받기 때문에 비용이 높은 펀드입니다. 제가 그들에게 1%를 지불하는 것은 제 돈이 여기 있고, 사람들이 제 펀드를 거래하는 것을 원하지 않기 때문입니다. 저는 우리 회사 직원들에게 그 펀드 이외에 어떤 주식도 보유하는 것을 허용하지 않습니다. 저는 사람들이 제가 하는 일과 제가 말하는 것을 이해하기를 바랍니다. 그래서 저는 우리와 투자자 사이에 금융 조언자가 있기를 원합니다.

한 친구를 위해 펀드의 포트폴리오를 구성한다면 어떤 주식을 사라고 얘기하시겠습니까?

그들에게 훈련이 제대로 된 매니저에 의해 운용되는 펀드에 투자하라고 하겠습니다. '실적'이 아니라 '훈련'이 가장 먼저 찾아야 할 것입니다. 당장 성과가 좋지 않더라도 자신의 훈련을 지킬 수 있는 용기가 있는 매니저가 좋습니다.

소형주, 중형주, 대형주를 모두 소유하는 것에 대해서 어떻게 생각하나요?

그건 저에게 농담에 지나지 않습니다. 실적과 회사의 규모 간에 어떤 상관관계가 있다고 생각하지 않으니까요.

어떤 것이라도 살 수 있는 매니저를 좋아하나요?

가치 기준과 현금흐름 기준을 충족시켜야 한다는 것 이외에는 다른 어떤 것에도 스스로를 제한시킬 필요가 없습니다. 결국 가치와 현금흐름이 최종적인 결정자이니까요.

이 책을 읽는 일반 투자자들이 어떻게 하면 현명하게 미래 현금흐름을 결정하고 나름의 분석을 할 수 있을까요?

스스로의 상식을 믿을 필요가 있습니다. 그리고 재무제표를 읽는 법을 알거나 시장을 읽을 수 있는 외계의 능력이 있어야 합니다. 기본적으로 투자는 장기에 걸쳐 부를 축적하는 게임입니다. 사람들은 하루하루의 성패에 너무 신경을 쓰고 있어요. NFL에서 점수는 게임이 끝나면 0대 0으로 돌아갑니다. 주식시장에서 승리하는 사람은 장기적으로 더 많은 부를 축적한 사람입니다. 0으로 돌아가면 게임이 끝난 것이죠.

❖

올스타인은 그의 일에 굉장한 열정을 가지고 말하고 자신의 접근법에 대한 믿을 수 없을 정도의 확신으로 넘쳐난다. 그는 아마추어 투자자들을 참지 못하는데, 그것이 그의 펀드를 전문가들만 배타적으로 이용하게 한 이유 중 하나이다. 그는 2000년에 바브라 스트라이샌드$^{Barbra\ Streisand}$가 그녀 자신과 몇 명의 중요 인물들을 위해 자금을 운용하기 시작했다는 기사를 읽은 후에 그녀를 공개적으로 비난하기도 했다. 그는 주주들에게 그녀가 포트폴리오를 운용하는 방법이 금융 출판물에 실리면 자신도 부업으로 그녀에게 노래 레슨을 해주겠다고 놀려댔다(다행히도 바브라 스트라이샌드는 투자업계에서 나갔고 올스타인은 음악 산업으로 들어가려는 계획을 포기했다).

Robert Perkins

마이애미 대학 경영학 학사

해군 장교 전역

1968년 ~ 1980년 켐퍼 파이낸셜 서비스

1980년 퍼킨스, 울프, 맥도넬 앤드 코 설립

1985년부터 뮤추얼 펀드 시작

1997년 버거 스몰캡 펀드로 펀드명 변경.

대표 펀드 : 버거 스몰캡 펀드

chapter 13

로버트 퍼킨스

로버트 퍼킨스는 거의 평생 투자를 해왔다. 그는 캐디를 해서 번 돈을 일리노이의 공영회사 주식을 사는 데 써버린 후 주식에 처음으로 빠져들었다. 그 주식은 몇 년 후에 두 배가 되었다. 그 이후 돈을 계속 주식시장에 투자해왔다. 대학을 졸업하고 해군에서 병역을 마친 후 퍼킨스는 은행의 투자 부서에 들어갔다가 나중에 켐퍼Kemper에 의해 인수된 회사로 옮겼다. 거기서 진정한 가치투자자가 되기 위해선 어떠해야 하는지를 배웠다. 켐퍼는 그에게 펀드를 운용할 수 있는 기회를 줬다.

12년 후 퍼킨스는 보다 편안한 생활을 위해 켐퍼를 나왔다. 그는 자금을 운용하는 것은 좋아했지만, 펀드를 판매하기 위한 마케팅은 좋아하지 않았다. 시카고 아파트에서 브로커 회사를 시작했고, 투자 업계의 몇몇 친구들과 소수의 선별된 고객들을 위한 작은 포트폴리오를 운영할 계획을 세웠다. 그 포트폴리오는 결국 뮤추얼 펀드가 되었다. 그가 마케팅을 혐오했기 때문에 펀드의 자산은 1980년 350만 달러에서 1997년 3,500만 달러로밖에 증가하지 않았지만, 놀랍게도 그 대부분은 투자 수익에 의한 것이었다.

1997년에 버거 펀드$^{Berger\ Fund}$가 퍼킨스의 펀드를 매입했고 이름을 버거 스몰캡 밸류$^{Berger\ Small-Cap\ Value}$로 변경했다. 버거의 마케팅 능력 때문에 자산은 28억 달러까지 증가했고 퍼킨스는 신규 펀드 가입을 금지하기로 결정했다. 그 외에 버거 미드캡 밸류$^{Berger\ Mid-Cap\ Value}$를 동생 톰과 공동으로 운용한다. 그 펀드는 신규 가입을 받고 있다.

현재 61세인 퍼킨스는 오랫동안 소형주에 투자해왔는데, 매니저는 모든 사람이 찾는 대형주보다 그런 부분에서 더 많은 가치를 찾을 수 있다고 느끼기 때문이다. 그는 신문에 나온 신저가 리스트를 살펴봄으로써 많은 아이디어를 얻고, 성공의 열쇠는 실수의 크기와 횟수를 줄이는 것이라고 말한다.

열두 살에 투자를 시작하다

투자뿐만 아니라 다른 면에서도 일반적인 것과 반대로 해왔나요?
아니요. 그렇진 않습니다. 저는 일반적인 중산층에서 자랐고 모든 '올바른 일들$^{right\ things}$'을 해왔습니다. 시카고 남부에서 자랐는데 해군에서 5년을 보냈을 때 이외에는 계속 여기 있었습니다.

첫 번째 투자는 무엇이었나요?
처음 투자를 했던 것은 캐디를 할 때였습니다. 열두 살 정도 됐을 겁니다. 여름 동안 200달러를 모았죠. 아버지가 그 중에서 100달러를 가져가서 지역 공사였던 노던일리노이 가스Northern Illinois Gas 다섯 주를 사주셨습니다. 아버지는 마샬 필즈Marshall Fields에서 일했는데 주식시장에 막 참여하고 있었어요. 그때가 아마도 아버지에게 처음으로 여유자금이 생긴 시기였을 겁니다. 노던일리노이 가스는 그 후 3년에서 4년간 두 배로 올랐습니다. 100달러가 200달러가 되었죠. 그것이 저를 매료시켰습니다. 100달러를 버는 데 제가 아무 것도 하지 않았으니까요. 가족들은 일찍부터 저에게 수입을 다 쓰면 안 되고, 예산을 짤 때 가장 먼저 해야 하는 일은 얼마나 저축할지 결정하는 것이라고 했습니다. 돈을 많이 받지 못하는 군대에 있을 때도 저는 아버지에게 저 대신 투자해달라고 돈을 보냈습니다. 그 돈은 복리로 상당히 불어났습니다. 저는 꽤 경쟁을 좋아하는 사람입니다. 그래서 주가를 보는 것만으로 제가 매일 얼마나 잘하고 있는지 측정할 수 있는 것을 좋아합니다.

동생인 톰도 이 업계에 있죠?
네.

자라면서 비슷한 경험을 했나요?
네. 동생은 저보다 5살 어립니다. 우리는 지금은 켐퍼 파이낸셜 서비스Kemper Financial Services라는 회사에서 12년씩 일했습니다. 저는 1968년부터 1980년까지 일했고 동생은 1972년부터 1984년까지 일했죠. 그때 켐퍼는 존 호킨슨John Hawkinson이 운영하고 있었습니다. 그는 회사를 독재자처럼 운영했는데 우리가 이 사업에 대해 아는 것은 모두 그로부터 배운 것입니다. 그는 그레이엄-도드 학파와 비슷했어요. 사실 그는 대공황 때 부실 철도 채권에 투자해서 돈을 벌었습니다.

대학에서 투자를 공부했나요?

마이애미 대학에서 일반 경영을 공부했습니다. 투자 수업도 두세 개 들었지만 그건 일반적인 수준이었어요.

대학에서 나와서 바로 켐퍼에서 일하기 시작했나요?

아닙니다. 5년 동안 해군에 있었어요. 1962년에 대학을 졸업하고 1967년에 군대를 제대했죠. 처음에는 시카고의 지역은행에서 일했어요. 지금도 그렇지만 당시에도 석사 학위 없이 이 업계에 들어오는 것은 힘들었습니다. 석사 학위는 지금도 없습니다. 군대 때문에 막 대학을 졸업한 친구들보다 5살이나 많아서 세상에서 뒤처졌다고 생각한 적도 있었습니다. 하지만 제가 첫 번째 직업을 이 업계에서 잡을 수 있었기 때문에 실제로는 운 좋은 휴식이었습니다.

무엇을 했나요?

은행의 투자 부서에 있었습니다. 회사에게는 제가 큰 실험이었는데, 제가 석사 학위가 없었고 그들은 한번도 석사 학위가 없는 사람을 뽑아본 적이 없었기 때문입니다. 거기서 1년 반 동안 일한 후 같은 거리에 있던 슈퍼바이즈드 인베스터즈$^{Supervised\ Investors}$에 들어갔는데 이 회사가 1974년에 켐퍼에 인수됐습니다. 당시 켐퍼에는 5개의 펀드가 있었습니다. 저는 아직도 운용 중에 있는 성장형 펀드와 소형주 펀드를 운용했습니다. 소형주 펀드는 1970년 펀드 시작부터 운용했죠. 그리고 그곳을 1980년에 나왔습니다.

그 펀드들은 가치형 펀드 같지 않군요.

네. 슈퍼바이즈드 인베스터즈는 원래 TV일렉트로닉스$^{TV\ Electronics}$라고 불리던 회사였습니다. 이름에서 알 수 있는 것처럼 펀드가 하나 있었고 펀드 전체가 TV 전자주들에 투자되었습니다. 그때는 TV 전자주들이 인기를 끌 때였죠. 그 펀드는 좋은 실적을 가지고 있었어요. 그런데 TV 전자주들의 인기가 시들해지자 망해버렸죠.

요즘의 인터넷 펀드들과 비슷하군요.
같다고 할 수 있습니다. 그때 존 호킨슨이 들어왔습니다. 회사는 TV 일렉트로닉스를 테크놀로지 펀드Technology Fund로 개명했습니다. 그 펀드는 실적은 별로 좋지 않았지만 여전히 회사에서 가장 큰 펀드였어요. 그리고 회사는 그로스 펀드Growth Fund를 시작했습니다. 분명히 기술주들을 사긴 했지만 저는 장황한 말보다는 펀더멘털과 숫자에 기초해 그 주식들을 산다고 생각했습니다.

성장형 펀드였지만 가치에도 관심을 기울인 거군요.
네, 상당히 신경을 썼죠.

요즘은 모든 사람들이 소형주, 중형주 같은 것과 함께 가치와 성장을 특별히 구분하는 것처럼 보입니다. 그때는 어땠나요?
그건 최근의 현상이라고 생각합니다. 대부분의 펀드들은 모든 규모의 주식들을 취급했습니다. 현재 소형주 펀드라고 불리는 것을 시작했을 때 그 이름은 서미트 펀드Summit Fund였습니다. 이름에 가치나 성장이란 말이 없었죠. 자산 규모도 훨씬 작았습니다. 테크놀로지 펀드가 가장 큰 기술주 펀드 중 하나였는데 제 기억에 자산 규모는 5억 달러밖에 안 됐어요. 회사의 주요 펀드가 된 그로스 성장 펀드는 제가 떠날 때 3억 달러 정도였습니다. 서미트 펀드는 1억 달러 미만이었는데 그래도 우리가 시카고에서 가장 큰 회사였습니다.

1980년 켐퍼를 나왔는데, 특별한 이유가 있습니까?
두 가지 이유가 있었습니다. 저보다 2살 위인 둘째 형이 42살에 뇌졸중에 걸렸습니다. 형이 걸릴 수 있으면 저도 걸릴 수 있다고 생각했습니다. 그때 저는 미혼이었고 다음주 급여에 대해 걱정하지 않아도 될 만큼 충분한 돈을 모아놓았었죠. 둘째로 그때 회사는 켐퍼에 인수되었는데 켐퍼는 제가 펀드의 마케팅에 좀더 관여를 하기를 바랐습니다. 하지만 저는 그것이 싫었습니다.

그런 이유들 때문에 거기서 나와 작은 브로커 회사를 차리고 가족을 위해 약간의 돈을 운영하면서 수수료를 받으려고 했습니다. 회사를 차리고 제 아파트에서 회사를 운영했어요. 우리는 임대료를 겨우 내는 형편이었지만 한 번도 고객들을 찾아가서 계좌를 맡겨달라고 부탁하지 않았습니다. 그리고 1985년에 소형주 펀드를 시작했습니다.

'우리' 가 누구인가요?
저와 울프, 맥도넬이죠. 우리는 우리 이름이 회사 이름으로 사용되는 것을 원하지 않아서 처음에는 스스로를 맥퍼울프^{McPerWolf}라고 불렀습니다. 회사가 실패했을 때 사람들이 누가 그 회사를 소유했었는지 알기를 원하지 않아서였습니다. 퍼킨스는 저였고, 울프는 예전 처남이었고, 맥도넬은 슈퍼바이즈드 인베스터즈에서 같이 일했던 톰 맥도넬이었습니다.

당시 슈퍼바이즈드 인베스터즈는 캔사스시티 서던 레일로드$^{Kansas\ City\ Southern\ Railroad}$에서 50%를 소유하고 있었습니다. 저보다 5살 어린 동생은 그 철도회사에서 일했어요. 나중에 그 회사가 복합기업이 되기로 결정하면서 매입할 회사들을 분석할 수 있는 누군가가 필요했고, 톰이 존 호킨슨에게 매입하려고 하는 회사들을 분석하는 방법을 배우기 위해 매주 월요일 아침에 시카고로 왔습니다. 1970년 그 철도회사는 기차를 추적할 수 있는 소프트웨어 프로그램을 내놓았습니다. 당시 슈퍼바이즈드 인베스터즈는 뮤추얼 펀드 계좌를 추적하는 데 어려움을 겪고 있었죠. 그래서 슈퍼바이즈드 인베스터즈를 위해 청산을 대신해주는 작은 회사를 세우기로 했습니다. 톰이 캔사스시티 서던의 돈으로 그 회사를 설립했죠. 그 회사는 DST였는데 켐퍼가 수년 동안 DST의 가장 큰 고객이었습니다. DST는 머니 마켓 펀드가 인기를 끌면서 성공하기 시작했습니다. DST는 현재 80억 달러 회사이고 뮤추얼 펀드의 거래 청산을 선도하는 회사입니다. 톰이 여전히 그것을 운영하고 있습니다.

그가 당신에게 뮤추얼 펀드를 시작하라고 했나요?
정확합니다. 그가 매주 월요일 아침 시카고로 오면 저와 침실을 같이 썼습니다. 우리는 사업적으로나 개인적으로 계속 만나고 있었죠. 그가 1985년에 펀드를 시작하라고 했습니다. 저는 정말로 개인적으로 운용하고 싶었어요. 제가 켐퍼에서부터 알던 35명의 사람들이 각각 10만 달러씩 모았습니다. 350만 달러짜리 펀드였죠. 저는 그것을 전문적 투자 클럽처럼 생각했습니다. 다른 투자회사의 자금 운용자들이었던 이 35명의 사람들과 아이디어를 얘기하고 교환했습니다. 그들은 반대로 저에게 풍부한 정보를 제공해주었습니다. 톰은 우리가 멋진 투자 기록을 만들 수 있으며 지역 브로커 회사가 1억 달러에 인수할 수 있다고 생각했습니다. 그런데 1987년이 왔고 그 아이디어는 날아가버렸죠. 우리는 1987년 폭락 1주일 전에 펀드를 공개했습니다. 말씀 드리지 않아도 결과는 아시겠죠?

옴니 인베스트먼트 펀드 Omni Investment Fund**로 알려진 이야기군요.**
네. 우리는 그것에 대해 마케팅을 하지 않았는데 제가 바보스럽게도 좋은 제품은 그 자체만으로 판매가 될 수 있다고 생각했기 때문입니다. 그 후 12년 동안 투자자가 35명에서 150명으로 늘어났습니다. 펀드는 350만 달러에서 3,500만 달러로 커졌는데 그 대부분은 자본 수익이었습니다.

그런 펀드 규모는 주요 랭킹 서비스 회사가 실적을 알고 랭킹에 넣어주기에는 너무 작지 않습니까?
그건 일부에 지나지 않습니다. 사실 우리는 한 번도 우리 메시지를 밖으로 내보내려 한 적이 없습니다. 펀드 규모가 1,500만 달러에서 2,000만 달러이면 누가 신경을 쓰겠습니까. 신빙성이 별로 없기 때문에 그 정도 펀드는 신경도 쓰지 않습니다. 사람들은 그런 펀드들에 대해서 들어본 적도 없죠. 12년이 지난 후에는 꽤 알려졌죠. 우리가 버거와 관련되어 있었기 때문입니다.
DST가 1994년에 버거를 매입했고, 버거는 우리 펀드를 1997년 2월에 매입했습니다. 우리는 그 펀드에 계속 조언을 해주기로 계약을 맺었습니다. 버거의 마케팅 노력과 우리의 높은 실적 때문에 우리는 현재 38억 달러가 넘는 자산을 운용하고 있습니다.

자산이 너무 증가해서 2000년에 신규 가입을 막았군요.
네. 저는 펀드의 규모 때문에 큰 회사의 주식을 사거나 더 많은 회사를 매입해서 펀드의 성격과 철학을 해치고 싶지는 않습니다. 우리는 그 펀드를 상대적으로 적은 종목수로 운용해오고 있었습니다. 현재는 65종목에 달하죠.

어떤 사람들은 38억 달러도 소형주 펀드에서는 너무 큰 것이 아니냐고 얘기하는데요.
그런 의심에 대한 저의 답은 우리는 실제로 펀드의 성격을 바꾸지 않았다는 것입니다. 대부분의 사람들은 소형주가 15억 달러 미만이라고 생각합니다. 하지만 중요한 것은 투자 금액이 아니라 투자 성격이나 철학이죠. 저는 우리가 펀드의 성격이나 철학을 바꿨다고 생각하지 않습니다.

중형주 펀드도 시작했죠.
네, 3년 정도 됐습니다. 제 동생 톰은 켐퍼를 나와서 얼라이언스 캐피털^{Alliance Capital}에서 일했습니다. 거기서 12년을 일했고 그 회사의 서부 영업을 관리했죠. 동생은 아침 5시에 출근해서 아침 8시인 뉴욕에 전화해야 하는 상황에 지치게 되었습니다. 그래서 저와 함께 중형주 펀드를 운용하기 위해 왔습니다. 그와 저는 예전에는 일주일에 세 번씩 얘기를 했어요. 지금은 하루에 세 번씩 얘기를 하는데 우리는 매우 잘 맞습니다.

그는 어디서 근무하고 있나요?
샌프란시스코에서 일합니다. 거의 10년 동안 거기에 있었죠.

둘이 같은 투자 철학을 가지고 있나요?
네. 우리는 모두 호킨슨에게 교육을 받았습니다.

서로 아이디어를 공유하나요?

네. 그리고 우리에게는 4명의 리서치 애널리스트가 있습니다. 1995년까지는 저 혼자였죠. 최초의 35명의 투자자와는 아직도 연락하고 있습니다. 그들 대부분은 여전히 제 펀드에 주식을 가지고 있죠.

개인에게 적합한 소형주

왜 소형주들에 초점을 맞추는 건가요?

보통 투자자들에게는 소형주에 더 많은 부가가치가 있습니다. 모든 사람들이 GM이 하는 일을 알고 있습니다. GM을 분석하고 GM에 대한 의견을 내는 사람은 8천 명이나 되죠. 하지만 소형주에 대해서는 개인이 더 창조적일 수 있습니다. 스스로의 아이디어를 찾아낼 수 있죠. 보다 독창적인 아이디어라고 할 수도 있습니다. 게다가 시장은 보통 단기에는 비효율적인데 소규모 회사들에 있어서는 더욱 그렇습니다. 이런 시장의 단기적인 비효율성을 이용하고자 하는 경우 소형주에 더 많은 기회가 있죠.

처음에 투자 아이디어를 어떻게 찾나요?

우리는 개별 회사에서 시작하는 투자자들입니다. 전체 시장이나 이자율, 경제 등에 대해서는 거의 신경을 쓰지 않죠. 우리는 하락 위험을 최소화하는 데 주요한 초점을 맞춥니다. 저는 항상 열 개의 투자 결정 중에는 서너 개는 잘못된 것이라고 생각해왔습니다. 틀렸을 때 손실이 크지 않으면 전체적으로 좋은 실적을 올릴 수 있습니다. 하락 위험을 강조함으로써 실수에 따른 충격을 최소화하려고 하죠. 큰 위험이 없다는 판단이 들면 잠재적인 수익이 얼마나 될지 살펴봅니다.

리스크가 감소될 것인지는 어떻게 판단하나요?
인기가 떨어진 산업이나 주식에서 아이디어를 찾습니다. 그런 회사들은 일반 경제 여건이 불리하게 전개되거나 회사 자체의 문제가 있기 때문에 인기가 떨어진 것들이죠. 우리는 신문의 신저가 리스트에서도 아이디어를 찾습니다. 저가에 판매되고 있거나 고가에서 크게 떨어진 산업이나 회사를 발견하면 떨어진 숫자들을 살펴보죠. 그것은 상대적으로 쉬운 일입니다. 사실 대부분의 문제는 재무제표 분석을 통해 그 회사가 단기적인 문제를 해결할 수 있는 재무적 건전성을 갖추고 있는지 판단하는 것과 관련된 것입니다.

아시겠지만 신고가를 기록한 주식을 사야 한다는 투자 이론도 있어요.
모멘텀 게임이죠.

신저가 리스트는 일정한 문제를 겪고 있는 회사들이기 때문에 위험이 있습니다. 상황이 정말 좋지 않다면 그 주식은 계속 신저가 리스트에 머물러 있을 수 있는데요.
주가가 내재가치보다 떨어지면 저는 좋다고 생각합니다. 1달러를 30센트에 살 수 있으면 오랜 기간 동안 좋은 실적을 낼 수 있죠. 하지만 타이밍이 좋지 않을 수는 있어요. 우리는 신규 부문에는 펀드 자산의 1% 미만만 투자함으로써 타이밍 문제를 최소화하려고 합니다. 이상적으로는 펀드의 모든 보유 주식을 각각 2% 이내에서만 보유하려고 합니다. 우리가 1% 이하로 투자했는데 기본적으로 변하는 것이 없음에도 가격이 계속 떨어지면 그건 우리가 평균 매입가를 낮출 수 있음을 의미하는 겁니다. 전환이 우리가 생각했던 것처럼 일어나면 마음놓고 포지션을 늘릴 수 있죠.

떨어진 숫자들을 보는 부분은 쉽다고 하셨죠. 그 과정을 설명해주십시오.
떨어진 숫자들은 대부분 대차대조표상의 다양한 비율들에 관한 것입니다. 간단하게 말해서 우리는 부채가 적은 회사를 찾습니다. 이상적으로는 부채가 없는 회사가 좋죠. 물론 어떤 산업들은 본질적으로 부채를 가지고 있습니다. 그런 경우는 상대적으로 작은 규모의 부채가 좋습니다. 우리는 유동성이 확보된 주식을 좋아하는데 유동성을 측정할 수 있는 가장 간편한 방법은 장부상의 현금을 보는 것입니다. 그리고 상대적으로 회계가 깔끔하고 장부가치보다 싼 가격에 거래되고 있거나 장부가치에 약간의 프리미엄만 붙여도 되는 회사들을 좋아합니다.

부채를 왜 좋아하지 않죠?
부채는 아무리 그 주, 그 달, 그리고 분기 수익면에서 잘 하더라도 계속 따라오게 되는 비용입니다. 부채는 회사의 스타일을 크게 망쳐놓을 수 있어요. 수익이 회사 자체의 문제나 산업의 문제 때문에 감소하게 됐을 때 부채가 많으면 헤어나기가 힘듭니다. 부채가 없고 현금이 크게 소요되는 곳이 없으면 오랜 기간 동안 살아남을 수 있죠.

그런 회사들의 가치를 어떻게 측정하나요?
장부가치도 중요하지만 실제 수익을 올릴 수 있는 것은 문제들이 정정되었을 때 회사가 어떻게 돈을 벌 수 있는지 확인하는 것입니다. 즉 회사의 수익 능력을 판단하는 거죠. 그건 대개 회사가 역사적인 수익성 수준을 회복할 수 있느냐, 매출이 역사적인 성장률로 돌아갈 수 있느냐 등에 따라 결정됩니다. 우리는 이 수익 능력이 2년 이내에 회복될 수 있기를 기대합니다. 그 이후에는 질적인 면을 살펴봅니다. 시장이 그 수익들을 얼마나 보상해줄지를 추정해보죠. 우리가 가격 상승의 이익을 얻는 것은 거기에서입니다.

그것을 판단하기 위해 유사한 회사들을 살펴보나요?
수익 능력은 보통 주어진 매출액 수준에 대한 회사의 수익성에 따라 달라지고 회사가 과거에 해왔던 일들이 산업에서 진행되고 있는 일과 조화가 잘 되는지에 따라 결정됩니다.

폭락 속에서 보석을 찾는다

그 과정을 실제로 적용시켜서 매입했던 주식의 예를 들어주실래요?
상대적인 관점에서 이 업계에서 제가 가장 돈을 많이 모았던 것은 1970년대 중반입니다. 당시 사람들은 부동산투자신탁(리츠)에 흠뻑 빠져 있었죠. 월스트리트는 항상 사람들이 원하는 것을 팔아왔습니다. 즉 월스트리트는 많은 종이를 만들어왔고 사람들은 그것을 샀습니다. 우리는 1990년대 후반과 2000년 초 인터넷에서 그것을 경험했죠. 어쨌든 당시 80~100개의 리츠가 만들어졌습니다. 초기 것들은 괜찮았습니다. 부동산 포트폴리오를 짜고 좋은 임대수입을 올렸죠. 사람들이 열광함에 따라 월스트리트는 더 많은 리츠를 만들었습니다. 이 새로운 리츠들은 더 나아가 실속 없는 부동산을 세우거나 매입했습니다. 그 후 모기지 리츠도 생겼어요.

간단히 말하면 그 붐은 꺼져버렸고 많은 리츠들이 과다한 부채와 비경제적인 부동산들 때문에 가치가 없어졌습니다. 그 과정에서 실제로 좋은 부동산을 보유하고 있고 괜찮은 경제적 수익을 올리던 좋은 리츠 몇 개도 똑같이 부실한 것으로 취급되었습니다. 저는 그런 좋은 리츠들을 달러당 20~25센트 정도에 샀습니다. 모든 것이 정리되고 난 후, 지루하고 오래된 부동산 시장에서 제 돈은 두세 배가 되었습니다.

저는 거기서 교훈을 얻었습니다. 무언가를 제대로 사고 인내를 가진다면 수익이 정말 클 것이란 것을 말이죠. 그걸 오늘날에 적용해 보면, 또 한번 많은 리츠들이 만들어졌던 것을 알 수 있습니다. 이 새로운 돈들은 모두 부동산에 대해 과다한 돈을 지불했죠. 허접한 주식들과 좋은 주식들이 모두 곤두박질친 후 잘 골랐다면 10% 가격에 좋은 리츠를 살 수 있었습니다. 아마도 추가적인 30% 자본 증가도 있었을 겁니다. 더욱이 하락 위험은 최소였죠. 그것이 실제로는 특정 상황에 적용되지 않는 단기적 문제들 때문에 과다하게 가격이 떨어진 것을 샀던 좋은 예입니다.

모든 종류의 리츠가 있을 때 어떻게 좋은 것과 나쁜 것을 구분할 수 있나요?
역시 대차대조표를 보면 됩니다. 가치가 없어진 회사들은 엄청난 부채를 안고 있고 경제적 수익을 주는 자산은 가지고 있지 않습니다. 가장 중요한 것은 그들이 부채의 이자를 지불할 만한 수단도 없다는 겁니다.

그래서 폭락한 부문을 살펴보면서 당신은 재무제표 상태가 가장 좋아 보이는 회사들을 찾는 거군요.

정확히 그렇습니다. 어떤 폭풍이라도 견뎌낼 수 있는 힘을 주는 것은 재무적 건전성입니다.

폭락한 인터넷주들 가운데서는 당신의 조건에 맞는 회사가 없었나요?
없었습니다. 우리는 어떤 것에도 수익의 20배 이상은 지불하지 않습니다. 수익의 20~30배 정도를 지불하려면 반드시 최소 2년 이상의 수익예측이 가능해야 합니다. 우리는 그런 주식에 관련되고 싶지 않습니다. 하지만 시장이 기대한 만큼 성과를 거두지 못해서 60, 70, 혹은 80%까지 가격이 떨어진, 예전에 인기가 좋았던 기술주들을 매입하지 않는 것은 아닙니다.

이것은 오른 쪽이든 내린 쪽이든 다시 시장의 비효율성과 관련된 겁니다. 지난 4년 내내 최고가로부터 60~80% 떨어진 주식들을 찾을 수 있었습니다. 그런 주식들에 대해서는 대차대조표 분석을 해볼 필요가 있습니다. 부채가 없고 현금이 많은 회사들이 좋습니다. 우리는 부채가 없는 좋은 기술회사들을 현금의 2배에서 4배 정도에 매입할 수 있었습니다. 물론 그 회사들은 흔들리고 있었고 그래서 가격이 떨어진 것이었습니다. 하지만 기본적 제품 라인이 다음 주나 내년에 바로 기술적으로 쓸모 없게 되는 것은 아닙니다.

그런 주식들을 처분하는 사람들이 모르는 어떤 분석법이라도 있나요?
우리는 문제점이 해결되었을 때 그 회사가 무엇을 할 수 있는지 확인하려고 합니다. 예를 들어, 많은 사람들이 반도체 산업이 순환적이라는 사실을 잊고 있습니다. 우리는 사이클이 다시 좋아지면 이 회사들이 무엇을 할 수 있는지 살펴봅니다. 예전에는 수익의 30~40배에서 거래되었는데, 지금은 수익의 8~10배에서 거래되고 있는 주식들을 찾을 수 있습니다. 장기적인 성장은 그 주식이 최고가에 있을 때만큼 강하진 않을 겁니다. 장기적인 성장률이 30~40%가 된다는 것은 소설에나 나올 만한 얘기입니다. 이 업계에 있는 동안 저는 한 번도 오랫동안 30~40%로 성장하는 회사를 보지 못했습니다. 아마도 장기적인 성장률은 20~25%일 겁니다. 문제점이 해결된다면 월스트리트가 그런 정도의 성장을 하는 회사의 가격을 수익의 20~25배 정도로 쳐줄 거라는 겁니다. 하지만 우리는 수익의 8~10배에 매입했습니다. 가장 중요한 것은, 우리의 판단이 틀렸거나 수익이 우리가 기대했던 것만큼 빨리 회복되지 않아도 재무제표상의 건전성이 우리를 가격 하락으로부터 지켜줄 수 있다는 점입니다.

수익에 대해 많은 것을 얘기하셨습니다. 그건 어쨌든 당신이 수익이 있었던 회사를 살펴본다는 것을 의미하나요?

네. 그것이 우리가 인터넷주를 사지 않았던 이유 중 하나입니다. 인터넷주들은 돈을 벌어본 적이 없고 그래서 경기가 좋아졌을 때 그 회사들이 무엇을 할 수 있는지 알 방법이 없습니다. 돈을 벌지 못했던 아마존닷컴과 같은 회사들이 지금부터 3, 4년 후에 얼마나 벌 수 있을지를 어떻게 이론화할 수 있을까요?

그런 주식들을 살 때 대부분의 월스트리트 애널리스트들은 그것을 매도 종목으로 평가하나요?

매도 종목으로 추천하거나, 아예 다루지를 않습니다. 우리가 옳다면 특히 폭락한 성장 분야라면 우리는 매입합니다. 그리고 월스트리트의 모든 사람들이 그 주식들을 좋아할 때 처분하죠. 자주 달라지는 상황 중 하나는 우리가 매도 목표가와 가격 목표를 정할 때입니다.

주식이 가격 목표에 도달하면 우리는 처분합니다. 예를 들어 제가 수익의 20배에서 거래될 수 있다고 계산한 주식을 수익의 8~12배에서 샀다고 가정해보죠. 그 경우 저는 가격이 수익의 20배에 도달하면 처분합니다. 월스트리트와 모멘텀투자자들은 그 주식이 수익의 40배에서 거래될 수 있다는 이론하에서 우리로부터 그것을 매입하죠.

주식을 처분하는 다른 경우는 없나요?
우리의 판단이 틀렸으면 처분합니다. 솔직히 천리안이 있는 건 아니거든요.

언제 당신이 틀렸다고 판단하나요?
처음에 그 주식을 샀던 기본적 이유가 들어맞지 않을 때입니다. 성공했던 예를 하나 들어드리죠. 지난 2, 3년 동안 우리는 에너지주에서 돈을 많이 벌었습니다. 유가가 배럴당 12달러에서 14달러가 되었을 때 에너지주를 매입하기 시작했죠. 석유의 공급이 가격이 오를 수밖에 없는 상황까지 감소할 것이라고 판단했습니다. 그런데 가격은 계속 떨어져서 배럴당 10달러가 됐고 초기 투자에서 20~30%만큼의 손실을 봤습니다. 하지만 우리는 우리의 기본적 분석을 믿었고 결국 네다섯 배의 수익을 올릴 수 있었습니다. 사실 유가가 배럴당 30달러까지 오를 것이라고 믿지는 않았습니다. 하지만 유가가 14달러, 12달러, 10달러일 때 그 회사를 사두면 언젠가는 보상 받으리라고 생각했죠.

당신이 잘못했었던 예도 들어주시죠.
재무제표는 건전하지만 최고가로부터 70~80% 떨어진 두세 개의 인력파견회사를 매입한 적이 있었습니다. 그 회사들이 떨어졌던 것은 수익 예상이 좋지 않았기 때문이었죠. 월스트리트는 이 회사들이 미국 회사들의 Y2K 문제를 해결해주고 많은 돈을 벌었지만, 그 사업이 이제 끝났으니 수익이 내려갈 것이라고 생각했습니다. 하지만 우리는 한 단계 더 나아가 인터넷 비즈니스가 Y2K를 대신해 그 파견회사들에 기회를 줄 것이라고 생각했습니다. 모든 사람들이 인터넷에 열을 올렸던 짧은 기간 동안은 우리가 옳았습니다. 하지만 그 상황은 삐걱거리면서 멈춰버렸고 그 주식들은 바닥까지 떨어졌습니다. 아마도 그 그룹에서 % 기준으로 가장 많은 돈을 잃었을 겁니다. 25~30% 손해를 봤죠. 그 전에는 절대 그런 일이 없었습니다.

특정 비율까지 떨어지면 그 주식을 처분하기도 하나요?
정해진 공식은 없지만 어떤 주식이 그 그룹이나 시장과 비교해 10~15%까지 실적이 좋지 못하면 무엇이 진행되고 있는지 다시 살펴봅니다. 상황이 나쁘지 않으면 더 매입할 수도 있습니다.

주식을 보통 얼마나 오래 보유하나요?
우리의 회전율은 50~60%입니다. 수치상으로는 평균 2년간의 보유 기간을 갖고 있죠.

최근에 다시 살아나긴 했지만 지난 몇 년간 소형주들이 대형주보다 실적이 좋지 못했습니다.
숫자는 해석하기에 따라 다르게 보일 수 있습니다. 이에 대한 일을 많이 해왔던 리서치회사 이봇슨 어소시에이츠$^{\text{Ibbotson Associates}}$는 1927년 이래 소형주의 실적이 더 좋았음을 보여주었습니다.

그건 너무 길군요. 저는 더 최근을 얘기했던 것입니다.
맞아요. 지난 몇 년간만 따지면 당신 말이 100% 맞죠.

향후 5년에서 10년간은 어떨 거라고 생각하나요?
시장은 순환하는 경향이 있습니다. 분명히 소형주들은 4, 5년간 인기가 좋지 않았고 최근 1년 반 동안은 인기가 좋았습니다. 편견을 지닌 견해이기는 하지만 어쨌든 저는 앞으로 2년에서 3년간은 소형주의 실적이 더 좋을 것이라고 생각합니다. 사실 저는 장기적인 성과에 더 초점을 맞춥니다. 장기적으로는 소형주가 대형주보다 실적이 좋다고 믿어요. 그것은 제가 말씀드렸던 비효율성들 때문이죠. 게다가 큰 것보다는 작은 것이 성장하기 쉽잖아요.

리스크를 줄이려 한다고 말씀하셨죠. 하지만 소형주들이 대형주들보다 더 위험이 큰 건 사실이 아닌가요?
단기적으로는 그렇죠. 소형주들의 변동성이 더 크니까요. 하지만 장기적으로 리스크에 차이가 있다고는 생각하지 않습니다.

주식시장에 100% 투자한 투자자에게 몇 %나 소형주에 투자하라고 추천하겠습니까?
100%요. 하지만 한 가지 경고하고자 하는 것은 저 스스로 가치 쪽에 치우쳐 있긴 하지만 모든 돈을 한 스타일로 투자하거나 한 명에게 맡기는 것은 좋지 않다고 생각한다는 것입니다.

위험을 최소화해라

자신의 돈은 어떻게 투자하나요?

100번 중 95번은 가치주에 투자합니다.

모든 돈을 소형주에 투자하나요?

예.

왜 가치투자가 당신에게 통한다고 생각하나요?

우선 분석을 제대로 하면 항상 하락 위험과 변동성을 최소화할 수 있기 때문입니다. 둘째로는 시장이 제가 생각한 대로 그 회사의 가격을 쳐주지 않으면 주식회사 미국이 그걸 대신 처리 주기 때문입니다. 지난 몇 년간 우리는 포트폴리오의 10% 이상을 처분했습니다. 그것은 저에게 주식회사 미국이 우리가 보는 것과 같은 가치를 보고 있다는 것을 알려주는 겁니다. 또한 가치주를 사면 배당을 받을 수 있습니다. 내가 인식한 가치를 다른 사람이 인식하기를 기다리는 동안 3%에서 5% 정도의 배당을 얻을 수 있는 것보다 좋은 것은 없죠.

어떤 종류의 주식도 보유할 수 있나요?

어떤 산업에 속한 주식들은 절대 보유하지 않습니다. 예를 들어 저는 금과 관련된 주식을 한 번도 보유하지 않았습니다. 고무회사 주식이나 철강 주식도 보유하지 않았었죠. 저는 경제적 가치가 있는 것을 만들 수 없는 회사들은 보유하지 않습니다.

동생인 톰과도 경쟁하나요?

네. 제가 열아홉 살 때까지는 무엇에서든 동생을 이길 수 있었습니다. 동생이 스물다섯이고 제가 서른일 때도 결국 제가 마지막으로 결정했기 때문에 거의 무엇에서든 동생을 이길 수 있었습니다. 그런데 서른일 때 운동에서는 동생을 이길 수 없더군요. 동생은 항상 운동을 잘 했습니다.

누가 더 좋은 투자 운용자인가요?
글쎄요. 숫자는 해석하기 나름입니다. 현재는 동생이 더 잘 하고 있죠. 이유는 모르겠습니다. 하지만 우리는 앞서거니 뒤서거니 해요.

지금까지 배운 투자 교훈 중 가장 좋은 건 무엇이었나요?
리스크를 최소화하라입니다. 켐퍼에서 이윤 배분 연금을 운용할 때였습니다. 제가 운용한 10년간 그 연금은 연간 22%씩 올랐죠. 그런데 1972년에만 30~35%가 떨어졌습니다. 그 해에 자금을 현금화하려는 노인들이 몇 분 있었습니다. 은퇴할 때 그들은 생각했던 것보다 금액이 30% 적다는 것을 알게 됐죠. 그들은 슬퍼했습니다. 그때 저는 하락 위험을 최소화해야 하는 것이 얼마나 중요한지 절실히 깨달았습니다.

⚜

스스로 소형주에 투자하려고 하는 사람에게 퍼킨스는 최소한 열 개의 다른 회사를 다양한 산업에서 찾으라고 조언한다. 그리고 투자 금액이 20만 달러가 되지 않는다면 거래수수료가 너무 부담스러울 것이라고 얘기한다. 따라서 퍼킨스는 개인 투자자들에게 잘 운용되고 있는 펀드를 통해 소형주에 투자하는 것이 더 좋다고 얘기한다. 또한 신용 거래를 하는 것에 주의를 기울이라고 하는데, 거래를 너무 많이 하면 부유해지게 되는 사람은 거의 대부분 브로커이기 때문이라고 한다.

Charles Royce

브라운 대학 학사

컬럼비아 대학 MBA

1960년 ~ 1966년 체이스맨해튼 은행과 지역 브로커 회사에서 애널리스트로 근무

1966년 펜실베이니아 뮤추얼 펀드 인수

1972년 로이스앤드어소시에이츠 설립. 사장이자 투자 책임자.

대표 펀드 : 펜실베이니아 뮤추얼 펀드

chapter 14

찰스 로이스

찰스 로이스는 소형주 투자자들 사이에 전설로 통한다. 그는 소형주에서 업계 누구보다 오랫동안 성공적인 투자를 해오고 있다. 그는 1960년대에 조사원으로 출발해서 몇 년간 애널리스트이자 브로커로 일했다. 1966년 펜실베이니아 뮤추얼Pennsylvania Mutual을 운용하기 시작했는데 그 펀드는 여전히 그의 주요 펀드이다. 1972년에 자신의 회사 로이스 앤드 어소시에이츠Royce&Associates를 시작해서 현재는 여덟 개의 안정적인 펀드들과 다양한 개인 계좌들을 가지고 있는데 그 모두가 소형주들에만 한정적으로 투자하고 있다.

로이스가 가치투자자로 출발했던 것은 아니다. 사실 그는 1960년대 후반과 1970년대 초반 성장투자자였다. 하지만 1973년부터 1974년의 약세장을 겪고 난 후 방식을 바꿨다. 1974년 초에 펜실베이니아 뮤추얼에 투자된 1달러가 그 해 말에 46센트의 가치밖에 없게 되었었다. 그것이 로이스가 리스크 감소를 더 강조하게 된 계기가 되었다.

60세의 매니저와 그의 동료들은 현재 가장 보수적인 소형주 포트폴리오들을 운용하고 있다. 로이스는 각 회사에서 재무제표의 건전성, 재무적 성공의 증거, 미래의 성공 가능성이라는 세 가지 주요 특성을 찾는다. 소형주들은 몰락하기 쉽지만 로이스는 잉여현금흐름*을 만들며 주식시장과 전체 경제의 잠재적인 어려움들을 견뎌낼 수 있는 성장 중인 회사들을 찾는다.

  자신의 가치평가 변수들과 리스크에 대한 혐오에도 불구하고 로이스는 기술주에도 투자하고 있다. 하지만 로이스는 자신은 다른 모든 사람이 무시하는 '치킨' 기술주들을 사는 것이라고 얘기한다. 나비넥타이를 맨 이 매니저는 신규등록주에도 관심을 가지고 있지만 거래가 시작되고 6개월에서 18개월 정도는 그냥 지켜보는데 그때쯤 되면 주가가 떨어지기 쉽기 때문이다.

소형주에 집중하다

항상 소형주들에 관심을 보여왔죠?
그렇습니다. 제가 이 업계에 들어온 1960년대에는 소형주에 공격적으로 투자하는 것은 공식적인 분류에 들어가지도 못했습니다. 사실 소형주small-cap라는 용어는 1970년대와 1980년대 후반까지도 사용되지 않았습니다. 단지 공격적 투자자들이 그런 종류의 증권들을 산다

---

* free cash flow. 영업 활동을 통해 벌어들이는 매출액에서 영업 활동과 관련된 비용과 법인세, 재투자 자금등 자본지출을 차감한 현금흐름. 현실적 현금흐름을 정확히 보여준다는 점에서 각광을 받고 있으며, 미국에서는 잉여현금흐름표를 작성하는 기업이 늘고 있다.

고만 알려졌었죠.

어디서 자랐나요?

메릴랜드 베데스다에서 자랐습니다. 워싱턴 D.C. 근처였죠. 대학은 뉴잉글랜드로 갔고 뉴욕에는 석사 학위를 따기 위해 왔어요. 그 이후 계속 여기에 있죠.

주식시장에 일찍부터 관심이 있었나요?

네. 오래된 이야기인데 꾸며낸 것은 아닙니다. 1950년대 고등학교를 다닐 때 제약회사인 신텍스^{Syntex}를 10주 샀었어요. 밸류라인을 읽고 그걸 선택했었죠.

분명히 어릴 때 주식시장에 대해 연구하기 시작했군요. 신텍스의 실적은 좋았나요?

네. 하지만 그걸로 무엇을 했는지는 기억이 안 나는군요.

하지만 그 경험이 당신의 흥미를 불러일으켰겠군요.

네. 대학에서는 동아리의 다른 사람들과 주식시장 내기도 했었습니다. 우리는 약간의 돈으로 놀았는데 200달러 정도 됐을 겁니다.

대학에서 경영학을 공부했나요?

대학원에서 재무를 공부했어요.

대학을 졸업한 후에는 무얼 했나요?

월스트리트에서 일하게 됐고 거기에 머물렀지요.

첫 번째 직업은 무엇이었나요?
체이스맨해튼 은행Chase Manhattan Bank에 들어갔습니다. 리서치 부서에서 점차 저만의 방법을 찾았죠. 그 후 체이스를 나와서 몇 개의 지역 브로커 회사에서 애널리스트와 브로커로 일했습니다.

당신의 회사는 어떻게 시작하게 됐나요?
대학 친구 중 한 명이 고객이었는데 제가 그 친구에게 뮤추얼 펀드를 가지고 있던 몰락한 운용회사를 매입하라고 권유했습니다. 그 펀드는 자산이 거의 없었어요. 5년인가 6년 동안 실적이 좋았는데 2년간 실적이 정말 좋지 않았죠. 친구가 그 회사를 매입하고 나서 제가 그 펀드를 인수했습니다.

그게 현재 당신의 주요 펀드가 된 펜실베이니아 뮤추얼인가요?
네. 그건 1966년이었는데 1972년 말에 제가 회사 자체를 인수했죠.

흥미로운 타이밍이군요.
네. 그 펀드는 제가 맡은 첫 해에 바로 40% 떨어졌습니다.

그때는 아무도 소규모 주식에 대해 얘기하지 않았다고 했었죠. 왜 그런 회사들에 관심을 가지게 되었던 거죠?
1960년대 후반에 업계가 그런 식으로 돌아갔습니다. 저는 그런 증권들을 주로 취급하던 작은 회사의 리서치 책임자였습니다. 그것들은 소매 고객이 원하던 것이었습니다. 역사적으로 소형주들을 지지해왔던 세력은 개인투자자들이었어요. 개인투자자들은 자신에게 친숙하거나 고향에서 인기가 있거나 특별한 관계에 있거나 스스로 내부 정보를 가지고 있다고 생각하는 회사들을 매입했습니다.

하지만 왜 대형주가 아니라 소형주에 집중하기로 결정했던 거죠?
멋진 이유를 대고 싶지만 그런 것은 없고 단지 제가 그와 관련된 일을 해왔기 때문입니다. 소형주는 항상 살펴볼 회사가 8,000개나 있기 때문에 터무니없을 정도로 기회가 많은 분야입니다. 살펴볼 회사가 부족한 일은 절대 없어요.

소형주를 어떻게 정의하나요?
현재는 시가총액이 20억 달러 미만인 주식들입니다.

그럼 당신의 선별 과정은 시가총액이 20억 달러가 넘는 회사들을 제거하는 데서 시작하나요?
네. 그것이 우리의 시작점입니다. 약간의 예외는 있지만 대부분은 그렇죠. 우리는 적극적으로 중간 시가총액 규모와 평균 시가총액 규모를 살펴봅니다. 중간은 보통 10억 달러 이하이고 평균은 좀더 높습니다.

극소형주들에만 특화한 펀드들도 가지고 있죠? 소형주와 극소형주의 차이는 무엇인가요?
그냥 부르는 게 다를 뿐입니다. 사실 명확한 차이점은 없어요. 현재는 극소형주를 시가 총액 4억 달러 미만인 주식으로 정의하고 있지만 최근에 그렇게 정한 것 뿐입니다. 예전에는 3억 달러로 구분했었습니다. 우리 극소형주 포트폴리오들의 시가총액 평균은 2억 달러에서 2억 5천만 달러 사이입니다.

수익 감소 없이 위험을 줄이다

회사들 자체의 측면에서 소형주와 극소형주의 차이가 있나요?
거의 없습니다. 다만 전체적으로 극소형주는 덜 자세히 조사됩니다. 또한 덜 유동적이고 더 무너지기 쉽죠. 하지만 이런 점들은 충분히 예상할 수 있는 것들입니다.

그런 점들은 극소형주가 별로 매력적이지 않은 것으로 보이게 하는군요. 이런 주식들을 보유하면 무엇이 좋죠?
위험이 클수록 현명하게 투자했을 때 얻을 수 있는 수익이 큽니다. 그 분야는 시장에서 변동성이 더 큰 분야지만 그 때문에 리스크를 조정하더라도 더 많은 돈을 벌 수 있죠.

위험 감소가 당신에게 매우 중요하다고 알고 있습니다.
개인적으로는 그렇지만 우리가 취급하고 있는 분야 자체가 그런 것은 아닙니다. 저는 수익을 감소시키지 않아도 리스크를 감소시킬 수 있다고 생각합니다. 다만 말하기는 쉬워도 실제로 하기 어려워서 그렇죠.

당신은 어떻게 그렇게 하나요?
가능한 모든 방법을 동원합니다. 시작은 가장 명확한 곳부터 하는데, 주식 선별에 신중을 기합니다. 또한 재무제표와 현금흐름에도 주의해야 합니다. 우리는 펀더멘털을 매우 중시하지요. 그리고 무엇보다 중요한 것은 재무제표에 나타나지 않는 리스크의 중요한 부분도 생각한다는 겁니다. 이건 회사 전략, 지속 가능성, 시장 적응성, 공모 중인 주식 종류, 회사의 경영 원칙, 전체 경영 스타일 등과 관련된 것입니다.

우리는 하락 가능성과 상승 가능성 모두를 잘 분석하려고 노력해요. 양쪽 다 동시에 잘 할 수는 없지만, 거의 맞게는 할 수 있습니다. 일반적으로 하락 쪽을 잘 분석하면 상승 쪽은 잘 분석하지 못하죠.

배당을 지급하는 소형주를 찾는 펀드도 가지고 있죠?
네. 그 접근법은 극단적으로 위험을 감소시키는 것입니다.

많은 소형주들이 배당을 지급하나요?
물론이죠. 2,000개 정도 회사에서 그렇게 합니다.

더 작은 신생기업들은 배당을 지급하지 않습니다. 배당을 지급하는 소형주들은 오랜 기간 있어온 오래된 회사들인가요?
물론이죠. 모순처럼 들릴 수도 있지만 그 회사들은 성숙한 소형주들입니다. 현금을 충분히 가지고 있고 주주들이 배당을 원한다는 이유 때문에 배당금을 지급하는 오래된 작은 회사들이지요. 지분을 많이 보유한 가족이 배당을 원할 수도 있고 다른 특별한 상황이 있을 수도 있습니다. 어떤 경우든 배당은 리스크를 감소시키는 경향이 있죠. 또한 배당은 회사가 성공적이라는 것을 알려주는 지표가 되기도 합니다. 배당을 주는 회사를 찾는 것은 좋은 선별 과정입니다. 질 좋은 작은 회사들을 뽑는 방법이니까요.

대부분의 회사들이 소형주로 인식되지 않나요?
물론 그렇죠.

관심을 가지고 있는 주식들이 얼마나 되나요?

미국 시장에는 대략 1만 2,000개의 회사들이 있습니다. 그 중 8,000개가 소형주고 시장 전체 시가총액의 8, 9% 정도 됩니다.

왜 그런 주식들의 대부분이 제대로 조사되지 않나요?

투자의 관점에서 소형주는 중요하지 않은 카테고리입니다. 말씀드렸다시피 그 분야는 국가 전체 시가총액의 9% 정도밖에 되지 않습니다. 브로커 회사는 소형주를 추천하는 사업에 속해 있는 게 아닙니다. 증권사들은 인수^{IPO}를 하는 사업에 속해 있죠. 이런 면에서 소형주들이 추천될 만한 현실적인 공간이 없는 것입니다.

투자 판단의 핵심은 자본수익률

아이디어를 어떻게 찾나요?

오래된 방식으로 찾습니다. 처남과 주식브로커와 택시기사로부터죠. 어떤 것이든 될 수 있습니다. 우리는 컴퓨터 선별 작업도 하고 진지한 사내 리서치도 열심히 하지만 아이디어가 어디서 발생했는지에 대해서는 전혀 신경 쓰지 않습니다.

우리가 정말 민감할 때는 그 아이디어로 무엇인가를 할 때입니다. 우리는 매우 엄격한 방식으로 회사를 살펴봅니다. 회사의 심장이자 영혼이라고 할 수 있는 자산수익률을 살펴보고 그 회사를 이해하려고 노력합니다. 영구적인가? 지속가능한가? 그 부문의 수익에 충격을 줄 무엇인가가 있는가? 수익이 높은 회사를 찾으면 그 회사가 주기적으로 성장하든 간헐적으로 성장하든 수익이 낮은 회사보다 훨씬 좋은 엔진을 잡은 겁니다.

예를 들어주십시오.
똑같이 수익의 10배에 거래되고 있는 두 회사가 있다고 가정해보죠. 한 회사의 자본수익률은 25%고 다른 회사는 7%입니다. 이런 상황은 항상 발생하는데 수익이 높은 회사가 더 좋은 투자가 됩니다. 회사 내에 자본을 쓸 기회가 없으면 초과현금이 발생합니다. 그 초과현금은 회사와 주식에 긍정적인 작용을 하죠. 장기적으로 초과현금은 누적되고 창조적으로 이용되며 주식을 되사는 데도 사용될 것입니다. 초과현금이 없는 회사는 물 속에 잠긴 것과 같습니다. 그래서 우리는 초과현금을 발생시키는 경향이 있는 수익이 높은 회사들을 찾고 있습니다.

그것은 수익이 없거나 수익 전망이 불확실한 막 창업한 회사들이……
우리의 투자리스트에 포함되기 힘들다는 걸 의미하죠. 반대로 우리가 그 회사들에 투자를 했다는 것은 그 회사의 전망이 좋으리라는 걸 확신하게 되었다는 겁니다.

다른 것들은 살피지 않나요?
솔직히 자본수익률을 살펴보고 그것이 미래에 지속 가능할지를 이해하는 것이 전체의 70%입니다. 그것을 완벽히 했으면 거의 정확한 겁니다.

그런 수익들의 지속 가능성을 어떻게 측정하나요?
그 회사와 다른 사람들 그리고 경쟁자들과 얘기를 해봅니다. 우리는 그 회사를 이해하기 위해 소크라테스의 대화법을 사용합니다. 지속 가능성에 대해서 계속 조사를 하죠.

경영진을 방문하는 것이 그 과정의 일부인가요?
물론이죠. 하지만 그걸로 많은 것을 얻으리라고는 생각하지 않습니다. 경영진을 이해하고 사교상의 대화를 하는 것이 나쁠 리는 없지만 진실을 알아야 합니다. 경영진과 논의를 할 때는 이런 문제들을 이해해야 하죠. 하지만 경영진들은 결국 헤어질 때까지 수익이 지속 가능할지에 대해서는 대답하지 않을 것입니다.

평가 과정의 나머지 30%는 무엇이죠?
여기저기 묻고 경쟁자들과 대화하는 것 등입니다.

어떤 질문들을 하나요?
그들이 그 회사를 어떻게 생각하고 있는지 알고자 합니다.

사람들이 보통 얘기하는 것 중 하나는 소형주가 더 개방적이고 접근하기 쉽다는 점입니다. 사실인가요?
옳은 말이라고 생각합니다. 그들은 정말 사람들과 대화하기를 원해요. 보통 누구라도 작은 회사에 전화를 해서 대화를 할 수 있습니다. 큰 회사는 보통 홍보를 담당하는 사람과만 얘기할 수 있도록 하죠.

하지만 종종 그런 작은 회사들은 자신들의 전망에 대해 너무 열정적이어서 경영진이 그 열정을 지지할 아무런 근거 없이도 많은 것들을 얘기할 수 있습니다. 우리는 1990년대 후반 인터넷주에서 그런 것들을 보았죠. 모든

CEO들이 나와서 그들이 정복할 수십억 달러 시장에 대해 얘기했지만 그런 시장은 존재하지 않았습니다. 보통의 개인 투자자들은 무얼 해야 하나요?

보통의 투자자들도 대차대조표를 읽을 수 있습니다. 보통 투자자들이라도 어느 정도의 상식은 알고 있어야 합니다. 보통 투자자들도 제가 하는 것과 동일한 질문을 할 수 있습니다. 그 질문들은 간단한 것들입니다. 어디에 있었고 어디로 갈 거죠? 대차대조표는 어떤가요? 어떻게 그런 대차대조표에 다다르게 됐죠? 어떻게 이런 수익들을 올리나요? 3년이나 5년 후에는 회사가 어떻게 될 것 같나요? 이런 질문들에 대한 답을 얻어야 하는데 이런 질문들은 누구나 할 수 있는 겁니다. 그리고 시장의 다른 현실적인 맥락에서 그것들에 대해 생각해보면 좋은 결과를 거둘 수 있습니다.

대형주와 소형주를 분석하는 방법에 있어서 차이가 있나요?

별로 없습니다. 하지만 작은 회사들이 더 무너지기 쉽다는 것과 같은 일반적인 점들은 고려합니다.

질적인 측면이 우선

가치평가 측면에서는 어떤가요? 주식에 대해 얼마나 지불하나요?

좋은 질문입니다만 정답은 없습니다. 가치는 우리의 위험 관리 중 일부입니다. 분명히 중요한 부분인데 그렇다고 유일한 부분은 아닙니다. 우리는 결국 우리의 투자자들을 위해 확고한 수익을 올리려고 합니다. 지불하는 가격은 그 수익과 관련이 되죠. 하지만 저는 "모든 회사가 수익의 9배에서 거래되어야 해. 그렇지 않으면 그걸 사지 않을 거야"라는 식으로 생각하지는 않습니다. 가치에 대해 논의하기 전에 저는 그 회사의 질적인 측면을 이해할 필요가 있다고 생각합니다. 그 회사의 질적인 측면에 정말 확신이 가면 그 후에 가치를 평가하려고 하죠. 거기에 간단한 방정식은 없습니다.

회사를 어떻게 살펴보고, 그 회사 가치의 적정성을 어떻게 결정하는지 예를 들어 설명해주십시오.

회사를 동적인 사업으로 취급하면 됩니다. 역사적인 현금흐름을 보고, 미래 현금흐름을 고려하고, 그 현금흐름의 지속 가능성과 확신 정도에 대한 가정을 한 후, 부동산의 일부분처럼 회사의 가치를 측정하는 거죠. 저는 부동산이나 회사의 레버리지에 대한 결정을 내리는 것처럼 제 투자에서 최소한의 수익은 거두고 싶습니다. 우리는 X로 성장하고 있는 영업 수익을 우리의 정책에 따른 비율로 나눠서 상한 비율을 정합니다. 그 후 부채와 현금을 회사의 가치에 반영합니다. 레버리지 되지 않은 사업가치를 구하기 위해 주식 수와 주가를 곱한 후 부채를 더하고 현금을 뺍니다. 그 후 그 비교의 대상으로 2, 3년간의 영업이익을 사용하죠.

회사가 조사되지 않거나 발견되지 않으면 무엇이 가격을 오르게 하나요?

세월이죠. 저는 왜 가격이 오르는지에 대한 20가지 이유를 댈 수 있습니다. 하지만 어떤 주식에 무슨 일이 일어날지는 저도 몰라요. 그것이 제가 많은 수의 주식을 사는 이유입니다. 그건 번개를 맞은 나무와 같아요. 나무가 번개를 맞기 위해서는 숲에 나무가 많이 있어야 합니다. 나무가 두 개밖에 없는데 번개에 맞을 거라고 기대하는 건 무리가 있죠.

큰 기관이 소형주를 발견했을 때 이 주식이 상대적으로 유동성이 떨어지기 때문에 더 크게 움직이는 경향이 있나요?
물론이죠. 하지만 이런 주식들은 생각보다 유동성이 높습니다. 소형주들의 하루 거래량이 오만 주에서 십만 주 정도 되는 일은 그렇게 드문 일이 아닙니다.

그동안 소형주들이 더 많은 관심을 받아왔나요?
좀더 큰 소형주들은 월스트리트의 관심을 받고 있습니다. 하지만 여전히 빙산의 일각이죠.

언제 주식을 처분하나요?
두 가지 극단적인 경우는 인수가 되어서 크게 성공했을 때와 완전히 실패했을 때입니다. 이 둘은 모두 좋은 결과입니다. 완전히 실패한 경우에는 거기서 벗어나 다른 회사로 갈 수 있어요. 하지만 대부분의 회사들은 중간 정도에 머물러 있죠. 그런 것들은 팔기에도 사기에도 적절하지 않습니다. 이 게임에서 가장 어려운 부분은 이렇게 느리게 움직이는 종목들을 관리하는 것입니다.

그런 종목들로 무엇을 하나요? 특히 그 주식이 계속 횡보하고 있을 때는요?
가장 안 좋은 상황입니다. 오르거나 내리면 좋아요. 우리는 성공과 실망 모두에 대처할 수 있습니다. 가장 어려운 것은 좌절하는 것입니다. 우리는 그런 주식들을 많이 가지고 있었습니다. 불행하게도 마술 같은 것은 없어요. 케이스별로 살펴보아야 하죠.

얼마나 오래 기다릴 수 있나요?

우리는 인내심이 많습니다. 하지만 다른 것들을 살펴보는 데에도 시간을 써야 하죠. 우리는 가끔 정체하고 있는 포지션을 살펴보고 어느 순간에 결정을 합니다. 최초 매입 결정 이후에도 자주 결정을 내리죠. 1년에 최소 7번 정도로 말입니다. 그렇게 어중간하게 실적이 좋지도 나쁘지도 않은 주식들이 가장 큰 골칫거리입니다.

주가가 떨어졌을 때 보유를 포기하는 시점이 있나요?
대부분 우리는 더 매입합니다. 때때로 포기하기도 하지만요.

그것이 대부분의 투자자들에게는 매우 어려운 일이라고 생각하지 않나요? 가격이 떨어질 때 그들은 보통 주식을 처분하는 것 같습니다.
일반적인 반응이 있다고는 생각하지 않습니다. 사람들은 일정한 감정에 의해 움직이는데 두려움과 부정도 거기에 포함되지요.

소형주 투자는 특별히 분류되어 왔습니다. 자산 배분 전문가들은 대형주와 소형주에 골고루 투자해야 한다고 말하고 있어요.
지난 10년에서 15년간은 정말 그들의 조언이 통했었죠.

그 접근법이 괜찮다고 생각하나요?
자산 배분 접근법은 노아의 방주처럼 모든 동물을 둘씩 가지고 있어야 한다고 말하는 것보다도 논리적이지 않습니다. 자산 배분은 모든 것을 하나씩 가지라고 하죠. 하지만 정말 필요한 것은 좋은 주식과 좋은 펀드로 이루어진 포트폴리오입니다. 모든 것을 하나씩 가진 게 아니죠.

소형주 펀드는 어떻게 고르나요?

그 펀드의 역사를 봅니다. 그러면 그 펀드의 미래에 대한 통찰력을 가질 수 있습니다. 저는 리스크와 수익에 대해 많이 생각하는데 다른 투자자들에게도 그렇게 하라고 얘기해왔습니다. 강세장에서는 선택하기가 정말 쉽죠.

리스크는 많은 사람들이 잊고 있는 단어죠.

맞습니다. 사람들은 'r'로 시작하는 다른 단어인 수익^{returns}에만 관심을 쏟아요.

당신의 포트폴리오에서 리스크 관리의 핵심은 무엇인가요?

분별력을 갖는 것입니다. 자신이 무엇을 하고 있고 회사가 어떤지를 알아야 합니다. 그 회사가 투기적인 회사인가? 좋은 재무 상태를 가지고 있는가? 좋은 실적을 올려왔는가?

저는 사람들이 현실과 맞닥뜨려야 한다고 생각합니다. 현실에 가까이 갈수록 리스크에 대한 판단을 더 잘 내릴 수 있기 때문이죠.

포트폴리오를 어느 정도 분산시키나요?

매우 많이 분산시키는 편입니다. 우리의 주요 펀드들은 수백 개의 주식을 가지고 있습니다.

연차보고서는 좋은 자료

소형주들에 관해서 월스트리트 리서치는 어떤가요?

그 리서치들은 투자은행 지향적입니다. 좋을 수도 있고 형편없을 수도 있죠.

그 리서치들에 의지하나요?
아뇨. 우리는 그것을 부차적인 자료로 사용합니다.

회사의 연차보고서는 어떤가요?
저는 투자자들이 연차보고서를 꼼꼼히 읽어야 한다고 생각합니다. 대표이사의 편지, 경영진의 논고, 대차대조표를 읽고 올해의 연차보고서와 지난해 것을 비교하죠. 투자자들은 서너 개의 연차보고서를 놓고 편지와 현금흐름표들을 읽어봐야 합니다. 그러면 무엇이 진행되고 있는지 핵심을 알 수 있습니다. 일반적인 투자자들이 그것에 어려움을 겪을까요? 아마도 아닐 겁니다. 연차보고서는 누구나 이용할 수 있는 간단한 것입니다.

신규등록주들을 사나요?
가끔 사죠. 저는 변동 주기의 시작점이든 종료점이든 그 회사들의 인기가 정말 떨어졌을 때 신규등록주들을 매입합니다.

소형주 같은 경우는 거래 체결이 얼마나 중요한가요?
매우 중요합니다. 스프레드가 매우 커서 때로는 2%에서 4%에 달할 때도 있습니다. 호가 단위가 1/4 달러인 10달러 주식의 경우는 2.5%가 되죠. 그것은 그 게임에 들어갈 때마다 2.5%를 포기해야 한다는 것을 의미합니다.

소형주들에 지정가 주문을 내는 것이 좋나요?
단지 조심하기만 하면 됩니다. 지정가 주문은 좋아요. 이 주식들을 거래할 때는 시간을 가져야 합니다. 갑자기 뛰어들어 10분 내로 거래를 마쳐야 하죠. 자신이 원하는 포지션을 얻기 위해서는 며칠을 기다려야 할 수도 있습니다.

인덱싱에 대해선 어떻게 생각하나요?
나름의 역할이 있다고 생각합니다.

소규모 주식 영역에서도 통할까요?
별로 그럴 것 같지 않습니다.

왜죠?
너무 많은 작은 주식들이 싸구려이기 때문이죠. 소형주 지수는 부정적인 선택이 있을 수 있습니다. 반면 대규모 지수는 긍정적인 선택이 가능한데 200억 달러에서 1000억 달러짜리 회사로 크기 위해서는 옳은 일을 해야 하기 때문이죠.

기술주도 보유하나요?
네.

그 회사들은 어떻게 가치를 측정하나요?
다른 오래된 회사들의 가치를 측정하는 것과 같은 방법으로 합니다. 즉 그 회사들의 미래에 대해 생각하고 그들의 업무를 이해해서 가치가 얼마나 될지 판단을 하죠.

회전율은 보통 얼마나 되나요?
연 30~40%예요.

소규모 주식 기준으로는 매우 낮은 편입니다. 세금을 고려하나요?
두 가지 방법으로 고려합니다. 손실을 적절히 실현하려고 하고 수익은 가능한 효율적으로 연기하려고 하죠.

약세장에서 보수적이면 안 된다

당신은 꽤 오랫동안 투자해왔습니다. 반면 대부분의 투자자들에게 최근의 약세장은 처음 겪는 약세장일 것입니다.
투자자들이 알아야 하는 것은 시장이 오르기도 하고 내리기도 한다는 것입니다. 시장에 처음 들어온 사람들은 그 사실을 망각하죠. 어떤 종목에서 90% 손실을 보면 그 투자자는 다음 번에는 더 신중할 겁니다.

당신은 최근에 약세장에서 보수적이면 안 된다고 했습니다. 무슨 뜻인가요?
신중한 것이 약세장에서는 좋지 않습니다. 약세장은 리스크를 증가시키기에 좋은 시점이고 감소시키기에는 나쁜 시점입니다. 리스크를 증가시키면 2년 정도 후에 더 높은 수익을 올릴 수 있습니다. 시장이 계속 내려가면 포지션을 더 늘려야지 거기서 이탈하면 안 됩니다.

약세장에 접근하는 가장 좋은 방법은 무엇인가요?
가장 좋은 방법은 정액매입법^{dollar cost average}입니다. 정액매입법은 장세에 상관없이 일반적인 기준으로 보통의 금액을 투자하는 것을 말합니다. 어느 날 화살을 던져버리면 틀릴 수 있습니다. 천천히 시작하고 한 주씩 걸러 포트폴리오를 늘리는 것이 좋습니다.

본인의 돈은 어떻게 투자하나요?
똑같은 방법입니다. 뮤추얼 펀드를 사죠.

대규모 주식 펀드도 보유하고 있나요?
약간이요.

어떻게 가치투자자가 되었죠?
1973년과 1974년 약세장에서 많은 돈을 잃었기 때문입니다. 그때 제 돈 대부분을 날려버렸는데 포트폴리오에 과도한 투기 리스크가 있었기 때문입니다. 그때는 대차대조표의 중요성을 이해하지 못했고, 분산화 원칙을 이해하지 못했으며, 개별 회사와 관련된 투명성 원칙들도 이해하지 못했습니다.

투자자가 할 수 있는 최대의 실수는 무엇인가요?
연차보고서를 읽지 않는 것이나 자신의 투자와 관련된 리스크를 이해하지 않는 것입니다. 사람들은 스스로 분석하지 않고 좋은 얘기를 들으면 무조건 주식을 사버리죠.

지금까지 배웠던 투자 교훈들 중 가장 좋은 것은 무엇인가요?
위험이 낮아진다고 수익이 감소하는 것은 아니라는 겁니다. 학자들이 말하는 것과는 반대로 리스크와 수익은 최소한 제 경험에 비추어

보면 완전히 연관되어 있는 것은 아닙니다.

뮤추얼 펀드 투자자로서 홈런을 날리려고 하는 펀드가 아니라 리스크가 낮은 펀드를 찾아야 한다는 말인가요?
솔직히 그렇습니다.

'토끼와 거북이' 이야기 같군요.
정확히 그렇죠. 제가 배운 다른 교훈은 투수가 던질 때마다 스윙할 필요는 없다는 것입니다. 투자는 계속 진행되는 게임입니다. 잠시 동안 게임에서 벗어났다가 새로운 접근법으로 돌아올 수 있습니다. 승리하기 위해 지나치게 활동적일 필요는 없어요.

가치투자는 경험을 통해

당신이 실패를 해서 결국 주식을 처분하기로 했을 때 그 투자가 실패한 공통적인 이유가 있나요?
보통 그 전에는 인식하지 못했던 문제들이 슬며시 발생하기 때문입니다. 그 문제들은 점차적으로 영향을 미치죠. 예전에는 없었는데 시간이 지남에 따라 조금씩 증가하는 레버리지가 그런 예입니다.

장세에 관심을 기울이나요?
네. 시장과 반대로 가는 것을 좋아합니다. 시장이 오를 때는 더 보수적이고 내릴 때는 더 공격적이죠.

현금을 보유하나요?

아니오. 최대한 투자하려고 합니다.

당신의 가치 평가의 지표들은 시장 상황에 따라 바뀌나요? 즉 시장이 오르고 있으면 주식들에 더 높은 가격을 지불할 수 있나요?

그렇게 하지는 않으려고 합니다. 무의식적으로 그렇게 될 수 있을 텐데 저는 그러지 않도록 노력합니다.

당신 생각에 소형주와 대형주 간에 변화하는 주기가 있나요?

물론이죠. 그런 주기가 예측 가능하다고 생각하지는 않습니다. 하지만 주기가 있는 것만은 분명하죠. 저는 그런 주기에 대한 감을 가지고 있습니다. 시장에서 벌어지고 있는 일들에 관심을 기울이죠. 트렌드는 멈출 때까지 지속되는 경향이 있습니다. 저는 이번 10년간은 소형주가 좋을 것 같습니다. 1990년대에는 아니었기 때문이죠.

어떤 이유로 이 부문이 흥미로워질까요?

이유는 필요 없습니다. 그냥 현상일 뿐입니다. 주식이 오를 거라는 이유가 있기 때문에 주식을 살 필요는 없습니다. 단지 무언가 좋은 게 있다는 것만 알면 되죠. 5개의 주식을 사면 그 중 2개는 생각보다 많이 오를 거고 2개는 전혀 오르지 않을 겁니다.

투자자들이 소형주 투자에서는 더 분산해야 한다고 생각하나요?

물론이죠. 두 배는 더 해야 합니다.

뮤추얼 펀드와 관련해서 소규모 주식 펀드의 자산 규모는 어느 정도가 적당

한가에 대한 논쟁이 있습니다. 어느 쪽이 맞다고 보나요?
가치형 펀드에서는 더 많은 자산을 가지고 있어도 됩니다. 가치형 펀드는 보통 시장과 반대로 가기 때문이죠. 성장형 펀드의 경우는 모멘텀을 사는 것인데 훨씬 작은 자산을 가지고 운영되어야 한다고 생각해요.

구체적인 숫자들을 말씀해 주십시오.
저 같으면 자산이 10억 달러 이상인 소형주 성장형 펀드는 피할 것 같습니다.

가치형 펀드는 좀더 많아도 됩니까?
경험상 그렇습니다.

그런 주식들에는 수요가 많지 않기 때문인가요?
그렇습니다. 우리는 주식이 우리에게 오길 기다리면서 가격이 떨어질 때 매입합니다. 그것은 큰 포트폴리오에서 이익이 될 수 있습니다.

당신의 투자 스타일 중 무엇을 가장 좋아하나요?
저는 제 투자법이 항상 신선하고 어떤 경우에도 적용될 수 있는 접근법에 가장 가깝다고 생각합니다. 장세가 좋든 나쁘든 상관없이 다양한 시장에 적용되죠. 좋지 않은 시장에서 오히려 더 좋은 실적을 올릴 수도 있습니다. 선천적인 가치투자자 같은 것은 없습니다. 사람들은 경험을 통해 가치투자자가 되죠. 사람들이 여기까지 오기 위해서는 제가 그랬던 것처럼 어느 정도 고통을 겪어야 할겁니다.

❖

　로이스는 아마도 필자가 인터뷰했던 그 누구보다도 많은 주식을 포트폴리오에 가지고 있을 것이다. 이런 폭넓은 분산이 변동성이 심한 소형주 시장에서 리스크를 낮추는 그의 방법이다.

　자금 운용자를 선택하는 문제와 관련해 로이스는 투자자들이 합리적인 수익을 추구하고 절대적인-상대적인 것이 아니라- 실적을 강조하는 접근법을 사용하는 사람을 찾아야 한다고 얘기한다. 또한 그는 매니저들이 그들의 성공과 실패에 대해 주주들과 더 개방적으로 대화하고 토론해야 한다고 생각한다.

　로이스는 최근에 그의 회사를 견실한 대가 빌 밀러가 일하고 있는 레그 메이슨에 매각했다. 로이스는 그 회사에 계속 활동적으로 참여하려고 하며 몇 개의 포트폴리오를 계속 운용할 계획이다.

KENT SIMONS

프린스턴 대학 공공 및 국제 정세 전공

프록터앤드갬블 현장주임

1962년 뱅커스 트러스트 입사

라이오넬 D. 에디, 앵커 코퍼레이션 등에서 근무

1973년 노이버거 버만 입사

1981년 가디언 펀드 포트폴리오 매니저

대표 펀드 : 노이버거 버만 포커스 펀드

chapter 15

켄트 시몬스

    켄트 시몬스는 월스트리트에서 몇 년간 일하고 나서야 자신이 투자에 대해 아버지로부터 많은 것을 배웠다는 것을 깨달았다. 그의 아버지는 고등학교 경제 선생님이었는데 학교와 집에서 시몬스에게 경제에 대해 가르쳤다. 그의 아버지는 완고한 가치투자자여서 배당이 많지 않은 주식은 결코 사지 않았다고 한다.
    월스트리트가 시몬스의 원래 목표였던 건 아니었다. 프린스턴을 졸업한 뒤, 시몬스는 비누 공장의 현장 주임으로 일했다. 그는 그 일을 좋아하지 않았는데, 마침 징병되는 바람에 그 일에서 벗어날 수 있었다. 전역 후 그는 뱅커스 트러스트^{Bankers Trust}의 연금 관리부서에서 일 하다가 나중에 투자 부서에서 일하게 되었다.
    시몬스는 1960대 후반에 처음으로 자금을 운용하기 시작했다. 그는 1965년부터 1973년까지 주식투자자에게 매우 힘든 시기였고, 그 때문에 가치투자자가 되었다고 말한다. 당시에는 주가가 계속 내려가기만 했다. 그의 아버지는 좀 더 싼 회사들을 사라고 충고했는데, 몇 년이 더 지나서야 그는 아버지의 말씀을 이해하게 된다.

시몬스는 1973년부터 노이버거 버만에서 일해왔다. 현재 그 회사는 선도적인 가치투자회사로 존경 받고 있지만, 당시만 해도 좋은 주식을 고를 수 있는 능력이 있다는 정도로 알려진 회사에 불과했다. 시몬스는 자신이 가치투자자가 맞는 것 같다고 생각하기는 하지만, 요즘에는 가치투자와 성장투자를 너무 구분하는 것 같다고 말한다.

시몬스는 1981년에 노이버거 버만 가디언 펀드$^{Neuberger\ Berman\ Guardian\ Fund}$를 맡아서 1998년까지 운용했다. 그동안 자산은 1억 3,500만 달러에서 80억 달러로 증가했고, 회사의 가장 큰 포트폴리오가 되었다. 또는 그는 1991년부터 지금까지 노이버거 포커스 펀드$^{Neuberger\ Focus\ Fund}$도 운용하고 있는데, 이 펀드는 회사 내 최고의 성과를 보이고 있다.

시몬스는 30종목 정도의 집중된 포트폴리오를 가지고 있다. 약관에 따르면 포트폴리오는 6개 부문 내의 주식들만 보유해야 하는데, 실제로는 그의 투자 방식 때문에 그보다 적은 부문만 포함하기도 한다. 그는 성장률이 S&P 500보다 높고 PER는 낮은 회사를 찾는다. 또한 주식 매입 전에 왜 가격이 싼지를 이해하기 위해 노력한다.

가치투자자 아버지

디트로이트에서 성장하던 시절, 주식시장에 대해 알게 되었나요?
네. 저의 아버지는 경제사를 가르치던 고등학교 사회 선생님이셨는데, 우리는 집에서 경제에 대해 얘기를 나누었습니다.

좀 특이한 주제네요.

그렇죠. 저는 디트로이트 공립학교를 나와서 프린스턴에 간 후 처음 2년간 아무런 사회적 활동도 못했습니다. 사립학교를 나온 친구들에 비해 많이 뒤처져 있었죠. 그러다 2학년 때 경제학 수업에 참여했는데 매우 잘했습니다. 저의 아버지가 좋은 선생님이었던 거지요. 그리고, 그때는 몰랐는데, 저의 아버지는 매우 좋은 투자자이기도 했습니다. 아버지는 결코 증권업자 명의로 된 주식은 보유하지 않았습니다. 당신의 명의로만 보유해서 배당수표를 받곤 했죠. 배당수표를 열기 전에 아버지는 "수표에 센트가 있으면 너한테 주마"라고 하셨습니다. 그래서 수표가 25달러 30센트면 저는 30센트를 받았었죠. 이런 경험을 통해 상당히 어릴 적부터 저는 주식 일반에 대해, 특히 배당에 대해 매우 흥미를 가질 수 있었습니다.

아버지가 매우 큰 포트폴리오를 만드셨나요?

아버지는 평생 학교 선생님이셨고 연 1만 5,000달러 이상 벌어본 적이 없으셨습니다. 그런데, 아버지가 돌아가실 때, 유산이 77만 5,000달러나 되더군요. 말년에 저의 주선으로 아버지와 노이버거 버먼의 창립자인 로이 노이버거$^{Roy\ Neuberger}$가 점심을 함께 한 적이 있었습니다. 식사를 마칠 때쯤, 로이가 "제가 시몬스가 아니라 아버님을 고용했어야 했군요"라고 했습니다. 돌아가실 때까지 아버지는 그 말을 계속 하셨었죠. 나중에 제가 로이에게 "매우 잘하셨습니다"라고 했는데, 로이는 "내가 농담한 줄 알아?"라고 하더군요.

아버님이 가치투자자였나요?

극단적인 가치투자자였습니다. 아버지는 배당이 양도성 예금증서^{CD}

수익보다 높지 않으면 절대 주식을 사지 않으셨어요. 저는 그렇게 완고하진 않습니다.

게다가 요즘에는 CD보다 배당이 높은 주식을 찾기가 쉽지 않지요.
 예. 요즘 아버지의 전략을 따른다는 것은 상상하기 힘들지요.

프린스턴에서는 무엇을 전공했나요?
저는 공공 및 국제 정세$^{Public\ and\ International\ Affairs}$라는 우드로 윌슨 스쿨$^{Woodrow\ Wilson\ School}$의 특별 프로그램에 다녔습니다. 그 프로그램은 졸업반 50명으로 한정된 프로그램이었어요. 그 프로그램 졸업생들은 대부분 로스쿨로 가거나, 정부에서 일했습니다. 저는 특이하게 프록터앤드갬블에서 일하게 되었는데, 그 일을 별로 좋아하지는 않았습니다. 그 후 군대에 가게되어 일을 그만두었는데 불행 중 다행이었죠.

프록터앤드갬블에서는 무엇을 했나요?
비누 공장의 현장주임이었습니다. 아버지가 예전에 이렇게 말씀하신 적이 있습니다. "모든 사람은 인생에서 두 가지 일을 꼭 한번씩은 해봐야 한다. 하나는 농장에서 일하는 것이고, 다른 하나는 공장에서 일하는 것이다." 공장에서 1년을 보낸 후, 저는 "아버지, 농장은 안 가봐도 될 것 같습니다. 하나면 충분합니다"라고 말했었죠.

군대에서 2년을 보낸 후, 뱅커스 트러스트의 연금 관리 부서에서 일하게 됐습니다. 그 일은 매우 지루했는데, 세금을 내지 않은 연금수령자의 수표를 압류하는 게 그나마 가장 재미있다고 할 정도였으니까요. 사무실이 연금 투자부서의 바로 옆에 있었는데, 어떻게 하면 그 쪽으로 옮길 수 있을지 꽤 고민했었습니다.

어떻게 처음에 연금 관리 부서로 들어가게 되었나요?

군에서 제대한 후, 여러 군데 면접을 봤습니다. 은행은 연금 관리 일을 실제보다 훨씬 흥미 있게 얘기하더군요. 그래서 시작했죠.

그러다가 거기는 제가 있을 곳이 아니라는 고민을 한 달 동안 하고 있었는데, 베를린 위기 때문에 군에 다시 7개월간 소환되었습니다. 군에서 나오자 뱅커스 트러스트에서 돌아오라고 했는데, 제가 투자 리서치 부서로 가고 싶다고 했습니다. 되돌아보면 그건 풋내기의 만용에 지나지 않았어요. 저는 대학에서 회계 수업도 제대로 듣지 않았으니까요. 게다가 이때가 1962년 가을이었는데, 그때는 케네디 철강 위기 직후였고, 젊은 증권 애널리스트의 실업률은 30%에 달해 있을 때였습니다. 어쨌든 저는 그 일을 할 수 있었고, 살아남았죠.

애널리스트로 출발했나요?

네. 은행의 리서치 책임자는 항생제의 발견으로 제약산업이 이미 안정기에 접어들었다고 생각했습니다. 그래서 제약산업은 더 이상 투자 가치가 없는 산업이라고 정해졌고, 이 때문에 제가 제약주 애널리스트가 될 수 있었습니다.

언제 처음으로 돈을 운용했나요?

뱅커스 트러스트에서 나와서, 뉴욕에 있는 투자자문사인 라이오넬 D. 에디Lionel D. Edie로 갔습니다. 그 후, 캐피털 리서치Capital Research에 의해 합병된 뮤추얼 펀드 회사 앵커 코퍼레이션Anchor Corp.으로 옮겼는데, 거기서 보낸 1965년부터 노이버거로 온 1973년까지 자금을 운용했습니다.

1965년부터 1973년까지는 투자하기 매우 힘든 시기였죠.
정말 그랬습니다. 그리고 저는 그래서 가치투자자가 됐다고 생각합니다. 그때의 경험은 정말 끔찍했습니다. 텍사스 인스트루먼츠를 수익의 4, 50배 정도에 샀었는데, 아버지로부터 심하게 꾸중을 들었습니다. 아버지는 그 주식의 배당이 어떻게 되냐고 물었고, 저는 배당이 전혀 없다고 말했습니다. 그러자 아버지는 "바보 같은 녀석"이라고 하더군요. 저는 집으로 돌아와 아내에게 "아버지가 노망이 든 것 같아"라고 말했었습니다. 그런데 6개월 후, 아버지가 전적으로 옳았다는 것이 드러났어요.

노이버거에서는 바로 자금을 운용하기 시작했나요?
아니요. 저는 법인 영업 사원으로 왔습니다. 재능과 직장 경험이 전혀 맞지 않는 것이었지요. 그때 노이버거에는 성장투자자가 두 명 있었고 나머지는 전부 가치투자자였습니다. 저는 그들이 일하는 것을 6, 7년 동안 지켜보며 항상 돈을 운용해볼 기회를 달라고 요청했습니다. 1981년 로이 노이버거가 가디언 펀드를 운용하게 해주었습니다. 모든 사람들이 그 결정을 놀라워했는데, 그것은 그들이 저를 잘 모르기 때문이었습니다.

바로 가치투자 방식을 취했나요?
네. 제가 처음 여기에 왔을 때, 노이버거는 총 7억 달러를 운용하고 있었고, 모든 직원이 서로를 알았습니다. 운용 파트너가 저에게 "사람들이 말하는 것에 주의를 기울이지 말고, 그들이 실제로 무엇을 하고 있는지를 지켜보세요"라고 하더군요. 그것이 제가 처음에 한 일입니다. 거래 내역을 보고 사람들과 얘기하면서 가치투자 방식이 좋다는 것을 깨달았습니다. 우리가 가치투자 회사라는 것은 명확했지만 그때는 지금처럼 라벨을 붙이지 않았습니다. 제 기억에, 노이버거는 한번도 좋은 가치투자 회사라고 불린 적이 없었어요.

요즘은 라벨을 너무 강조한다고 생각하시나요?
네. 사람들은 가치투자가 성장투자보다 좋은지를 얘기하고, 펀드가 모닝스타 스타일 박스 어디에 있는지에 대해 신경을 씁니다. 그런 경향이 뮤추얼 펀드 세계에서 일어나는 것에 대해서는 이해합니다. 많은 투자자들이 자신의 투자를 분산하길 원하니까요. 하지만, 저는 한 가지 스타일을 지키는 것이 좋다고 생각합니다. 분명히 한 분기 혹은 1년 정도 동안 성과가 좋지 않을 시기도 있을 겁니다. 하지만, 실제 하고 있는 일을 말하고, 말한 대로 행한다면, 고객들은 결코 떠나지 않을 것입니다.

당신은 1981년에 가디언 펀드를 시작했습니다. 얼마나 운용했나요?
저 혼자 1988년까지 운용했고, 그후 래리 막스$^{Larry\ Marx}$와 함께 운용하기 시작했습니다. 그리고, 1994년 케빈 리젠$^{Kevin\ Risen}$이 합류할 때까지 둘이서 운용했습니다.

펀드가 계속 커졌기 때문인가요?
네. 제가 맡았을 때 펀드는 1억 3,500만 달러였습니다. 래리가 왔을 때 5억 5천만 달러였고, 나중에 70억에서 80억까지 증가했습니다. 우리 셋은 포커스 펀드, 가디언 펀드와 함께 47개의 연금 펀드들을 운용했는데, 회사의 기관 자산 중 30%에 달하는 것이었습니다. 경영진은 그것이 너무 많다고 생각해서 모든 것을 통합정리 했어요. 우선

래리가 연금 계좌들을 담당하면서 연금 그룹으로 갔고, 케빈과 제가 가디언과 포커스를 맡았습니다. 그 후, 제가 가디언에서 손을 떼고 포커스를 전담하게 되었습니다.

이 주식의 가격은 왜 떨어졌을까

당신의 투자 방식이 궁금하군요. 포트폴리오를 만들 때 어떤 것들을 고려하나요?

첫 번째는 가치입니다. 저는 포트폴리오가 시장 PER 정도에서 거래되기를 원하고 더 좋게는 그 아래에서 거래되길 원합니다. 말씀드린 것처럼 제 펀드의 PER는 16 정도인데, 이건 S&P 500보다 거의 30% 정도 할인된 것이고, 러셀 1,000보다 15% 할인된 것입니다.

PER 아래에서 거래되는 주식을 찾기 위해 컴퓨터 선별 작업을 하나요?

글쎄요, 컴퓨터 선별과 같이 외형적인 것은 없습니다. 저는 인기가 떨어졌거나 사람들이 잘못 판단하고 있는 주식을 매입합니다. 대부분의 사람들은 이 주식들이 어떤 것인지 알고 있고, 시장은 놀랄 정도로 효율적입니다. 싼 종목들은 싼 이유가 있기 마련이지요. 따라서 제 생각에 3개월에서 6개월 정도 내에 해결될 수 있는 일시적인 이유 때문에 가격이 싼 주식들을 찾습니다.

모든 부문과 산업에서 주식을 찾나요?

예전에는 그랬습니다. 하지만 이 사업을 오래하고 난 후 어떤 부문은 항상 좋지 않은 성과를 낸다는 것을 깨달았습니다. 예를 들어 제지산업에 투자하는 것은 결코 좋은 투자가 아닙니다. 제지주는 기껏해야 본전이지요. 인터내셔널 페이퍼International Paper의 주식이 6개월만에 60이나 70%까지 오를 수도 있지만, 그건 10년에 한 번 있을까 말까 한 사건입니다. 그리고 저는 일상용품 회사를 좋아하지 않는데, 이런 회사들의 거의 대부분이 매우 느리게 성장하기 때문이지요. 그런 회사들은 결코 장기 투자에 좋지 않습니다. 그리고 많은 가치투자 펀드들이 에너지, 알루미늄, 철강, 그리고 화학회사 주식을 보유하고 있는데, 저는 그런 주식들을 좋아하지 않습니다.

약관을 보니까 당신은 항상 여섯 개 이하의 부문에만 투자하는군요.
네. 약관에 펀드 자산의 90%가 여섯 개 이하의 S&P 부문에 투자되어야 한다고 되어있습니다. 펀드가 포커스 펀드이고, 집중 투자되어야 해서 그런 것입니다. 현재는 세 개 부문에 투자하고 있는데, 이 세 부문이 현재의 경제 환경에서 가장 좋다고 생각하는 것은 아닙니다. 가치가 있는 곳에는 어디든지 투자합니다. 다만 저는 어떤 부문의 인기가 떨어지면, 주식의 가격이 뚝 떨어진다는 것을 발견했습니다. 만약에 같은 산업에 속한 세 개 혹은 네 개의 주식이 정말 싸다면, 아마도 그 산업에 속하는 대부분의 주식들의 가격이 낮을 것입니다. 현재 그런 부문은 소매, 기술, 금융이고, 우리는 현재 이 부문들에 속하는 34개의 주식을 보유하고 있습니다.

그런 접근법은 주식과 부문에 걸쳐 분산투자해야 한다는 학문적 주장과는 배치되는 것이군요.
그 주장은 S&P가 성과가 매우 좋을 때 유행한 것입니다. 하지만 저는 그때도 그 주장을 미심쩍어 했습니다. 왜냐하면 실제로 왜 S&P가

성과가 좋았는지를 들여다보면, 가장 좋은 40개 주식이 전체의 50%를 차지했기 때문입니다. 그리고 그 주식들의 대부분은 같은 산업들에 속해 있습니다. 이런 면에서 S&P 500은 모멘텀이 매우 큰 성장형 펀드에 지나지 않았습니다. 무엇인가 오를수록 S&P 내에서 그 주식의 비중은 증가했던 것이죠.

당신은 가격이 매력적인 주식을 찾은 후 같은 산업 내에 똑같이 매력적인 주식들이 있는지 확인하는군요.
네, 그리고 대부분 실제로 있습니다. 보통 각 회사의 고유한 이유로 가격이 떨어진다고 생각합니다. 하지만 전체 산업 혹은 부문의 가격이 한꺼번에 떨어지는 경우가 생각보다 많습니다.

개별 회사들에 대해서는 어떤 분석을 하는지 말씀해주십시오.
제가 처음 던지는 질문은 왜 이 주식의 가격이 60달러에서 25달러로 떨어졌느냐입니다. 그 답은 거의 항상 같은데, 그 회사의 분기 실적이 좋지 않기 때문입니다. 사실 정말 좋은 회사들이 단지 한 분기 동안 실적이 좋지 않았다고 해서 가격이 떨어져버리는 것은 매우 놀라운 일입니다. 그리고, 가끔은 회사의 분기 실적이 실제로 나쁜 것은 아니었는데, 투자자들이 경제 상황 때문에 실적이 나빠질 것을 미리 걱정해서 주가가 떨어지기도 합니다.

항상 그런가요?
아니오. 이건 단지 지난 3~5년 사이에 벌어진 일입니다. 예전에는 한 분기 실적이 나빴다고 해서 그렇게 큰 변화가 있었던 것은 아닙니다. 하지만, 지금은 큰일난 것처럼 소란이 일지요.

요즘은 모멘텀 투자자가 너무 많아서 그런 것일까요?
네. 또한 많은 사람들이 실제로 왜 보유하는지에 대해 명확한 견해가 없기 때문입니다. 사람들은 단지 가격이 오르기 때문에 주식을 사곤 합니다. 그런데 이런 변동성이 바로 가치투자자에게는 횡재가 됩니다. 예를 들어 저는 정말로 기술회사의 아웃소싱을 좋아합니다. 시스코의 경우 실제 매출의 3%만 실제로 회사 내에서 만들고, 나머지는 아웃소싱합니다. 2000년의 기술주 거품 때문에 이런 많은 아웃소싱 회사들이 수익의 4, 50배에서 15배로 가격이 떨어져버렸습니다. 단지 2, 3개월만에 80%나 떨어진 것인데, 실제로 그들이 무엇을 잘못 했던 것은 아닙니다. 다만 경제 환경 때문에 그들의 분기 실적이 잠시 안 좋았던 것뿐이죠. 하지만 저는 그걸 이용했습니다. 모멘텀 투자자들이 그 주식을 80% 떨어뜨렸을 때 살 준비를 했죠.

다른 요소는 찾지 않나요?
그 회사에 구조적으로 잘못된 점이 있는지를 확인합니다. 좋지 않은 수익이 회사의 실수 때문인지, 경영진이 통제할 수 없었던 일 때문이었는지를 알려고 하죠. 또한 수익 감소가 한두 분기만 갈지 아니면 장기적으로 계속될지를 알려고 합니다.

그 후에는 무엇을 하나요?
회사들에는 항상 실행상의 위험이 있을 수 있습니다. 따라서 회사를 운영하는 사람들을 주의 깊게 봐야 합니다. 저는 경영진을 실제로 만나보는 것을 좋아합니다. 곤란에 빠진 회사를 산 경우에는 추가적인 위험은 없는지 확인해야 합니다. 제가 하는 일의 대부분은 양적인 것으로 낮은 가격, 높은 수익, 그리고 장기적인 수익을 찾습니다. 물론,

질적인 것도 있지요. 경영진은 어떠한가? 그들은 회사를 운영하고 있는가, 아니면 회사가 그들을 운영하고 있는가? 장기적인 목표가 있는가? 그렇다면 그 목표는 얼마나 합리적인가? 저는 경영진들이 그 목표에 어떻게 다가가고 있는지 그리고 그들의 접근법이 어떠한지를 지켜봅니다.

당신은 결코 장부가치나 내재가치를 얘기하지 않는군요.
어떤 사람들은 장부가치를 유용하게 사용하는 것 같은데 저는 그렇지 않습니다. 그게 함정일 수도 있다고 생각합니다. 예를 들어 은행의 경우 시장은 기민하게 반응해요. 은행주가 낮은 PER나 장부가치보다 할인된 가격에서 거래될 경우, 그건 대부분의 경우 부실 채권이 장부상에 있기 때문입니다. PER가 매우 낮거나 장부가치보다 할인된 산업주는 보통 공장이 쓸모 없어졌기 때문에 가격이 낮아진 겁니다. 내재가치의 경우는 보는 사람의 관점에 따라 달라질 수 있는 것 아닐까요? 그래서 주식을 살 때 저는 특정한 목표가격대를 정하지 않습니다.

그런 면에서 당신은 그레이엄과 도드의 가치투자를 그대로 따르진 않는군요.
그렇습니다. 그들의 접근법은 굉장하고, 실제로 유용할 때도 있었습니다. 그런데 만약에 제가 그 접근법을 따랐다면, 아마도 서너 개 정도의 주식만 보유해야 했을 겁니다.

매입 시 고려하는 다른 요소는 없나요?
시장성 혹은 유동성도 고려합니다. 그래서 각 주식을 2% 혹은 3% 범위 내에서만 보유하려고 합니다. 6천만 달러어치를 매입하는 것은 결코 쉬운 일이 아닙니다. 주식을 사거나 팔 때마다 주가가 5%씩 오르는 것을 좋아할 사람은 없을 겁니다. 그런데 흥미롭게도 제가 하듯이 반대로 생각하면 시장성은 큰 문제가 안 된다는 것을 알 수 있을 겁니다. 주식은 고평가되었을 때가 가장 팔기 좋을 때입니다. 왜냐하면 그때는 모든 사람들이 그 주식을 보유하고 싶어하기 때문이죠.

언제 주식을 처분하나요?

저와 같은 가치투자자들은 PER가 낮은 주식들을 샀다가 수익이 기대에 미치지 못할 경우 고생하게 됩니다. 그래서 주식을 살 때 목표 가격을 정하진 않지만 몇 가지 가정을 합니다. 저는 회사가 어느 정도 수익을 올릴 것인지, 적절한 수익은 어느 정도인지 가정합니다. 이 가정들이 충족되지 않으면 그 주식을 처분합니다. 제가 보유했던 최악의 종목은 뉴잉글랜드 은행Bank of New England이었어요. 그 주식을 수익의 6배인 24달러에 샀는데, 처분할 때에도 가격이 수익의 6배인 것은 같았지만, 실제 가격은 6달러밖에 되지 않았습니다. 수익 추정이 4달러에서 1달러로 바뀌었던 것이죠. 그 은행은 결국 부도처리되었습니다. 펀더멘털이 제대로 운영되지 못하고 가정이 충족되지 않으면, 그 주식을 처분합니다.

그리고, 가끔 어떤 주식의 가격이 오를 만한 더 이상의 재료가 없어 보일 때가 있습니다. 그런 주식을 파는 것은 실수가 되기 쉽습니다. 왜냐하면 생각했던 것보다 수익이 더 좋을 수 있기 때문이지요. 어쨌든 가격이 더 이상 오를 수 없을 때까지 오르면 저는 그 주식을 처분합니다.

마지막으로 제가 주식을 처분할 때는 자산의 99.8%를 이미 투자했는데 현재 보유하고 있는 주식보다 더 좋은 주식을 발견해서 그 주식을 매입하기 위해 돈이 필요할 때입니다.

⚜

시몬스는 좋은 주식을 되도록 오래 보유하기를 좋아한다. 장기적인 관점을 갖는 것은 현재 98세인 사장 로이 노이버거가 항상 그에게 가르치려고 했던 것이다. 예전에 그들이 엘리베이터에서 만났을 때, 노이버거가 시몬스를 어떤 고객에게 소개했던 적이 있었다. 노이버거는 "이 사람은 우리의 최고 매니저 중 한 명입니다"라고 했다. 그런데 사실 시몬스는 당시 실적이 별로 좋지 않았고 그래서 그는 앞으로 좋아질 것이라고 얘기했다. 그러자 노이버거는 재빨리 다음과 같이 말했다. "무슨 뜻이죠? 당신의 실적은 최근에 매우 좋았어요. 좀 전에 보고서를 봤는데, 포커스 펀드는 지난 10년간 상위 5%에 드는 실적을 올리고 있어요." 시몬스는 노이버거가 10년을 '최근에'라고 얘기한 것이 이상한 일이라고 생각했지만 곧 노이버거가 업계에 이미 60년 넘게 있었고, 그런 관점에서라면 10년이 그리 긴 시간이 아닐 수 있음을 깨달을 수 있었다.

Bret Stanley

텍사스 오스틴 대학 재무 전공

휴스턴 대학 재무 석사

1988년 언더우드 노이하우스 입사 후 3년여에 걸쳐 여러 셀사이드 회사에서 근무

1991년 ~ 1995년 걸프 투자 운용 애널리스트

1995년 ~ 1998년 밴 캠펜 아메리칸 캐피털 포트폴리오 매니저

1998년 AIM 운용 회사 입사

대표 펀드 : AIM 베이직 밸류 펀드, AIM 라지 캡 베이직 밸류 펀드

chapter 16

브렛 스탠리

브렛 스탠리가 투자에 대한 교훈을 처음 배운 것은 어릴 때 은행에서 '공짜 돈'을 얻었을 때였다. 그 공짜 돈은 사실 이자였는데 그것으로 인해 그는 저축의 개념과 복리의 힘에 관심을 가지게 되었다. 브렛 스탠리는 대학 펀드의 운용을 도우면서 뮤추얼 펀드에 대한 글들을 읽고 제2의 피터 린치가 되겠다고 결심했다. 현재 그는 그 길로 잘 나아가고 있다.

스탠리는 이 책에 소개된 대가들 중 가장 나이가 어리다. 자금을 운용한 것은 1988년부터이지만 그는 유망한 주식을 발견하는 능력을 충분히 보여주고 있다.

1995년 스탠리는 밴 캠펜 인베스트먼츠에 들어가서 동료 대가인 제임스 길리건이 그로스 앤드 인컴 펀드와 에퀴티 인컴 펀드를 운용하는 것을 도왔다.

칵테일 파티에서 AIM의 주식 팀장을 만난 후 스탠리는 AIM이 가치형 펀드들을 시작해서 성장형 펀드 위주의 상품을 확장시키려 한다는 것을 알게 되었다. 그 후 스탠리가 이 회사의 가치형 펀드들을 이끌게 된다. 현재 스탠리는 가치투자 리서치를 주도하면서 AIM 베이직 밸류$^{\text{AIM Basic Value}}$와 AIM 라지 캡 베이직 밸류 펀드$^{\text{AIM Large Cap Basic Value}}$의 선임 포트폴리오 매니저로 근무하고 있다.

스탠리는 현재 주가와 내재가치의 추정치가 50% 이상 차이가 나는 회사들을 찾는다. 그리고 그는 벤 그레이엄의 가르침을 정말 믿지만 너무 많은 가치투자자들이 형편없는 경제 모델을 가지고 있는 조잡한 사업들에 초점을 맞추고 있다고 생각한다.

피터 린치에게 감명 받다

계속 텍사스에 있었나요?

네. 휴스턴에서 자랐고 텍사스 대학을 다녔습니다.

투자에는 어떻게 관심을 가지게 되었나요?

아버지 덕분인 것 같습니다. 할아버지가 개인 투자자였고 그래서 아버지도 항상 주식시장에 관심이 있었습니다. 아버지는 복리의 힘에 대해 설명하는 것을 좋아했습니다. 처음에 산술표로, 나중에는 계산기로 설명하셨죠. 저는 복리 개념에 매료되어 어릴 때부터 저축을 했습니다. 아버지는 제가 여섯 살인가 일곱 살 때 적금을 하나 주셨고 아홉 살 때는 제 적금을 개설해 주셨습니다. 저는 은행에서 공짜 돈을 받는다는 것을 항상 좋아했어요.

13살 때는 IRA$^{\text{Individual Retirement Account}}$(개인연금)를 시작해서 은퇴를 위

해 적극적으로 저축을 하고 투자를 하기 시작했습니다. 아버지는 일찍 시작하면 일찍 은퇴할 수 있다고 하셨습니다. 또한 대학 펀드 운용에 참여해보라고 권유하셨는데, 그 펀드는 주로 뮤추얼 펀드에 투자하고 있었습니다. 마젤란 펀드는 우리의 투자 대상 중 하나였고, 그때 피터 린치를 알게 됐습니다. 하루는 린치의 삶에 대한 기사를 읽었는데 정말 멋지다는 생각이 들더군요. 대학에 다니면서 투자 사업의 모든 요소들에 대해 이해한 것은 아니었지만 자금 운용자가 되고 싶다고 생각했습니다.

런던에서 잠깐 공부했었군요. 거기서 투자에 대한 관심이 더 커졌나요?
물론이죠. 저는 재무를 공부했고 증권회사였던 셰파즈 오브 런던 Sheppards of London에서 인턴을 했습니다. 그들은 미국 학생이던 제게 터무니없을 정도의 많은 책임을 주었습니다. 출근 첫 주에 회사들을 방문하고 리서치 리포트를 썼죠. 저는 제가 무엇을 하고 있는지도 이해하지 못했습니다. 그 회사의 훈련 프로그램은 학문적 지식을 실무적 분석으로 이어갈 수 있게 해주는 중요한 다리 역할을 했어요.

졸업 후에는 여러 회사에 직장을 구했습니다. 텍사스 출신이었기 때문에 대부분 여기 있는 회사들이었죠. 그러다 이 지역 브로커 회사였던 언더우드 노이하우스 Underwood Neuhaus에 들어가기로 결정했습니다. 아버지가 엑손 Exxon에서 그랬던 것처럼 거기에 30년 동안은 있을 줄 알았어요. 저는 전기 설비 회사들을 취급했는데 좋아하는 산업들은 아니었습니다. 하지만 제가 원하던 일이었고 무엇이든 정성과 노력을 쏟으면 재미있어질 수 있다고 생각했습니다. 그 후 셀사이드 sell-side에서 3년을 일했습니다.

'셀사이드'에 있었다는 게 무엇이죠?

셀사이드는 리서치 내용을 고객에게 제공하는 브로커 회사입니다. 언더우드 노이하우스는 투자은행 영업도 하는 전형적인 브로커였습니다. 저는 리서치 쪽에 있었습니다. 주요 월스트리트 회사들이 지역 회사들과 경쟁하게 됨에 따라 많은 소란과 합병이 일어났습니다. 합병 때문에 저는 3년 동안 3개의 다른 회사에서 일했습니다.

당신이 회사를 떠난 게 아니었는데 회사가 세 번 바뀌었다는 얘기인가요?

그렇기도 하고 그렇지 않기도 합니다. 어느 날 에디슨 전기$^{Edison\ Electric}$와 회의를 하고 돌아왔는데 회사가 인수되어 모든 사람이 청바지를 입고 있더군요. "무슨 일이야? 회사 문을 닫기라도 했어?"라고 했더니 모든 사람이 "그래"라고 하더군요. 새 회사에서는 저만 유일하게 오퍼를 받았는데 월급도 줄어들었고 분야도 법인 금융 쪽이었습니다. 그래서 다음날부터 같은 거리에 있던 다른 회사에 다녔습니다. 아이러니했던 것은 1년 후에 다시 합병된 회사에서 일하게 됐다는 겁니다. 그런 경험들을 통해 제가 내린 결론은 지역 브로커 업계에는 소란이 너무 많다는 것이었습니다.

그 후 한 친구가 저에게 가치투자 회사였던 걸프 투자운용$^{Gulf\ Investment\ Management}$에 지원해보라고 하더군요. 그 회사에서는 사장이었던 톰 맥리니$^{Tom\ Macrini}$가 모든 리서치를 직접 하고 있었습니다. 그와 함께 4년을 일했는데 그것이 정말 제대로 훈련된 가치투자자와 만난 첫 경험이었습니다.

돈을 운용했나요?

네, 처음이었죠. 애널리스트로 출발했는데 포트폴리오 매니저로 승진했어요. 회사를 나올 때까지 포트폴리오의 아이디어 중 반을 제가 만들었습니다. 그 포트폴리오를 위해 주식을 선택할 수 있었던 사람은 우리 둘뿐이었습니다. 그때가 1995년이었는데 그때 밴 캠펜에 포트폴리오 매니저로 들어갔습니다. 저는 그로스 앤드 인컴 펀드와 에퀴티 인컴 펀드의 공동 매니저였습니다. 얼마 후에는 그레이엄과 도드 내재가치 펀드를 시작했습니다. 그 펀드는 좀더 집중적이었고 제가 운용하는 방식과 좀더 맞았습니다. 그 펀드 덕분에 운용 상품을 가치 쪽까지 늘리려고 했던 AIM에 들어갈 수 있었습니다. 1998년에 AIM에 들어왔는데 여기서 가치투자 쪽을 이끌면서 회사 최초의 진정한 가치형 뮤추얼 펀드를 출발시켰죠.

제 기억으로는 1990년대 초까지만 해도 AIM은 성장투자 회사였고 혼합형이나 합리적 가격에서의 성장growth-at-a-reasonable-price **펀드조차도 시작하지 않았었죠.**

맞아요. 혼합형 쪽이 커지고 있어서 회사는 더 다양화된 제품 라인이 필요하다고 결론 내렸습니다. 우리는 1998년에 베이직 밸류 펀드를 시작했고 1999년에 라지 캡 베이직 밸류 펀드를 시작했습니다. 둘 다 전통적인 가치형 펀드입니다.

둘의 차이는 무엇인가요?

베이직 밸류는 중형주와 대형주 모두에 투자하는 펀드입니다. 반면 라지 캡 베이직 밸류는 대형주에만 투자하죠. 퇴직연금 '401k 플랜' 연금과 같은 고객들 때문에 우리는 일정 규모 이상의 회사에만 투자하는 펀드가 필요했습니다.

스스로 가치투자자라고 깨닫게 된 시점은 언제인가요?

저에게는 가치투자뿐이었기 때문에 특별히 그런 시점은 없습니다. 단순하게 생각해서 무엇인가를 싸게 사는 것 이외에 투자에 다른 요소는 없거든요. 셀사이드 애널리스트로 다양한 고객들을 만나기 전까진 모멘텀투자가 무엇인지, 성장투자자가 무엇을 의미하는지도 몰랐습니다.

가치투자자로서 AIM과 같은 성장투자 회사에 들어가는 것이 힘들진 않았나요?

그것에 대해서 주의를 상당히 기울였습니다. 저는 AIM이 정말로 가치투자 쪽을 지원하고, 단순히 회사의 일부 요소로서 방어적인 수단으로 삼지 않길 바랐습니다. 그래서 대화를 많이 했고 그들의 약속에 스스로 확신을 가질 수 있도록 노력했습니다. 첫 접촉 후 몇 년이 지나서야 여기에 들어왔습니다. AIM이 가치투자 쪽에 관심을 기울인다는 것은 분명했지만 성장투자 회사로 잘 알려진 회사에 첫 가치투자자로 들어오는 것이었기 때문에 신중을 기했습니다.

한 번에 한 주식만, 좋은 가격에 좋은 회사를

당신의 전략에 대해 얘기해주십시오. 포트폴리오를 어떻게 구성하나요?

제 전략은 철저히 개별회사에서 시작하고 한 번에 한 주식만 다루는 것입니다. 접근법의 핵심은 벤 그레이엄의 내재가치 개념입니다. 우리는 '가격은 가치에 독립적이고, 가치는 시장에 독립적'이라는 그의 말이 정확하다고 생각합니다. 내재가치는 미래현금흐름의 현재가치에 기초하죠. 우리는 그레이엄의 철학을 따르지만 좀 다르게 적용을 시킵니다. 그레이엄이 제안했던 모든 조정 대신 할인된 현금흐름 접근법으로 그런 조정을 합니다. 우리는 보유하고 있거나 어떤 가격에 보유하고자 하는 모든 회사들의 내재가치를 계산한 후 그 내용을 데이터베이스에서 관리합니다. 그렇게 하면 가격 상승 가능성에 따라 주식의 순위를 정할 수 있습니다. 우리는 2~3년의 보유기간 동안 50% 이상 상승할 가능성이 있는 주식에만 투자하려고 합니다.

그리고 거기서 한 단계 더 나아가죠. 단순히 상승 가능성이 큰 회사에만 투자하는 것은 아닙니다. 우리는 최고의 가치 기회, 즉 성장에 많은 자본을 필요로 하지 않으면서 자본수익률이 높은 사업을 좋아합니다. 또한 주주친화적인 경영진이 있고 장기 전망이 매력적인 회사를 좋아합니다. 우리는 너무 많은 가치투자자들이 평균 이하의 경제 모델을 가진 형편없는 회사에 초점을 맞춘다고 생각합니다. 우리는 말 그대로 한 번에 한 주식만을 보고 좋은 가격에 좋은 회사를 찾으려고 하죠.

장세와 다양한 지수들에도 관심을 기울이나요?

그것들에 신경을 쓰기는 하는데 다른 이유는 없고 우리 실적이 그런 벤치마크들과 비교되기 때문입니다. 우리는 러셀 1000 가치 지수를 우리의 주요한 벤치마크로 삼고 있습니다. S&P 500은 이차적인 벤치마크입니다. 하지만 우리는 절대적인 기준에 따라 기회들을 찾습니다. 한 회사의 전체 사업을 산다는 생각으로 주식을 매입하죠. 향후 6개월간 상승할 것 같거나 지수의 큰 부분을 차지하는 회사들을 찾지는 않아요. 우리는 정말 장기적인 관점에서 투자를 합니다. 그것이 우리가 함께 하고 싶은 사업인지, 가격과 가치의 차이를 발생시키는 지각과 현실의 차이가 존재하는지 등을 살펴봅니다.

그런 회사들을 어디서 찾나요?
출처는 많습니다. 가장 많은 아이디어는 우리가 관리하는 내재가치 데이터베이스에서 나옵니다. 거기에 있는 회사 리스트 중 75%는 많은 사람들이 잘 알고 있는 좋은 사업이고, 나머지 25%는 회사들을 분석하는 동안 제가 알게 된 좋은 사업들입니다. 거기에 있는 한 회사는 5년 전에 처음 알게 됐지만 매입할 기회가 없었던 회사입니다. 가격만 적절하다면 그 회사를 매입하고 싶어요. 저는 그 회사의 경영진을 좋아합니다.
두 번째는 컴퓨터 선별 작업과 모델을 통해서입니다. 하지만 어떤 것도 수량적인 기준만 충족한다고 해서 매입하지는 않습니다. 거기서는 단지 쇼핑 리스트만 얻는데 가끔은 어떤 이유에 의해 내재가치 데이터베이스에는 들어있지 않은 아이디어를 얻을 수 있습니다.

직접 그 내재가치 데이터베이스를 다루나요?
네. 내재가치를 계산하는 팀은 따로 있습니다. 그 계산은 기본적 리서치 과정의 결과물이죠. 그 정보를 유지하고 그걸 포트폴리오 감시와 구성에 쓸 수 있도록 프로그램에 올려 놓습니다.

그 데이터베이스에 있는 정보들은 우리가 공개시장에서 얻을 수 있는 것인가요?
아닙니다. 우리 내부의 가치평가 모델에 따라 계산된 것입니다. 모든 가치평가는 손으로 이루어지고 기본적 리서치에 따라 결정됩니다. 한 번에 한 회사의 가치만 측정하여 그 가치들을 데이터베이스에 넣어놓고 매일의 시장가와 비교해보죠. 우리는 항상 내재가치까지 50% 이상 수익을 올릴 수 있는 기회를 찾고 있습니다.

내재가치를 어떻게 계산하나요?

어떤 사업의 가치는 그 사업이 발생시키는 현금에 따라 결정됩니다. 단순하게 생각했을 때 시간에 따라 할인된 모든 미래 현금 유출입의 합이죠. 우리는 매우 고전적인 사업가치 개념을 따르고 있습니다. 그것은 어떤 경영학 교과서에도 나오는 내용입니다. 하지만 적용은 약간 다를 수 있어요. 우리는 향후 3년간 회사의 수익, 현금흐름, 대차대조표 상태에 대한 상세하고 꼼꼼한 예측을 만듭니다. 그 후 7년간에 대해서는 중요한 성장 동력이 무엇인지에 따라 필요한 재무수치들에 대한 예측을 합니다.

이건 제가 직장 생활 초반에 개발한 분석틀입니다. 우리는 그걸 가치동력 모델value driver model이라고 불러요. 성장과 자본수익률이 지속 가능하다고 가정한다는 점에서 듀퐁 모델과 비슷하죠. 하지만 듀퐁의 접근법과는 달리 우리의 성장 동력들은 널리 알려진 GAAP* 값들이 아니라 우리가 만든 경제적 재무제표에서 나온 값들입니다. 그 추정치들에 대해 꼭 이해해야 하는 것은, 우리가 10년간의 현금흐름 예측치를 만들어서 현재가치로 할인한다는 점입니다. 우리는 모든 회사에 똑같은 할인율을 적용합니다. 할인율은 일 년에 한 번씩 산출하는데 매년 그렇게 많이 변하지는 않습니다. 우리가 하는 어떤 일도 장세에 따라 상대적으로 적용되진 않아요.

---

* Generally Accepted Accounting Principles. 일반적으로 받아들여지는 회계 원칙

요즘은 어떤 연구를 하시나요?

궁극적으로 우리는 적정한 사업가치를 알고자 하는데, 우선은 역사적인 수준의 성장을 하기 위해서 자본이 얼마나 필요할지 알아야 합니다. 이를 위해 수입을 모든 부채, 할부 상환액과 같은 것들을 고려해서 조정한 후 10년간의 데이터를 새로 만듭니다. 가장 중요한 개정은 대차대조표에 대한 것입니다. 월스트리트는 너무 많은 시간을 손익계산서와 수익에만 씁니다. 반면에 그런 수익을 만들기 위해 자본이 얼마나 필요한지에 대해서는 너무 신경을 쓰지 않는다고 생각합니다.

우리는 우리가 '사업의 경제 모델economics of the business' 이라고 부르는 것이나, 수익을 만들기 위해 자본이 얼마나 필요한지를 이해하기 위해 상당한 노력을 쏟고 있어요. 질문은 쉽지만 올바른 답을 얻기 위해서는 모든 역사적 비용들을 추가해야 하고, 보류 중인 모든 거래를 발생한 거래로 바꾸어야 하고, 무엇보다 모든 영업 리스를 부채로 취급해야 합니다. 그건 정말 힘든 분석 작업이죠.

그러면 그 회사가 사업을 성장시키기 위해 자본이 얼마나 필요한지 알 수 있나요?

네. 또한 미래에 어떤 자본들이 필요할지 추정할 수 있는 근거들도 얻을 수 있습니다. 궁극적으로 어떤 사업의 가치는 미래 현금흐름에 달린 것입니다. 역사적으로 현금흐름이 어떠했는지에 대해 잘 알고 있으면 미래에 그 현금흐름들이 어떨지에 대해서도 판단할 수 있습니다. 이러한 주요 가정들이 우리의 장기적 예상을 결정합니다. 꽤 전통적인 내재가치 정의를 따른다고 얘기했지만 할인율은 전통적이지 않은 방법으로 산출합니다. 우리는 자산가격결정모델CAPM, 베타와 같은 것들을 사용하지 않습니다. 저는 인텔의 1달러 현금흐름이 머크^{Merck}의 1달러 현금흐름과 가치가 같다고 생각합니다. 그래서 모든 회사에 똑같은 할인율을 적용하죠. 우리는 자산가격 결정 뒤에 있는 애매한 논리보다는 우리가 통제할 수 있고 이해할 수 있는 것들에 대해 판단을 합니다. 그것이 비즈니스 스쿨에서 배운 때와 실제 적용시킬 때의 차이에요.

일반 투자가들이 내재가치를 계산하는 일은 어렵나요?
그 계산은 매우 단순합니다. 저와 같은 분석틀을 사용한다면 비교를 위해 다른 할인율을 선택한다고 하더라도 문제될 것은 없습니다. 모든 회사에 똑같은 실수를 하면 랭킹 순서는 맞을 테니까요. 저는 개인들도 분명히 내재가치를 계산할 수 있다고 믿습니다. 제가 가진 자료들을 다 가지고 있는 것은 아니기 때문에 시간이 많이 들고 어려울 것 같다고요? 어느 정도는 그럴 수도 있습니다. 하지만 계산에 특별히 복잡한 게 있는 것은 아닙니다. 문제가 되는 것은 리서치의 질과 그에 따른 입력값들이죠.

그 과정을 설명할 수 있는 예를 한두 가지 들어주십시오.
1998년에 유나이티드 헬스케어는 이윤의 15%를 차지했던 한 부서 때문에 3분기 실적이 좋지 않았습니다. 그 회사의 노인의료보험 부서가 고전하고 있었죠. 주가는 45% 떨어졌고 추정치는 9% 떨어졌습니다. 저는 노인의료보험 사업은 차치하고 충격을 받지 않은 85% 사업의 현금흐름만 고려해봐도 우리가 그 주식에서 두 배 이상의 수익을 올릴 수 있다는 것을 알았습니다.
저는 몇 년간 유나이티드 헬스케어를 관찰해왔고 회사도 여러 차례

방문했습니다. HMO*산업뿐만 아니라 손해보험 산업에서도 많은 합병이 있어왔다는 것을 알고 있었습니다. 가격이 오르는 사이클이 시작되리라는 증거를 가지고 있었고, 그 회사는 노인의료보험 부서의 문제를 한 분기 내에 해결하겠다고 했습니다. 그렇게 되면 보통 두세 분기가 되어야 문제가 고쳐지는데 제 관점에서 그것은 별로 문제가 안 되었습니다. 그 회사가 노인의료보험 부서를 정리하더라도 저는 여전히 돈을 2배 이상 불릴 수 있다고 믿고 있었습니다. 그 회사가 정말로 한 분기만에 문제를 해결하면서 월스트리트의 근시안적인 초점은 우리에게 기회를 주었습니다. 유나이티드 헬스케어는 좋은 사업을 가지고 있었고, 자본수익률이 평균 이상이었지요. 저는 그 회사를 주당 20달러 이하에 전체 보유 종목 중 5위 안에 들 정도로 매입했고 여전히 많은 양을 보유하고 있습니다.

유나이티드 헬스케어의 내재가치를 어떻게 계산했나요?
항상 하던 방법대로 했습니다. 수익과 현금흐름이 향후 3년간 어떨지 추정했죠. 그리고 그 후 7년간은 저의 가치 동력 모델을 사용해서 추정했습니다. 그리고 나서 그 현금흐름의 현재가치를 구하고 부채를 차감한 후 주식수로 나눴습니다.

수익이 향후 어떻게 될지는 단지 추측 아닌가요?
아닙니다. 전혀 그렇지 않아요. 그건 기본적 분석에 기초한 것입니

---

* HMO : Health Maintenance Organization. 미국의 민간 의료보험기관 건강관리기구. 보험회사가 정해준 의사 중에서 주치의를 선정하고 진료는 꼭 그 주치의에게 가서 받는 형태로 진료비의 청구와 지불방법이 간편하다.

다. 워런 버핏도 향후 10년간 현금흐름이 어떻게 될지 모르면 투자해서는 안 된다고 얘기한 적이 있습니다.

유나이티드 헬스케어의 경우 주요한 문제는 의료비용의 추세와 관련해 회사의 제품 가격 추세가 어떻게 될지였어요. 저는 경영진, 경쟁자들, 월스트리트 애널리스트들 그리고 가능한 많은 사람들과 얘기를 했습니다. 미래 수익이 어떨지에 대해서는 현명한 결정을 내려야 합니다.

중요한 것은 미래에 대해 정확한 예측을 한다고 해서 돈을 버는 것은 아니라는 겁니다. 일치된 기대가 시장에서 가격을 잘못 설정했을 때 돈을 버는 것입니다. 주식을 저평가한 애널리스트일지라도 사업의 현금흐름에 대해 저와 완전히 다른 전망을 가지고 있는 것은 아닙니다. 단지 다른 것에 초점을 맞추고 주가가 왜 떨어졌는지 관심을 기울이지 않을 뿐이죠. 회사의 분기 수익이 좋지 못하면 그들은 너무 실망한 나머지, 회사가 최소 15%로 성장할 것 같은 상황에서 0% 성장할 것처럼 주가가 형성되어 있다는 것을 깨닫지 못하는 거죠. 유나이티드 헬스케어는 실제 그것보다 더 잘했습니다. 투자에서 항상 더 정확한 예측을 해야 하는 것은 아닙니다. 현재 주가가 어떻게 반영되어 있는지 이해하면 되죠.

경영진과는 대화를 하나요?

개인적으로 1년에 100개 이상의 회사 경영진들과 이야기합니다. 상당수의 회사들이 항상 회사에 와서 그들의 이야기를 하죠. 저는 또한 그들의 최대 경쟁자가 누구인지 알려고 하고 그 경쟁자들과도 얘기를 합니다. 시장점유율이 올라가고 있는 회사들을 찾는 것도 좋은 방법이죠. 좋은 애널리스트가 되기 위해서는 기본적으로 그런 일들을 해야 합니다.

주가가 내재가치에 도달하면 처분하나요?
주식이 내재가치에 비해 고평가되거나 리스크/수익 비율이 불리해지는 것 같으면 처분합니다. 아, 내재가치도 보통 상승한다는 것을 잊지마세요! 그래서 저는 가격이 가치를 완전히 반영한다고 하더라도 전체 포지션을 정리하지는 않습니다. 하지만 고평가된 경우에는 가격에 따라 전부 처분합니다.

지난 몇 년간 헬스케어주들을 많이 매입해오고 있군요.
헬스케어주들이 가장 좋은 사업이라고 생각하지는 않습니다. 가격이 내재가치의 반 이하라면 어떤 제약주들도 살 수 있습니다. 하지만 최근에는 헬스케어주들에 기회가 많았습니다. HMO주들은 몇 년간 실적이 좋지 않았고 분명히 인기가 한풀 꺾였죠. 대부분의 투자자들은 그 회사들이 좋지 않은 경영진에 의해 운영되는 나쁜 사업이라고 결론내렸습니다. 하지만 시장에서는 지각과 현실 사이에 차이가 있었죠. 제가 헬스케어주를 많이 보유했던 것은 사실입니다. 하지만 그것은 투자자들이 헬스케어주 이외의 주식에 빠져있었기 때문입니다.

포트폴리오를 얼마나 분산시키려고 하나요?
저는 40~60종목 정도가 적당하다고 생각합니다. 평균적으로 대략 50종목 정도죠. 그 정도면 우리의 아이디어로부터 충분히 레버리지를 얻을 수 있고 분산된 포트폴리오도 구성할 수 있습니다.

다 합쳐서 얼마나 운용하고 있나요?

40억 달러를 운용 중입니다. 그 중 30억 달러는 베이직 밸류 펀드에 속해 있죠.

우리는 목표가에 대해 얘기했습니다. 다른 처분 전략은 없나요?
주식이 심하게 고평가되거나 그 사업에 영구적인 문제점이 발생하면 주식을 처분합니다. 제가 말하는 것은 한 분기에 주당 1센트가 떨어진 것을 얘기하는 게 아닙니다. 산업의 경쟁 구조가 변하면, 예를 들어 합병 등의 다양한 장기적 문제들이 수익 전망과 현금흐름, 사업의 가치를 바꿀 수도 있는데, 그런 경우에는 그 내용에 따라 처분할 수 있습니다. 제가 주식을 처분하는 가장 일반적인 경우는 더 매력적인 무엇인가를 찾았을 때입니다. 사업의 질이 동일하다고 생각되면 조금 오른 것은 처분하고 많이 오른 것을 매입하기도 합니다.

모든 주식이 오르는 것은 아니죠. 얼마나 인내심을 갖고 지켜보나요?
양쪽 다 오랜 기간 지켜보는 편입니다. 주식을 매입할 때 저는 발생할 수 있는 많은 기준들을 지정해놓습니다. 그 기준들이 충족되는 한-즉 현금흐름이 기대했던 대로지만 주가는 여전히 오르지 않은 경우- 문제 삼지 않습니다. 오히려 더 매입하죠. 저는 장기적으로 가격은 가치를 반영한다고 굳게 믿습니다. 대부분의 경우 모든 상승 가능성은 2, 3년이 지나면 실현이 됩니다. 주가가 떨어지고 기본적인 것들이 기대했던 것처럼 전개되지 않을 때가 있는데 그런 경우 새로운 관점에서 그 주식에 접근하려고 합니다. 그 주식에 대해 생각해보지 않은 애널리스트에게 그 회사를 살펴보라고 할 수도 있고 전체 분석 과정을 다시 해보기도 합니다. 항상 제가 빠트린 것이나 잘못 계산한 것이 있는지 확인하기 위해 노력합니다.

성공했던 주식에 대해 말씀하셨는데 실패했던 주식과 거기서 배운 교훈에 대해서도 말씀해주십시오.

마텔Mattel이 두 번째 실망스러운 수익을 올렸다고 발표한 후 20달러 중반에 그 주식을 매입했습니다. 매입할 때는 가격이 상당히 오를 것이라고 믿고 있었죠. 하지만 투자자들은 러닝 컴퍼니Learning Company를 인수한 것에 대해서 걱정했습니다. 저는 경영진과 얘기를 했었고 몇 년 전에 하스브로Hasbro에 투자했던 것 때문에 장난감 산업을 분석해본 적도 있었습니다. 핵심 사업에 대해서는 정확히 분석했지만 다른 다양한 점들에 대해서는 완전히 틀렸습니다.

우선 마텔 경영진은 우리가 생각했던 사람들이 아니었습니다. 러닝 컴퍼니를 인수해서 그 주식을 살 기회가 생겼지만 그 인수는 제가 원래 기대했던 것보다 주주 가치에 훨씬 나쁜 영향을 미쳤습니다. 그건 제가 아는 한 가장 자본을 잘못 사용한 일이었고 주주들을 실망시키고 있었습니다. 주식은 20달러 초반에서 10달러로 떨어졌어요. 그때 처분할지 더 매입할지 가만히 있을지 결정해야 했습니다. 처음에 저는 가격이 상승할 가능성이 있다고 생각했지만 경영진 때문에 포지션을 늘리지는 않았습니다. 이사회가 밥 에커트Bob Eckert를 CEO로 임명하고 난 후, 가치가 실현될 것이고 이제는 자본 배분이 제대로 이루어질 것이라고 확신했기 때문에 마텔의 포지션을 증가시켰습니다. 그 주식이 가장 낮을 때 포지션을 늘렸기 때문에 약간의 이익을 거둘 수 있었지만 최초의 기대에는 전혀 미치지 못했습니다. 처음 투자할 때의 생각은 그 사업이 약간의 경영 문제나 가치상의 문제를 견뎌낼 수 있을 정도로 충분히 튼튼하다는 것이었습니다. 프랜차이즈는 살아남았지만 가치는 기대했던 것보다 훨씬 많이 떨어졌습니다.

약세장을 넘어

기술주를 매입하나요?
네. 저는 기본적으로 부정적인 뉴스에 대한 과잉 반응을 이용합니다. 그런데 기술주보다 과잉 반응이 높은 부문은 없습니다. 저는 기술주에 그런 전략을 사용해서 상당한 돈을 벌었습니다. 하나의 예는 1998년 아시아 위기 때였는데 모든 사람들이 경기 침체에 대한 걱정으로 혼란에 빠졌고 반도체 회사들을 막무가내로 처분해서 주가를 터무니없는 수준까지 낮춰버렸습니다. 제 내재가치 데이터베이스의 상위는 말 그대로 반도체 회사들로 가득 찼었습니다. 그때 이루어진 대부분의 투자들은 10배 이상의 수익을 남겼죠.

2000년과 2001년에 발생했던 현상에 의해 기술주들이 다시 당신의 선별 작업에 모습을 나타냈나요? 아니면 여전히 고평가되어 있어서 내재가치보다 할인되어 거래되고 있지 않나요?
기술주 폭락의 대부분은 시장에서 가장 고평가된 부문에 대한 것이었어요. 저는 그 폭락에 의해 가치가 더 적절해졌다고 생각합니다. 어떤 부문이 기술주만큼 하락할 때는 보통 독립된 기회들이 발생합니다. 기술주 폭락 시에도 분명히 그런 걸 일부 찾았지만 현재 기술주에 좋은 기회가 있다고 생각하진 않습니다.

최근 2년여 동안 시장에서 발생했던 일들에 대해 어떻게 생각하나요?
좋은 사이클에서 나쁜 사이클로 바뀌는 거품의 전형적인 예라고 생각합니다. 그 열광의 때에 모든 사람들이 인터넷이 세상과 경제를 바꾸고 그래서 유토피아에서 살게 될 거라고 믿었기 때문에 매우 자극적인 요소들이 있었습니다. 전문 운용자들에게도 그런 현상은 받아들일 만했을 뿐만 아니라 가치평가와 관계없이 그런 회사들을 보유할 필요가 있었습니다. 그런 사고방식은 스스로를 망치고 말죠. 저는 그 자체로도 거품이 꺼졌을 거라고 생각하지만 연방준비이사회가 이자율을 올렸기 때문에 더 빨리 무너졌다고 생각합니다.

당신은 이 책을 위해 제가 인터뷰했던 사람들 중 나이가 가장 어립니다. 1987년 대폭락 시에도 돈을 운용하고 있었나요?

아닙니다. 저는 1987년에 인턴을 했었는데 돈을 운용하진 않았습니다. 저는 그냥 애널리스트였죠.

흥미로운 것은 당신이 예전에 약세장을 경험해 본 일이 없었는데도 최근의 약세장에서 상처를 입지 않았다는 것입니다. 사실 당신의 펀드는 그 기간 동안 오히려 올랐죠.

우리의 방법을 고수했기 때문에 좋은 실적을 올릴 수 있었습니다. 2000년 기술주 부문에서도 돈을 벌었죠. 1973년에서 1974년이나 1987년에 자금을 운용해봤으면 좋은 경험이 됐겠지만 당시 무슨 일이 벌어졌었는지 모르는 것은 아닙니다. 시장 역사를 열심히 공부해왔으니까요.

위험은 작고 수익은 크게

현재 주식 펀드의 자금 중 상당량이 가치형 펀드 쪽으로 흘러들고 있습니다. 사람들이 단순히 좋은 실적을 따라가는 것일까요, 아니면 정말 가치로 돌아와서 그들이 사고 있는 것에 관심을 가지기 시작한 걸까요?

저는 요즘 가치형 펀드 쪽으로 유입되고 있는 돈의 일부가 실적을 쫓아다니는 소위 핫머니hot-money라고 확신하고 있습니다. 또한 시장 혼란에 대한 꽤 전형적인 대응이라고 생각합니다.

하지만 가치투자가 죽었다는 의견은 받아들일 수 없습니다. 가치투자는 영원히 살아남을 것입니다. 어떤 것도 사업의 가치가 그 사업이 만들어내는 현금흐름에서 얻어진다는 사실을 바꿀 수는 없습니다. 수년 동안 사람들은 그걸 믿지 않았지만 대차대조표에 쌓인 현금흐름의 순수한 힘은 그 가치를 결국 실현시켰습니다. 사람들이 정말 가치로 돌아왔는지에 대한 질문에 어떻게 대답할지는 모르겠네요. 다만 사람들이 가치투자가 유효한 투자 철학이라고 믿지 않는다는 것은 받아들이기 힘듭니다.

전통적인 자산 배분 이론에서는 돈을 성장과 가치로 나눠야 한다고 주장합니다. 그것에 대해 어떻게 생각하나요?

그건 개개인에게 달렸다고 생각합니다. 어떤 투자자가 실적을 추구하는 경향이 있거나, 오랜 기간 좋은 실적을 내지 못할 수도 있는 부분에 있는 걸 참을 수 없다면 분명히 분산하는 것이 좋겠죠. 투자자가 하는 것 중 가장 나쁜 것은 인기가 있는 스타일을 좇아서 다른 스타일로 건너뛰는 것입니다.

개인적으로 저는 가치 접근법에 대한 신념을 가지고 있습니다. 재산의 거의 대부분을 가치주에 투자하고 있고요. 가치투자의 실적이 좋지 않을 때도 그럴 것이고 지금도 그러며 앞으로도 항상 그럴 거예요. 차이점은 제가 좋은 패를 들고 있다는 것입니다. 저는 상황이 가장 안 좋았던 1998년과 1999년에도 가치투자를 포기하지 않았습니다. 어떤 스타일에 확신을 가지고 있으면 그 스타일을 지키는 것이 좋습니다. 가치를 만들어온 기록을 가지고 있는 좋은 투자자에게 돈을 맡긴다면 그 투자 결과는 좋을 것입니다. 어떤 스타일을 계속 지킬 수 있을 만큼 훈련이 안 되었거나 단기적인 변동성을 걱정한다면 분산하는 것이 더 좋겠죠.

하루를 보통 어떻게 보내나요?

매일 아침 포트폴리오에 대한 야간 뉴스와 다시 리서치할 필요가 있는 것들을 훑어보는 것으로 시작합니다. 그리고 보유회사 경영진들과 전화로 회의를 합니다. 지속적으로 우리의 내재가치 계산을 재평가하고 펀더멘털이 우리가 기대했던 것처럼 전개되고 있다는 것을 확인하고 있습니다. 나머지 오후 시간에는 대부분 새로운 투자 대상을 찾습니다. 그런 끊임없는 노력에는 쏟아지는 연차보고서와 월스트리트 리서치 리포트부터 사무실을 나가 회사들을 방문하고 회의를 하는 것까지 모든 것이 포함되어 있습니다. 그 일은 그렇게 매력적이지는 않지만 재무분석을 좋아하면 재미있을 겁니다. 그런 노력의 마지막 결과는 우리가 관련하는 모든 회사들의 내재가치를 결정하는 일이죠. 저는 제 시간의 20%를 관리에 쓰고 나머지 80%를 새로운 아이디어를 찾는 데 씁니다.

투자자에게 가치투자 접근법을 따라야 한다고 설득하기 위해 어떤 예를 들겠어요?

가치 접근법은 여러 가지 이유에서 부를 만들기 위한 가장 좋은 접근법입니다. 우선 리스크와 수익 관계에서 가치투자가 좋습니다. 가치투자를 하면 다른 누군가가 더 높은 가격에 주식을 살 것이라는 기대를 하면서 주식을 사는 것보다 사업의 가치가 투자 목적의 버팀목이 되도록 할 수 있습니다. 따라서 가치투자는 부를 만드는 데 있어서 리스크가 낮은 접근법이죠. 또한 가치투자를 하면 더 높은 세후 수익을 올릴 수 있습니다. 가치와 가격간의 차이, 우리의 경우에는 시장 가격과 내재가치의 50% 이상의 차이를 벌 수 있고 거기다 내재가치가 증가함에 따라 보유 기간이 길어지기 때문에 세금을 내지 않으면서 돈을 복리로 불려나갈 수 있습니다.

어떤 학자들은 가치투자가 문제가 있는 회사들을 사는 것이기 때문에 더 위험하다고 주장합니다.

학자들은 리스크를 잘못 정의하고 있습니다. 학문적 리서치는 보통 리스크를 베타로 정의해 왔습니다. 베타에 관한 모든 것들은 부정되어 왔고, 때로는 베타를 만든 사람들 중 일부도 그걸 부정해왔어요. 그럼에도 계속 얘기되고 가르쳐지고 있죠. 리스크는 영구적인 자본손실과 관련된 것입니다. 그런데 영구적인 자본손실 가능성은 주가가 내재가치보다 떨어지면, 크게 줄어듭니다. 베타가 얘기하는 것처럼 오르는 것이 아니죠. 주가가 감소함에 따라 리스크가 증가한다는 것은 말도 안 되는 얘기입니다.

스탠리는 대부분의 투자자들이 하는 가장 큰 실수가 거래를 너무 많이 하고 주식을 너무 단기간 보유하는 것이라고 생각한다. 그는 주가가 향후 3개월에서 6개월 동안 어떻게 될지 예측하는 것은 어리석은 노력이라고 생각한다. 또한 신뢰할 만한 투자 방법을 발전시킬 수 있는 시간이나 노력이 부족하기 때문에 대부분의 투자자들은 뮤추얼 펀드에 투자하는 것이 가장 좋다고 믿는다. 스탠리는 자신이 말한 곳에 그의 돈을 넣어놨다. 그는 자신의 모든 돈을 자신의 펀드들에 투자했고 개인적으로는 단 하나의 증권계좌도 가지고 있지 않다.

Richard Weiss

남가주 대학 경영학 학사

하버드 비즈니스 스쿨 MBA

1975년 스타인 로 앤드 판햄에 리서치 애널리스트로 입사

1982년 ~ 1991년 스타인 로 스페셜 펀드 포트폴리오 매니저

1991년 ~ 현재 스트롱 캐피털 운용 포트폴리오 매니저

대표 펀드 : 스트롱 코먼 스탁 펀드, 오퍼튜니티 펀드

chapter 17

리처드 와이스

리처드 와이스는 주식시장에 대해 할아버지로부터 처음 배웠다. 어렸을 적 할아버지가 브로커를 만나러 갈 때마다 따라다녔던 것이다. 와이스는 브로커 사무실에서 시세표를 봤던 것을 기억하고 있었으며, 그 영향으로 컨티넨털 항공Continental Airlines의 주식을 사기도 했었다.

와이스는 어떤 다른 대가들보다 성장투자를 호의적으로 생각하는데, 아마도 그가 오랫동안 최고의 성장투자 회사로 인식되어 왔던 스타인 로 앤드 판햄Stein Roe & Farnham에서 출발했기 때문일 것이다. 와이스는 1991년 말까지 스타인 로 스페셜 펀드Stein Roe Special Fund을 운용했다. 이 펀드는 발견되지 않은 유망한 소형주에 주로 투자하는 펀드였다. 그의 지휘하에 스타인 로 스페셜은 1982년부터 1991년까지 미국에서 가장 실적이 좋은 성장 펀드가 되었다.

그런 견실한 실적이 딕 스트롱Dick Strong의 눈길을 사로잡았고 1991

년 딕은 와이스를 그의 회사로 불러들였다. 와이스는 바로 스트롱 코먼 스톡 펀드Strong Common Stock Fund와 오퍼튜니티 펀드Opportunity Fund를 운용하기 시작했다. 카먼 스탁은 소형주에 집중했고 오퍼튜니티는 소형주와 중형주를 취급했다. 두 펀드의 실적은 좋았고 너무 유명해져서 스트롱은 코먼 스톡이 너무 커지는 것을 방지하기 위해 자산 유입을 제한해야 했다. 와이스는 현재까지 두 펀드를 계속 운용하고 있다.

와이스는 분명히 성장주에 관심이 있지만, 그가 추정한 내재가치보다 할인된 가격에 거래되고 있는 주식만 매입한다. 그가 지금까지 계속 좋은 성과를 거둘 수 있었던 것은 가치에 대해 그런 독특한 견해를 가지고 있기 때문이었다. 그는 주식을 매입할 때는 가격에 민감하지만 처분할 때에는 보다 유연하다. 다른 운용자들과 달리 그는 성공주들이 자신이 예상한 시가총액 범위를 벗어나더라도 자신의 기대를 충족시키는 한 계속해서 보유한다.

애널리스트에서 펀드매니저로

투자업계에 있는 USC 트로전*들과 얘기하는 것은 항상 감격적입니다. 투자업계에는 남가주 대학 출신이 별로 없고 특히 높은 지위에 있는 사람들은 더 없습니다. 거기서 재무를 공부했나요?

남가주 대학에서 마케팅과 재무를 공부했습니다. 그때 재무 교수님이었던 트레프츠Trefftzs 박사님이 투자에 대한 제 흥미에 다시 불을 붙여주셨죠. 교수님은 훌륭한 분이셨고 저는 박사님으로부터 많은 것

---

* Trojan. 트로이 전쟁의 용사라는 뜻으로 남가주대 출신을 지칭한다.

을 배웠습니다.

시장에 대한 관심에 다시 불을 붙이다니요?

꽤 어렸을 때 할아버지가 브로커 사무실에 저를 데려갔었는데 제가 졸라서 콘티넨털 항공의 주식을 사주신 적이 있습니다. 저는 브로커 사무실에 갈 때마다 시세표 테이프를 보는 걸 좋아했습니다. 그래서 주식시장에 대한 관심은 어렸을 때부터 있었죠. 그런데 트레프츠 박사님은 투자를 단순히 재무나 수량적 관점이 아니라 질적인 관점에서 접근했습니다. 저는 투자에 대해 그런 점을 좋아해왔습니다. 매우 다차원적이지요.

남가주 대학을 졸업하고 무얼 했나요?

경영학과에서 평점 평균이 4.0이었습니다. MBA를 할지 말지 결정해야 했죠. 한 친구와 여행 관련 보험 프로그램을 개발해 사업을 벌여볼까 했습니다. 우리가 4, 5년 젊었으면 실제로 했을 수도 있지만 결국 포기했습니다. 그리고 남가주 대학과 하버드 비즈니스 스쿨의 MBA 프로그램에 지원했습니다. 하버드로부터 합격 통지를 받았는데 내용이 너무 위압적이어서 두 달간 보지도 않았습니다. USC로부터는 장학금을 받는 바람에 어디로 갈지 결정하는 것이 더 힘들었어요. 하지만 트레프츠 박사님의 추천으로 하버드 비즈니스 스쿨로 갔습니다.

옳은 결정이었나요?

네. 그 학교는 좋았습니다.

그때 월스트리트에서 일할 생각을 하고 있었나요?

아닙니다. 하지만 항상 저에게 호소하는 요소들이 있었습니다. 사람들이 생각하는 것처럼 금전적인 것은 아니었습니다. 월스트리트에서 일하기 위해서는 사업과 마케팅 전략을 이해해야 하는데 저는 그런 것을 좋아했습니다.

저는 사람들로부터 투자 매니저가 되기 위해서 어떤 준비를 해야 하는지 묻는 편지를 많이 받습니다. 무엇을 추천하시겠어요?

비즈니스 스쿨에서 사용하는 케이스 스터디 방식이 투자를 배우는 좋은 방법이라고 생각합니다. 그 공부는 사례를 이야기해주고 약간의 사실과 견해를 준 후 해답을 찾도록 하죠. 하지만 실제로 해답 같은 것은 없습니다. 수업에서 그 문제를 다루고 모두가 동의하지는 않는다 하더라도 자기 생각에 명확한 해답을 얻게 되죠. 투자는 그것과 같아요. 투자는 정확히 무엇인가를 측정해야 하는 직업이지만 아이러니하게도 정답은 없습니다. 저는 그것이 많은 투자자들이 보통 수준인 이유라고 생각합니다.

하버드를 졸업한 후 스타인 로에서 출발했나요?

하버드에서 여러 제안들을 받았습니다. 처음에는 제가 자란 캘리포니아로 돌아가길 원했고 그래서 캘리포니아에 있는 회사들만 찾았습니다. 스타인 로는 시카고에 있었는데 학교로 회사 소개를 왔더군요. 그 회사는 시장 상황과는 상관없이 매년 신입사원을 뽑는다는 정책을 가지고 있었습니다. 저는 1975년에 졸업했고 그래서 1974년 가을 주식시장이 대공황 이후 가장 상황이 좋지 않았던 때에 직장을 얻게 되었습니다. 시카고에서 살고 싶지 않았기 때문에 스타인 로와는 인터뷰 약속도 잡지 않았어요. 하지만 제 룸메이트는 제가 리서치 애널리스트를 하면 정말 잘 할 것이라고 얘기하더군요. 그래서 나중에 그들에게 전화를 걸어서 "죄송하지만 당신 회사를 놓쳐버렸어요. 뉴욕 사무실에서 만날 수 없을까요?"라고 했습니다. 그들은 제가 그리로 오면 만나주겠다고 하더군요. 항상 투자에 관심이 있었지만 제가 해야 할 일이라고 생각했던 건 아니었습니다. 빌 클린턴은 12살 때부터 자신이 대통령이 되길 원했다고 하더군요. 저 같은 경우는 투자가 항상 흥미롭기는 했지만 좋은 직업으로 생각하지는 않았습니다. 그럼에도 불구하고 스타인 로를 뉴욕에서 만났어요. 그 후 그들은 저를 시카고로 데려갔죠. 매우 어렵고 광범위한 인터뷰 과정을 거쳐야 했습니다. 하루 동안 11명의 사람들과 인터뷰를 했습니다. 집으로 돌아가는 엘리베이터에서 스타인 로에게서 합격 통지를 받지 못하면 다른 어떤 회사로부터도 합격 통지를 받지 못할 거라고 생각했습니다. 지금은 사람들에게 그때는 제가 어리고 미숙했기 때문에 처음부터 그 직업을 얻으려고 시도할 수 있었다고 얘기합니다. 그때는 50년만의 최악의 시장이어서 수천 명의 사람들이 해고되고 있었기 때문에 아무도 투자운용 쪽의 직업을 구하려고 하지 않았습니다. 제가 전체 비즈니스 스쿨 사람들 중 유일하게 투자운용 쪽으로 갔습니다. 짧게 얘기하면 저는 그 직업을 얻었습니다.

그 일은 어땠나요?
저는 리서치 애널리스트로 출발했습니다. 스타인 로는 매우 훌륭한 회사였어요. 그 회사 사람들은 철저한 리서치의 선구자였고 회사를 방문하고 있었습니다. 구조는 매우 독창적이었습니다. 사람들을 두 가지 파트로 나누어 놓았죠. 한 쪽은 계좌 운용이고 다른 한 쪽은 리서치였죠. 그 두 쪽을 각각 운영하는 선임 파트너들의 숫자도 똑같았습니다. 기본적으로 마케팅 쪽이었던 계좌 운용 파트보다 리서치 파트에 더 관심이 있었습니다. 그 회사는 일하기 정말 좋은 곳이었어요. 처음부터 저를 믿고 일을 맡겨준 좋은 사람 밑에서 시작했습니다.

거기서 투자하는 방법을 배웠나요?

제 스스로 해야했습니다. 트레프츠 박사님은 저에게 무엇을 찾아야 하는지에 대한 기본틀을 주셨고, 그래서 이미 회사에서 중요한 것이 무엇인지 알고 있었습니다.

어떤 것인가요?

좋은 회사란 우수한 투자수익률과 높은 시장점유율을 가지고 있으며 수익성을 지속시킬 수 있게 해주는 경쟁우위가 있는 회사라는 점이었습니다. 저는 미디어 애널리스트와 비반도체 기술부품 애널리스트로 출발했습니다. 저는 항상 시장의 성장 부분에 있었습니다. 제가 1974년 직후 배운 것은 가치평가가 항상 회사의 전망을 제대로 반영하는 건 아니라는 것이었습니다. 니프티 피프티는 1974년 하락했지만 여전히 시장 평균을 지배하고 있었고 PER가 높았습니다. 나머지 종목들은 황폐화되었죠.

제가 가지고 있던 가장 큰 이점은 가치가 명성이나 월스트리트가 얘기하는 것과 관련되는 게 아니라는 점을 이해한 것이라고 생각합니다. 가치는 단지 회사 내에 있는 것입니다. 그때 니프티 피프티는 수익의 22배에서 거래되고 있었는데 연간 10% 정도로 성장하고 있었습니다. 그런데 15~20% 정도로 성장하는 회사들을 수익의 6배에서 매입할 수 있었습니다. 그때 성장률이 높은, 좋은 회사를 사기 위해 항상 많은 돈을 지불해야 하는 것은 아니라는 걸 알게 되었습니다. 다른 사람들이 그것들을 원하지 않을 때 사면 되는 것이었어요. 저는 여전히 그 개념을 사용하고 있습니다.

스타인 로는 주로 성장투자 회사가 아니었나요?

스타인 로는 3M과 같은 좋은 회사들을 발견함으로써 명성을 쌓아왔습니다. 그들은 좋은 회사들을 좋아했지만 그 회사들에 얼마를 지불해야 하는지는 몰랐습니다. 그래서 항상 너무 많은 가격을 지불했죠. 그 회사를 운영한 사람들은 어떤 훈련도 받지 못했었습니다.

그것 때문에 힘들었나요?

네. 저는 가치평가에 상당한 능력을 갖고 있었습니다. 제가 TV 보는 걸 좋아했기 때문에 미디어 애널리스트로 출발했던 것도 큰 이점이 있었습니다. 당시 월스트리트 사람들은 대부분 TV에 별로 관심이 없었어요.

언제 처음 돈을 운용하게 되었나요?

아마도 1980년이었을 겁니다. 큰 포트폴리오의 일부분을 맡게 됐죠. 1977년 정도에 제가 가상의 포트폴리오를 운영할 수 있는지 물었습니다. 하지만 그건 가상의 포트폴리오 이상이었습니다. 회사에서는 그걸 하도록 해줬고 저는 제가 사고 싶은 게 무엇인지 그들에게 얘기했습니다. 그러면 회사는 그에 대한 가상의 거래를 했죠. 그건 단순히 그날 종료되는 게 아니었습니다. 실제로 스타인 로의 회계시스템에 입력되었죠. 제가 그 포트폴리오를 운용한 첫 해에 S&P 500이 5% 정도 올랐는데 저는 20% 수익을 올렸습니다. 어느 날 회사의 파트너 한 명이 저에게 "좋은 가상 포트폴리오야. 잘 굴리고 있어"라고 하더군요. 그래서 제가 "내기를 하나 하죠. 저는 지금부터 어떤 거래도 하지 않겠습니다. 제가 별로 좋아하지 않는 것도 있지만 아무 것도 하지 않겠습니다. 그리고 그 포트폴리오의 실적이 얼마가 될지 한번 지켜보죠"라고 대답했습니다.

매우 확신에 찼던 것처럼 들리는군요.
실제로 그랬습니다. 다음해 그 포트폴리오는 제가 거래를 하지 않았음에도 S&P보다 두 배 이상 올랐습니다. 그 다음해 약간의 실제 자금을 운용할 수 있었습니다. 회사는 그 가상의 포트폴리오를 아무 거래도 없이 7년 정도 더 유지했는데 그 기간 중 두 번에 한 번 꼴로 S&P보다 더 좋은 실적을 올렸습니다.

스타인 로를 나오기 전에 두 개의 펀드를 더 운용했죠?
1979년에 회사는 저에게 포트폴리오의 일부를 줬는데 그것이 회사의 최고 포트폴리오가 됐습니다. 1980년에는 좀더 운용할 수 있었죠. 1981년 말 스타인 로 스페셜 펀드를 운용하던 사람이 회사를 나갔습니다. 그 포트폴리오에 있던 종목 중 3분의 1은 제가 그에게 추천했던 것들이었어요. 회사는 저에게 그 펀드를 리서치 책임자와 함께 맡으라고 했지만, 제가 모든 일을 했습니다. 1982년부터 퇴사할 때까지 그 펀드는 미국 내에서 가장 실적이 좋은 성장형 펀드가 되었습니다.

그건 주로 소형주와 중형주에 투자하는 펀드였나요?
대부분 소형주에 투자했습니다.

본래 그 분야를 편안하게 여기나요?
네. 제가 시작했을 때 니프티 피프티와 대형주는 소형주에 비해 고평가되어 있었습니다. 가치주는 모두 소형주들 중에서 발굴되었죠.

스트롱으로는 언제 옮겼나요?
1990년부터 스트롱과 접촉하기 시작했습니다. 소형주는 1984년에 절정에 달했고 1985년부터 1990년까지는 별로 좋지 않았습니다. 저는 소형주가 다시 좋은 자산 클래스가 될 것이라고 생각했습니다. 결국 모든 것은 순환적이거든요. 기관들의 돈을 주로 소형주에 투자하는 사업을 시작하고 싶었습니다. 그것에 대해 스타인 로와 얘기했는데 그 회사는 계속 망설이더군요. 그럴 때 딕 스트롱이 저에게 전화를 걸었고 제가 여기서 일하기 전까지 11개월에 걸쳐 협의를 했습니다. 저는 1991년부터 스트롱에서 일하기 시작했습니다.

그때 스트롱은 이미 코먼 스톡 펀드와 오퍼튜니티 펀드를 가지고 있었나요, 아니면 당신이 두 펀드를 시작한 건가요?
오퍼튜니티 펀드는 정말 큰 펀드였습니다. 스트롱은 저에게 그걸 운용하라고 했죠. 코먼 스톡도 이미 있었는데 250만 달러밖에 안 되었습니다.

두 펀드의 주요한 차이는 무엇인가요?
투자하는 회사들의 규모에서 차이가 있었습니다. 원래 코먼 스톡은 소형주 펀드였습니다. 오퍼튜니티 펀드는 중소형주 펀드, 즉 중간 이하의 규모를 가진 회사에 투자하는 펀드죠. 우리는 1993년에 코먼 스톡의 신규 가입을 금지시켰는데 자산이 너무 빨리 커졌기 때문입니다. 시간이 흐르면서 두 펀드의 자산이 증가함에 따라 오퍼튜니티는 순수하게 중형주에 투자하는 펀드가 되었고 코먼 스톡은 중소형주 혼합 펀드에 가깝게 되었습니다.

투자는 예술이다

그 펀드들의 자산은 얼마인가요?
개별 계좌들까지 합쳐서 전체 90억 달러 정도 됩니다.

당신이 투자하는 종류의 주식치고는 너무 많은 것 같군요. 중소형주에서 그렇게 많은 돈을 운용하는 것에 문제는 없나요?
있습니다. 더 잘해야 하죠. 거래비용도 높고 매우 어렵습니다. 1993년에 개별 계좌와 코먼 스톡 펀드의 신규 가입을 금지한 것도 그런 이유입니다. 기록을 유지하기 위해선 어쩔 수 없었죠.

중형주도 소형주처럼 포트폴리오 규모가 커지면 운용하기 어렵나요?
시장에서 유동성을 갖는 것이 갈수록 어려워지는 것 같습니다. 요즘 중소형주의 유동성은 6, 7년 전 소형주의 유동성과 비슷합니다. 유동성이 좋지 않은 대형주도 많아졌어요.

중소형주 펀드들의 규모가 얼마나 되어야 하는지 논쟁이 계속되고 있습니다. 다른 조건이 같다면 자산이 더 작은 펀드에 투자하는 것이 좋나요?
네. 자산 규모가 클수록 효율적으로 거래하기가 힘듭니다. 좋은 운용자가 큰 펀드를 운용하고 있으면 그의 실적이 생각하는 것처럼 일관적인지 살펴봐야 합니다. 즉 그의 스타일이 인기를 끌고 있는데 실적이 좋지 않으면 거기에 투자하는 건 매우 위험합니다. 운용자의 스타일과 당시의 시장 상황을 고려했을 때 실적이 괜찮으면 그 운용자가 훨씬 작은 자산을 운용할 때만큼 수익을 올릴 순 없겠지만 그래도 괜찮을 겁니다.

포트폴리오를 어떻게 구성하기 시작하는지 얘기해보죠.
우리는 개별 회사에서 분석을 시작합니다. 개별 회사를 분석한 것을 발전시켜서 같은 부문이나 전체 시장에 속한 비슷한 주식들에 적용시킬 수는 있지만 장세를 살펴보진 않습니다.

투자 아이디어는 어떻게 찾나요?
하나는 무언가를 읽는 겁니다. 월스트리트로부터 많은 아이디어를 얻지는 않습니다. 우리 스스로 아이디어를 만들고 회사들을 살펴볼 때 월스트리트 리포트들을 이용하죠. 그리고 밸류라인 투자 서베이를 매주 살펴봅니다. 밸류라인은 3개월마다 1,600개 주식을 검토하는데 거기서 잠재적인 아이디어를 많이 얻지요. 거기서 활동이 작은 시장 영역을 찾을 수 있는데 거기에 속한 주식들의 가격이 싼 편입니다. 하지만 가치와 현금흐름에 대해서는 밸류라인의 등급을 고려하지 않습니다.

당신은 가치에 대한 독특한 견해를 갖고 있죠. 관심을 가지고 있는 아이디어들을 어떻게 평가하는지 얘기해주세요.
우리는 모든 것에 사적인 가치$^{private\ value}$를 매깁니다. 사적인 가치는 인수 가치와 동일하죠. 즉 회사를 보유해서 모든 현금흐름을 얻기 위해서 그 회사에 얼마나 지불할 것인가이죠.

각 회사가 하나의 사업으로서 나름의 가치를 가지고 있다는 것은 직관적으로 이해되었습니다. 하루는 월스트리트저널을 읽으면서 주식 시세표에서 다양한 주식의 연간 최고가와 최저가를 살펴봤습니다. 저는 그 차이가 매우 크다는 것을 발견했지요. 1980년대 중 어느 해였는데 시장이 활발했던 때는 아니었어요. 산업에 관계없이 대부분의 주식들은 최고가와 최저가의 차이가 50~100% 정도 되었습니다. 놀라웠습니다. 특별한 일이 벌어지고 있지 않았던 안정적인 시장에서, 사업의 내재가치는 거의 변하지 않았을 텐데 가격은 그렇게 크게 변하고 있었으니까요. 회사의 진정한 가치를 이해한다면 시장의 감정을 이용할 수 있었을 겁니다. 투자자들이 어떤 회사를 싫어해서 주가를 사적 가치의 절반까지 떨어뜨리면 더 이상 떨어지지 않을 것이라는 확신을 갖고 주식을 살 수 있습니다. 역으로 모든 사람들이 그 회사를 좋아하면 사적 가치를 살펴보고 "주가가 사적 가치의 80% 정도이니까 적절하다고 생각할 수 있다. 따라서 나는 그 주식을 사지 않을 것이다"라고 할 수 있습니다. 대부분의 사람들이 투자하는 방법을 이용하는 거죠.

사적 시장가치는 어떻게 결정하나요?

그건 정말로 예술과 같습니다. 저는 투자가 어떤 면에선 예술적 노력이라고 믿어요. 모든 사람들이 약간씩 다른 방법으로 세계와 미래를 생각하죠. 대부분의 사람들은 과거를 생각하는 경향이 있습니다. 현재와 미래를 볼 수 있는 능력이 있고 다른 사람들보다 더 정확할 수 있으면 좋은 실적을 올릴 수 있습니다.

사적 가치를 결정하는 요령은 살 주식을 정말 잘 이해하는 것입니다.

우리가 유리한 점은 공개시장 대부분의 사람들이 다음 분기의 수익이나 어느 정도의 EPS 성장률에 따라 주식을 매입하는 것이라 생각합니다. 정말 어떤 회사를 사려고 하면 그런 단기적인 요소에 너무 초점을 맞춰서는 안 됩니다. 가장 우선적으로 초점을 맞춰야 하는 것은 어떤 요소가 실제로 그 회사의 현금흐름을 만들고 유지시키느냐입니다. 회사가 핵심 제품을 가지고 있는지, 시장점유율을 잃고 있는지 등이 그런 것들이죠. 사는 사람들이 무엇을 살펴보는지 이해해야 합니다. 이렇게 하면 가끔은 현재 가격보다 높은 가격을, 가끔은 낮은 가격을 얻게 되죠. 가장 어설픈 접근법은 회사의 현금흐름에 몇 배를 곱하는 겁니다. 핵심은 몇 배나 곱하고 어떤 할인율을 사용하느냐죠.

사적 시장가치는 장부가치와 다른가요?
물론이죠. 둘 사이에 특별히 밀접한 관계가 있는 건 아닙니다.

당신은 다른 회사나 외부 매입자들이 그 회사에 얼마나 지불하려고 할지 알려고 합니다. 그 가격에서 얼마나 싸게 매수하길 바라나요?
지금까지 저는 사적 시장가치의 50~60%가 좋다고 했는데, 그건 그 정도가 그 주식의 바닥이기 때문입니다. 우리는 우리가 보유했던 회사들의 사적 가치와 거래를 정리한 공책을 12피트 정도나 가지고 있습니다. 50% 이상의 차이는 없어지기 마련입니다. 그건 너무 싸거든요. 매입자나 다른 회사들 혹은 공개시장이 개입하거나 이사회가 불만을 품고 경영진을 교체해버리죠. 50%는 오랜 기간 유지되기에는 너무 큰 스프레드입니다. 하지만 사적 시장가치 계산을 잘해야 합니다. 맞는다면 반값에 사는 것이라 안전하죠. 그런데 지난 5년여간 시장은 거품을 겪고 있었고 사적 가치도 상승했습니다. 그래서 우리는 가격이 사적 가치의 60~65%가 되더라도 투자를 합니다.

그런 회사들은 보통 어떤 이유로 주가가 떨어지나요?
시장은 항상 한 그룹에서 다음 그룹으로 바뀝니다. 이 달에 어떤 것이 유행하면 다음 달에는 다른 것이 유행하죠. 때로 회사에 실망하기도 하고 주가가 떨어지기도 하는데, 그렇다고 그 실망의 원인이 항상 결과에 영향을 미치는 것은 아닙니다. 회사가 흥미로운 분야가 아니거나 월스트리트에 환상을 불러일으키지 못하기 때문에 그럴 수도 있거든요. 그게 바로 시장이 돌아가는 방법입니다.

사적 시장가치보다 싼 가격에 거래되는 회사를 찾았으면 바로 그 주식을 사나요, 아니면 추가적인 리서치를 하나요?
괜찮아 보이는 회사를 찾으면 몇 가지를 더 살펴봅니다. 우리는 사업 분석을 해서 그 회사의 사업이 수익을 만들어낼 만한 것인지 살펴봅니다. 숫자에 뭔가 이상한 것은 없는가? 회사가 얘기하는 것처럼 현실적인 경쟁우위가 있는가? 그 내용이 괜찮아 보이면 흥미를 가질 정도의 충분한 여지가 있는지 알기 위해 대략적인 사적 가치를 계산해봅니다. 소형주에 관심이 있는 투자자는 경영진을 만나보는 것이 좋습니다. 그래서 우리는 그 회사를 방문하죠. 그럴 여유가 없을 때는 두 시간 정도 전화를 하거나 다른 방법들을 동원해서라도 경영진들과 대화를 합니다. 소형주의 경우는 사실 경영진을 산다고 볼 수도 있으니까요.

경영진을 어떻게 평가하나요?

대화를 하면서 그들의 답변을 제 상식을 동원해 검토합니다. 경영진의 의사결정 과정과 사고형성 과정을 판단하죠. 경영진이 사업을 잘 다룰 수 있는지 확인하려고 해요. 그들의 전략은 그 산업이 관련한 것에 대해, 혹은 최소한 내가 알고 있는 것에 대해 일관적인지도 봅니다. 두 시간 동안의 인터뷰에서 마지막 20분만 현재의 결과들에 대해 얘기합니다. 사실 작은 회사에서 무슨 일이 벌어지고 있는지는 아무도 몰라요. 성장하고 있는 것은 맞지만 그건 새로운 것이거든요. 변화는 언제든 일어날 수 있습니다. 제가 정말 확인하고 싶은 것은 경영진들이 환경 변화에 어떻게 대처하느냐입니다. 그들의 최고 고객이 없어지거나 미친 짓을 했을 때, 경영진들이 어떻게 대처하는가를 확인하죠.

주식을 매입한 후에는 경영진과 긴밀히 접촉하나요?
예외가 있을 때만 개입하려고 합니다. 우리는 적절히 하고 있는 회사보다는 정말 잘하고 있거나 정말 못하고 있는 회사들에 많은 시간을 쏟고 있습니다.

부채, 성장률과 같은 것을 살펴보나요?
네. 그건 모두 회사의 현금흐름에 몇 배를 곱해야 하는가 혹은 어떤 할인율을 적용해야 하는가와 관련된 것입니다.

일정 수준 이상의 성장률을 갖고 있는 회사를 찾나요?
아니오. 저는 그렇게 하는 것은 큰 실수라고 생각합니다. 포트폴리오를 운영하는 많은 사람들이 "나는 연 25% 이상 성장하는 주식만 매입할 거예요"라고 얘기하는 것을 들었습니다. 하지만 그 전략은 별로 성공적이지 못합니다. 연간 25% 이상 성장하는 주식은 보통 고평가되어 있어요. 우리는 성장률이 그 사업과 관련해서, 그리고 회사가 현실적으로 성취할 수 있는 것과 관련해서 지속적이면 된다고 생각합니다. 우리는 그렇게 지속적인 성장률에 대해서만 가치를 둡니다.

보통 조금만 매입했다가 보유를 늘려가나요, 아니면 시작할 때 충분히 많은 양을 매입하나요?

우리는 포트폴리오에 7, 80개 정도의 주식을 보유하고 있습니다. 초기 매입량은 1.25% 정도일 거예요. 매입하기로 결정하면 재빨리 원하는 만큼을 전부 매입합니다.

어느 종목에 과도하게 투자하지 않고, 포트폴리오를 분산된 상태로 유지하나요?

우리는 꽤 분산된 포트폴리오를 가지고 있습니다. 우리는 개별 회사 기준으로 투자하기 때문에, 어떤 산업에 몇 %를 보유하려고 한다는 식으로 얘기하지 않습니다. 그럼에도 불구하고 보통 대부분의 산업을 다 보유하고 있어요.

기술주도 포함하나요?

네. 몇 년 전까지는 기술주에 많이 투자해왔습니다. 하지만 기술주가 미치고 난 이후에는 비중을 줄였죠.

시가총액이 일정 수준을 넘는 주식에는 투자하지 않나요?

분명히 우리는 소형주에 많이 투자하고 있습니다. 하지만 대형주라

하더라도 시가총액이 크다는 이유만으로 매입하지 않는 것은 아닙니다. 하지만 포트폴리오의 평균 시가총액은 우리가 지정한 범위 내로 유지하려고 하죠.

그 범위는 어느 정도인가요?
오퍼튜니티 펀드의 경우는 60억~80억 달러이고 코먼 스톡의 경우는 25억~30억 달러 사이입니다.

언제 주식을 처분하나요?
몇 가지 경우가 있어요. 우선 사적 가치를 계산합니다. 주가가 사적 가치 수준에 도달하면 그 포지션을 재평가하죠. 그 사적 가치가 다음 해에 얼마나 오를 수 있을지 등과 같은 것을 살펴봅니다. 대부분의 경우 주가가 사적 가치에 도달하더라도 회사가 성장하고 있기 때문에 다음해 기준으로 보면 여전히 꽤 할인되어 있습니다. 우리는 그걸 고려하죠.

그리고 주식을 매입할 때 회사별로 몇 가지 주의사항을 정리해놓습니다. 예를 들면 전략적 관점에서 볼 때 앞뒤가 맞지 않는 말을 하는 회사들이 있습니다. 유동 현금을 많이 발생시키지만 인수를 몇 번 잘못했었던 회사를 매입했다고 가정해보죠. 경영진이 현금을 부채를 갚는 데 쓰겠다고 하고선 그 돈으로 큰 인수를 해버리면 그 주식을 처분합니다. 회사의 행동이 원래 약속했던 것과 맞지 않으니까요.

주가가 너무 올라서 당신들이 취급하는 시가총액 범위를 넘어가버리면 어떻게 하죠? 처분하나요, 아니면 계속 보유하고 있나요?
그런 경우에는 계속 보유합니다. 우리는 한 회사를 알기 위해 수많은 시간과 노력을 쏟아붓습니다. 그 회사가 기대했던 대로 해주고 그래서 가격이 올랐는데, 그런 이유 때문에 그 회사를 처분해버리는 것은 바보 같은 짓입니다.

주식을 매입하면 보통 얼마나 오래 보유하고 있나요?
평균 보유기간은 2년 이상입니다. 회전율은 70% 정도 되죠. 어떤 주식을 매입하고 3, 4개월이 지나면 그 주식에 대해 더 자세히 알게 되는데 종종 그 회사가 우리가 생각했던 회사가 아니라는 것을 발견할 때가 있습니다. 그 기간을 지나면 우리는 좀더 오래 보유합니다.

중소형주의 미래

당신의 연차보고서를 보면 해외 주식에 투자했던 내용이 가끔 있더군요. 왜 해외 주식에 투자하는지, 그리고 그 주식들을 어떻게 평가하는지 말씀해주세요.
제가 스트롱에 왔을 때쯤 저는 우리가 세계 시장으로 옮겨가고 있다고 느꼈습니다. 즉 어떤 산업들은 글로벌 기준에서 검토되어야 하고 가격도 서로 다른 시장에 걸쳐 표준화될 수 있습니다. 동시에 1992년 딕 스트롱은 중국 개방 때문에 홍콩에 관심을 갖게 되었습니다. 그래서 잠시 해외 주식을 조금 보유했습니다. 현재 많은 해외 주식을 보유하고 있는 것은 아니에요.
사실 저는 10개월마다 런던에 갑니다. 그 여행을 통해 미국 시장이 외국과 비교해 어떻게 평가받고 있는지 이해하려고 합니다. 런던에 가서 미국내외 주식들을 검토해봄으로써 많은 돈을 벌 수 있었어요.

런던에 갔을 때 충격을 받았던 것 하나는 미국 시장이 해외 시장과 비교해 특별히 고평가되어 있지 않다는 것이었습니다. S&P를 보면 미국 시장에 대한 잘못된 느낌을 갖기 쉬운데 S&P에는 고평가된 기술주가 너무 많기 때문입니다. 사실 미국 회사들은 유럽 회사들보다 저평가되어 있습니다.

중소형주의 미래는 어떻다고 생각하나요?
앞으로 시장이 1970년 후반의 시장과 비슷해질 거라고 생각합니다. 당시 시장 평균은 높지 않았지만 주식들은 1974년 대폭락으로부터 회복하면서 좋은 실적을 올리고 있었습니다. 기술주와 다른 모멘텀주들이 주를 이루고 있는 니프티 피프티는 여전히 고평가되어 있어서 기껏해야 본전밖에 안 되는 주식들입니다. 1999년과 2000년에 황당한 수준의 PER에 도달했던 모멘텀주와 기술주들이 주가에 걸맞은 수익을 올리려면 최소한 7년은 걸릴 겁니다. 일반적인 주식들이 심하게 싼 것은 아니지만 상대적으로 그 주식들이 훨씬 성과가 좋을 것입니다.

매우 낙관적인 것 같군요.
상대적인 관점에서 저는 일반 주식들에 대해 낙관하고 있습니다. 하지만 제가 말씀드렸던 것처럼 일반 주식이 그렇게 싼 것은 아니기 때문에 그 주식들이 실제로 시장에서 어떤 성과를 낼지는 불확실합니다. 저는 투자자들이 일반 주식들에서는 약간의 수익을 거두고 모멘텀주에서는 거의 수익을 올리지 못해서 시장 전체적으로는 아주 근소한 수익을 얻을 수 있으리라 생각합니다.

당신 포트폴리오의 구성을 보면 다른 가치형 펀드매니저들보다 성장 위주의 사업들을 훨씬 선호하는 것 같습니다. 맞나요?

투자는 지적인 면에서는 평균 이상이지만 실적은 평균 밖에 되지 못하는 사업인데 그건 군중 속에 있는 것이 안전하기 때문입니다. 시장이 상당히 효율적이기 때문에 군중 속에 있으면 결국 평균은 달성할 수 있습니다. 우리는 제대로 평가 받지 못한 좋은 회사을 산다는 건전한 핵심 철학을 가지고 있습니다. 우리는 시장의 감정들을 이용하죠. 우리는 사적 가치를 구하기 때문에 가치가 있는 곳에 투자할 수 있어요. 가치가 성장주에 있으면 성장주에 투자하고, 가치주에 있으면 가치주에 투자하죠. 많은 사람들은 핵심 철학을 가지고 있지 않은데 저는 그것이 투자에 있어 가장 큰 적이라고 생각합니다. 시장에 끌려다니게 되니까요.

⚜

와이스는 그의 시간을 밀워키의 스트롱 본사에 있을 때, 집에 있을 때, 캘리포니아 샌터바버라 근처의 아보카도 목장에 있을 때로 나눠서 사용한다. 그의 절충적 스타일에 대한 증거로 그의 벽에는 뮤추얼 펀드 평가 서비스 회사인 리퍼 어낼리티컬 서비스 Lipper Analytical Services 가 수여한 두 개의 증명서가 있다. 하나는 5년 간 스트롱 코먼 스톡을 최고의 성장형 펀드로 만든 것에 대한 것이고 다른 하나는 중형주 가치형 펀드 중 실적이 가장 좋았던 것에 대한 것이다. 어떻게 그런 것이 가능할까? 59세의 이 매니저는, 자신은 자신의 방법으로부터 벗어난 적이 없지만 유연한 접근법 때문에 가끔 주식에 대해 너무 비싼 값을 치르기도 한다고 말한다. 그래서 때때로 그의 포트폴리오는 다른 가치투자 동료들보다 훨씬 '성장적'으로 보이는데 이 때문에 펀드 평가 회사들이 그를 하나의 특정 스타일 박스 내로 계속 분류할 수 없는 것이다.

Wallace Weitz

칼턴 칼리지 경제학 학사

1970년 ~ 1973년 뉴욕의 소규모 회사들에서 증권 분석 업무 담당

1973년 오마하의 브로커 회사 칠리스 하이더 앤드 코 입사

1983년 월리스 R. 와이츠 앤드 컴퍼니 설립

대표 펀드 : 와이츠 밸류 펀드, 와이츠 히코리 펀드

chapter 18

월리스 와이츠

가치투자 매니저들 가운데 워런 버핏과 비교되는 사람은 매우 드물다. 월리스 와이츠는 그런 매니저 중 한 명이다. 와이츠와 버핏은 많은 부분에서 공통점을 가지고 있다. 그들은 모두 사적 시장가치에 비해서 크게 할인된 가격에 주식을 매입하고, 집중된 포트폴리오를 보유한다. 그리고 둘 다 브리지 게임을 즐기고 오마하에 살고 있다.

눈치챘겠지만 와이츠는 버핏의 친구이며 오랫동안 버핏의 버크셔 해서웨이 주식을 보유했다. 그는 버핏과 같은 전설적인 인물과 비교될 만한 가치가 없다며 오하마의 현인과 자신을 비교하려 하지 않는다. 하지만 와이츠의 일부 주주들은 그 말에 동의하지 않을 것이다. 워싱턴포스트가 보도했던 것처럼 와이츠의 펀드가 최근에는 버크셔 해서웨이보다도 높은 실적을 올리고 있기 때문이다.

와이츠는 11살 때 처음으로 주식시장을 알게 되었다. 할아버지가 편모이자 노동자였던 어머니에게 주식에 투자할 약간의 돈을 주었던 것이다. 와이츠는 어머니가 월스트리트의 브로커를 만나러 갈 때 따라갔었다. 어머니는 지겨워했지만 와이츠는 그곳이 매우 재미있었다. 그는 브로커와 얘기하고 시장에 대한 책들도 읽었다. 오래지 않아 그는 투자를 시작했다. 그리고 대학 졸업 후 그 브로커의 회사에서 애널리스트로 근무하게 된다.

자금을 운용해보고 싶다는 욕심이 생긴 와이츠는 1973년에 부인의 고향인 오마하로 가서 브로커가 되었다. 그는 커미션으로 많은 돈을 벌지는 못했지만 고객들의 돈을 불려주는 것은 잘 했다. 10년 후 그는, 각 거래에 대해 커미션을 받는 것보다는 자신의 조언에 대해 종합적인 수수료를 받으면서 계좌를 모아서 운용하는 것이 더 낫겠다는 생각에 자신의 회사를 시작하게 된다.

그가 관리하는 모든 자산은 3개의 투자조합에 있는데 뮤추얼 펀드와 비슷한 것이었다. 거의 20년이 지난 지금 그의 회사는 5개의 펀드와 3개의 투자조합을 운용하고 있다.

회사의 가치를 결정할 때 52세의 와이츠는 잉여현금흐름이나 부채를 청산하고 난 후 경영진이 사용할 수 있는 돈의 총액에 초점을 맞춘다. 그는 자신의 방법만을 고수하는 인내심 있는 투자자이다. 그리고 자신의 기준을 충족시키는 주식을 충분히 찾을 수 없으면 괜찮은 거래가 나타날 때까지 현금을 보유한다.

버핏과의 친분

오마하의 유명한 가치투자자인 워런 버핏과 가까이 사시죠? 만난 적이 있나요?

네. 그를 잘 알고 좋아하며 그로부터 많은 것을 배웠습니다. 가장 흥겨웠을 때는 오래 전에 브리지 게임에서 저희 팀원의 실력 덕분에 그에게 9달러를 땄을 때에요. 제 실력은 아니었습니다.

그의 투자 스타일을 흉내내려고 하나요?
저는 그가 하는 일을 관찰하고 그의 주주총회에 참석하고 그의 연차보고서를 읽으면서 많은 것을 배웠습니다. 하지만 우리의 포트폴리오는 거의 겹치지 않습니다. 저는 그로부터 주식 뒤에 있는 사업에 대해, 그리고 현실적이고 지각 있는 오너가 그 회사를 영원히 보유하려고 하는 경우 지불할 의사가 있는 금액에 대해 생각하는 걸 배웠어요. 가치투자자들은 위험할 정도로 비싼 투자 대상을 걸러낼 수 있는 방법을 찾고 있죠. 오너의 태도가 되는 것이 저의 선별법인데 그건 버핏에게서 배운 겁니다.

당신은 어렸을 때부터 투자를 했습니다. 주식시장에 대한 관심을 처음에 어떻게 키울 수 있었는지 말씀해주십시오.
조부모님은 뉴올리언즈에 살고 있던 노동자이자 혼자되신 어머니를 걱정하셨습니다. 그래서 제가 11살 때 어머니에게 2만 5,000달러를 보냈었어요. 당시 어머니의 5년치 연봉 정도 되는 큰돈이었습니다. 그리고 어머니를 뉴욕에 있는 주식브로커에게 소개해주셨습니다. 어머니와 저는 월스트리트에 가서 그 브로커와 점심을 먹었어요. 어머니는 상당히 지루해 하셨는데 저는 완전히 빠져들었습니다. 집에 올 때 루이스 엥겔Louis Engel의 『주식을 사는 방법How to Buy Stocks』을 한 권 사서 그걸 열심히 읽었습니다.

그 브로커로부터 무얼 배웠나요?

저는 그와 편지를 주고받았고 그는 제게 읽을거리를 보내주었습니다. 그는 생명보험주들에 관심을 가지라고 했는데 그때 그 주식들이 인기가 있었어요. 그가 저에게 4, 50개의 보험주 리스트를 보냈고 저는 그 중에서 가장 위에 있던 종목을 샀습니다. 그 투자의 실적은 좋지 않았고, 그래서 투자가 약간의 계산을 하는 것처럼 쉬운 것만은 아니라는 것을 알게 됐지요.

어려서 시장의 변동성을 배우다

어머니도 주식을 매입했나요?

네. 어머니는 애치슨^{Atchison}, 토페카 앤드 산타페 철도$^{Topeka\ and\ Santa\ Fe\ Railroad}$, 스탠더드 오일$^{Standard\ Oil}$과 브로커가 추천한 다른 두 종목을 매입했습니다. 제가 처음 산 주식은 제너럴 텔레폰$^{General\ Telephone}$이었는데 잔디를 깎아서 번 돈으로 12살 때였던 1961년에 샀었지요.

그 투자의 성과는 어땠나요?

제 아내는 제가 집에 가는 길에 세탁소에 들르는 것은 잊어버려도 1961년 9월에 26과 3/8달러를 지불하고 1966년에 42.5달러에 그 주식을 처분했다는 것은 기억한다고 놀리죠.

좋은 경험이었던 것 같군요.

좋았어요. 그 주식을 사고 9개월 후 1962년 5월에 시장이 급락했습니다. 그 주식은 19달러까지 떨어졌죠. 어려서 시장의 변동성이 무엇인지 알게 되었던 거죠.

주식에 대한 관심은 대학에서도 계속 됐나요?
네. 그런데 그 사이에도 중요한 일이 하나 있었습니다. 고등학교 때 투자 클럽에 들어갔습니다. 클럽 선생님은 주식 브로커와 다른 손님들을 불러 얘기할 수 있도록 해줬죠. 그 중 한 명 때문에 저는 기술적 분석에 관심을 갖게 되었습니다. 그는 로버트 D. 에드워즈^{Robert D. Edwards}와 존 F. 매지^{John F. Magee}의 『주식 트렌드의 기술적 분석^{Technical Analysis of Stock Trends}』을 추천해줬는데 그 책은 벤 그레이엄의 기본적 투자자를 위한 책을 기술적으로 바꾼 것이었습니다. 저는 크리스마스 선물로 그것을 달라고 했고 이 때문에 어머니는 부모 노릇을 잘못해서 제가 이상하게 됐나 걱정하기도 하셨습니다. 몇 년간 저는 100가지 주식들의 차트를 매일 그리고 그 차트를 이용해 투자를 했어요. 그 경험도 저에게 좋은 교훈이 됐습니다. 그 전략이 별로 성공적이지 못했거든요.

그것이 기술적 분석을 사용했던 처음이자 마지막 경험이었나요?
예. 고등학교 졸업 앨범에 사람들은 제가 주식 브로커가 될 것 같다고 썼습니다. 저는 칼턴 칼리지^{Carleton College}에 가서 경제학을 공부했습니다. 저는 교수님들께 주식시장에 대한 독립적인 연구를 하게 해 달라고 했습니다. 그런데 교수님들은 칼턴과 같은 학문 기관에서 그런 일을 하는 것은 품위가 떨어지는 일이라고 생각하시더군요. 한 교수님은 주식시장은 점성술과 같다고까지 말씀하셨습니다.

칼턴에서 재무 수업을 들었나요?

그 학교에는 재무 수업이 없었습니다. 작은 인문대였죠. 많은 비실용적 주제들을 조금씩 공부했던 것이 오히려 나았던 것 같아요. 그 학교의 정말 좋은 교수님 한 분이 두 학기짜리 회계학 강의를 했었는데 그게 제가 정식으로 재무를 배운 유일한 수업이었습니다. 그녀는 우리에게 회사가 회계 방식을 공격적으로 할지 보수적으로 할지 선택하는 것에 대해 가르쳐주었습니다. 또한 우리에게 다양한 회계 조작에 속지 않도록 각주들을 읽는 방법을 가르쳐줬어요.

대학에서 주식을 거래했나요?
네. 하지만 그때는 1960년대였고 저는 별로 돈이 없었습니다. 투씨롤Tootsie Roll에서 50달러를 잃었던 것은 정말 큰 비극이었죠. 하지만 지금 돌이켜보면 그건 정말 값싼 수업료였습니다. 그때 저는 여러 가지 생각을 하게 되었고, 많은 것을 배웠으니까요.

칼턴을 졸업한 후에는 무얼 했나요?
4학년 때 월스트리트 명부The Wall Street Transcript를 구해서 12개의 브로커 회사에 여름방학 동안 일하게 해달라고 편지를 썼습니다. 제가 13번째 편지를 보낸 회사는 어릴 때 어머니와 함께 방문했었던 작은 회사였어요. 저는 그때 그 브로커에게 편지를 썼는데 그 사람이 저에게 크리스마스에 뉴욕에 오면 만날 수 있을 거라고 했습니다. 순전히 운으로 거기서 일할 수 있었죠. 6월부터 일을 시작했어요. 그런데 그때는 1970년 약세장의 바닥이었고 좀 지나서 그 회사가 부도 직전이라는 것을 알게 됐습니다. 그가 저에게 "네가 온 것을 모르고 있었구나. 그런데 우리는 너한테 최소 임금밖에 못 주겠다. 그래도 괜찮으면 계속 있으려무나"라고 하더군요. 저는 여름방학 동안만 일하고 가을에 뉴욕 대학의 비즈니스 스쿨로 가려고 했는데 제가 하던 일들이 재미있었습니다. 그래서 풀타임으로 공부하는 대신 NYU에는 야간에만 가고 그 회사에 계속 있기로 결정했어요. NYU도 재미가 없어서 한 학기 다니고 그만뒀습니다. 하지만 그 회사에서는 2년 반 동안 일했어요.

뉴욕을 떠나 오마하로

그 회사에서 무얼 했나요?
처음에는 500개의 장외 주식을 조사하던 독학파 애널리스트의 조수였습니다. 각 회사들을 자세히 살펴보지 못했지만 저에게는 정말 좋은 경험이었습니다. 트레이더가 트레이딩 룸에서 나와서 "내 주식이 5포인트 하락했어. 무슨 문제 있어?"라고 소리쳤지요. 그러면 저는 다른 방법이 없었기 때문에 그 회사의 사장한테 전화를 했어요. 제가 트레이더에게 도움이 되었다고 생각하지는 않지만 그래도 정말 멋진 경험이었습니다. 애널리스트들의 점심 식사 자리나 주주총회에도 가곤 했습니다.

또 투자 아이디어를 찾으면서 사람들의 계좌를 관리해주는 사람들을 도와줬습니다. 어느 날 사장이 저를 불러서 "잘 하고 있구나. 너한테 나가는 돈도 얼마 안 되니까 우리도 좋고. 그런데 너는 앞으로 무얼 하고 싶니?"라고 얘기하더군요. 그 말은 약간 모욕적이었지만 저는 충격을 받아 움직이지 못했고 다음주보다 더 먼 미래를 생각했습니다. 저는 그에게 자금을 운용하고 싶다고 했습니다. 그는 "그거 대단하구나. 가서 운용할 돈을 벌어라"라고 하더군요. 저는 그 사람들이

하고 있던 것처럼 브로커로 돈을 벌지에 대해 생각해야 했습니다. 일임 계좌도 있었지만 그들은 기본적으로 브로커였어요.

저는 그렇게 해볼 생각을 했지만 우리 부부는 뉴욕시에서 아이들을 키우고 싶지는 않았습니다. 일단 고객이 생기면 거기에 계속 있어야 했기 때문에 제가 주식 브로커가 되려 한다면 처음부터 우리가 살고 싶은 곳에서 시작하는 것이 좋겠다고 생각했습니다. 우리는 그녀의 고향인 오마하와 저의 고향인 뉴올리언즈, 그리고 우리가 학교를 다녔던 칼턴 근처의 미니애폴리스를 살폈습니다. 오마하의 지역회사인 칠리스 하이더 앤드 코$^{Chiles, Heider \& Co.}$에서 리서치에 대해 약간의 월급을 주고 제가 벌어들이는 커미션의 일부를 주겠다는 조건으로 저를 고용했습니다. 약간의 월급 때문에 운용할 계좌를 구하는 동안 완전히 굶지는 않았죠. 저는 1973년부터 1983년까지 10년간 그 일을 했습니다.

성공적인 브로커였나요?

글쎄요, 어떻게 보느냐에 따라 다를 겁니다. 커미션 관점에서는 그렇게 잘하지 못했지만 항상 사람들이 일임형으로 계좌를 맡길 수 있도록 했기 때문에 실제로는 자금 운용자였습니다. 저는 그들에게 한 번에 하나씩 개별 아이디어를 팔고 싶지는 않았어요.

그때 투자 훈련을 했나요?

네. 그때는 설명하지 못 했을 수도 있지만, 그때도 지금과 그리 다르다고 생각하지 않습니다. 회사의 사장이었던 찰리 하이더$^{Charlie Heider}$는 버핏과 가까웠고 버크셔의 팬이었어요. 그는 저를 버크셔의 주주총회에 데려가곤 했는데 그때는 6명에서 8명 정도의 외부인들밖에 거기에 가지 않았습니다. 저에게 잉여현금흐름의 미덕과 장기적인 관점에서 할인된 가격에 주식을 매입하는 버핏의 접근법을 가르쳐줬다는 점에서 그는 저의 스승이었습니다. 제가 읽었던 그레이엄의 이론과도 일치하는 것이었죠. 보통 브로커들은 그렇게 하지 않았지만 저는 항상 운용 중인 자산들에 대해서 생각했습니다. 높은 커미션을 받는다는 면에서는 성공적이지 않았지만, 10년 후 저와 함께 새로운 사업을 하고 싶어하는 약간의 고객들을 얻을 수 있었습니다.

그 회사가 지금의 회사인가요?
그렇습니다. 저는 효율성을 위해 계좌들을 모으고 싶었습니다. 커미션 대신 수수료를 청구하고 싶은데, 거래별로 돈은 받는 방식이 좋아 보이지 않기 때문이었습니다. 그뿐 아니라 저는 스스로 투자하고 싶었습니다.

그 회사를 언제 시작했나요?
1983년이었습니다. 저에게 돈을 맡기려고 하는 고객들의 자산이 1,100만 달러였어요. 저는 그들의 펀드를 뮤추얼 펀드처럼 세 개의 투자조합으로 모았습니다.

회사 이름은 무엇이었나요?
월리스 R. 와이츠 앤드 컴퍼니Wallace R. Weitz and Company였어요. 시간이 좀 지나면서 우리는 몇 개의 뮤추얼 펀드를 시작했습니다. 19년이 지난 지금 우리는 5개의 뮤추얼 펀드와 세 개의 투자조합을 가지고 있어요.

전체 합쳐서 얼마나 운용하나요?

75억 달러 정도 됩니다.

재앙 같은 성공

당신은 1990년대 중반이 되어서야 상당한 자산을 모으게 되었습니다. 어떻게 스포트라이트를 받게 된 거죠?

저는 서너 개의 일 때문에 그렇게 되었다고 생각합니다. 1993년에 모닝스타가 와이츠 밸류 펀드에 별 5개를 주었습니다. 그 펀드는 5천만 달러를 운용 중이었습니다. 또 모닝스타는 '5개의 알려지지 않은 펀드들Five Undiscovered Funds'이라는 기사도 썼는데 거기에 와이츠 밸류가 포함됐습니다. 몇 개의 뉴스에서 그 기사를 계속 내보냈어요. 그때까지 우리 투자자의 80% 이상은 이 지역 사람들이었습니다. 그 후 6개월만에 펀드 자산은 5천만 달러에서 1억 달러로 증가했습니다. 사방에서 사람들이 약관을 보내달라고 했죠. 그렇게 성공을 하게 됐어요. 하루에도 2, 30통씩 전화를 받았습니다. 4년 후인 1997년 말에 우리의 자산은 8억 달러로 불어나 있었습니다. 히코리 펀드Hickory Fund가 좋은 실적 덕분에 언론에 보도되고 난 후, 1998년 초에 또 한 번 엄청난 신규 가입이 있었습니다. 우리는 1997년 내내 1천 건의 전화 접수를 받았습니다. 그러던 것이 1998년 1분기에는 한달에 1천 건, 그리고 2분기에는 한 주에 1천 건을 받았어요. 그 후에는 하루에 1천 건을 받았죠. 그건 믿어지지 않을 정도였습니다. 거의 '재앙 같은 성공success disaster' 이었어요. 히코리는 2천만 달러에서 8개월 만에 5억 달러로 성장했고 우리는 1998년 10월에 그 펀드의 신규 가입을 금지했습니다.

그 많은 돈이 당신의 운용에 영향을 미쳤나요?
우리는 한 펀드에 28억 달러를, 다른 펀드에 41억 달러를 가지고 있습니다. 그건 분명히 달라요. 투자 아이디어가 생겨도 너무 많은 돈 때문에 그 주식에 너무 큰 포지션을 취해야 해서 5년 전이면 투자할 수 있었던 곳에 지금은 할 수 없는 경우가 있습니다. 자산이 커졌다고 해서 지금까지 실적이 나빠진 것은 아니지만 그게 우연인지 아닌지는 모르겠습니다. 저는 큰 회사들에 투자하는 것이 좋지만 그 펀드는 주로 중형주 펀드로 묘사되어 왔습니다. 제가 투자하는 분야에서는 현재의 규모가 크게 문제가 될 것 같진 않지만, 제가 운용하는 두 펀드의 신규 가입을 막아야 하는지에 대해서 고민하고 있습니다.

좋아하는 것에서 가능성을 찾다

당신의 투자 접근법에 대해 얘기해보죠. 어떻게 가치투자자가 되었나요?
제가 겪어온 일들이 복합적으로 작용했습니다. 대학 때 벤 그레이엄의 책을 읽었던 것이 그 중 일부이고, 1973년부터 1983년까지 가치투자 회사에 있었던 것이 큰 부분을 차지하죠. 워런 버핏을 볼 수 있었던 것도 많은 도움이 되었습니다. 뉴욕에 있는 저의 첫 상사였던 아티 던Artie Dunn도 가치투자자였는데, 그때는 아무도 그걸 가치투자라고 부르지 않았어요.

당신이 주식을 평가하는 법에 대해 얘기해주십시오.

가장 기본적으로 우리는 우리가 좋아하는 것에서 가능성을 찾으려고 합니다. 즉 사업 내재가치에 대해 잘 알 수 있는 회사를 매입하는 거죠. 그 방법을 사용하면 언제 가격이 싼지를 알 수 있습니다. 매우 단순하죠. 버핏은 볼이나 스트라이크가 없는 게임에서 좋은 공을 기다리는 것에 대해 얘기했습니다. 그런 게임에서는 정말 원하는 것 하나를 위해 100개의 아이디어를 지나칠 수도 있습니다. 쉬운 공을 찾는 거죠.

출발은, 회사를 오랫동안 보유하고 싶은 사업으로 생각하는 것입니다. 통계적으로 싸거나 싸 보이도록 하는 사용되지 않은 자산을 갖고 있는 것도 도움이 될 순 있지만 그런 것들만으로 충분하지 않습니다. 우리는 단타를 원하는 게 아닙니다. 제가 가장 좋아하는 것은 회사의 운명에 대해 어느 정도의 통제권을 가지고 있고, 제가 '재량 있는 현금흐름'이라고 부르는 것을 만드는 견실한 사업입니다. 여기서 재량 있는 현금흐름은 그 사업에 재투자될 수도 있지만 그럴 필요는 없는 돈을 의미합니다. 이상적으로는 회사가 적절히 성장하고 있어야 하죠. 빠른 성장은 대부분 지속 가능하지 않기 때문에 너무 빨리 성장하고 있는 것은 좋아하지 않습니다. 또한 그 회사의 경영진을 신뢰할 수 있고 저를 파트너로 취급하며, 동기와 열망이 투자자로서의 제 동기와 열망과 일치하는 사람들이어야 합니다.

그리고 벤 그레이엄이 얘기했던 '안전마진'을 얻을 수 있도록 가격이 충분히 할인되어 있어야 합니다. 종종 제가 매입한 후 가격이 떨어질 수도 있습니다. 지금까지 제 포트폴리오에서 가장 성과가 좋았던 것들 대부분이 가격이 오르기 전에 더 떨어졌던 사업들입니다. 저는 가격에 매우 민감해서 주가가 오르기 시작하면 거의 그 포지션을 늘리지 않습니다.

회사의 적절한 가치는 어떻게 매기나요?

그건 전적으로 예술이지 과학이 아닙니다. 버핏주의에 경도된 것은 아니지만 버핏은 자신이 이해할 수 없거나 할인율이 1, 2% 바뀌어서 상황이 크게 달라질 수 있으면 그 주식은 충분히 싼 것이 아니라고 했습니다. 물론 그는 머릿속으로 할인된 현금흐름의 복잡한 계산을 할 수 있기 때문에, 그의 말을 그대로 믿으면 안 되겠죠.

핵심적인 것은 장기적으로 그 회사에서 얻을 수 있는 현금이 현재가치로 할인했을 때 얼마나 될 것인지 생각해야 한다는 것입니다. 저는 할인율을 15%로 하는데 그게 편리하기 때문이에요. 저는 15%를 제가 장기에 걸쳐 얻고자 하는 수익률로 생각합니다. 다른 사람들은 장기 재무부증권의 수익률을 사용할 수도 있어요. 그에 대해 마술은 없습니다. 중요한 것은 가치평가를 해야 한다는 것이죠.

15% 할인이 무엇을 의미하는 것인지 설명해주세요.

현재의 1달러는 1달러의 가치가 있지만 오늘 50센트를 투자해서 연 15%의 수익을 올릴 수 있다면 5년 후의 1달러는 오늘 50센트의 가치밖에 없는 게 되죠. 따라서 일련의 미래 지출의 현재 가치를 구하기 위해서는 각 지출을 살펴보고 소급해서 오늘의 투자액이 얼마일지 살펴본 후 각각의 현재 가치를 더해야 합니다. 말은 매우 쉽지만 그런 수익 지출이 얼마가 될지 추측하는 것은 매우 어렵습니다. 저는 미래에 무엇이 일어날지에 대해 매우 주의를 기울입니다.

내재가치나 장부가치를 살펴보지는 않나요?

저는 그것을 '사업가치$^{business\ value}$'라고 부르곤 합니다. 지각 있고 똑똑한 사업가가 회사를 오랫동안 보유하면서 투자에 대해 15%의 수익을 올릴 수 있을 때, 그 회사에 대해 지불하고자 하는 금액이라고 생각하기 때문이에요. 내재가치의 다른 정의라고 할 수도 있겠죠. GAAP를 따르는 장부가치는 대부분 모든 것의 역사적 비용에서 출발합니다. 어떤 것은 어제 산 것이고 어떤 것은 100년 전에 산 것이죠. 어떤 것은 가치가 증가했고 어떤 것은 가치가 떨어졌어요. 회계사가 산출해낸 장부가치는 어떤 회사에는 전혀 의미가 없을 수도 있고, 어떤 회사에는 정말 의미가 있을 수도 있어요. 모든 투자 공식이 가지고 있는 문제점은 하나의 방법이 모두에게 맞지는 않는다는 겁니다.

독점회사가 좋다

어떻게 아이디어를 찾아내나요?

모든 것으로부터 얻습니다. 우리는 컴퓨터 선별 작업을 별로 하지 않는데 컴퓨터에 입력하는 원 데이터들이 의심스러울 때가 있기 때문입니다. 저는 사업을 하는 친구들과 아이디어를 교환합니다. 월스트리트의 추천 종목에는 별로 관심을 기울이지 않지만 월스트리트 리서치에서 아이디어를 찾을 때도 있어요.

저의 많은 아이디어들은 과거부터 되풀이되어 왔습니다. 예를 들어 1999년 여름 연방준비이사회가 이자율을 올리기 시작했을 때의 상황은 제가 전에 여러 번 겪어봤던 것이었습니다. 저는 연방준비이사회에서 이자율을 올리기 시작하면 월스트리트는 자동적으로 모든 금융서비스 회사 주식을 처분하려 한다는 것을 알고 있습니다. 그런데 몇 분기가 아니라 몇 년을 놓고 보면 연방준비이사회가 계속해서 이자율을 올리지는 않을 것이라는 걸 알 수 있어요. 제가 과거에서 알 수 있었던 것은 그런 기간에도 저축금융기관들의 수익은 거의 감소하지 않는다는 것입니다. 성장률이 몇 분기 동안 둔화되거나 떨어질 수도 있지만 그렇다고 해서 그 사업의 장기적 가치가 변하는 건 아닙니다. 향후 10년간의 현금흐름은 연방준비이사회가 이자율을 정기적으로 올리든 올리지 않든 거의 같을 겁니다. 1999년 여름, 월스트리트가 금융주들을 팔 때 저는 그 주식들을 매입하기 시작했어요. 그 주식들의 가격이 다시 오른 2000년에 성과를 거둘 수 있었죠. 특별한 통찰력이 필요한 건 아닙니다. 단지 잠깐 비켜 서 있기만 하면 되니까요.

가격 조건 외에 찾고 있는 회사의 다른 특성은 없나요?
이상적으로는 자신의 운명과 가격에 대해 어느 정도의 통제력이 있는 회사가 좋습니다. 그런 면에서 독점 회사들이 좋죠. 예를 들어 저는 오랫동안 케이블 회사들을 좋아했습니다. 지역 유선방송 회사들은 위성방송, 공중파 방송, 그리고 일부 도시들에서는 이차 유선방송 회사들과 경쟁을 하고 있죠. 하지만 유선방송 회사들 대부분은 이 다채널, 비디오 전송 시스템을 스스로 보유하고 있어요. 그들은 가격협상력을 가지고 있죠. 많은 사람들이 디지털 컨버터로 10개나 15개의 채널을 더 보기 위해 한 달에 10달러 이상을 추가로 지불하고 있습니다. 고객들한테 케이블 모뎀을 사용하는 데 추가로 한 달에 30~40달러를 내라고 하면, 대부분의 사람들은 초고속 인터넷에 접근할 수 있는 다른 현실적 대안이 없기 때문에 그 서비스를 살 겁니다. 그런 계속된 수입 때문에 저는 케이블 모뎀이나 셋톱박스를 만드는 장비 제조회사들보다 그런 종류의 회사에 훨씬 더 관심이 있어요. 장비 제조회사들은 보통 많은 경쟁자를 갖고 있고, 그래서 자신들의 운명을 통제할 수 없습니다.

이동통신 업계도 똑같습니다. 처음에는 모든 시장마다 경쟁자가 둘 있었습니다. 지금은 경우에 따라 네 번째, 다섯 번째, 여섯 번째 경쟁자가 있지만 여전히 많은 수는 아닙니다. 유무선 모두에서 계속된 수입을 올릴 수 있습니다. 사용자가 서비스를 사용하지 않더라도 월마다 일정액을 받을 수 있어요. 서비스를 사용하면 요금이 더 올라가죠. 저는 핸드셋 제조회사나 시스코 같은 회사들보다는 네트워크를 보유하고 있고 무선 서비스를 제공하는 회사를 더 좋아합니다. 계속된 수입을 가지고 있고 경쟁이 별로 없고 운명에 대해 통제권이 있으며 특히 자본집약적이지 않은 회사들을 좋아합니다. 그런 회사들은 현금이 생겼을 때 재투자할 수도 있고 주주들에게 돌려줄 수도 있습니다.

언제 처분하나요? 처분 결정도 가격을 고려해서 하나요?

이론적으로는 가격을 사업 내재가치와 비교해야 합니다. 가격이 어느 쪽이든 내재가치와 많이 떨어져 있으면 사거나 팔 수 있는 기회가 되죠.

목표가를 정하나요?

사업가치의 반값에 매입해서 100%에 처분한다고 얘기할 수는 있습니다. 하지만 50달러에 그 주식을 사서 75달러에 처분하겠다는 식으로 목표가를 정하지는 않습니다.

바보 같을 정도의 인내

주식이 매입 후 떨어진다면 어떻게 하나요?

상황을 다시 확인해봅니다. 그래도 여전히 가치평가가 옳았고 좋은 회사라면 저는 기뻐하면서 추가로 매입합니다. 아까 말했다시피 그건 이상적인 상황이에요. 가격이 떨어지면 배가 아플 수도 있죠. 가격이 열네 번이나 더 떨어지고 다시 확인해본 후에도 더 매입하게 되면 스스로를 의심하기 시작할 겁니다.

1990년 가을에 저는 아내와 함께 프랑스로 20주년 기념 여행을 갔습니다. 그때 금융 시장은 약세였어요. 신용도에 대한 우려가 있었고 상업용 부동산은 침체기에 있었죠. 사람들은 패니메이와 프레디맥이 지불보증한 독신자용 모기지에 대해 걱정하기 시작했습니다. 저는 프레디맥을 오랫동안 보유해왔습니다. 그 주식을 60달러에 이르렀을 때 샀는데 100달러까지 올라갔어요. 그 해 가을 그 주식은 다시 60달러대로 떨어졌고 저는 다시 매입하기 시작했습니다. 우리가 프랑스에 있던 주 월요일에 가격은 46달러였고 화요일에는 42달러였어요. 그래서 저는 더 매입했지요. 금요일에 그 종목은 31달러까지 떨어졌어요. 저는 이를 갈면서 우리 트레이더에게 더 사라고 했습니다. 그때 저는 스스로를 조금씩 의심하기 시작했어요. 제 부인은 아직도 제가 그날 밤 정말 훌륭한 프랑스 요리를 전혀 먹지 않았다고 얘기합니다. 주식분할을 고려했을 때 오늘날 그 주식에 대한 저의 평균 매입가는 주당 2달러에서 3달러인데, 그 주식은 60달러 대에 있습니다. 주식이 그렇게 많이 하락하지 않았다면 그 주식에 그렇게 큰 포지션을 취할 수 없었을 것입니다. 그 회사는 저의 실적을 크게 올려준 회사였습니다.

와이츠 파트너스 밸류$^{\text{Weitz Partners Value}}$는 18년간 연 18% 성장해왔어요. 그런 성과의 대부분이 12개의 주식 때문이었는데 거의 대부분은 나쁘게 시작했던 좋은 아이디어들이었습니다. 규제 완화 때문에 유선방송 주식이 떨어진 1994년에 우리는 유선방송 주식을 두 배로 늘렸습니다. 1996년 말까지 다른 우려들이 있었고 주식은 더 싸졌죠. 우리는 계속해서 보유량을 늘렸어요. 그 후 1997년부터 1999년까지 펀드에서 유선방송 주식들이 차지하는 비중은 30%에 달했는데 그 주식들의 가격이 크게 올랐기 때문이었습니다. 큰 종목들은 다섯 배가 올랐고 작은 종목들은 열 배 정도 올랐죠.

당신은 정말 인내심이 많은 투자자인 것 같군요.
정말 그래요. 저는 내재적 접근법이 중요하다고 생각합니다. 잠시 동안 바보로 생각되더라도 참을 수 있는 인내와 의지가 있어야 하죠.

포트폴리오를 얼마나 분산시키나요?
저는 개별 회사 리스크에 대해서 걱정을 많이 합니다. 그래서 한종목에 포트폴리오의 5, 6% 이상을 투자하진 않습니다. 개별 회사들에는 절대 피할 수 없는 종류의 리스크들이 있어요. 그래서 저는 10개 정도의 전혀 다르고, 관련이 없는 산업들에 투자해서 산업간 분산을 하려고 하는데 쉽지 않더군요. 현재 제 포트폴리오의 4, 50%는 한두 종류의 금융주들에 투자되어 있어요. 저는 금융주에는 다른 요소들에 의해 다르게 영향 받는 모든 종류의 회사들이 있어서 금융주에 투자하면 일정한 분산 효과를 거둘 수 있다고 생각합니다.

중요한 것을 구분하는 재능

잠시 동안 현금을 35~40%까지 보유했던 적이 있죠? 왜 그렇게 많이 보유했었나요?

저는 그때가 투자하기에 적절한 시기가 아니라고 생각했습니다. 완전히 투자한 상태를 좋아하지만, 그럴 만큼 좋은 투자 아이디어를 많이 찾지는 못합니다. 그래서 신규 자금이 들어오거나 너무 비싼 주식을 처분했는데 매입할 만한 것이 없으면 재무부증권을 보유하려고 합니다. 솔직히 말해서 저는 주식 전체가 수년 동안 고평가되어왔다고 느낍니다. 새로운 현금을 재투자하는 데 걸리는 시간은 제가 내일 더 좋은 투자 대상을 찾을 수 있는지에 따라 결정됩니다.

이미 보유하고 있는 주식에 더 투자하거나 더 이상의 현금이 들어오지 않도록 펀드 신규 가입을 막을 수도 있는 것 아닌가요?

네. 둘 다 할 수 있습니다. 그런데 또 다른 요소는 최근 시장의 변동성이 커졌다는 점입니다. 어떤 주식들은 하루도 20~40%씩 떨어지더군요. 제가 정말 좋아하는 주식이 잘못된 이유로 떨어졌으면 그 주식을 더 매입하면 되니까 현금을 처리하기가 쉬워지죠.

하지만 투자자들은 주식을 사달라고 당신에게 돈을 보냈습니다. 그렇게 현금을 보유하고 있을 때도 그들을 위해 봉사하고 있다고 생각하나요?

네. 제가 사람들에게 얘기하는 것은 그것이 제가 투자하는 방식이라는 겁니다. 제 돈의 전부는 이 펀드들에 투자되어 있고 따라서 저는 제 자신을 위해서도 투자하고 있는 것입니다. 저를 다른 주식투자자들과 비교해서 현금보유가 문제가 되면 저에게 벌을 주면 되는 거예요. 투자에 접근하는 방법은 많이 있습니다.

당신의 접근법을 고려했을 때 기술주에도 투자하나요?
거의 하지 않습니다. 오랫동안 저는 "나는 그걸 이해할 수 없다"고 해왔어요. 제가 기계를 잘 다루지 못하는 것은 사실입니다. 최근에야 CD의 아랫면이 읽혀지고, 그래서 윗면에는 사진이 있을 수 있다는 걸 알았습니다. 저는 기술자가 아니에요. 물론 이런 이유에서만 기술주에 투자하지 않는 것은 아닙니다. 저는 쉽고 가능성이 높은 투자 대상을 찾아왔어요. 그런 투자 대상은 사업가치가 이미 실현되어 있거나 성숙한 케이블 시스템 회사들처럼 현금흐름을 예측할 수 있는 회사들입니다. 기술은 몇 달 만에도 급격하게 변하기 때문에 오늘의 시장선도자가 5년 후에도 계속 사업을 하고 있을지 예측하기 힘듭니다. 이런 이유 때문에 기술주에 거의 투자하지 않습니다.

더 하고 싶은 얘기는 없나요?
회사에 대해 배울 수 있는 사실들은 무한정 많습니다. 하지만 회사의 성패를 결정하는 중요한 변수는 보통 두 개나 세 개 정도입니다. 월스트리트 리서치들은 너무 세부적인 내용에 빠져서 정작 투자의 성패를 결정하는 이 두세 가지에 대해서는 신경을 쓰지 않고 있습니다. 제가 지금까지 성공할 수 있었던 이유 중 하나는 무엇이 중요하고 무엇이 중요하지 않은지 구분할 수 있었다는 점입니다. 그것은 버핏의 위대한 재능이기도 하죠. 그는 분석하는 회사에 관련된 핵심 이슈들에 초점을 맞추고 있습니다. 버핏이 하는 것처럼 할 수 있다고 얘기하진 못하지만 그것은 투자자들이 해야 하는 가장 중요한 일 중에 하나입니다.

⚜

　와이츠는 자신의 최대 투자 실수들이 경영진을 너무 믿거나 이해해준 것에서 비롯되었다고 얘기한다. 필자가 『월스트리트의 마법사들』에서 소개하였던 동료 매니저 리처드 로슨^{Richard Lawson}과 달리 와이츠는 펜스를 넘나드는 것을 좋아하지 않고 '가능한 두세 개'보다는 '확실한 하나'를 찾으려고 한다. 그래서 그는 펀드의 변동성을 상대적으로 낮게 유지할 수 있었다.

　인터뷰를 마치면서 나는 와이츠가 또 다른 면에서 그의 이웃인 워런 버핏과 비슷하다고 생각했다. 둘 다 그들의 능력에 대해 겸손하며 검소한 생활방식을 갖고 있다. 그리고 스리피스 정장보다는 캐쥬얼하게 입는 것을 더 편안하게 여긴다.

Martin Whitman

시러큐스 대학 학사

프린스턴 대학 경제학 석사

시어슨 등의 브로커 회사와 뉴욕 주식거래소 등에서 근무

1970년대 초 개인 사업 시작

1984년 에퀴티 스트래티지즈 펀드를 적대적으로 인수해서 자금 운용업 진출

1990년 서드 애버뉴 밸류 펀드 시작

현재 서드 애버뉴 펀드 공동 투자 책임자이자 포트폴리오 매니저

예일대 경영대학에서 28년간 재무에 대한 강의를 해오고 있음

대표 펀드 : 서드 애버뉴 밸류 펀드

chapter 19

마틴 휘트먼

　마틴 휘트먼은 가치투자에서 한 단계 더 나아간다. 월스트리트에서 그는 벌처투자자로 알려져 있는데 그는 그 별명을 자랑스러워한다. 휘트먼은 그가 '안전하고 싸다'고 말하는 침체된 회사들의 주식에 투자한다. 리서치로 출발한 휘트먼은 투자, 개인 자금 운용을 거쳐 현재 '컨트롤 투자'를 하고 있다. 그는 컨트롤 투자를 작은 회사의 주식을 상당량 사서 기업 의사결정 시에 큰 목소리를 내는 것이라고 정의한다. 휘트먼은 침체된 회사들이 큰 투자회사가 경쟁하려고 하지 않는 영역이라는 것을 깨닫고 1970년대 이후 침체된 회사들에게 집중해왔다. 그는 문제가 있는 회사들에 조언을 해주다가 그 대신 투자를 하면 더 많은 돈을 벌 수 있다는 것을 깨달았다.

　휘트먼은 처음에 해군에서 경제학을 가르치려고 했었다. 하지만 대학원을 졸업한 후, 학문 세계의 미래가 밝지 않으리라는 것을 깨달았다. 그래서 그는 월스트리트로 갔다. 휘트먼은 그가 하는 일을 가치투자의 형식으로 묘사하지만 그는 배당률, PER와 같은 전통적인 가치 지표에는 관심을 기울이지 않는다. 사실 그는 가치투자자의 대부라고 할 수 있는 그레이엄과 도드가 '중대한 실수를 저질렀다'고 주장한다.

짐작했겠지만 휘트먼은 솔직하게 보는 대로 말하는 것을 두려워하지 않는다. 그는 서드 애버뉴 밸류 펀드Third Avenue Value Fund를 운용하고 있는데 이 포트폴리오는 거의 소형주들로 구성되어 있다. 휘트먼은 그것이 소규모 주식들에서 자주 값싼 주식을 발견하기 때문이지 그쪽 시장에 집중하기 때문은 아니라고 얘기한다.

휘트먼은 문제가 있는 회사들의 채권을 사들인 다음 기업이 재건되면 아주 싼 가격에 그 채권을 주식으로 바꿔왔다. 이런 방법으로 그가 1980년대에 석유 서비스 회사였던 네이버스 인더스트리즈Nabors Industries의 대주주가 될 수 있었다. 요즘 그의 회사는 여러 회사들의 지분을 많이 보유하고 있다. 휘트먼은 장세에는 관심을 기울이지 않으며, 장세는 투자와 관련이 없다고 생각한다. 대신 그는 한번에 하나씩 발견되지 않은 새로운 투자 대상들에 집중한다.

벌처투자가 휘트먼

당신은 종종 벌처투자자로 묘사되고 있습니다. 기분 나쁘진 않나요?
자산 배분자나 시장 전략가, 학자 등으로 불리는 것보단 벌처투자자가 훨씬 좋은데요.

왜 그렇죠?

그들이 어리석기 때문이죠. 벌처투자자가 되기 위해서는 가치에 대한 것을 알고 있어야 합니다.

학자들에 대해 왜 그렇게 비판적이죠?
제가 그들을 존중하지 않는 것은 아닙니다. 하지만 그들은 모두 차트를 분석하는 기술자입니다. 그들은 주식이나 회사를 분석하는 것에 대해서는 아무 것도 모르죠. 학자들은 회사, 정보, 장기적 투자에 대해서는 이해하려 하지 않고 가격과 시장에 대해서만 연구하려고 합니다.

개별 회사를 살펴보는 것이 성공의 열쇠라고 생각하나요?
네. 거기엔 의심의 여지가 없습니다. 그리고 차익 거래를 하지 않는 한 장기적 전망을 가지고 있어야 하죠.

'벌처투자자'를 어떻게 정의하나요?
벌처투자자는 침체된 회사의 신용에 투자하는 사람입니다.

신용은 채권과 주식을 모두 의미하는 건가요?
주식은 아닙니다. 정신이 있는 사람이면 가격이 어떻더라도 침체된 사업의 보통주를 사진 않습니다. 우리는 가격이 싼 회사들을 매입하지만 침체된 사업의 고급 종이-고수익 채권-만 삽니다.

당신은 오랫동안 침체된 회사들을 취급해왔지만 항상 가치투자 매니저로서 그랬던 것은 아닙니다.
맞아요.

언제 그걸 시작했나요?

1970년대 초반 사업을 해보겠다고 결정했을 때 기업 재무를 해보고 싶었습니다. 그때 저명한 투자은행들이 손을 대지 않는 부문이 두 개 있었습니다. 하나는 주주 소송이었고 다른 하나는 부도였어요. 저는 그 두 부문으로 들어가서 처음에는 회사의 조언자가 되었어요. 그 후 조언자보다 투자자가 되는 게 훨씬 좋겠다는 걸 알게 됐습니다.

대학에서 무엇을 전공했나요?

경제학이요.

어느 대학을 다녔나요?

시러큐스 대학을 다녔고 대학원은 프린스턴에서 다녔어요.

졸업한 후 처음 한 일은 무엇이었나요?

브로커 회사인 시어슨[Shearson]에서 리서치 애널리스트로 일했습니다.

그 후 어떻게 되었나요?

소극적 투자와 컨트롤 투자를 동시에 하는 가족 트러스트에서 일하게 되었습니다.

그때가 1950년대 후반이었나요?

네. 1960년, 필라델피아에 있던 뉴욕 주식거래소 회원사의 파트너가 되었습니다. 1967년에 뉴욕으로 돌아와서 몇 년간 뉴욕 주식거래소를 위해 일했습니다. 제 사업을 시작한 건 1970년대 초예요. 1984년에 폐쇄형 투자 트러스트를 적대적으로 인수했고 그래서 자금 운용

사업으로 들어올 수 있었습니다.

왜 그렇게 인수를 했나요?

에퀴티 스트래티지즈 펀드$^{Equity\ Strategies\ Fund}$의 주식이 싼값에 팔리고 있었습니다. 제가 경영권을 갖게 된 후 그것을 개방형 펀드로 만들고 그 펀드를 이용해 지금은 네이버스 인더스트리즈인 회사의 은행 부채를 매입했습니다. 1980년대 후반 네이버스는 회사 갱생 절차를 밟고 있었는데 그것은 정말 성공적인 거래였어요. 약간의 세금 문제가 있어 에퀴티 스트래티지즈를 네이버스 인더스트리즈와 합병시키게 되었습니다. 에퀴티 스트래티지즈의 주주들은 네이버스의 보통주를 받게 되었는데 여전히 그 대부분을 보유하고 있어요. 그러면서 저는 제가 자금 운용 사업을 좋아한다는 것을 알게 되었고 그래서 1990년에 서드 애버뉴 밸류라는 새로운 펀드를 시작했습니다.

왜 인수 투자에 관심을 갖게 됐나요?

저는 분명히 일반 주식시장에 투자하고 싶지는 않았습니다. 인수 투자가 돈을 벌기 훨씬 좋은 방법이라고 생각했습니다. 위험/보상 비율이 환상적이었죠.

서드 애버뉴 밸류에서도 인수 투자를 하나요?

아닙니다. 서드 애버뉴 밸류는 소극적 투자(주식을 매입은 하지만 회사를 운영하거나 통제권을 가지려고 하진 않는 걸 의미함)만 하고 있어요. 우리는 소수의 침체된 증권들 이외에는 인수 투자를 하지 않습니다. 보통주에 대해선 단연코 소극적 투자자입니다.

전체 합쳐서 얼마나 운용하고 있나요?
세 개의 펀드와 사적으로 관리되는 계좌에 있는 돈을 모두 합치면 35억 달러 정도 됩니다.

매우 싼 가격에 성장주 매수하기

당신의 투자 접근법에 대해 얘기해 보죠. 어떤 사람들은 그걸 매우 싼 가격에 성장주를 사는 것이라고 하더군요.
저도 그렇게 생각합니다. 우리는 안전하면서 싼 보통주만 사려고 해요. 안전하면서 싼 투자는 4가지 특성이 있습니다. 첫째, 대차대조표 상의 재무 상태가 매우 좋아야 합니다. 둘째, 경영진이 주주의 관점에서 일하는 훌륭한 사람들이어야 합니다. 셋째, 우리가 이해할 수 있는 회사여야 합니다. 이것은 여러 가지를 의미할 수 있는데 최소한 문서 공개가 잘 되어 있어야 합니다. 이 세 가지 특성들, 즉 건전한 대차대조표, 훌륭한 경영진, 이해할 수 있는 사업은 주식을 안전하게 만듭니다. 네 번째 특성은 싸야 한다는 것입니다. 우리는 그 사업이 사유화되거나 인수될 때 가치의 50% 이하만 지불하려고 하죠.

그 접근법에는 분명히 장단점이 있겠군요.
당연합니다. 가격이 싼 사업들의 단기적 전망은 거의 매우 나쁩니다.

그 각각에 대해 얘기해보죠. 예를 들어 당신은 재무 상태가 특히 좋은 회사를 원하고 있습니다. 구체적으로 무얼 의미하는 거죠?
그건 세 가지의 조합입니다. 우선 상대적으로 부채가 적어야 합니다.

대차대조표에 나와 있든 각주에 있든 아니면 다른 데 있든 말입니다.

어떤 부채도 가지고 있으면 안 된다는 얘긴가요?
약간의 부채는 가질 수 있지만 상대적으로 적어야 합니다. 둘째, 현금으로 전환될 수 있는 고수익 자산이 있어야 합니다. 셋째, 할 수만 있다면 주주들이 사용할 수 있는 영업상의 많은 잉여현금흐름이 있어야 합니다. 이건 사람들이 생각하는 것보다 훨씬 드물죠. 이 세 가지가 매우 강한 재무적 포지션을 구성합니다.

장부가치나 다른 전통적 가치 척도들은 어떤가요?
회사의 가격이 싼지 평가할 때 장부가치를 고려합니다. 하지만 장부가치가 안정성과는 아무런 관련이 없어요. PER도 가격을 이해하는 데 사용될 수 있지만 역시 안정성과는 상관없습니다.

다음은 경영진이죠. 회사의 경영진을 어떻게 판단하나요?
그게 가장 어려운 일입니다. 모든 경영진은 주주들과 이해가 일치하기도 하고 충돌하기도 합니다. 우리는 무능해 보이거나 스톡옵션 프로그램, 보상 수준, 그리고 SEC에 의해 공표되는 다른 거래들로 측정해봤을 때 도를 넘어서는 경영진을 좋아하지 않습니다. 주주들의 돈을 강탈하려고 하는 수많은 경영진들이 있습니다. 저는 그런 사람들을 피하려고 합니다.

경영진과 얘기하면서 그들과 함께 사업을 하고 싶은지 어떻게 판단하나요?
문서들을 조심스럽게 살펴보고 그들을 인터뷰한 것을 종합해서 판단합니다. 우리는 경영진이 말하는 것을 듣고 그들을 칭찬하거나 하지는 않습니다. 특히 그들에 대해 많은 것을 알려주는 공개된 기록이 없을 때는 더욱 그렇죠. 아마추어들만이 경영진의 말을 그대로 믿죠.

세 번째 특성은 당신이 이해할 수 있는 사업이어야 한다는 것입니다.
그건 여러 가지 것을 의미할 수 있는데, 여기서도 객관적 지표로 사용할 수 있는 상당한 양의 공개 문서와 감사를 받은 재무제표가 있어야 한다는 의미입니다. 재무제표는 우리에게 진실을 말하지 않고 우리도 재무제표가 진실일 것이라고 기대하지 않습니다. 재무제표는 다만 분석의 도구로 사용할 수 있는 객관적 지표일 뿐입니다.

워런 버핏은 기술을 이해할 수 없기 때문에 기술주에 투자하지 않는다고 얘기했습니다. 당신도 그렇나요?
아닙니다. 우리는 기술주에 꽤 많이 투자하고 있습니다.

그러면 당신은 사업이 어떻게 돌아가는지 이해하지 못해도 투자할 수 있다는 얘기인가요?
편안함을 느낄 수 있어야 합니다. 워런도 결국 컨트롤 투자자이지만 많이 다릅니다. 우리는 소극적 투자도 하고 벤처 캐피털리스트처럼 기술주에도 투자합니다. 하지만 한 곳에 투자하지는 않고 분산시킵니다. 기술주에 투자하면 수익률은 높지만 삼진 아웃될 확률도 높죠. 이런 것이 사업을 이해하는 것의 일부분입니다.
제가 컨트롤 투자자로서 첨단 산업에 투자하는지는 모르겠습니다. 하지만 우리는 1단계 벤처 캐피털리스트처럼 그리고 가격이 적당한 때만 첨단 산업에 투자합니다.

그건 달러당 50센트밖에 지불하지 않겠다는 네 번째 특성과 관련된 거군요. 회사가 가치의 50% 이하에서 거래된다는 것을 어떻게 판단하나요?

분석하는 회사에 따라 다릅니다. 첨단 산업을 예로 들어보죠. 우리는 그런 산업에 대해서는 벤처 캐피털리스트처럼 가치를 측정합니다. 미래 수익이 얼마나 될지 판단해서 내부수익률로 할인해서 계산하죠. 내부수익률은 연간복리성장률입니다. 금융기관은 가격이 조정된 장부가치보다 많이 싼 경우에만 투자합니다.

거기서도 장부가치를 살펴보나요?

장부가치는 좋은 벤치마크입니다. 그건 회계적인 수치이죠. 정신병원의 수용자가 정신병원을 벗어나야 하는 것처럼, 월스트리트에서 벗어나서 보면 장부가치는 수익만큼이나 중요합니다. 둘은 모두 다른 모든 회계적 수치들로부터 산출되어 수정되고 결정된 회계 사이클들의 일부입니다.

수익은 얼마나 중요하게 생각하나요?

그건 우리가 무엇을 하고 있는지에 따라 다릅니다. 보통 좋은 사업은 모두 부를 생산하는 것과 관련되어 있습니다. 월스트리트를 제외하고, 대부분의 똑똑한 사람들은 -세금 때문에- 수익 이외의 방법으로 부를 만드는 것을 좋아합니다. 그들은 실현되지 않은 감각상각, 실현된 감가상각을 가지고 있고 리파이낸싱이나 재편성을 통한 수입을 얻죠. 가장 좋지 않은 방법이긴 하지만 우리 포트폴리오에 속한 대부분의 회사들은 수익을 통해 부를 만들 수밖에 없습니다. 분명히 수익은 세금을 피할 방법이 없는 회사들을 분석하는 주요 변수입니다. 하지만 부동산 회사, 보험사, 투자 트러스트의 성격을 가진 회사들을 분석할 때 수익은 별로 중요하지 않습니다. 투자회사나 다른 것으로 가장한 투자회사에 있어 수익은 중요하지 않습니다.

장세에는 관심이 없다

당신이 투자하는 회사들은 보통 어떻게 해서 가격이 그렇게 쌉니까?
먼저 가장 중요한 점인데, 대부분 그런 회사들의 단기적 전망은 좋지 않고, 유행하는 산업에 속해 있지 않습니다. 시장은 그들의 전망이 밝지 않다고 믿죠.

그럼 왜 관심이 있는 거죠?
우리는 장세에 관심을 기울이지 않습니다.

그런 회사들의 미래 전망을 평가할 때 언제까지를 내다보나요?
현재 우리는 최고 수익의 8배 아래에서 거래되는 최첨단 회사들과 금융회사들에 많이 투자하고 있습니다. 그 회사들은 자본화가 잘 되어 있고 다음 번 최고 수익은 지난 번 최고 수익보다 훨씬 좋으리라 기대되는 회사들입니다. 저는 다음의 최고 수익이 3년에서 5년 사이에 발생할 거라고 생각합니다. 그게 지금까지 제 경험이었어요. 현재와 같은 산업 전체의 침체가 우리가 생각하는 것보다 더 깊고, 더 오래 지속될 수도 있긴 하겠지만요.

3년에서 5년은 대부분의 월스트리트 사람들이 영원이라고 생각하는 기간이 아닌가요?

맞습니다. 그것이 그들이 혼란을 겪는 이유예요. 우리는 차익거래 상황에서만 단기적인 전망을 취합니다. 이미 발표된 합병처럼 상대적으로 한정된 기간 동안, 한정된 일이 일어나는 경우에만요. 다른 경우에는 절대 단기적으로 무엇인가를 하진 않습니다. 차익거래 상황에서만 단기적으로 살펴보죠.

투자 스타일 때문에 보통 소형주들에 투자하나요?
그건 타이밍에 따라 다릅니다. 최근에는 거의 소형주들에 투자했습니다. 앞으로도 그런 경향이 지속될 것 같은데 대차대조표 상태가 좋은 회사들의 대부분이 IPO 붐에서 수혜를 얻었기 때문입니다. 그건 회사의 가치는 14달러인데 주가는 60달러인 것과 같죠. 현재 그런 주식들은 2달러에서 5달러 정도에서 거래되고 있습니다. 모멘텀에는 맞지 않지만 그 회사들 중 일부는 대차대조표 상태가 좋아요.

그렇게 폭락한 닷컴 신규등록주들을 매입했던 적이 있나요?
아니오. 우리는 그 영역 밖에 있는 것을 찾고 있습니다. 그런 회사들 대부분은 쓰레기들입니다.

신규등록주를 매입하나요?
우리는 폭락한 신규등록주들만 매입합니다. 신규등록주들이 떨어지기를 기다리는 게 우리의 스타일입니다.

현재 포트폴리오의 몇 %가 기술주에 투자되어 있나요?
29%입니다.

높은 수준인가요, 아니면 정상적인 수준인가요?
정상에 가까워요. 그런데 우리는 기회에 초점을 맞추기 때문에 정확한 기준이 있는 것은 아닙니다.

당신이 매입하는 회사들은 1990년대 후반 기술주가 각광 받을 때 인기가 있었던 회사들인가요?
네.

저는 당신이 장기적 전망을 갖고 있다고 알고 있습니다. 언제 주식을 처분하나요?
우리가 실수를 했거나 그 주식이 크게 고평가되면 처분합니다.

당신은 해외 회사, 특히 일본 회사에 많이 투자하고 있습니다. 현재 일본 시장은 어떻다고 생각하나요?
도쿄 시장 지수가 2만이었던 1997년에 일본에 투자하기 시작했습니다. 현재 지수는 1만 2천이지만 우리가 투자한 회사들은 주가가 올랐습니다. 40~50% 싼 가격에 보험회사와 토요타 자동차의 계열회사들을 매입했었죠.

하지만 당신이 했던 일본 투자가 모두 성공적이었던 건 아닙니다. 당신은 몇 년 전에 부실 채권 포트폴리오를 주주의 이익을 위해 처리하지 않는다는 이유로 일본의 롱텀 크레디트 은행 Long-Term Credit Bank**를 고소했었죠.**
저는 그 은행의 상당한 지분을 갖고 있었습니다. 그 은행은 5,200억 엔, 즉 37억 달러어치의 부실 채권을 탕감해주려고 했습니다. 그들은 주주는 신경 쓰지 않고 그렇게 하고 있었죠. 그건 40억 달러에 달하는 부채 탕감이었습니다. 그 정도 액수면 시티그룹이라도 도산할 겁니다.

그 투자가 당신의 실수 중 하나라고 생각하나요?
네. 일본에서는 미국과 같이 투자할 수는 없다는 것을 깨달았습니다. 일본에는 불이행 대부를 감시하는 시스템도 없고 그 문제에 대한 지각도 없었습니다. 일본이 회사갱생법처럼 문제가 있는 회사와 은행을 구제할 수 있는 방법을 만들어내지 않으면, 그 나라의 금융시스템과 경제시스템은 붕괴할 테고 그러면 세계 경제도 침체하게 될 것입니다.

외국 회사를 미국 회사와 다르게 평가하나요?
별로 그렇지는 않습니다. 경영진과 재무 상태만 문제가 되죠.

간혹 상당한 지분을 취하고 있는 회사들이 있습니다. 어떤 회사들이죠?
우리는 캘리포니아의 큰 부동산 회사인 테존 랜치$^{Tejon\ Ranch}$ 보통주의 30% 정도를 보유하고 있습니다. 그리고 캐피털 사우스웨스트$^{Capital\ Southwest}$의 15% 정도, AVX 콥$^{AVX\ Corp}$을 5~10% 보유하고 있습니다. 또 이노베이티브 클리니컬 솔루션즈$^{Innovative\ Clinical\ Solutions}$의 45%, C.P. 클레어$^{C.P.\ Clare}$의 20%, 스튜어트 인포메이션 서비스$^{Stewart\ Information\ Service}$의 10%, FSI 인터내셔널$^{FSI\ International}$의 15%를 보유하고 있습니다.

20~40% 이상으로 그렇게 많은 지분을 가지고 있는 회사들에는 개입을 하나요? 당신은 행동적 주주인가요?
우리는 소극적이고 싶은데 네이버스 인더스트리즈의 이사회에 가야 합니다. 또한 스튜어트 인포메이션 서비스와 테존 랜치의 이사회에도 참석해야 합니다. 그 세 회사들은 정말 경영이 잘 되는 회사들이죠. 저는 그 회사들이 제가 소극적으로 있을 수 있도록 내버려두었으면 좋겠어요.

그런 회사들의 이사회에 있으면 투자 매니저로서 객관적으로 행동하는 게 더 어렵나요?
그렇지는 않습니다.

그 회사가 당신이 원하는 대로 하더라도 그 주식을 처분하는 데 거리낌이 없나요?
네. 저는 제 펀드들을 위해 일하고 있습니다. 회사 경영진과 친해지는 데는 별로 관심이 없습니다.

침체된 증권과 채권에 대해 계속 얘기해보죠. 예를 들어 언제 어떤 회사의 주식 대신 채권을 사나요?
우리는 회사의 재무 상태가 좋지 않으면 주식을 사지 않습니다.

왜 채권의 리스크를 떠안으려고 하는 건가요?
리스크를 안으려 하는 게 아닙니다. 우리는 재정비하고 있는 우선주들을 매입하려고 합니다. 현재 우리는 USG 콥$^{USG\ Corp}$ 부채의 최대 채권자입니다. 세이프라이트 글라스 은행$^{Safelite\ Glass\ Bank}$ 채권도 많이 보유하고 있는데 세이프라이트는 좋은 회사입니다. 홈 프로덕츠 인터내셔널$^{Home\ Products\ International}$의 얼마 되지 않는 미결제 채권 50%와 PG&E$^{Pacific\ Gas\ and\ Electric\ Company}$의 첫 모기지 중 700백만 달러를 보유하고 있어요. 암스트롱 월드 인더스트리즈Armstrong World Industries의 최대 채권자에도 속하죠.

그 회사들의 보통주는 보유하고 있지 않나요?
USG의 보통주를 보유하고 있는데 실수였다고 생각합니다.

왜 그런 회사들의 증권이 안전하다고 생각하나요?
USG에 무슨 일이 일어나도 우선 어음이 지불 청구에 영향받지 않습니다. 사실 그 증권들은 석면 청구보다 우선권이 앞서죠. PG&E의 모기지는 만기수익률이 25.5%입니다. 홈 프로덕츠는 25% 수익률로 산 겁니다. 저는 그 부채들이 실현될 수 있다고 생각해요. 다시 한번 말씀드리지만 저는 재정비하고 있는 선순위채를 찾으려고 합니다.

종종 실패하지 않나요?
가끔 하죠. 근데 보통주와 차이가 있는 건 아닙니다. 대부분의 투자는 성공하는데, 불행히도 가끔 실수를 할 때가 있는 법이죠.

어떻게 그런 회사들에 관심을 가지게 된 건가요?
저는 월스트리트 리서치는 읽지 않습니다. 아이디어는 다양한 곳으로부터 얻어요. 침체된 회사들은 데일리 뱅크럽시 리포터Daily Bankruptcy Reporter에서 찾습니다. 보통주는 컴퓨터 선별 작업을 하죠. 신문, 연차 보고서, 위임장, 10K 등도 읽습니다.

신저가 리스트에 있는 주식도 찾아보나요?
가끔 그렇게 합니다.

하지만 당신은 월스트리트 리서치나 수익에 관심을 기울이진 않죠?
네. 대부분은 말도 안 되는 것들입니다. 시간 낭비일 뿐이죠.

목표가를 정하나요?
아니요. 가치는 역동적이고 지속적으로 상승합니다. 목표가를 정하는 것은 바보 같은 짓입니다. 그러면 세금 문제만 생겨요.

장세에는 신경을 쓰지 않죠?
전혀 신경 안 쓰죠.

하지만 같은 부문에 속한 회사들이 함께 침체되거나 동시에 가격이 싸질 때가 있지 않나요?
동시에 침체되는지는 모르겠지만 동시에 가격이 떨어지는 경우는 있습니다. 우리가 수익의 4, 5배에 있는 최첨단 회사들에 투자할 기회를 가질 수 있었던 것도 시장이 그 회사들을 구분하지 못했기 때문입니다.

그러면 당신의 포트폴리오는 보통 특정 부문들에 집중되어 있나요?
네. 말씀드렸던 것처럼 30% 정도는 최첨단 회사들에 투자하고 있습니다.

많이 투자하는 다른 부문은 없나요?
금융 기관과 부동산에 많이 투자합니다.

당신은 실제로 부동산 펀드도 운용하고 있죠. 그 펀드는 거의 리츠에 투자

되어 있나요?

아닙니다. 일부는 리츠에 투자되어 있지만 우리는 다른 종류의 부동산을 더 좋아합니다.

어떤 것들이죠?

테존 랜치와 같은 관리 회사들입니다.

부동산이 앞으로도 좋은 투자 대상일 거라고 생각하나요?

괜찮은 아이디어입니다. 부동산 증권은 부동산보다 훨씬 싸죠.

당신의 펀드는 1990년대 초중반까지 실적이 매우 좋았습니다. 1990년에 모닝스타에 의해 그 해의 국내 펀드매니저로 선정되기도 했죠. 그런데 모든 사람들이 첨단 회사들과 공격적인 성장주로 몰려간 1990년 후반에는 다른 가치 투자가들처럼 당신의 실적도 떨어졌습니다. 그때 시장 환경에 대해 어떻게 생각했나요?

저는 그때가 인류 역사상 최고의 투기 과잉의 시기였다고 생각합니다. 정신병자들이 정신병원을 운영하고 있었죠. 어떻게 그것과 경쟁할 수 있겠어요. 우리 실적은 2000년에 분명히 좋아졌고 지금은 괜찮습니다.

그때 배운 가장 큰 교훈은 무엇이라고 생각하나요?

아무 것도 없습니다. 그런 미친 짓은 또 다시 일어날 겁니다. 제가 이 업계에 몸담은 이후에도 그런 투기 과잉의 시기들은 항상 있었습니다. 제가 아는 한 그건 또 발생할 겁니다.

그러면 사람들이 실수로부터 배우지 못했다는 건가요?
네. 그렇게 생각해요.

성공했던 주식 한두 개와 실패했던 주식 한두 개를 당신이 어떻게 찾고 평가했었는지 얘기해주십시오. 먼저 성공했던 주식에 대한 이야기를 해주시죠.
우리는 어플라이드 머티리얼즈$^{Applied\ Materials}$에서 많은 돈을 벌었습니다. 그건 10루타 종목이었죠. 가격이 1,000% 상승했다는 말입니다.

그걸 언제 처음 매입했나요?
1996년인가 1997년, 반도체 장비 사업이 깊은 침체로 빠져들었을 때예요. 그 회사는 그 업계 최고의 회사였고 대차대조표 상태가 좋았는데 최고 수익의 10배에 살 수 있었습니다. 그 성과는 꿈과 같았죠. 동시에 우리는 C.P. 클레어를 매입했습니다. 그 회사도 같은 산업에 속해 있었고 비슷한 경우였어요. 그런데 그 회사는 경영이 좋지 않았습니다. 우리가 매입한 이후 그 주식은 9달러에서 3달러로 떨어졌어요. 경영진이 매우 중요한 것이었죠.

경영진이 좋지 않은 것이 당신의 주식이 실패하게 되는 주요 이유인가요?
그렇다고 생각합니다. 우리가 주식을 선택하는 방법은 좋지만 때때로 고약한 경영진들을 만나게 되죠. 경영자를 평가하는 것이 가장 어려운 일입니다.

주식을 열 개 산다면 그 중 얼마나 성공하고, 얼마나 실패하나요?
일곱 개 정도는 성공하고 나머지 세 개는 실패합니다.

그 정도면 매우 좋은 확률이군요.
네. 하지만 그건 정말 장기적인 관점에서 그렇습니다. 우리가 지금 매입하는 종목 중 얼마나 올해에 성공할까요? 제가 아는 한 거의 없습니다. 3년에서 5년이 지나야 열 개 중 일곱 개는 성공하죠. 아까 학자들에 대해 어떻게 생각하는지 물으셨죠? 학자들은 모두 다음주에 무슨 일이 일어날지를 기준으로 모든 것을 측정합니다. 그건 바보 같은 짓이죠.

1990년대 후반 성과가 좋은 다른 기술주 펀드들에 비해 실적이 좋지 않았을 때 펀드에서 많은 돈이 빠져나갔습니다. 지금은 다시 들어오고 있나요?
네.

그건 투자자들이 항상 잘못된 방법으로 반응한다는 걸 증명해주는 게 아닌가요? 그들은 높을 때 사고 낮을 때 팔고 있습니다.
네. 우리는 핫머니 같은 돈을 많이 모으고 싶지는 않습니다. 하지만 제가 그걸 막을 도리는 없죠.

주로 개인 투자자가 그러나요, 아니면 전문 투자자들이 많이 그러나요?
둘 다 그래요. 전문가들이 아마도 개인들보다 더 나쁠 겁니다. 저는 대부분의 개인들은 사서 보유하는 접근법을 취한다고 생각합니다.

그건 사람들이 자신들의 돈을 더 잘 운용한다는 걸 의미하나요?
아마도 그럴 거예요. 사람들은 자신들이 아는 것을 사야 합니다.

당신은 한 번 당신의 펀드에 신규 가입을 금지시켰습니다. 또 그럴 건가요?

아닙니다.

왜죠?
기회들이 너무 많이 있어요. 저는 더 이상 좋은 투자 기회가 없을 때에만 그 펀드를 닫을 겁니다.

우리는 성장형 펀드이다

당신은 돈을 가치주나 가치형 펀드에 투자해야 한다고 생각하나요?
네.

성장주와 가치주를 모두 보유해야 한다고 생각하진 않나요?
그건 틀린 말입니다. 성장이란 말을 쓰셨는데 우리도 성장형 펀드입니다. 다만 '일반적으로 성장주'라고 생각하는 것을 사지 않을 뿐이죠. 사람들이 성장형 펀드에 투자했다고 이야기하는 것은 '일반적'으로 성장주로 인식되는 것을 매입했다는 것인데, 그런 것에 투자하면 높은 프리미엄을 줘야 합니다. 그런 성장형 펀드매니저들은 가격에 신경을 쓰지 않는 사람들입니다.

지수 펀드들은 어떻게 생각하나요?
지수 펀드는 제대로 운용되지 못하는 뮤추얼 펀드보다는 좋지만 잘 운용되는 가치형 펀드에 비한다면 좋지 못합니다. 개인적으로 지수 펀드의 최고 절정기는 1999년이었다고 생각해요.

1990년대 후반의 과잉이 결국 좋은 것이 될 것이라고 생각하나요?
네. 웃긴 이야기인데 투기 과잉이 없었으면 그런 경제적 호황은 없었을 것입니다. 그때 우리는 최첨단 부분에 엄청난 자원을 쏟아 부었는데 그런 부분들이 경제를 팽창시키고 미국을 경쟁적이며 부유하게 만들었죠. 그때와 같은 투기 과잉이 없었으면 그런 발전도 없었을 겁니다.

벤처 캐피털리스트들이 칭찬을 받아야 하나요?
물론이죠. 많은 사람들과 경제가 피해를 입긴 했지만 결국 그건 좋은 목적을 위한 것이었습니다.

당신이 전혀 투자하지 않는 부분이나 산업이 있나요, 아니면 모든 부문에 투자할 수 있나요?
담배회사들엔 투자하지 않습니다.

왜죠? 개인적인 이유 때문인가요, 아니면 좋지 않은 사업이기 때문인가요?
둘 다인데 주로 개인적인 이유 때문입니다.

담배회사들 말고 당신이 투자하지 않는 다른 부문은 없나요?
주류회사에도 투자하지 않고, 환경을 더럽히는 회사들에도 투자하지 않습니다.

사회적인 지각이 있는 가치투자자이군요.
물론이죠. 하지만 돈을 버는 것이 주된 목적이기는 합니다.

❦

여든을 바라보는 나이인데도 휘트먼은 여전히 매일 사무실로 출근하며, 그의 트레이드마크인 스웨트 셔츠와 스니커즈 차림을 하고 있다. 은퇴할 계획은 없지만 점차적으로 펀드의 책임을 그가 교육시킨 젊은 매니저들에게 넘겨주고 있다. 하지만 그렇다고 휘트먼이 지쳐가고 있는 것은 아니다. 그는 여전히 활동적이며, 프로 테니스 선수가 될 수 있을 때에만 자금 운용을 그만두겠다고 이야기한다.

David Williams

하버드 비즈니스 스쿨 MBA

1974년 티 로우 프라이스 입사

1978년 ~ 1980년 친구와 개인 투자 회사 운영

1980년 ~ 1987 호리즌 트러스트 컴퍼니 최고 투자 책임자

1987년 U.S. 트러스트 입사

1993년 익셀시어 밸류 앤드 리스트럭처링 등의 펀드 개시

대표 펀드 : 비즈니스 앤드 인더스트리얼 리스트럭처링, 익셀시어 밸류 앤드 리스트럭처링

chapter 20
데이비드 윌리엄스

펀드 회사들은 항상 새로운 종류의 펀드들을 만들어낸다. 몇 년 전에는 사망과 관련된 회사들에 투자하는 툼스톤 펀드 Tombstone Fund도 만들어졌다. 다행히도 그 펀드는 최악의 실적을 올리다가 없어지고 말았다.

데이비드 윌리엄스도 약간 사기처럼 보이는 펀드를 운용하고 있다. 그 펀드의 이름은 익셀시어 밸류 앤드 리스트럭처링 펀드 Excelsior Value and Restructuring Fund이다. 이상한 펀드명에서 알 수 있는 것처럼 윌리엄스의 임무는 더 경쟁력 있고 수익성 높게 구조조정 중인 회사들을 찾아내는 것이다. 결과에서 알 수 있듯이 그 개념은 성공적이었다.

5년간 해군에서 조종사로 복역하고 하버드 비즈니스 스쿨을 졸업한 윌리엄스는 첫 직장생활을 혹독한 약세장의 절정이었던 1974년에 티 로우 프라이스 T. Rowe Price에서 시작했다. 그 후 2년 정도 혼자 일하다가 뉴저지 은행의 최고 투자 책임자가 되었다. 그러다가 1987년

US트러스트 U.S. Trust로 옮겨서 부자들을 위해 개인 계좌를 운용했다. 오늘날 그 자산의 대부분은 그가 운용하는 펀드에 있다.

59세인 윌리엄스는 침체되어 있는 회사를 찾아내려고 노력한다. 그 회사들은 한두 가지 이유로 월스트리트를 실망시켰지만 일정한 기업 혁신을 겪고 있는 회사들이다. 그 회사들은 인기가 없기 때문에 윌리엄스는 상대적으로 싼 가격에 그 주식들을 매입할 수 있다. 그런 회사를 찾는 것이 어렵지는 않지만 천연 다이아몬드에서 쓸모 없는 것들을 구분하는 일은 매우 어렵다. 그것은 그가 하는 예술의 일부이다.

배경과 경력

어렸을 때부터 월스트리트에서 일하고 싶다는 야망이 있었나요?
항상 주식을 좋아했었지만 월스트리트에서 일할 생각은 없었습니다. 저는 예일을 졸업한 후 그리스 아테네에서 일 년 동안 강의를 했습니다. 그 후 5년간 해군에 있었고 제대한 후 하버드 비즈니스 스쿨로 갔지요.

해군 경험은 어땠나요?
저는 그 일을 좋아했습니다. 어땠냐고요? 해군에게는 대단한 단결심이 있는데 어떤 민간 직업에서도 경험해볼 수 없는 것입니다.

1974년에 하버드를 졸업한 후 바로 투자업계에서 일했나요?
네. 저는 티 로우 프라이스에서 일하기 시작했고 거기에 4년 동안 있었습니다.

그 회사는 그때 완전히 성장투자 회사였어요. 맞나요?
지금은 그렇지 않은 것 같지만 그때는 분명히 성장투자 회사였습니다. 당시 저는 성장과 가치에 대해 알지 못했어요. 투자자는 누구나 타고난 성향이 있고 시간이 지나면서 그걸 알게 된다고 생각합니다. 저는 일찍부터 제가 성장보다는 가치에 잘 맞는다는 걸 알았습니다.

티 로우 프라이스의 사람들은 당신에게 성장투자 매니저로 어떻게 투자해야 하는지 가르치지 않았나요?
그렇진 않았습니다. 좋은 회사인 티 로우 프라이스를 비난하려는 것은 아니지만, 사실 저는 그런 회사들 어느 곳에서도 직원들에게 정말 무엇인가를 가르치지 않는다고 생각합니다. 사람들은 그들이 투자를 어떻게 하는지, 왜 그렇게 하는지, 그리고 그들이 어떻게 생각하는지를 이해하지만 실제로 그들이 가르치는 건 없습니다.

거기서 얼마나 일한 후에야 당신이 가치투자자라는 사실을 깨달았나요?
처음부터 저는 주식들에 높은 가격을 지불하려고 하지 않는 자연적 본성을 가지고 있었습니다. 그때가 1974년이었는데 그때는 세계가 망해가고 있는 것 같았고, 실제로도 그랬습니다. 인플레이션이라는 새로운 현상이 나타났는데 사람들은 그걸 어떻게 다루어야 하는지 몰랐어요. PER는 폭락했습니다. 그때 시장이 붕괴되는 것을 경험해서 그런지 저는 상당히 위험기피적이 되었습니다. 제가 가치투자자가 되었던 건 기질 때문이기도 하지만 그 시기 때문이기도 합니다.

티 로우 프라이스에는 얼마나 있었나요?
4년간 있었습니다. 그 후 2년 동안 한 친구와 뉴욕에서 작은 투자 회사를 운영했는데 계속 바닥을 기었죠. 그 회사를 그만두고 뉴저지에 있던 호라이즌 트러스트 컴퍼니 Horizon Trust Company라는 은행으로 갔습니다. 저는 거기서 1987년까지 최고 투자 책임자로 일했어요.

그 후에 US트러스트로 들어왔나요?
네. 처음에 저는 개인 계좌들을 운용했는데, 그때 계좌들의 대부분은 지금 우리 뮤추얼 펀드에 투자되어 있습니다. 1990년부터 저는 개별 계좌들을 위해서 종목을 고르기 시작했어요. 그때쯤 제가 가치투자자라는 것이 명확해졌죠. 우리는 1993년에 가치 뮤추얼 펀드를 출발시켰습니다. 그건 회사가 그 해에 시작한 7개의 테마 펀드 중 하나였고 제가 그걸 운용하게 되었습니다.

다른 테마 펀드들은 무엇이었나요?
에너지 펀드, 인구 통계 펀드, 텔레커뮤니케이션 펀드, 그리고 제가 운용했던 리스트럭처링 펀드 등이었습니다.

그 펀드들은 잘 팔렸나요?
전혀요. 투자자들과 컨설턴트들은 테마 펀드를 좋아하지 않았습니다. 그래서 이 펀드들은 점차적으로 없어졌죠. 에너지 펀드와 제 펀드만 실적이 좋아서 남을 수 있었죠. 그 후 펀드의 이름을 비즈니스 앤드 인더스트리얼 리스트럭처링 Business and Industrial Restructuring에서 익셀시어 밸류 앤드 리스트럭처링으로 바꿨습니다.

회사의 마케팅 부서가 더 매력적인 이름을 만들기 위해 고생을 했겠군요.
맞아요. 그 업계의 피델리티나 티 로우 등에 비하면 상대적으로 작은 회사 치고 괜찮은 편이었습니다.

지금도 펀드와 함께 개인 계좌들을 운용하고 있나요?
네. 가치 영역에서 저는 30억 달러 정도를 운용합니다. 그 중 20억 달러는 펀드에 있고 나머지는 개인 계좌들에 있죠.

가치와 구조조정 테마는 마케팅 부서가 만들고 당신이 맡게 된 건가요, 아니면 당신이 원래 투자하던 방식이었나요?
제가 투자하는 방법이었습니다.

구조조정과 가치투자

그 펀드의 이론적 원리는 무엇인가요?
가치투자 접근법과 이 구조조정 테마를 함께 취함으로써 다른 가치투자 스타일과 스스로를 차별화하려고 했습니다. 단순하게 봤을 때 우리는 변화가 일어나고 있는 회사들을 찾아요. 물론 회사가 그 변화가 도움이 되길 바라지만 항상 좋게 변하는 것은 아닙니다. 우리는 회사의 전망을 개선시킬 수 있는 변화를 원합니다. 우선 그 주식이 싸야 매입합니다. 또한 투자자의 관심을 지속시키고 장기적으로 수익을 개선시킬 수 있는 무엇인가가 진행되고 있어야 합니다. 회사가 잘하면 PER는 자동적으로 올라가게 되어 있어요.

중대한 변화가 발생하고 있는 회사에만 투자하는 건가요?
현재 변화가 진행되고 있거나 현재는 진행되고 있지 않지만 미래에 발생할 가능성이 높은 회사들에 투자합니다. 그런 회사들은 아마도 필요한 기준이 없거나 실적이 약간 안 좋을 것입니다. 저는 회사가 가질 수 있는 가능성을 살펴봐요. 이 전략은 몇 년 전에는 유효했지만 요즘 시장 환경에서는 갈수록 어려워지고 있습니다.

그런 회사들을 어떻게 찾나요?
많은 것들을 읽습니다. 거기서 대부분의 아이디어를 얻죠. 다양한 브로커 자료들도 살펴봅니다. 우선 가격이 싼 주식들을 찾고, 어떤 변화가 발생하고 있다는 내용을 읽거나 느낌을 갖게 되면 더 관심을 가지기 시작하죠.

월스트리트 애널리스트들에게 많이 의존하나요?
많은 아이디어들이 월스트리트로부터 나옵니다. 회사에도 저를 도와주는 15명의 애널리스트가 있죠. 대부분의 시간은 투자하려는 회사의 최고경영진과 얘기를 나누는 데 씁니다. 뉴욕에서 일하는 것의 좋은 점은 그런 기회들이 많다는 거예요.

그런 얘기를 들으니 흥미롭군요. 제가 이 책을 위해 인터뷰했던 매니저들의 대부분은 월스트리트를 신뢰하지 않는다고 얘기했습니다.
분명히 그들이 맞습니다. 제가 처음 이 업계에 들어왔을 때 저는 순진했어요. 하지만 월스트리트의 신뢰성은 제가 27년 전에 이 업계에 들어온 이후 끝도 없이 떨어졌습니다. 스스로의 직감을 이용해 애널리스트들이 얘기하는 것을 어떻게든 확인해봐야 합니다. 월스트리트 리서치는 제게 시작점에 지나지 않아요. 스스로 분석을 많이 해야 하는 거죠.

가격이 싸야 한다는 것에 대해 몇 번 얘기하셨습니다. 가격이 싸다는 것을 어떻게 정의하나요?

가치투자자가 되기 위해선 미래 잠재력에 비해 저평가되어 있는 주식에 대해, 다른 모든 사람들은 틀렸고 자신은 맞다는 확신을 가지고 있어야 합니다. 회사가 언제 회생할 수 있을지, 경기가 언제 바뀔지, 회사가 언제 매수될지를 살펴봐야 합니다.

말씀하신 건 주식의 가치가 어떻게 되느냐죠? 물론 그건 달라집니다. 시장이 침체되면 2루타 종목을 찾기 쉬워요. 시장이 오르면 2루타 종목을 찾기가 어려워지죠. 그때는 주식의 가격과 가치 간에 큰 차이가 있는지 살펴봐야 합니다. 기준은 미래의 더 좋은 수익, 긍정적인 경기 변동의 수익률, 혹은 회사의 문제점 개선 등이 될 수 있습니다. 쉬운 방법은 매수 의사가 있는 사람이 그 자산에 대해 얼마를 지불할 것인지 살펴보고 회사가 인수되었을 때 최대로 얻을 수 있는 수익의 비율을 결정하는 것입니다.

그건 장부가치인가요?

매수자가 생각하는 자산의 가치는 장부가치가 아닙니다. 장부가치의 반이 될 수도 있고 2, 3배가 될 수도 있어요. 최근 많은 경기변동주들은 장부가치 이하에서 거래되고 있습니다. 물론 펀더멘털이 매우 좋지 않죠. 하지만 경기가 전환되면 그 회사들은 장부가치의 2배에서 거래될 수도 있어요.

역사적 근거가 있는 건가요?

그럼요. 보다 편한 방법은 비슷한 회사가 얼마에 거래되어 왔는지를 보는 것입니다. 예를 들어 유선방송 회사들이 더 커질 필요가 있겠다

싶으면 업계 4, 5위쯤 되는 회사를 매입하는 겁니다. 합병이 어느 정도 성사되면 매입 당시 투자액의 50~75%는 확실히 벌 수 있어요.

가치를 보는 또 다른 방법은 PER와 현금흐름 대비 가격 비율이 낮은 주식을 찾아서 회사가 하는 일을 살펴보고 의심되는 점을 유리하게 해석하는 것입니다. 이에 대한 좋은 예는 듀크 에너지Duke Energy입니다. 듀크는 모든 에너지 관련 회사 중에서도 손꼽히는 회사로 스스로 변화하고 있습니다. 가까운 장래에 그 사업의 더 많은 부분들이 규제를 받지 않게 될 것이고 그렇게 되면 수익의 20~25배로 평가받을 수 있습니다. 제가 듀크를 매입했을 때 그 회사는 수익의 11~12배로 거래되고 있었습니다. 모든 애널리스트들은 그 회사가 연간 7~9% 성장할 것이라고 얘기했어요. 회사는 스스로를 변화시키고 있었지만 애널리스트들은 어떤 이유에서인지 듀크의 미래 성장률을 좋지 않게 해석하고 있었습니다.

왜 듀크에 관심을 가지게 되었나요?

듀크를 매입할 때 다이너지Dynergy*라는 회사를 보유하고 있었습니다. 다이너지는 에너지 발생 자산들을 매입하고 에너지를 판매하면서, 그 사이의 중개도 역할을 하고 있었습니다. 저는 그 주식이 수익의 몇 배 정도에서 거래되고 있는지 알고 있었어요. 듀크도 똑같은 것을 했지만 월스트리트는 그 회사가 사업을 성공적으로 전환시킬 수 있을 것이라고 믿지 않았습니다. 저는 그걸 기회로 생각했어요.

---

* 1984년 설립된 에너지회사. 미국, 캐나다, 영국 및 유럽에 에너지 상품과 서비스를 제공하고 있다. 주요 사업은 원유, 천연가스, 석탄, 전기, 액화석유가스의 수집, 가공, 수송, 판매 등이다.

같은 산업에 속한 회사들이 동시에 구조조정을 겪는다고 생각하나요?
회사들은 무엇인가 잘못되었거나 생산성을 향상시키기 위해 개혁을 하는데, 일반화하기는 어려워요. 산업 전체의 경기가 좋지 않으면 모든 회사들이 수익을 성장 모드까지 회복시키기 위해 무엇인가를 할 가능성이 높습니다. 반면에 풍부한 현금흐름을 가진 업계 3, 4위 정도의 회사가 어떤 이유에선지 가격이 떨어질 수도 있습니다. 그러면 그 회사는 산업 내 다른 회사들보다 더 높은 구조조정을 하게 되죠.

예를 들어 어떤 은행이 구조조정 중이라고 해서, 다른 은행들도 구조조정을 하고 있는 것은 아니라는 거죠?
네. 다만 전기, 가스 같은 유틸리티 사업들의 경우에는 전체 산업이 함께 구조조정을 하게 되죠.

부문 기준보다는 개별 기준으로 회사를 살펴보나요?
네. 하지만 좋은 주식을 사고 나서 비슷한 일을 하는 다른 회사를 찾게 되면 위험이 낮은 좋은 투자를 했다고 봐야죠.

문제가 있는 회사들을 매입한다는 점에서 리스크가 더 높은 전략 같습니다.
당신 말이 맞을 수도 있어요. 확실히 저는 많은 실수를 하고 있습니다. 성장투자자들은 너무 높은 가격을 지불하는 실수를 하고, 가치투자자들은 쓰레기를 매수하는 실수를 하는 경향이 있습니다. 저는 경영진이 얘기하는 것에 보다 더 주의를 기울임으로써 리스크를 감소시키려고 합니다. 실제로 일이 벌어지기 전까지는 그들이 좋은지 나쁜지 알 수 없습니다. 그들은 좋은 얘기들을 하겠지만 그들이 정말 일을 잘 하는지는 좋은 실적을 올리고 주가가 상승하고 나서야 알 수 있습니다. 그들이 말하는 것이 말이 된다는 것과 그들이 경영을 잘하고 있다는 걸 가정해야 하는 리스크를 받아들여야 하죠.

투자하기 전에 항상 경영자들과 얘기를 하나요?
90% 이상 얘기합니다.

결국 그건 직관의 문제인가요?
물론 그렇죠. 사업에서 진행되고 있는 모든 일을 알 수는 없습니다. 회사의 고객과 공급자들에 대해서도 완벽하게 알 수 없죠. 거의 큰 그림으로만 접근하지요. 비즈니스 스쿨에서 '사업 정책$^{Business\ Policy}$'란 수업을 들은 적이 있습니다. 회사의 자산이 얼마인지 살펴보고, 회사의 시장 포지션을 보고, 재정 상태를 검사하고 그 회사가 잘 해낼 수 있는지를 평가하는 거죠. 저는 투자가 현실적인 사업 정책 수업이라고 생각합니다. 회사가 무얼 하는지, 사업 전략은 어떠한지, 산업 내 순위는 어떻게 되는지, 그리고 사업이 괜찮은지를 살펴보죠.

할 수 있는 한 최선을 다 하겠지만 그래도 많이 틀릴 겁니다. 저는 하락 중인 주식을 매입하지만 많은 경우 기대했던 것보다 더 내려가기도 해요. 저도 실패한 경험이 많아요. 그러면 무엇을 해야 할까요? 회사를 잘 감시하고 잘 분산시켜야 합니다. 저는 하락 중인 주식을 사고 더 내려가면 보유량을 더 늘립니다. 하지만 어느 순간 회사가 기대했던 대로 성공적으로 운영되고 있다는 걸 알게 될 것입니다. 그러면 돈이 불어나기 시작하고 포트폴리오의 큰 부분을 차지하게 되죠.

실패했던 한두 가지 사례에 대해서도 얘기해주세요.
성공했던 것 하나와 실패했던 것 하나를 얘기하겠습니다. 저는 새로운 경영진을 맞이한 유명한 회사를 좋아합니다. 그리고 브랜드가 가치 있는 자산이라고 생각합니다. 제록스와 코닥 등이 좋은 예죠. 얼마 전에 제록스를 샀다가 돈을 잃은 적이 있습니다. 평균 매입가는 30달러였는데 20달러 정도에서 처분했습니다. 그리고 최근에 그 주식을 5달러 조금 넘는 가격에 다시 사들였어요. 낮은 가격은 시장이 이 회사의 실적이 떨어질 것으로 예상한다는 걸 의미합니다. 하지만 제 생각에 그 회사는 사업을 회생시키기 위해 할 수 있는 모든 일을 하는 것 같았어요. 사업을 망친 CEO를 퇴진시키고 예전의 CEO를 다시 불러들였습니다. 재정 상태를 악화시키던 복사기 사업의 자금 조달은 아웃소싱했습니다. 또 부채를 줄이기 위해 후지 제록스 지분의 반을 처분했습니다. 제 생각에 그 회사는 재정 상태를 개선시키기 위해 할 수 있는 모든 올바른 일을 하고 있습니다. 그런데 우리 회사의 애널리스트는 제록스가 침체될 거라고 얘기하더군요. 하지만 저는 경영진이 하는 일이 일리가 있다고 생각했어요. 자, 보세요. 그 주식은 2001년 가장 실적이 좋았던 투자였어요.

처음엔 실수했었는데 두 번째에는 성공했군요.
맞아요. 그런 일은 흔치 않습니다. 실수를 했을 때 저는 두 번 실수를 반복하지 않으려고 합니다. 하지만 제록스는 다르다고 생각했습니다. 실패했던 예는 코닥이었습니다. 코닥은 현금흐름이 줄어들고, 일본 내 시장점유율을 잃고 있었으며, 구식 기술을 갖고 있었습니다. 저는 코닥이 기술 기반을 진전시키고, 필름 사업보다 빠르게 성장하고 있던 영역들로 들어갈 수 있을 거라고 생각했습니다. 그런데 코닥은 계속 시장점유율을 잃어갔어요. 저는 코닥 경영진이 어떻게 하는지 관심을 갖고 지켜봤습니다. 하지만 그들은 아무 것도 하지 못했고 그 결과 그 주식은 계속 떨어졌습니다.

포트폴리오의 종목 리스트를 보면 당신은 대부분의 사람들이 성장주라고 여기는 것을 보유하고 있군요. 퀄컴과 시티그룹이 그런 종목들이죠.

퀄컴은 분명히 성장주이지만 시티그룹은 어느 쪽으로도 생각할 수 있다고 생각합니다. 참고로 저는 퀄컴을 1994년 그 회사가 모든 종류의 문제들을 가지고 있을 때 매입했습니다. 당시 그 회사는 돈을 벌지 못했습니다. 훌륭한 CDMA 기술의 권리를 갖고 있었지만 그걸로 무엇을 해야 하는지를 몰랐어요. 전체 무선시장도 성장하지 못하고 있었습니다. 1999년 4분기가 되어서야 그 주식이 폭등했습니다. 지금 생각하면, 저는 방향을 바꿔서 그때 모든 주식을 처분했어야 했는데 너무 커진 포지션을 조금 줄였을 뿐입니다. 그 주식은 눈 깜짝하는 사이에 50달러에서 200달러로 올랐어요. 저의 최초 평균 매입가는 10달러 정도였습니다.

그런 성장주를 가지고 있었던 것은 그 주식들이 가치주였을 때부터 보유하고 있었기 때문이라는 것이군요.

정확해요. 노키아^{Nokia}도 같은 예입니다. 저는 그 주식을 일찍부터 매입했습니다. 노키아는 예전에 4개의 사업을 가지고 있던 복합기업체였습니다. 믿건 말건, 제가 그 주식을 매입할 때 그 회사에서 가장 비중이 큰 제품은 고무 부츠였습니다. 현재는 물론 전기 통신의 거인이 되었죠.

처분 방법은 무엇인가요?

저는 성공한 주식들의 비중을 줄이는 것을 좋아합니다. 펀더멘털이 좋다면 포트폴리오의 포지션을 줄이고, 펀더멘털이 나쁘면 처분합니다. 그리고 구조조정 때문에 어떤 주식을 매입했는데 구조조정이 마무리되면 그 포지션을 정리합니다. 다른 사람들도 그렇게 해야 합니다. 무언가가 발생하고 있기 때문에 어떤 주식을 샀다면 그 일이 발생하고 나서는 그 주식을 처분해야 하죠. 이행이 완료되면 더 크고 좋은 무언가로 옮겨가야 합니다. 이행이 일단 끝나고 나면 그것이 매우 장기적인 구조조정이 아닌 한 그 회사를 더 이상 보유해야 할 이유는 없습니다. 펀더멘털이 실망적이거나 그 회사에 확신이 없어도 처분을 해야 하죠. 하지만 펀더멘털이 여전히 좋고 취향에 맞는다면 그 회사를 처분하기는 힘듭니다. 그럴 때 저는 비중을 줄여요.

기대한 것처럼 구조조정이 일어났는데 펀더멘털이 좋으면 어떻게 하나요?
그게 딜레마입니다. 종종 펀더멘털이 약해져서 주식의 실적이 좋지 않을 때까지 너무 오래 보유하는 실수들을 합니다. 25회 비즈니스 스쿨 동창회에서 한 교수님이 이 신드롬에 대해 연구한 것을 발표했었어요. 합병이 되거나 기업 혁신을 한 주식들이 보통 어떻게 실적이 좋아졌다가 다시 나빠지는지에 대한 논의였습니다. 그의 결론은 제가 직관적으로 믿고 있던 것과 정확히 일치했습니다. 처분해야 할 시기는 기업 혁신이 마무리된 때예요. 일단 혁신이 끝나면 그런 회사들은 펀더멘털이 좋더라도 2년 정도 동안 실적이 좋지 않은 경향이 있습니다. 저는 항상 이번엔 상황이 다르다고 스스로를 확신시키려 노력해요. 하지만 보통 그렇지 않더군요.

퀄컴도 그런 경우였나요?
네. 저는 그 포지션을 줄였지만 제가 보유해야 했던 것보다 더 오래 보유했습니다.

그건 한 아이를 과도하게 사랑하는 아버지와 같군요.
더 합리적으로 생각해야 하는데 감정이 앞서게 된다는 점에서 맞습니다. 문제는 포트폴리오에 너무 많은 종목을 갖게 되는 경향이 있다는 거예요. 저는 제 포트폴리오를 65개 정도로 제한하려고 노력해왔습니다. 그보다 많으면 펀드가 S&P 500과 비슷해지는 경향이 있는데, 사람들은 S&P 500보다 좋은 실적을 올리라고 우리에게 돈을 지불한 것이기 때문에 그건 문제가 있죠. 작은 포지션을 너무 많이 가지고 있으면 지수를 능가해야 하는 것에 초점을 맞출 수 없습니다. 그것이 현명하게 처분하지 않은 것의 리스크에요.

어느 정도나 매입하나요?
새로운 종목에는 보통 포트폴리오의 1% 정도를 투자하죠. 나쁜 뉴스가 나올 것 같으면 더 작은 포지션을 매입했다가 가격이 더 떨어지면 포지션을 증가시켜요. 저는 가격이 떨어졌을 때 매입하는 것을 좋아합니다. 물론 정확히 바닥인 순간을 포착하는 것을 잘 하는 건 아닙니다. 그건 매우 어려운 일이죠. 주식이 싸다고 생각해도 더 싸질 수 있거든요. 한 가지 알아두면 좋은 것은 강세장에서는 주식이 본질보다 더 오르고 반대로 약세장에서는 펀더멘털이 보증하는 것보다 더 떨어진다는 것입니다.

보통 대형주에 투자하나요, 소형주에 투자하나요?
저는 모든 규모의 회사들에 투자합니다. 현재는 대형주가 오랫동안 실적이 좋았기 때문에 거기에 많이 투자하고 있는 상태입니다. 그런데 이제는 중소형주에 더 많은 기회가 있을 것입니다. 하지만 제 펀드가 꽤 커졌기 때문에 저는 많은 소형주를 보유할 수 없습니다.

당신은 성장주 시장과 가치주 시장 모두에서 잘 하는 것 같습니다. 그건 당신이 가치주 일부를 그 주식들이 성장주로 바뀔 때 보유하기 때문인가요?
네. 다른 사람들이 저의 접근법을 '어떤 계절에 보유해도 좋은 펀드가 되는 것'이라고 묘사했다는 얘기를 들었습니다. 저는 싼 주식을 사지만 포트폴리오에 충분한 성장 종목들을 가지고 있고 그래서 성장주가 인기가 있을 때도 상대적으로 잘 하는 것 같습니다.

당신은 해외 주식들도 보유하고 있습니다. 같은 방식으로 평가하나요?
저는 오픈 마인드를 가지려고 노력합니다. 흥미로운 아이디어가 있는데 그것이 해외 주식이면 저는 관심을 가집니다. 하지만 그것이 해외 주식이기 때문이 아니라 가격이 싸기 때문에 관심을 가지는 것입니다.

시장보다 낮은 가격, 시장보다 빠른 성장

해외 회사들도 동일한 구조조정 문제들을 다루나요? 마찬가지로 경영진이 핵심적인가요?
해외 투자의 경우 가장 큰 회사들에만 투자합니다. 저는 미국 기업들이 해외 회사들보다 더 높은 PER에서 거래될 가치가 있다고 생각하는데, 우리 나라의 환경이 사업하기에 더 좋기 때문입니다. 유럽은 정책들이 개선되고 있는 것처럼 보이지만, 여전히 세금이 높고 사회

주의적 사고방식을 가지고 있으며 노동을 매우 보호하고 있습니다. 그런 모든 것들은 생산성을 저하시키고 돈을 벌기 어렵게 만들죠. 이런 면 때문에 저는 해외에 열광적으로 투자하지는 않습니다. 특히 우리 주식들이 1, 2년 전보다 더 싸졌기 때문에 미국 내 투자가 가장 좋다고 생각합니다.

2000년부터 시작된 약세장에서 배울 수 있는 가장 큰 교훈은 무엇이라고 생각하나요?

분명한 교훈은 너무 많은 돈을 지불하면 안 된다는 것입니다. 그것은 현재 개선해나가고 있습니다.

모든 손해가 장기적으로는 시장에 도움이 될까요?

그건 시장이 항상 하는 것입니다. 우리는 4년의 사이클을 가지곤 했습니다. 현재는 8년에서 10년 정도의 사이클을 가지고 있는 것처럼 보여요. 사이클들은 조금씩 다르지만 시장은 항상 두려움의 극단에서 탐욕의 극단까지 움직이죠. 우리는 극단적인 탐욕을 겪어왔고 극단적인 두려움으로 돌아가고 있습니다. 시장은 더 현실적인 가치로 회귀할 때까지는 생각하는 것보다 훨씬 위아래로 크게 움직이는 경향이 있어요. 이것이 또 하나의 교훈이죠. 하지만 이런 것들을 정확히 예측하는 건 매우 어렵습니다.

기술 부문이 예전처럼 돌아갈 것이라고 생각하나요?

성장 가능성 때문에 장기적으론 그럴 겁니다. 하지만 숨을 죽일 필요는 없어요. 좋은 기술 회사들을 보유하고 있으면 됩니다. 부동산의 지역처럼 투자에서 장기적으로 중요한 것은 첫째도 질이고 둘째도 질이고 셋째도 질입니다. 저는 텍사스 인스트루먼츠와 노키아에 장기적인 확신을 가지고 있지만, 최근에 유행했던 쓰레기 같은 일부의 기술주들에는 여전히 확신이 들지 않습니다. 회사가 높은 주가를 유지하기 위해선 그에 걸맞은 수익이 나야 하는데, 그런 회사들은 전혀 수익이 없어요.

당신은 아까 혁신이 성공하지 못하면 처분한다고 말씀하셨습니다. 어느 시간 내에 발생해야 하는 시간 제한을 가지고 있나요?
회사가 1년 후까지 기대했던 만큼 성과를 거두지 못하면 포트폴리오에서 그 주식을 제외할 생각을 가지고 잘못되고 있는 것을 평가해야 합니다. 실패한 주식이 너무 많으면 실적을 크게 망치기 때문에 생기 없는 포트폴리오를 신선하게 해줄 방법이 있어야 해요. 저는 더 확신이 드는 새 회사에 투자하거나 더 나은 실적을 올리고 있는 기존 회사의 포지션을 늘리는 것을 좋아합니다.

논리적으로 들리는군요.
제 포트폴리오가 어떻게 성공하는지를 이해하려면 제가 무엇을 찾고 있는지 보면 됩니다. 저는 시장보다 빨리 성장하고 시장 전체보다 낮은 가격에 살 수 있는 회사를 좋아합니다. 보통 제 포트폴리오들은 시장보다 주당순이익이 높아요. 그 회사들은 거의 예외 없이 더 좋은 단기적 수익 전망을 갖고 있지만 저는 33~50% 할인된 가격에서도 매입합니다.
얘기했지만 이 업계에서는 지불한 것을 얻게 됩니다. 제 주식들이 싼 것은 사실입니다. 하지만 신중해야 해요. 그 회사들은 더 좋고 더 성장적인 회사들에 비해 수익 가능성이 떨어지기 때문에 나은 수익을 올리지 못할 위험을 더 많이 가지고 있기도 합니다. 리스크를 더 많이 가지고 있기는 하지만, 더 좋은 수익 성장을 만들어낼 회사들을 정확히 골라냈다면 더 많은 수익을 올릴 수 있습니다. 궁극적으로는 수익이 시장을 이끕니다. 제가 투자하는 문제가 있는 회사들에서는 더욱 그렇죠.

⚜

윌리엄스는 사무실 밖에서도 경쟁적이다. 그는 골프를 하고 하이킹을 하고 열심히 달리기도 한다. 2000년 초에 윌리엄스가 밖에서 일하다가 가슴 통증을 호소했던 것은 하나의 충격이었다. 의사에게 찾아갔더니 일곱 군데의 동맥이 막혀 있다고 했다. 윌리엄스는 네 번의 수술을 받아야 했다. 다행스럽게도 그는 완전히 회복되었다. 월스트리트의 스트레스가 마침내 그를 잡아먹었던 것일까? 윌리엄스는 그렇지 않다고 생각한다. 의사가 그런 병들은 보통 유전이라고 했다.

게다가 할인 브로커인 찰스 슈왑이 US트러스트를 인수했기 때문에 윌리엄스는 새로운 상사를 만나게 되었다. 윌리엄스는 지금까지는 슈왑이 US트러스트를 독자적으로 놓아두겠다고 한 약속을 잘 지켜서, 소유주가 바뀌었다고 해서 특별한 변화가 일어나지는 않고 있다고 얘기한다.

VALUE
INVESTING
WITH THE
MASTERS

PART TWO
거장들의 투자법

거장들의 공통점

투자 매니저들과의 인터뷰를 묶었던 이전의 책 『월스트리트의 마법사들』을 쓰면서 필자는 최고의 매니저들이 공통적으로 가지고 있는 몇 가지 특성을 발견했다. 이 책의 거장들도 이런 동일한 특성을 많이 가지고 있었다.

가치에 대한 직감
대부분의 거장들은 가치를 인식하도록 타고난 사람들이다. 많은 사람들이 중산층에서 자랐고 어릴 때부터 돈의 가치에 대해 배웠다. 그들은 대개 주식시장에서뿐만 아니라 일상생활에서도 싼 물건을 찾는다. 그들 중 몇 명이 지적했던 것처럼 가치투자자가 되기 위해서 무언가를 배워야 하는 것이 아니다. 처음부터 가치에 대해 타고난 믿음을 가지고 있어야 한다. 돈을 자유롭게 쓰고 세일 중인 것은 사지 않으며 돈을 아끼지 않는 사람이라면 가치 철학을 올바르게 받아들이는 것이 어려울 가능성이 더 크다.

직업에 대한 무한한 열정
그들은 자신의 일을 정말 사랑하고 있다. 투자는 직업 이상이다. 일 이외의 취미를 갖고 있지만 일이 분명히 가장 우선시된다.

그레이엄과 버핏에 충실
거장들은 거의 예외 없이 역사상 가장 존경받는 두 명의 가치투자자, 벤 그레이엄과 워런 버핏을 존경하고 그들에 대해 공부한다. 그레이엄의 『현명한 투자자』를 읽고 또 읽으며, 버핏이 개인적으로 하는 행동, 버크셔 해서웨이를 통해 하는 행동 모두에 큰 관심을 기울인다.

자신만의 방법
거장들은 자신의 돈을 가치 스타일에 따라 자신의 펀드에 투자한다. 다른 모든 것이 같다면 자신의 돈을 자신의 펀드에 투자하는 매니저와 함께 하는 것이 더 좋다. 이 매니저들은 펀드에 개인적인 지분을 가지고 있기 때문에 포트폴리오를 운용하는 방법이 더 조심스럽다.

자신의 투자법을 고수하는 능력
가치 접근법이 인기가 없을 때에도 거장들은 자신의 신념에 따라 회사를 보유하고 자신의 방법을 고수했다. 그렇게 하는 것이 당연히 쉬운 일은 아니고 실적이 전체 시장에 비해 떨어질 때 특히 그렇다. 하지만 그들은 장기적으로 자신의 신념을 고수하는 것이 견실한 장기적 투자 결과를 낳을 수 있다는 것을 알고 있다(이에 대한 보다 자세한 내용은 다음 장의 7번에 나와 있다).

가치투자에 성공하기 위한 열 가지 핵심 요소

　책을 읽으면서 파악했겠지만 가치투자의 대가들은 가치를 정의하고 유망한 투자 아이디어를 찾아내는 데 조금씩 다른 방법을 사용한다. 그 중에서 가장 핵심이 되는 열 가지를 뽑아보았다.

1_ 시장에 머물러라

약간의 예외는 있지만 대가들은 대부분 항상 시장에 투자하고 있다. 크리스토퍼 브라운은 시장이 좋은 수익을 올려주는 시기들을 놓치지 않기 위해 그의 포트폴리오를 되도록 완전히 투자되어 있는 상태로 유지하려 한다고 얘기한다. "리서치에 따르면 투자 수익의 8, 90%는 전체 보유 기간 중 단지 2~7% 사이에 발생한다고 합니다"라고 그는 지적한다. 따라서 옆에서 보고 있기만 하는 것은 장기적으로 실적을 깎아내릴 수 있다.

데이비드 드레먼은 시장이 자유낙하할 때에만 현금을 보유하는데 그런 경우는 거의 발생하지 않는다고 얘기한다. "시장을 앞서 가려다가 피해를 본 매니저들이 참 많습니다. 그들은 상승장을 놓치고 말지요"라고 드레먼은 말한다.

척 로이스는 시장이 떨어질 때가 돈을 뺄 시기가 아니라 더 투자해야 하는 시기라고 주장한다. "시장이 떨어지면 포지션을 더 늘려야 합니다. 가장 좋은 방법은 정액매입법입니다." 정액매입법은 전체 시장에서 일어나는 일에 관계없이 항상 일정한 돈을 투자하는 것이다. 이 방법을 사용하면 시장이 좋지 않을수록 더 많은 주식을 보유하게 된다. 따라서 기후에 관계없이 계속적으로 투자하면 시장의 변동성을 자기 편으로 만들 수 있게 된다.

2_ 회사의 소유자처럼 생각해라

워런 버핏은 자신이 가장 좋아하는 주식 보유 기간은 영원이라고 이야기한다. 그것은 주식을 종이로 보지 않기 때문이다. 버핏은 어떤 회사의 주식을 매입하면 그 회사의 소유자가 된 것처럼 행동한다. 많은 거장들이 동일한 철학을 따르고 있다. 거장들은 성실히 조사를 한 후에만 장기간 주주로 남겠다는 생각을 하면서 주식을 매입한다. 제임스 깁슨은 "스스로를 사업의 장기적 파트너로 생각하면 오래 머물러 있는 것이 행복할 겁니다"라고 얘기한다.

마찬가지로 거장들은 회사의 주가에 지속적으로 관심을 기울이기보다는 장기적으로 사업 자체가 향상되고 있는지에 더 신경을 쓴다.

그것이 장기적으로 높은 수익을 남겨주리라는 것을 알기 때문이다. "우리는 향후 6개월 동안 상승할 회사들을 찾는 것이 아닙니다. 보다 장기적인 관점을 가지고 있어요. 그 사업이 우리가 참여하고 싶은 사업인지, 가격과 가치 간 차이를 만들어내는 지각과 현실 간의 큰 차이는 없는지에 대해서 생각합니다"라고 브렛 스탠리는 얘기한다.

3_ 가격에 관심을 기울여라

정의하는 방식이 다르기는 하지만 모든 거장들은 그들이 생각하기에 싼 가격에 거래되고 있는 주식들만 매입한다. 그들은 내재가치-어떤 사람들은 사업가치나 시장가치라고 하기도 한다-라는 것에 비해 많이 할인된 가격에 그들이 목표로 정한 회사의 주식을 매입하려고 한다. 내재가치는 공개시장에서 사적 투자자에게 그 회사 전체가 매각될 경우 매겨지는 가격으로 정의된다.

대부분의 경우 거장들은 PER가 낮은 주식, 특히 전체 시장에 비해 낮은 주식을 찾는다. 켄트 시몬스는 "우리 펀드의 PER는 16 정도인데 S&P 500에 비해서는 거의 30% 낮고 러셀 1000에 비해서는 15% 정도 낮습니다"라고 얘기한다. 짐 길리건과 같은 사람들은 보다 융통성이 있다. "엄밀히 말해서 우리는 PER를 사용하지 않습니다. 가격에 대비한 잠재력을 살펴봅니다. 예를 들어 우리는 1996년에 회계문제가 표면화된 직후에 AOL을 매입했어요. AOL은 그때 수익이 없었지만 가치주였어요." 왜냐하면 길리건의 마음속에는 그 회사에 수익 잠재력이 있었기 때문이다.

론 뮬렌캠프는 성공적인 투자자들 모두가 가격에 관심을 기울인다고 생각한다. 그는 "장기적으로 좋은 기록을 가지고 있는 사람들은 어떤 식으로든 가치투자자입니다"라고 주장한다. "저는 성장주에 대해서 프리미엄을 지불할 수 있습니다. 하지만 무한정 높은 프리미엄을 지불하진 않아요."

사실 성장주에 대해 높은 가격을 지불했던 것이 대형 기술주와 인터넷 거품의 한 원인이었다고 데이브 윌리엄스는 얘기한다. "분명한 교훈은 높은 가격을 지불하지 말라는 것입니다. 그게 그때 진행됐던 것이고 현재 고쳐지고 있는 것입니다"라고 그는 주장한다.

하지만 모든 거장들이 순수하게 틀에 박히고 숫자에 의존하는 접근법을 따르는 것은 아니다. 어떤 거장들은 다른 거장들에 비해 가치를 유연하게 정의한다. "우리는 분명히 가치투자 순수주의자들입니다. 하지만 가치투자 바보들은 아닙니다. 지금까지 우리가 배웠던 것은 단순한 컴퓨터 선별, 즉 낮은 PER, 낮은 PBR, 낮은 현금흐름 대비 가격을 통한 선별 같은 것들이 가치에 대해 많은 것을 얘기해주지 못한다는 것입니다. 그것들은 비싸 보이지만 실제로는 가격에 비해서 훨씬 가치가 있는 위대한 회사를 많이 놓칠 수 있습니다"라고 빌 밀러는 얘기한다.

4_ 인기 없는 주식을 매입해라

가격에 신경 쓰고 있는 사람들은 종종 수요가 많지 않은 상품들을 매입하게 된다. 그것은 어떻게 보면 당연한데, 수요가 많으면 가격도 높을 것이기 때문이다. 즉 가격이 싼 주식은 월스트리트의 다른 사람들이 당시에 관심을 보이지 않는 것이다. "예를 들어 1993년 힐러리와 빌 클린턴이 미국의 의료체계를 개정하려고 했을 때 모든 제약주가 낮은 두 자리 수의 PER에서 거래되고 있었습니다. 존슨앤드존슨의 경우 수익의 12.5배 정도에서 거래되고 있었어요. 당시에는 타이레놀, 밴드에이드, 존슨즈 베이비 오일 등의 제품값만으로도 제약업 전부를 살 수 있었죠. 그 정도의 가격이면 공짜나 다름없었습니다." 라고 크리스토퍼 브라운은 말했다. 브라운은 그 주식의 비중을 늘렸고 지금까지 보유하고 있다.

투자자들이 주식에 만족스러워 하지 않게 되는 이유는 여러 가지가 있다. 밥 올스타인은 다음과 같이 추론한다. "투자자들은 항상 투표를 하고 있습니다. 그들은 회사에 대한 일정한 지각을 가지고 있죠. 각 순간의 주식 가격은 당시의 지각에 따라 결정됩니다. 저와 같은 가치투자자들은 그런 지각이 틀렸을 때가 언제인지 그리고 결국 언제 바뀌게 될지를 예측하려고 하죠."

딕 와이스는 다음과 같이 얘기한다. "시장은 항상 한 그룹에서 다음 그룹으로 바뀝니다. 이 달에 어떤 것이 유행하면 다음 달에는 다른 것들이 유행하죠. 때때로 회사들이 좋지 않은 성과를 거두면 주가는 떨어지는데 그렇다고 항상 결과에 영향을 미치는 것은 아닙니다. 회사가 흥미로운 분야가 아니거나 월스트리트에 환상을 불러일으키지 못하기 때문에 그럴 수도 있거든요. 그게 시장이 돌아가는 방법입니다."

어떤 경우에는 케빈 오보일이 설명한 것처럼 회사 자체가 만든 문제점들에 따라 부정적인 시각이 발생한다. "인수를 한 회사가 종종 그 인수 때문에 큰 어려움을 겪는 것을 들 수 있습니다. 가격을 너무 많이 지불해서 수익이 악화될 수도 있고 문화적 측면이나 지역적 측면에서 인수된 회사를 통합시키는 데 실제로 문제를 겪을 수도 있습니다. 그런 경우 예상했던 것보다 운영비용이 훨씬 많이 들죠."

비결은 문제들이 고쳐질지, 언제 고쳐질지 판단하는 것이며, 그럴 때 투자자들은 다시 한번 그 주식에 관심을 갖게 된다. 따라서 성공하기 위해서는 앞서서 생각해야 한다. 밥 퍼킨스는 다음과 같이 말했다. "많은 사람들이 반도체 산업이 순환적이라는 것을 잊고 있습니다. 우리는 사이클이 다시 좋아지면 이 회사들이 무엇을 할 수 있는지 살펴봅니다. 예전에는 수익의 3, 40배에서 거래되었는데 수익의 8~10배에서 거래되고 있는 주식을 찾을 수 있습니다. 장기적인 성장은 그 주식이 최고가에 있을 때만큼 강하지는 않을 겁니다. 하지만 장기적인 성장률이 30~40%가 된다는 것은 소설에나 나올 만한 얘기입니다. 이 업계에 있는 동안 저는 한 번도 오랫동안 30~40%로 성장하는 회사를 보지 못했습니다. 아마도 장기적인 성장률은 20~25%일 것입니다. 문제점이 해결된다면 월스트리트는 그런 정도의 성장을 하는 회사의 가격을 수익의 20~25배 정도로 쳐줄 겁니다."

5_ 포트폴리오를 개별 회사부터 시작해서 구성해라

포트폴리오 구성에는 톱다운$^{top-down}$과 보텀업$^{bottom-up}$, 두 가지 주요 접근법이 있다. 톱다운 투자자는 보통 전체 경제 상황과 시장 환경, 부문의 펀더멘털을 살펴보는 것부터 시작한다. 그리고 어떤 회사와 산업이 그런 조건으로부터 이익을 얻을 수 있는지 예측하고 그 후 그런 테마에 적합한 개별 주식을 찾아나선다. 반대로 보텀업 투자자들은 그런 거시적 고려 사항에 대해서는 거의 관심을 기울이지 않는다. 대신 개별 회사들을 하나씩 살펴본다. 앞에서 드러났듯이 대부분의 거장들은 보텀업 접근법을 취한다.

케빈 오보일은 다음과 같이 주장한다. "우리는 개별 회사를 기준으로 각 회사를 살펴봅니다. 어떤 회사의 전망을 평가할 때는 분명히 거시경제적 환경을 고려하지만, 전체 시장만 살펴보지는 않아요."

장 마리 에베이야르는 그의 글로벌 포트폴리오를 구축하는 데에도 보텀업 접근법을 적용한다. "어떤 나라 혹은 어떤 부문이 저평가되었는지는 신경 쓰지 않습니다"라고 주장한다. 예를 들어 1988년 중반에 대부분의 애널리스트들이 그 시장의 펀더멘털에 긍정적이었지만 그는 자신의 가치 기준을 충족시키는 일본 증권을 찾지 못했기 때문에 그 나라에 전혀 투자하지 않았다.

론 뮬렌캠프는 큰 그림은 항상 배경에 있지만 종종 보텀업 접근법을 통해 더 일반적인 추세를 이해할 수도 있다고 얘기한다. "한 분야에 많은 회사들이 있으면 그때 고려해볼 만한 일반적인 테마가 있는지 살펴봅니다. 그것은 수익성이 예전보다 증가했지만 사람들이 아직 그것을 깨닫지 못해서인가? 아니면 정치적 위험 때문인가? 그걸 이해할 수 없으면 조사를 좀더 해봐야죠."

6_ 처분시기를 파악해라

종종 주식을 처분하는 결정이 매입하는 결정보다 어렵다고 한다. 대가들은 주식을 처분하는 기준을 분명히 정해놓는다. 사실 대부분은 처음 매입할 때 목표가를 정해놓는다. 제임스 길리건은 그의 동료 가치투자자들 사이에 자주 언급되는 테마를 반복하면서 "우리는 주식이 내재가치에 도달하면 처분합니다"라고 얘기한다. "주식은 내재가치에 두 가지 방식으로 도달할 수 있습니다. 하나는 가격이 오르는 것이고 다른 하나는 가치가 떨어지는 것이죠."

내재가치는 항상 변하기 때문에 매입할 때 정한 목표가는 항상 바꿜 수 있다. 브렛 스탠리는 "보통 내재가치는 증가하고 있다는 것을 잊으면 안됩니다. 그래서 저는 가격이 가치에 도달했다고 해서 전체 포지션을 처분하지는 않습니다"라고 말한다. 장 마리 에베이야르는 다음과 같이 설명한다. "내재가치가 100달러인데 오늘 75달러나 80달러에서 살 수 있는 회사가 있다고 해보죠. 그 회사들이 계속 가치를 만들어가면 다음해 내재가치는 115달러고 2년 동안 계속 증가해가면 그 다음해에는 125달러까지 오를 수 있어요." 빌 프라이스는 다음과 같이 보탠다. "회사가 해야 하는 일을 모두 했고 수익이 더 높아졌는데 PER가 여전히 합리적인 수준이면 우리는 그 주식을 계속 보유하면서 새로운 목표가를 설정합니다."

목표가에 도달하는 경우 말고도 거장들이 주식을 처분하는 다른 이유들이 있다. 브렛 스탠리는 다음과 같이 얘기한다. "제가 주식을 처분하는 가장 일반적인 경우는 더 매력적인 무언가를 찾았을 때입니다. 사업의 질이 동일하다고 생각되면 조금 오른 것은 처분하고 많이 오른 것을 매입하기도 합니다."

거장들이 주식을 보유하는 것을 회사의 소유권을 취하는 것으로 본다는 점을 고려했을 때, 거장들은 더 이상 그 사업을 함께 하고 싶지 않으면 처분한다. 데이비드 드레먼은 "전망을 어둡게 할 만큼 펀더멘털에 좋지 않은 변화가 생긴 경우 즉시 처분합니다. 한 분기가 나빴다고 해서 주식을 처분하지는 않습니다. 장기적인 전망에 영향을 미치는 주요한 펀더멘털 변화가 있을 때만 처분하지요"라고 말한다.

7_ 인내심을 가져라
아무도 가치투자가 쉽다고 얘기하지 않는다. 가치투자자는 현재 인기가 없는 주식을 사기 때문에 월스트리트의 다른 사람들이 가치투자자가 발견한 잠재력을 보는 데는 몇 개월 혹은 몇 년이 걸릴 수도 있다. 게다가 투자자들이 가치를 문 밖으로 집어던지고, 엄청난 가격에 거래되던 매력적인 주식에 빠져들었던 시기들이 있었다. 1990년대 후반부터 2000년 초까지가 그런 시기였는데 그때 가치투자자들은 집단적으로 뒤처진 것으로 보였다. 월리 와이츠가 그것을 가장 잘 표현한 것 같다. 그는 성공적인 가치투자자가 되기 위해서는 "잠시 동안 바보로 보일 수 있을 만큼의 인내와 의지가 있어야 합니다"라고 얘기했다.

거장들은 그 어려운 시기에도 자신들의 방법을 고수했다. 짐 깁슨은 "이 책을 읽을 독자들은 자신의 투자 스타일이 어떻든 실적이 매우 좋은 시기가 예상치 못하게 찾아온다는 걸 알아야 합니다. 빨리 부자가 되려고 하거나 단기 실적에 따라 자산 배분에 대한 장기적인 결정을 하는 사람들은 이 때문에 좌절을 겪기도 하죠"라고 얘기한다.

마찬가지로 거장들은 인내심이 있기 때문에 가격이 떨어졌다고 해서 그 주식을 자동으로 처분하지는 않는다. 빌 나이그렌은 다음과 같이 말했다. "많은 사람들이 가격이 얼마나 떨어질 때까지 놔둘 수 있는지 물어봅니다. 저는 사업이 잘 성장하고 있는데 가격이 떨어지고 있는 주식에 대해서는 무한대의 인내심을 갖고 있습니다. 사실 대부분의 경우 제 포지션을 늘립니다."

8_ 월스트리트 추천 종목을 경계해라

월스트리트의 리서치 리포트와 추천 종목이 최근에 상당히 의심을 받고 있다. 이 대부분은 인터넷과 기술주 붕괴 때문인데, 그때 애널리스트들은 자신이 일하는 회사가 공개한 종목들을 열렬하게 추천했었고, 얼마 지나지 않아 그 주식들은 폭락하였다. 거장들은 항상 그런 리서치들을 경계해왔다. 데이브 윌리엄스는 다음과 같이 얘기했다. "제가 처음 이 업계에 들어왔을 때 저는 순진했습니다. 하지만 월스트리트의 신뢰성은 제가 27년 전에 이 업계에 들어온 이후 끝도 없이 떨어졌습니다. 스스로의 직감을 이용해 애널리스트들이 얘기하는 것을 어떻게든 확인해봐야 합니다."

그렇다고 거장들이 그 리서치들을 완전히 무시한다는 의미는 아니다. 장 마리 에베이야르는 "외부 리서치를 보기는 하지만 우리는 아무도 신뢰하지 않습니다. 투자와 리서치 간에 이해의 충돌이 있기 때문이죠. 대부분의 리서치는 오늘 사서 6개월이나 9개월 후 처분될 증권을 찾는 성장투자자들을 위한 것입니다"라고 말한다.

론 뮬렌캠프가 지적하는 것처럼 그런 리포트들은 회사의 전반적인 영업 환경에 대해서 일반적인 통찰을 제공해줄 수 있다. "리서치는 분명히 도움이 될 수 있습니다. 하지만 저는 애널리스트에게 종목을 추천해달라고 하진 않습니다. 애널리스트가 그 산업과 그 회사에서 무슨 일이 벌어지고 있는지 얘기해주길 원할 뿐입니다. 그들의 일은 회사들을 이해하는 것이고 저의 일은 가치가 얼마이고 어떤 회사를 보유할지를 판단하는 것입니다."

9_ 회사와 회사의 운영자를 분석해라

거장들은 공통적으로 리서치를 그들의 직업에서 핵심적인 부분으로 생각한다. 그들은 스스로 리서치 하는 것을 좋아한다. 거장들은 어떤 주식이든지 매입하기 전에 회사를 움직이는 것이 무엇인지 확실히 이해하려고 하며, 경영진과 충실한 대화를 하려고 한다. 켄트 시몬스는 다음과 같이 얘기한다. "회사에는 항상 경영상의 위험이 있을 수 있습니다. 따라서, 회사를 운영하는 사람들을 주의깊게 봐야 합니다. 저는 경영진을 실제로 만나보는 것을 좋아해요. 곤란에 빠진 회사를 산 경우, 추가적인 위험은 없는지 확인해야 합니다. 제가 하는 일의 대부분은 양적인 것입니다. 저는 낮은 가격, 높은 수익, 그리고 장기적인 수익을 찾죠. 물론 질적인 것도 많아요. 경영진은 어떠한가? 그들은 회사를 운영하고 있는가, 아니면 회사가 그들을 운영하고 있는가? 그들은 장기적인 목표가 있는가? 그렇다면, 그 목표는 얼마나 합리적인가? 저는 경영진들이 그 목표에 어떻게 다가가고 있는지, 그리고 그들의 접근법이 어떤지를 지켜봅니다."

딕 와이스도 경영진에 깊은 관심을 보인다. "저는 경영진이 자신의 사업을 잘 다룰 수 있는지 확인하려고 합니다. 그들의 전략이 그 산업에 대해 혹은 최소한 내가 알고 있는 것에 대해 일관성이 있는가? 두 시간 동안의 인터뷰에서 저는 마지막 20분만 현재의 결과에 대해 얘기합니다. 사실 아무도 작은 회사에서 무슨 일이 벌어지고 있는지는 몰라요. 성장하고 있는 것은 맞지만 그건 새로운 것이거든요. 변화는 언제든 일어날 수 있습니다. 제가 정말 확인하고 싶은 것은 경영진들이 환경 변화에 어떻게 대처하느냐입니다. 그들의 최고 고객이 없어지거나 미친 짓을 했을 때 경영진들이 어떻게 대처하는가를 확인하죠."

마티 휘트먼은 경영진과 얘기를 할 뿐만 아니라 경영진들이 하는 얘기가 실제로 가능한지 파악하기 위해 공개적으로 이용할 수 있는 모든 회사 문서들을 꼼꼼히 검사해보기도 한다. 그는 "우리는 경영진이 말하는 것을 듣고 그들을 칭찬하거나 하지는 않습니다. 특히 그들에 대해 많은 것을 알려주는 공개된 기록이 없을 때는 더욱 그렇죠"라고 강조한다.

10_ 리스크를 최소화해라

앞의 9가지 모두를 잘 따르면 상당히 수익성 높은 포트폴리오를 구성할 수 있을 뿐만 아니라 상대적으로 리스크를 낮출 수도 있다. 사실 대부분의 거장들은 리스크를 통제하는 것이 그들이 하는 일 중 가장 중요하다고 주장한다. 장 마리 에베이야르는 어떤 주식에서 얼마나 벌 수 있을지보다는 얼마나 손해보지 않을지에 더 관심을 기울인다고 얘기한다.

항상 그런 것은 아니지만 리스크를 줄이는 것은 척 로이스에게도 중요한 일이다. 로이스는 1960년대 후반과 1970년대 초에 성장주를 매입했었다. 하지만 1973년과 1974년의 약세장에서 큰 손실을 보고 자신의 방법을 바꿨다. 그는 "그때 제 돈 대부분을 날렸는데 포트폴리오에 과도한 투기 리스크를 가지고 있었기 때문입니다. 그때는 대차대조표의 중요성도 이해하지 못했고 분산화 원칙도 이해하지 못했으며, 개별 회사와 관련된 투명성 원칙들도 이해하지 못했습니다."라고 고백한다. "위험이 낮아진다고 수익이 감소하는 것은 아니라는 겁니다. 학자들이 말하는 것과는 반대로 리스크와 수익은 최소한 제 경험에 비추어 보면 완전히 연관되어 있는 건 아닙니다."

어떻게 리스크를 낮출 수 있는가? 로이스는 다음과 같이 말한다. "자신이 무엇을 하고 있고 회사가 어떤지를 알아야 합니다. 그 회사가 투기적인 회사인가? 좋은 재무 상태를 가지고 있는가? 좋은 실적을 올려왔는가? 저는 사람들이 현실과 맞닥뜨려야 한다고 생각합니다. 현실에 가까이 갈수록 리스크에 대한 판단을 더 잘 내릴 수 있기 때문이죠."

존 구드에 따르면 좋은 회사를 매입함으로써 리스크를 낮출 수도 있다. "많이 상승할 가능성이 높은 좋은 프랜차이즈를 가지고 있으면 제한된 하락 가능성 대비 상승 가능성은 정의상 좋은 위험/보상 비율을 만들게 됩니다."

가치투자에서 자주 사용되는 용어들

기관투자자(institutional investor) 뮤추얼 펀드, 은행, 보험회사와 같이 많은 양의 증권을 거래하는 기관

기술적 분석(technical analysis) 가격 차트, 거래량, 시가와 같은 시장 데이터들이 미래의-특히 단기의- 시장 트렌드를 예측하는 데 도움을 줄 수 있다는 가정 하에 증권을 분석하는 방법

나스닥지수(Nasdaq Composite) 나스닥에서 거래되고 있는 주식들을 시가총액에 따라 가중치를 매긴 지수로 장외에서 거래되고 있는 미국내 주식을 대표함

내재가치(intrinsic value) 회사의 추정가치. 종종 가치 매니저 고유의 가치 모델에 의해 결정됨

매출액대비가격 비율(price-to-sales ratio) 시가총액을 직전 12개월 동안의 매출액으로 나눈 값

배당(dividend) 주주에게 지급되는 수익

배당률(dividend yield) 주당 연간 현금 배당을 현재 주가로 나눈 값

배분(distribution) 순투자수입으로부터의 배당금과 실현된 자본이득을 합한 값

베타(beta) 주식의 상대적 변동성을 베타가 1인 S&P 500 지수에 대비한 상관 계수

보텀업 투자(bottom-up investing) 전체적인 경제 트렌드를 고려하지 않고 좋은 개별 주식을 찾는 투자 방법

부채주식 비율(debt-to-equity ratio) 장기 부채를 주주의 지분으로 나눈 값. 회사의

레버리지 정도를 나타냄

분산화(diversification) 자산을 주식, 채권, 현금과 같은 다양한 투자 분류에 투자함으로써 위험을 감소시키는 것

사적 시장가치(private market value) 회사의 각 부분이 독립적으로 매각되는 경우의 회사 가치

순유동자산(net current assets) 유동 자산에서 유동 부채를 차감한 값. 운영자본이라고도 함

시가총액 또는 시장가치(market capitalization or market value) 유통 주식수와 주당 가격을 곱한 값. 이 값으로 주식을 여러 집합으로 구분할 수 있다. 이 구분에 대한 일반적인 가이드라인은 다음과 같음

- 극소형주(micro-cap) 시가총액 0달러에서 5억 달러까지
- 소형주(small-cap) 시가총액 5억 달러에서 20억 달러까지
- 중형주(mid-cap) 시가총액 20억 달러에서 50억 달러까지
- 대형주(large-cap) 시가총액 50억 달러 이상

신용 위험(credit risk) 채권 발행자가 이자와 원금의 지불을 불이행할 가능성. 대형 블루칩 회사들이나 정부 기관에 의해 발행된 채권에 투자하면 최소화됨

알파(alpha) 일반 주식 시장과 관련되지 않은 투자에 의해 제공되는 초과 수익

역발상(contrarian) 특정 시기에 대부분의 사람들과 반대로 하는 투자

유동비율(current ratio) 유동자산을 유동부채로 나눈 값. 유동자산에서 유동부채를 변제할 수 있는 회사의 능력을 나타냄

유동자산(current assets) 현금, 현금 등가물, 미수금 계정, 재고, 시장성 있는 증권, 선불비용, 그리고 1년 내에 현금으로 전환될 수 있는 자산들의 합

자본비용(cost of capital) 투자의 기회 비용. 즉, 관련된 투자와 같은 위험 수준에서 회사나 투자자가 얻을 수 있는 수익률을 의미함

자산 배분(asset allocation) 펀드를 주식, 채권, 현금과 같은 다양한 자산 분류에 배분하는 행위

장부가치(book value) 모든 자산이 판매될 때의 회사 가치 (자산에서 부채를 차감함). 또는 대차대조표상의 자산 가격

적정 시장가치(fair market value) 어떤 자산에 대해 매수의사자가 매도의사자에게 지불하는 가격

전환사채(convertible bond) 일정한 조건하에서 발행자의 다른 증권으로 교환될 수 있는 증권. 보통 우선주나 채권에서 보통주로 전환됨

정액매입법(dollar cost averaging) 매달 일정한 금액을 투자함으로써 주식과 뮤추얼 펀드의 포지션을 축적하는 절차. 이렇게 하면 가격이 쌀 때 더 많은 주식을 보유하고 가격이 높을 때 더 적은 주식을 보유하게 됨

주식(stock) 주식회사의 소유권을 나타냄. 보통 주 단위임

주주 자본(shareholders' equity) 총자산에서 총부채를 차감한 값. 순자산이라고도 함

톱다운(top-down) 우선 투자하기에 가장 좋은 부문이나 산업을 찾은 후 그 부문이나 산업에 속한 최고의 투자 대상회사를 찾는 투자 전략

행태재무론(behavioral finance) 재무 이론과 심리학을 결합해서 시장이나 특정 증권의 행위를 예측하려고 하는 연구 분야

현금 비율(cash ratio) 현재 부채에 대비한 현금과 시장성이 높은 증권들의 비율. 부채가 즉시 현금화될 수 있는 정도를 말해줌

현금흐름대비가격 비율(price-to-cash-flow ratio) 주식의 시가총액을 직전 회계연도의 현금 흐름으로 나눈 값

호가(bid price) 매수자가 어떤 주식에 대해 지불하고자 하는 최대 금액

회전율(turnover) 회사에서는 재고에 대한 연간 매출액의 비율을 의미함. 뮤추얼 펀드에서는 운용자가 1년에 한 포트폴리오의 증권들을 교체하는 횟수를 의

미함

PBR(price-to-book ratio) 주가를 주당 장부가치로 나눈 값. 반드시 좋은 척도는 아니지만 일반적으로 PBR이 1 이하이면 주식이 회사의 자산 가격보다 낮은 가격에서 거래되고 있음을 의미함

PER(price/earnings ratio) 주가를 주당순이익으로 나눈 값

ROE(return on equity) 회사가 재투자된 수익을 추가적인 수익을 발생시키는 데 얼마나 잘 사용했는지를 나타내는 척도. 회계년도의 세후 수익을 장부가치로 나눈 값을 퍼센티지로 표현한 것과 동일함

S&P 500(Standard & Poor's Composite Index of 500 Stocks) 대부분 블루칩인 500 종목의 실적을 추적한 지수로 미국 전체 주식시장 가치의 거의 2/3를 나타낸다. 시가총액별로 가중치가 매겨짐

저자에 대하여

커크 카잔지안은 국가적으로 인정받고 있는 투자 전문가이자 베스트셀러 작가이고, 평생 동안 사업을 해온 사람이다. 커크는 투자산업에서 다양한 역할을 맡기 전 유명 텔레비전 뉴스 앵커이자 비즈니스 리포터로 몇 년 동안 일했다. 무엇보다 카잔지안은 두 개의 선도적인 투자회사의 리서치 및 투자 전략 이사를 역임했는데, 거기서 그는 투자 매니저의 리서치와 근면 의무에 대해 연구했고, 새로운 투자 프로그램의 창안을 감독했으며, 16억 달러가 넘는 고객 자산을 운용하기 위한 전략들을 개발했다.

카잔지안은 『가치투자를 말한다』뿐만 아니라 『월스트리트의 마법사들』『성장주로 부자 되기 Growing Rich with Growth Stocks』『연간 뮤추얼 펀드 투자자 가이드』와 같은 투자 관련 책들도 저술해왔다.

카잔지안은 CNBC, CNNfn, 블룸버그, 그리고 수많은 라디오와 방송국에 투자 조언을 정기적으로 제공하고 있다. 그는 배런스, 뮤추얼 펀드 매거진, 엔트리프리너, 크리스천 사이언스 모니터, 그리고 USA 투데이와 같은 다양한 간행물들에서 소개되고 있는, 투자 문제에 관한 유명한 연설자이자 교사이다.

저자는 독자의 의견과 피드백을 환영하고 있다. 저자의 웹사이트 www.kirkkazanjian.com에서 그를 만나볼 수 있다.

찾아보기

ㄱ

가치주 9, 26, 42, 45, 75, 80-4, 88, 106, 151-3, 156-7, 161, 175, 176-7, 180, 183, 250, 255, 266, 294, 357, 371, 382, 426, 442, 445, 457

가치투자 5-10, 15-7, 21, 26-7, 49, 52, 55, 61, 64-5, 68, 70-1, 76, 79, 80, 82, 84, 86, 106, 120, 121, 126, 134, 157, 161, 165-7, 170, 181, 183, 210-1, 213-6, 238, 262, 294, 318, 321, 324, 328-9, 331, 334, 340, 342, 343-4, 357-9, 385, 407, 409, 435, 455, 458-9, 463, 469

개인투자자 38, 52, 58-9, 72, 113, 217, 302

거품 7, 9, 27, 31, 35-8, 62, 115, 135, 143, 148, 178, 333, 355-6, 376, 458

구조조정 431, 435, 439, 443, 446

군중심리 58

그로스 인컴 펀드 95, 103, 339

기본 가치주 75, 81-4, 88

기술주 7, 31, 35, 41-2, 48-9, 66, 70, 79, 89-90, 108, 115, 117, 122, 135, 138, 141, 145, 147-9, 157, 170, 175-6, 203, 222-4, 243, 256, 266, 268, 279, 289, 300, 315, 333, 355-6, 378, 381, 404, 414, 417-8, 425, 447, 458, 464

ㄴ

내재가치 5, 6, 25, 60, 61, 66-7, 68, 86, 117, 128, 132, 152, 171, 176, 177, 218, 219, 223-6, 227, 240, 242, 249, 285, 334, 340, 343-50, 352, 355, 358-9, 364, 374, 396-8, 400, 457, 461-2

네이버스 인더스트리 408, 411, 420

노이버거 버만 가디언 펀드 324

ㄷ

대형주 41, 44, 72, 155, 194, 222, 228, 239, 244, 256, 271, 276, 292-3, 303, 309, 312, 319, 343, 371-2, 379, 445

더 바보 게임 256

데이비스 스캐그스 투자운용 137, 140, 141

데이트레이딩 107, 203

델 170-1, 176

독점 36, 173, 398-9

듀크 에너지 438

듀퐁 모델 347

드레먼 밸류 매니지먼트 32

ㄹ

래리 막스 329

레그 메이슨 66, 161-2, 164, 321

로버트 샌본 209, 216, 222

로이스 앤드 어소시에이츠 299

루슨트 테크놀로지 253, 266-7, 268

리버티 미디어 217

릭 애스터 237

ㅁ

마텔 354

메리디언 밸류 펀드 231, 232, 238-40, 251

모멘텀투자 6, 73, 128, 291, 344

뮤추얼 펀드 7, 8, 23, 32, 35, 55, 61, 70, 89, 91, 100, 119, 120, 124, 141, 158, 194, 209, 217, 219, 235, 269, 275, 281, 302, 317, 318, 320, 327, 329, 339, 341, 343, 360, 382, 386, 393, 427, 434

ㅂ

바이오 산업 145

밴 캠펜 인베스트먼츠 339

밸류 트러스트 펀드 161, 164, 174, 182

밸류라인 투자 서베이 46, 373

버거 스몰캡 밸류 펀드 276

벌처투자자 8, 407, 408-9

벤저민 그레이엄 5-7, 15-7, 19, 28, 46, 57, 59- 60, 66, 121, 165-7, 192, 201, 213, 277, 334, 340, 343-5, 389, 393, 395-6, 408, 454

보스턴 치킨 253, 266-7

보텀업 방식 460-1

부동산 투자신탁(리츠) 287

ㅅ

사업가치 66, 161, 179, 181, 225, 247, 310, 347, 348, 398, 400, 404, 457

사적 가치 374-6, 379, 382

서드 애버뉴 밸류 펀드 408, 411

성장주 16, 26-7, 35, 41-2, 45, 48, 51, 70, 75, 81, 83-4, 88, 101-2, 104, 120, 142, 146, 151-2, 157, 176, 183, 192, 198, 213, 237-8, 250, 255, 364, 382, 412, 423, 426, 442, 445, 458, 466, 473

성장투자 166-7, 342-3

성장투자학파 53-4

세금과 투자 248-9

소형주 8, 44-5, 56, 72, 134, 154-5, 193-4, 214, 236, 238-9, 246, 249, 251, 256, 271, 276, 278-80, 283, 284, 292-6, 299-300-6, 309, 311-5, 319-21, 363-4, 370-2, 376, 379, 380-1, 408, 417, 445

손버그 밸류 펀드 75, 76, 80-1

손버그 투자운용 80

손턴 오글로브 254, 258

스미스바니 자산운용 140-1, 158

스타인 로 366-7, 369-71

스타인 로 스페셜 펀드 363

스트롱 캐피털 매니지먼트 371, 380, 382

시스코 126, 145-6, 180, 202, 400

시장 열병 124-5

신흥 프랜차이즈 75, 81, 83, 85-7, 88

ㅇ

아마존닷컴 37, 161, 169, 170, 176-80, 290

애널리스트 18, 32, 34, 36-7, 39-40, 55, 57, 67, 76-7, 78-9, 90, 92, 95, 101, 111, 112, 122, 134, 140-1, 150, 168, 177, 182, 187, 191, 196, 197, 209-10, 214, 216, 225, 228, 231, 234, 237, 253, 254, 258, 259, 260, 263, 284, 290, 299, 302, 327, 343, 344, 351, 353, 356, 364, 367, 368, 369, 386, 391, 410, 436, 438, 441, 461, 464

어도비 시스템즈 145

에쿼티 인컴 펀드 95, 103, 339

역발상 투자 31, 32, 35, 50, 89

오크마크 실렉트 펀드 209-10, 219, 221-2, 228

오크마크 에쿼티 앤드 인컴 펀드 215

오크마크 펀드 209-10, 216, 228

올스타인 파이낸셜 얼러트 펀드 260

옴니 인베스트먼트 펀드 282

워런 버핏 5, 15, 17, 19, 21, 26, 64, 66, 120, 149, 151, 165, 183, 194, 211, 222, 350, 385, 395, 414, 454, 456

위험/보상 비율 245

유나이티드 헬스케어 170, 349, 350, 351

이자율 66, 79, 122, 181, 190-5, 225, 398-9

익셀시어 밸류 앤드 리스트럭처링 펀드 431

인덱싱 44, 315

인플레이션 78, 150, 181, 190, 192, 194-5, 205, 433

ㅈ

자본수익률 106, 108, 109, 112, 127, 150, 177, 226, 242, 246, 306-7, 345, 347

자산 배분 44, 69, 122-3, 133, 213, 312, 357, 408, 463

장부가치 6, 18, 22, 23, 75, 81-3, 128, 176, 286, 334, 375, 397-8, 413, 415, 437

제록스 268, 441

존 버 윌리엄스 167

존슨앤드존슨 21, 26, 458

주당순이익 77, 127, 240, 375, 448

중형주 8, 155, 193, 221, 228, 239, 271, 279, 283, 343, 364, 370, 372, 382, 395

지라드 신탁은행 77

지수 펀드 105, 106, 220, 268-9, 427

ㅊ

채권 5, 17, 39, 51-2, 78, 80, 100, 103, 113, 122, 130, 178-9, 188-90, 277, 334, 408-9, 418-21

ㅋ

카니발 코퍼레이션 142
컨트롤 투자 407, 410, 414
케이스율 38
켐퍼 파이낸셜 서비스 277
코닥 441-2
퀄컴 268, 442, 444
클리퍼 펀드 117, 133, 219-20

ㅌ

톰 맥도널 280
투자자 심리학 38
트위디 브라운 19-20, 22, 27-8

ㅍ

퍼스트 이글 소젠 글로벌 펀드 56, 61
퍼시픽 파이낸셜 리서치 117, 121
펀드매니저 27, 70, 101-2, 104-6, 364, 382, 423, 426
펜실베이니아 뮤추얼 펀드 299, 302
필립모리스 118, 128-9, 132, 222

ㅎ

할리 데이비슨 188, 205
해외 투자 16, 23, 44, 60, 72, 198, 446
행태재무론 32, 38

현금흐름 40, 46, 66, 77, 81, 90, 101, 110, 112, 152, 166-7, 177-81, 196, 225, 234, 242, 247, 255, 256, 261, 262, 266, 267, 271, 300, 304, 310, 314, 345, 347-51, 353, 357, 373-5, 377, 386, 393, 396-7, 398, 404, 413, 438-9, 441, 458
회전율 21, 26, 27, 65, 113, 130, 156, 182, 200, 262, 292, 316, 380
효율적 시장이론 31, 38, 43-5

1973-74년과 2000년의 주식시장 78-9
1999년의 거품 36-7, 123, 143-4, 222-3, 355, 423
3M 112, 369
AIM 339, 343, 344
AIM 라지 캡 베이직 밸류 펀드 340
AIM 베이직 밸류 340
AMG 19, 20, 145
AOL 타임워너 76, 85-6, 106, 161, 169-70
MBIA 22
PER 65, 66, 75, 81, 82, 84, 86, 87, 106, 108, 110, 124, 127, 146, 147, 152, 154-5, 162, 166-7, 180, 191-2, 194, 196-7, 199, 213, 214, 228, 275, 324, 330, 334-5, 368, 408, 413, 433, 435, 438, 446, 457, 458, 462, 472
ROE 191-7, 202-3, 237
T. 분 피켄스 99
USAA 76, 79, 81

옮긴이 **김경민**
서울대 경제학과를 졸업하고 증권사, 투신사를 비롯 각종 금융기관의 트레이딩 시스템 구축 기획과 컨설팅 작업을 했다. 현재 미국 유학 중이다.

가치투자를 말한다

2판 1쇄	2009년 7월 27일
2판 7쇄	2022년 7월 12일
지은이	커크 카잔지안
옮긴이	김경민
펴낸이	김승욱
편집	김승관 김민영
펴낸곳	이콘출판(주)
출판등록	2003년 3월 12일 제2003-44호
주소	10881 경기도 파주시 회동길 455-3
전자우편	book@econbook.com
전화번호	031)8071-8677
팩스	031)8071-8672
ISBN	89-90831-70-5 13320